어떻게
말할까

어떻게
말할까

만남과 대화가 어려운 사람들을 위한 설명서

PEOPLE SKILLS

로버트 볼튼 지음 | 한진영 옮김

Pegasus
페가수스

도트에게

나의 가장 친한 친구

가장 가까운 동반자

재미있는 놀이 친구

나의 여러 자아에 생명을 불어넣고

내가 꿈을 펼칠 수 있게 해주는 당신

나와 아이들과 부모님과 친구들에게

세심하고 사랑스럽고 진실한

최고의 아내

가족의 삶을 위한 일들을 유능하게 해내며

동료이자 선생님이자 단짝이 되는 당신

당신과 함께 할 때

내 진짜 모습을 발견하고 선택하고

드러낼 수 있어서 행복합니다

삶이 충만한 당신

사랑이 가득한 당신

그 무엇보다 소중한 당신과 함께여서 행복합니다

완벽하지 않지만 항상 새롭고 성장하고 발전하는 당신

당신은 한결같이 든든한 친구로 곁에 있어 주었습니다

당신은 특별한 사람입니다

랄프 왈도 에머슨은 말했다. '좋은 독자가 좋은 책을 만든다.' 이 책에 정말 딱 들어맞는 말이다. 사람들과의 관계를 개선하기 위한 아이디어 몇 가지를 얻기 위해 이 책을 선택했다면, 아마도 얻을 게 별로 없을 것이다. 이 책은 책 속에서 소개하는 여러 방법들을 직접 실행해볼 만큼 의지가 강한 사람들을 위해 썼기 때문이다. 이 방법들을 일상생활 속에서 여러 번 반복하고 실천할수록 당신의 인간관계가 놀랍게 변하고 있음을 느끼게 될 것이다.

효과적인 의사소통 방식을 알게 되기까지 나는 많은 시행착오를 겪었다. 내가 처음부터 사람들과 잘 소통하는 사람이었다면, 아마도 이렇게까지 끈질기게 연구하지는 않았을 것 같다. 그러나 안타깝게도 사람들과 소통하는 일은 내게 대단히 어려운 문제였다. 그래서 방법을 연구하고 실천하고 가르치다가 책으로까지 펴내게 되었다.

그러는 도중에 누구나 겪는 곤경을 나 역시 겪었고 거기에 맞서 싸웠다. 그래서 이제는 그 누구보다 사람들과 소통하는 기법을 더 잘 가르칠 수 있다고 생각한다. 수많은 결점을 안고 시작한 까닭에 많은 곤경을 겪었고, 그 덕분에 다른 사람들이 같은 곤경에 빠지지 않고 의사소통 능력을 기를 수 있도록 도울 수 있게 되었다.

나는 내가 근무하는 컨설팅 회사의 바쁜 업무와 연수교육을 진행하면서 이 책을 집필했다. 일정을 넉넉히 잡고 여유 있게 글을 쓸 수 있었다면 여러 모로 좋았을 것이다. 그러나 업무의 압박을 감수하며 글쓰기를 병행하는 것 역시 장점이 꽤 많은 것 같다. 이 책을 쓰기까지 6년이 걸렸는데, 그 긴 시간 동안 여러 기법들을 일상생활에 활용하고 시험해 볼 수 있었다.

서문을 쓰는 지금, 이 책에 등장하는 기법들을 실행하면 많은 것을 얻을 수 있다는 확신이 든다. 수많은 연수생들이 이 책의 구판을 읽었다. 그들 중 수백 명이 인간관계에 효과적이었고 삶이 더 풍요로워졌다는 내용의 글을 보내왔다. 인간관계에 대한 생각뿐 아니라 행동까지 바뀌면서 관계가 더욱 돈독해졌다는 사람들도 많았다. 이 개정판은 구판보다 훨씬 더 도움이 될 것이다.

나는 내 자신의 내면을 들여다보고 사람들의 관계를 개선하는 방법을 연구하기 위해 이 책을 썼다. 글을 쓰는 동안 토마스 고든, 칼 로저스, 알렌 아이비, 제라드 이건, 로버트 카크허프 등이 쓴 책들을 참고하였고, 그 덕분에 내용이 더 풍부해졌다. 나는 그 책들을 읽으면서 진심을 말하는 방식이 진심 그 자체보다 더 중요할 수 있다는 사실을 깨달았다. '단어의 선택'이라고 적어서 벽에 걸어두고 싶을 만큼 단어의 선택은 매우 중요하다. 이렇게 말하는 건 이 말이 진실이기 때문이기도 하지만, 단어를 선택하는 방식이 내게 큰 의미가 있기 때문이다. 이 책에는 내 경험과 판단과 가치관을 반영하는 인용문들이 곳곳에 실려 있다.

이 책의 대부분은 릿지컨설팅의 동료들, 특히 도트 볼튼, 에드 리스베와 깊이 토론한 내용들이다. 그들의 의견과 설명방식 등이 이 책을 쓰는 데 큰 도움이 되었다. 내가 의사소통 기법을 제대로 이해하기까지 많은 도움을 준 연수

참여자들에게도 특별히 감사의 인사를 전하고 싶다. 경영인, 판매원, 비서, 교사, 의사, 고객담당자, 건설업 종사자, 공직자, 심리학자, 변호사, 성직자를 비롯한 다양한 분야의 사람들이 연수에 참가했다. 그들이 자신의 의사소통 능력을 발전시키기 위해 분투하는 동안, 나는 그들을 좀 더 쉽게 가르치기 위한 방법들을 찾아냈다. 부적절한 방법들을 찾아내서 좀 더 효율적인 방안도 개발했다. 이 책에 제시한 많은 사례는 참가자들이 직접 경험한 것들이다. 개인 정보가 드러나지 않도록 가명을 썼고, 세부적인 내용을 약간 바꾸었다.

여러 연구소의 도움도 받았다. 뉴욕 주에 있는 세인트로즈 대학에서는 수천 명의 교사들이 현장에서 활용할 수 있도록 이 책에서 사용한 방법들을 대학원 과정에 도입했다. 포춘 지 선정 500대 기업, 중소기업, 정부기관, 종교단체, 병원, 대학, 상담센터, 그 밖의 다양한 조직에서도 직원들에게 이 기법들을 교육할 기회를 제공해 주었다. 교육과정에서 받은 피드백을 바탕으로 세부적인 내용을 좀 더 세심하게 다듬었고, 이 기법들을 가족이나 가까운 인간관계를 넘어 일터를 비롯한 다양한 영역에 적용할 수 있다고 확신하게 되었다.

로라 위크스는 이 책을 영역별로 나누고 문장을 매끄럽게 가다듬어 주었다. 패트 프리본도 문장을 손봐주었다. 도트 볼튼은 책 전체를 읽으며 크고 작은 개선점들을 지적해 주었고, 에드 리스베도 몇몇 중요한 장에서 비슷한 작업을 해주었다.

수많은 사람들에게 신세를 진 것을 생각하면, 이 결과물을 내 책이라고 주장하는 일이 적당치 않아 보일 수도 있다. 이에 대한 내 생각을 식물학 입문서를 쓴 16세기 영국 작가의 말로 대신하고 싶다.

독자들 중에는 내가 수많은 저자들의 글을 모아서 이 책을 만들었다는 점을 들어 다른 사람들의 저작들만 잔뜩 모아놨을 뿐, 정작 내가 쓴 건 아무것도 없지 않느냐고 하는 사람도 있을 것이다. 나는 그에게 이렇게 말하고 싶다. 여러 들판에서 자라는 수많은 꽃의 꿀을 모아 그것을 벌의 꿀이라고 말한다면, 수많은 저자들로부터 배우고 모은 사람이 바로 나이기에, 이 책도 나의 책이라고 말이다.

이 책에서 소개하는 의사소통 방식과 그에 관한 견해를 정립하기까지 다른 사람들에게 많은 것을 배웠다. 그러나 그 자료들은 모은 사람이 바로 나라는 사실은 분명하다.

어떤 사람들은 이 책의 15장 '진실성과 사랑 그리고 공감능력'을 가장 먼저 읽어야 한다고 하고, 어떤 사람들은 15장을 중간쯤에 읽어야 한다고 말한다. 맨 마지막에 읽어야 한다는 사람도 있다. 이 책이 의사소통 기법에만 치중한 채 상호작용의 생명이라고 할 수 있는 '정서'를 소홀히 다루고 있다고 생각된다면, 언제라도 15장을 먼저 읽기 바란다. 이 책이 가르치는 기법들이 나에게 도움이 된 만큼 독자들에게도 큰 도움이 되기를 바란다.

3부 / 말하라

4부 / 풀어라

1부
관계

사회생활을 하는 사람들은 저마다 자기 나름의 대인관계 기법을 가지고 있다. 그리고 그들의 수준을 한 단계 더 높이 끌어올릴 수 있는 방법 역시 항상 존재한다. 그 방법을 활용하면 이전보다 더 많은 이해심을 보일 수 있고, 사람들을 더욱 공손하게 대할 수 있으며, 따뜻하고 솔직하고 구체적으로 대화할 수 있다. 탄탄한 이론과 적합한 모델을 찾은 다음, 사람들을 자주 만나서 그 이론과 모델을 적용하고 소통할수록 완벽한 인간에 점점 더 가까워질 수 있다.

— 조지 가즈다, 교육학자

사람과 사람 사이에 다리를 놓는 방법을 알 수 있다면 좋을 텐데.
어차피 우리가 가진 건 사람뿐이니까.

– 리처드 라이트의 책 《아웃사이더》 중에서

말이 통하지 않는 사회

사람이 언어를 매개로 다른 사람과 대화할 때, 그들 사이에는 세상 어디서도 찾아볼 수 없는 상호작용이 일어난다. 의미 없는 웅얼거림을 말과 글로 바꾸는 일. 그것이 사람과 다른 동물을 구별하는 확실한 특징이다. 다른 동물과 구별되는 인간의 다른 특징들 역시 언어 덕분에 발전할 수 있었다. 독일 철학자 칼 야스퍼스는 이렇게 표현했다. "대화하는 능력이야말로 인간이 이룩한 최고의 업적이다."

대화를 제대로 하지 못하는 사람들이 많다. 현대문명의 아이러니 중 하나는 대화기법이 상당히 발전했음에도 불구하고 사람들이 여전히 얼굴을 마주보고 대화하는 일에 어려움을 느낀다는 점이다. 달에 신호를 보내고 화성에 우주탐사선을 보내는 경이로운 과학기술의 시대를 살고 있지만, 우리는 여전히 사랑하는 사람들과 대화를 나누고 좋은 관계를 유지하는 데 서툴다.

언제부터인가 나는 사람들 사이의 의사소통 과정에서 무언가가 빠져 있다는 생각을 하게 되었고, 그 생각은 점점 확신으로 바뀌었다. 살면서 느끼게 되는 중요한 감정들. 따스함, 수줍음, 주저하는 마음, 예민함, 섬세함, 열정. 이런 감정을 타인과 공유하는 사람들을 찾아보기 힘들다. 상대방의 말을 제대로 이해하기 위해 귀를 기울이는 사람도 찾아보기 어렵다. 대화하는 상대에게 눈만 고정시킨 채 이런저런 딴 생각을 하기도 한다. 열심히 듣는 척하면서 속으로는 말할 틈이 생겼을 때 무슨 말을 꺼낼지 생각하며 시간만 재는 경우도 많다. 네이턴 밀러는 사람들의 이 같은 행태를 이렇게 표현했다. "대화란 말하다 숨을 쉬는 순간부터 상대방의 이야기를 들어야 하는 경쟁행위다."

　잘못된 방식의 대화가 만연하면서 사람들 사이에 높은 벽이 생겼다. 대화의 실패는 심각한 부작용으로 이어진다. 외로움, 가정불화, 직장에서의 불만, 스트레스, 질병, 심지어 죽음으로까지 이어진다. 이 벽은 수많은 사람들에게 좌절과 상처를 입혔고, 급기야 이 시대의 가장 심각한 사회문제 중 하나가 되었다.

외로움

사람들은 누구나 다른 사람과 따뜻하고 호의적인 관계를 맺고 싶어 한다. 그러나 실제로 그렇게 살아가는 사람은 많지 않다. 정신과 의사인 해리 스택 설리번은 이런 현상에 대해 다음과 같이 말했다.

　이 사회의 가장 심각한 문제는 외로움, 소외감, 자존감 결핍이다. 카렌 호니의 주장처럼, 프로이트가 활동하던 1900년대 초반의 문제가 성적인 억압이었고 1930년대의 문제가 적대감이었다면, 오늘날 가장 심각한 문제는 외로움이다.

　홀로 있음에는 두 가지 종류가 있다. 그 중 하나는 고독이다. 고독은 창의성, 즐거움, 만족감을 줄 수 있는 감정이다. 또 하나는 외로움이다. 외로움은 고통스럽고 무기력하고 공허한 감정이다. 외로움을 느끼는 사람은 타인으로부터 소외되는 일에 무척 예민하다. 데이비드 리즈먼은 "사람이 자기 자신이나 타인과 진심으로 교류하지 못하면, 군중 속에 있어도 외로움을 느낀다."고 지적했다.

외로움. 이 단어에는 마음의 상처가 담겨 있다. 슬픈 어조로 몇 차례 읊조려보라. "외로움, 외로움, 외로움." 이 단어에는 구슬픈 울림이 있다. 그 울림은 사람들에게 견디기 힘든 고통을 준다. 외로움의 고통을 느끼는 사람들이 늘어나는 몇 가지 원인이 있다. 사람보다 물질에서 위안을 얻는 물질주의, 거주지나 직장의 잦은 이동, 흔들리는 가정, 관료주의적인 조직구조 등이 그것이다. 그러나 내가 볼 때 이런 원인들은 사소한 문제에 불과하다. 나는 사람을 외롭게 만드는 가장 중요한 원인, 그와 동시에 가장 해결하기 쉬운 원인이 사람들 간의 '잘못된 의사소통'이라고 믿고 있다.

잃어버린 사랑

가장 극심한 외로움은 대화가 단절되거나 어긋나는 가정에서 나타난다. 정말 불행한 일이다. 바람직한 의사소통이 없다면 부부관계 역시 원만하게 유지할 수 없다. 결혼을 하고 행복한 인생을 꿈꾸었으나 관계를 유지하기 위해 필요한 의사소통 기법이 부족해서 차갑고 지겨운 결혼생활을 하는 경우가 많다. 자주 인용되는 T. S. 엘리어트의 시가 오늘날의 전형적인 가족을 묘사하고 있는 것 같기도 하다.

서로 이해하지 못하는 두 사람

자신들이 이해하지 못하고

자신들을 이해하지도 못할

아이들을 기르고 있네

아무리 가까운 관계라고 해도 서로 친밀감이 없다면 멀어질 수밖에 없다. 의사소통이 단절되면 사랑의 에너지가 분노와 적개심으로 변한다. 그 뒤에는 빈번한 말다툼, 상대를 위축시키는 비웃음, 반복적인 비난, 차가운 침묵, 성적인 무관심 등이 이어진다. 한 여성이 자기 가족의 의사소통 방식이 얼마나 비정상적인지를 털어놓고 나서 이렇게 말했다. "저는 가정이 아니라 심리적 빈민가에 살고 있어요."

대부분의 부모들은 자녀를 키우는 일이 만만치 않다고 토로한다. 가족관계 연구의 선구자인 버지니아 사티어의 이야기를 들어 보자.

부모는 세상에서 가장 근무하기 힘든 학교의 교사다. 그 학교는 바로 인간을 양성하는 학교다. 그들은 교육위원회의 임원이자 교장이며, 담임교사이자 경비원이다. 부모는 생활과 인생에 관련된 전 과목을 능숙하게 가르쳐야 한다. 그러나 이 직업과 관련된 요령을 가르쳐주는 학교는 거의 없고, 어떤 과목을 가르쳐야 하는지 합의된 바도 없다. 오로지 자기 스스로 판단해야 한다. 이 학교에는 휴일도 없고, 방학도 없고, 노동조합도 없고, 진급도 없고, 월급인상도 없다. 부모는 아이 한 명당 적어도 18년 동안 하루도 빠짐없이 근무하거나 비상 대기해야 한다. 모든 행정적인 업무처리는 두 사람이 함께 관장한다. 상사가 두 명일 때 어떤 일이 벌어지는지 다들 잘 알고 있을 것이다. 부모는 이런 환경에서 인간을 양성하는 일을 해야 한다. 내가 보기에 이 일은 세상에서 가장 힘들고, 어렵고, 불안하고, 피눈물 나는 일이다.

효과적인 의사소통은 행복한 가정의 필수요소다. 의사소통이 능숙한 부부에게는 부모노릇이 인생에서 가장 보람 있고 즐거운 경험일 수 있다. 그러나 부모가 정확하고 적절한 의사소통 방식을 갖추지 못한 경우에는 부모와 자녀 모두 고민과 소외감, 외로움을 느끼게 된다. 그 결과는 치명적이다.

고민상담 칼럼니스트 앤 랜더스는 자신의 칼럼을 읽는 독자들을 대상으로 "자식을 낳은 것을 후회하는가?"라는 설문을 실시했다. 결과는 충격적이었다. 응답자의 70% 이상이 "그렇다."라고 답했다. 조사에 참여한 사람들이 모든 부모를 대표한다고 말할 수 없고, 랜더스도 긍정적인 사람보다 부정적인 성향을 가진 사람이 설문조사에 응할 가능성이 높다고 말하기는 했다. 그럼에도 불구하고 이 결과는 의미심장하다.

의사소통은 인간관계를 유지하기 위해 매우 중요한 요소다. 명확하고 섬세하고 개방적으로 소통할 때 관계의 발전을 기대할 수 있다. 소통이 가로막히거나 서로에 대한 적대감 때문에 의견을 원활하게 나누지 못하면 관계가 점점 멀어지게 된다. 의사소통의 흐름이 막히면 인간관계가 순식간에 악화되고 관계의 종말을 맞이하게 된다. 의사소통 기법이 부족해서 사랑을 잃는 경우는 너무나 흔하다. 부부, 연인, 친구, 부모자식 모두 마찬가지다. 다시 관계를 원만하게 유지하고 싶다면 사이를 갈라놓은 틈을 부분적으로라도 메울 수 있는 방법을 찾아야 한다.

일 잘하는 사람들의 비결

직장에서 인정받지 못하는 사람들 중 80%는 그 이유가 같다. 사람들과 관계를 형성하는 데 서툴기 때문이다. 관리자나 경영자, 간호사, 비서, 상담원, 경비원, 노동자, 변호사, 의사, 점원, 목사로서의 능력은 의사소통을 얼마나 잘

하느냐에 따라 크게 달라진다. 사실상 의사소통 능력이 영향을 미치지 않는 직업은 거의 없다.

이 말을 들은 한 정비기사가 심각한 표정으로 말했다. "저는 기계에 대해서만 잘 알면 되는 줄 알았습니다. 그런데 일을 하다 보니 대부분의 시간을 사람들과의 문제를 해결하는 데 쓰고 있더군요." 교사 한 사람은 이런 말을 했다. "저는 물리학을 가르치기 위해 교육을 받았습니다. 그런데 교직에 있는 동안 사람을 가르치고 있다는 걸 깨달았습니다. 제 에너지의 대부분을 질서를 유지하는 데 쏟고 있었거든요. 대학에서 왜 그런 기법을 가르쳐 주지 않는지 모르겠습니다." 의사소통 기법이 일을 잘 해내기 위한 필수조건이라는 사실은 매우 분명하다.

사람에게는 사람이 필요하다

사람들 사이의 관계는 더 좋아지거나 더 나빠지는 방향으로 움직인다. 다른 사람들과 보내는 시간은 매 순간 자아를 발견하고 성장할 수 있는 기회가 되기도 하고, 자존감 상실과 인격파괴의 과정이 되기도 한다. 성격의 발달과 정신적·심리적 건강은 의사소통 능력과 연관되어 있으며, 다른 사람들과의 상호작용 없이는 제대로 된 인간이 될 수 없다. 그런 이유로 하이데거는 언어를 가리켜 '존재의 집'이라고 말했다.

사람에게는 사람이 필요하다. 혼자서는 사람이 될 수 없다. 사람은 누구나 타인들과 대화를 나눔으로써 성숙해간다. 가브리엘 마르셀은 《존재의 신비Mystery of Being》라는 책에서 이렇게 말했다. "진심으로 타인의 존재를 느낄 때, 그것은 나의 내적 존재를 일깨운다. 그것은 내 안에 숨어 있던 나를 드러내고, 그의 존재를 대면하지 않았다면 느끼지 못했을 나 자신을 더 온전히 느끼게 한다."

이와 반대로 의사소통이 아예 없거나 자주 실패하면 자아가 흔들리게 된다. 마음의 병은 주로 의사소통의 부재 때문에 생긴다. 심리적인 질환이 있는 사람치고 인간관계를 제대로 유지하는 사람은 없다. 칼 로저스는 "모든 심리치료는 의사소통의 실패를 바로잡는 일이다."라고 말했다. 잘못된 의사소통은 정신뿐만 아니라 신체적인 건강에도 영향을 끼친다. 관계에 유익한 대화와 관계를 파국으로 몰고 가는 대화가 각각 신체의 기능에 얼마나 큰 영향을 미치는지 알고 나면 깜짝 놀랄 것이다.

13세기에 신성 로마제국을 통치했던 프레데릭 황제는 에덴동산에서 인류가 시작되었을 때 최초로 사용한 언어가 무엇이었을지 궁금해 했다. 헤브라이어였을까, 그리스어였을까, 아니면 라틴어였을까? 이를 알아내기 위해 그는 한 가지 실험을 명했다. 태곳적과 똑같은 환경을 만든 후, 그곳에 갓난아이들을 데리고 가서 그들이 말을 할 수 있을 때까지 인간의 말을 한 마디도 들려주지 않는 실험이었다. 갓난아이들은 유모가 키웠는데, 유모는 아이들과 함께 있을 때 한 마디도 하지 않도록 엄격하게 훈련 받았다. 대신 다른 환경은 모두 부족함 없이 제공했다. 어떤 결과가 나왔을까? 아이들은 한 명도 남지 않고 죽어버렸다. 이처럼 말을 주고받지 않는 환경은 사람을 죽음에 이르게 할 정도로 치명적이다.

〈두 번째 기회 Second Chance〉라는 영화는 현대 사회에서 대화의 결핍으로 나타나는 육체적 질병을 치료하는 과정을 담고 있다. 이 15분짜리 영화에서 22개월 된 수잔은 대화의 결핍으로 인해 키와 몸무게가 11개월 된 아이 정도밖에 안 될 정도로 성장속도가 뒤떨어져 있었다. 그러나 수잔의 발육부진은 병원에서 두 달 동안 하루 6시간 이상 애정 어린 대화와 보살핌을 제공하면서 극적으로 호전되었다.

당신은 변할 수 있다

당신의 의사소통 방식과 유형에서 확실한 것 한 가지가 있다. 거의 대부분 학습된 반응이라는 점이다. 당신에게 가장 영향을 많이 준 교사는 아마도 부모일 것이고, 당신의 부모는 그 의사소통 방식을 당신의 조부모로부터 배웠을 것이다. 그 밖에 학교 선생님, 과외활동의 지도교사, 친구들을 비롯한 다른 많은 사람들도 영향을 주었을 것이다. 라디오나 텔레비전 같은 대중매체, 당신이 속한 사회도 당신의 의사소통 방식에 영향을 끼쳤을 것이다.

의사소통 방식을 효과적으로 가르치는 가정은 많지 않다. 그런 모범적인 가정에서 자란 극소수의 행운아들은 어린 시절부터 효과적으로 학습했기 때문에 의사소통이 별 문제없이 자연스럽다. 그러나 대부분의 사람들은 타인과 관계 맺는 방식을 잘못 배운 사람들로부터 의사소통 방식을 배웠다. 가르치는 사람은 좋은 의도로 가르쳤겠지만, 의사소통에 관한 한 대부분의 사람들은 희생자들의 희생자다.

누구나 아주 어릴 적부터 교육을 받는다. 부모나 부모 역할을 하는 사람들은 '미소'와 같은 비언어적 행동으로 칭찬을 하고, '짜증'과 같은 비언어적 행동으로 언짢은 기분을 나타낸다. 그들이 우리에게 사용해야 할 말의 범위를 정해주었고 어떤 식으로 말해야 하는지도 가르쳤다. 추수감사절 때마다 고모 댁에 방문하는 일이 끔찍하게 싫더라도, 당신은 이렇게 말해야 한다고 배웠을 것이다. "에디트 고모, 이런 멋진 시간을 마련해 주셔서 감사합니다." 어른들이 이야기하고 있을 때 끼어들었다면 이런 말을 들었을 것이다. "끼어들지 말거라. 급할 때는 '죄송하지만'이라고 먼저 말을 해야지." 이런 식으로 훈련 받은 말은 무척 많다. "불평하지 마라." "그만 징징거려라." "누가 엄마한테 그런 식으로 말하라고 했니?" "그런 못된 말 쓰면 안 된다."

친척들, 베이비시터, 교사들을 비롯한 많은 사람들이 이런 교육에 합류한다. "바비, 조니한테 그렇게 소리를 지르다니, 정말 깜짝 놀랐다. 넌 지금까지 아주 착한 애였잖니." "발표하고 싶으면 먼저 손을 들어라. 네 차례가 되면 내가 이름을 부르마." "수잔, 테리한테 네 트럭을 갖고 놀라고 하렴. 너는 지금 다른 걸 가지고 놀고 있잖니? 왜 그렇게 이기적이니?" "안녀세요 같은 말은 두 번 다시 쓰지 말거라." "남의 일에 참견하지 마라." "대들지 마라."

우리의 삶에서 중요한 역할을 하는 어른들은 이런 훈계뿐만 아니라 그들의 전형적인 행동방식을 보여주곤 한다. 그 어른이 감정을 거의 드러내지 않는 사람이었을 수도 있고, 자주 비아냥거리는 사람이었을 수도 있고, 매사에 혹평을 하는 사람이었을 수도 있고, 욱하는 성격에 소리를 잘 지르는 사람이었을 수도 있다. 어릴 때부터 우리는 그런 사람들의 가르침과 행동을 보고 배웠다. 사회의 문화 규범은 우리가 교육받은 많은 내용들을 강화시킨다. 문화 규범들 중 일부는 이전보다 상당히 유연해졌지만 아직도 많은 부분은 거의 변함 없이 지켜지고 있다.

인간관계 형성에 해악을 끼치는 많은 방식을 지금 우리의 아이들이 따라 배우고 있다. 심리학자 제라드 이건은 이를 다음과 같이 정리했다.

- 피상적인 관계에 머무는 일
- 거짓 표정을 짓는 일
- 대인관계를 하찮게 생각하는 일
- 자신과 타인으로부터 숨는 일
- 인간관계에 내재하는 위험을 경시하는 일
- 타인을 이용하는 일(타인의 이용을 견디는 일)
- 다른 사람에게 고통을 주고 응징하는 일

어떤 사람들은 이런 일들이 인간관계 형성에 해악을 끼친다는 의견에 이의를 제기하기도 한다. 과정과 결과가 언제나 정확히 일치하지는 않는다는 것이 그 이유다. 물론 이런 일들을 자주 겪는 것이 누구에게나 해악으로 작용한다고 볼 수는 없다. 어린 시절에 보고 배운 의사소통 유형에 반응하는 방식은 사람마다 다르기 때문이다. 폭력적인 가정에서 자란 쌍둥이 형제라도 분노를 다스리는 방식이 전혀 다르게 나타날 수 있다. 한 명은 그것을 억누르고, 다른 한 명은 난폭한 행동으로 표현하는 식으로 말이다.

어쨌든 많은 사람들이 인간관계를 매우 비합리적이고 부정적인 방식으로 교육받은 것은 사실이다. 부모들의 잘못된 의사소통 방식이 자녀들에게 영향을 끼치면서 악순환이 거듭되고 있다. 그러나 그 악순환은 끊을 수 있다. 아무런 도움이 되지 않는 이전의 방식을 버리고 다시 배우면 된다. 이 책은 좋은 인간관계를 위해 염두에 두어야 할 점이 무엇인지, 어떻게 하면 더 온화하고 만족스러운 관계를 맺을 수 있는지, 어떻게 하면 일을 더 효율적으로 할 수 있는지 상세하게 알려줄 것이다.

자신의 의사소통 방식을 숙명처럼 받아들이는 사람들이 있다. 그들은 자신의 의사소통 방식이 눈동자의 색깔처럼 이미 정해져 있어서 그 방식을 바꾸는 일이 불가능하고, 혹시 바뀌더라도 겉만 바뀔 뿐이라고 생각한다. 한 의사가 "사람들과의 교제 방식은 일종의 천부적인 재능이다. 가지고 있거나 가지고 있지 않거나 둘 중 하나다. 가지고 있지 않다면 그 사람이 할 수 있는 일은 없다."고 말하는 것을 들었다. 그러나 내가 경험하고, 수천 명에게 의사소통 기법을 가르친 동료들이 경험한 바에 따르면 결론은 정반대다. 우리는 우리의 삶과 교육 참가자들의 삶에 중대한 변화가 일어나는 모습을 목격했다. 우리가 어린 시절에 습득했던 방식은 좀 더 효과적인 방식으로 바뀌었다. 인생의 어느 시점에 서 있든 상관없이 건전한 정신과 결단력을 가진 보통 사람이라면 더 나은 의사소통 방식을 배울 수 있다.

물론 의사소통 방식을 바꾸는 일이 쉽지는 않다. 오랜 습관이 몸에 배어 있기 때문이다. 새로운 것은 부자연스럽기 마련이라서 노력을 하다가도 포기하고 싶은 생각이 들 수 있다. 그러나 지금까지의 의사소통 방식이 얼마나 비정상적이었는지를 깨닫고 나면 누구나 그 방식을 바꾸려는 의욕에 불타게 된다. 그러다가 의사소통 기법을 하나씩 효과적으로 활용하고 나면 기쁨에 차서 외친다. "효과가 있네, 정말 효과가 있어!"

사람은 변할 수밖에 없다

변화는 필연이다. 아침의 생활방식을 저녁에도 똑같이 적용할 수는 없다. 세상도 변하고 있다. 산을 보며 언제나 변함없다는 말을 하는데, 그 역시 세월의 흐름에 따라 높아지기도 하고 낮아지기도 한다. 별처럼 영원하다는 말도 마찬가지다. 별 또한 생겨났다가 사라지기도 하고, 팽창했다가 수축하기도 하며, 더 밝아지기도 하고 어두워지기도 한다.

변화는 인간의 문화가 시작될 때부터 필수적인 요소였다. 지난 수십 년간 문화의 변화는 숨이 찰 정도로 빠르고 광범위해서 앨빈 토플러는 이를 가리켜 '미래쇼크'라고 표현하기도 했다. 현기증이 날만큼 변화가 빨라서 대응하는 일이 거의 불가능하다는 의미를 담은 표현이다.

자신의 내부에서뿐만 아니라 만나는 사람들, 물리적인 세계, 문화가 끊임없이 변화하기 때문에 늘 같은 모습으로 살아간다는 건 사실상 불가능하다. 예전 방식을 고수하려 해도 그럴 수 없는 세상이다. 리처드 니버의 말처럼 "어제 했던 일을 오늘 할 때, 실제로는 다른 일을 하고 있는 것이다. 어제와 오늘 사이에 우리가 변했고 외부 세계도 변했기 때문이다."

변화의 법칙에 따르면 좋아지거나 나빠지거나 모든 것은 변한다. 인간관계도 더 돈독해지거나 멀어지거나 둘 중 하나다. 더 가까워지지 않으면 더 멀어진다. 당신은 다른 사람들과의 관계를 변화시킬 수 있고 변화시킬 수밖에 없다. 그러니 닥쳐오는 변화에 끌려가기보다 적극적으로 대응하는 것이 바람직하지 않겠는가? 이 책은 변화에 대처하는 방법뿐만 아니라 바람직한 변화를 일으키는 방법까지도 다룰 것이다.

정말로 효과가 있을까

오랜 기간 나 자신의 인간관계 방식을 개선하려고 노력하면서 그리고 많은 사람들에게 의사소통 기법을 가르치면서, 사람들이 새로운 것을 배울 때 특히 그것이 행동의 변화를 요구할 때 거부감을 느낀다는 사실을 깨닫고 그 문제에 주목하게 되었다. 가까운 사람들이나 직장 동료들을 대하는 방식과 같은 근본적인 부분을 바꿔야 할 때는 거부감이 더 많이 들 수밖에 없기 때문에 행동방식을 교정하기 위해 상당한 용기가 필요하다.

새로운 의사소통 기법을 배우기 시작할 때 사람들은 속으로 이런 생각을 한다.

이 기법이 정말 효과가 있을까? 몇 년에 한 번씩 등장했다가 사라지는 그저 그런 심리학 분야의 유행 같은 건 아닐까? 이 기법이 정말로 효과가 있다고 치자. 그렇더라도 내가 그걸 익힐 수 있을까? 나는 새로운 걸 배우는 데 별로 재주가 없었어. 오랜 습관을 고치고 새로운 습관을 익혀야 하는 일에서는 특히 더 그랬고. 휴, 내가 담배를 끊으려고 고생한 생각을 하면…. 어쨌든 내가 그 기법을 배워서 인간관계에 변화가 일어난다고 치자. 그렇다고 해서 그 변화가 좋은 결과를 가져온다고 어떻게 장담하지? 내가 지금 사람들을 대하는 방식이 별로 훌륭하지 않을지 모르지만, 이 방식 때문에 상황이 훨씬 더 나빠질 수도 있는 거잖아. 그런 기법을 배운다고 설치다가 혹만 하나 더 붙이는 꼴이 될 지도 모르지. 게다가 그런 기법들을 익히고 나면 내가 딴 사람처럼 보일 수도 있어. 더 나은 사람이 된다면 좋겠지만, 내가 피해자가 될 수도 있다고. 그랬다가는 심리적인 공황상태가 찾아오지 않을까? 그런 모험을 한다는 건 영 내키지가 않아.

무의식에 가려져 있어서 느끼지 못하지만 많은 사람들은 자신이 의식하는 것보다 더 커다란 거부감을 갖는다. 사람들 누구나 스스로를 보호하려는 성향이 있다. 이 위험한 세상에서 인간은 너무도 연약한 존재이기 때문이다. 어떤 방어는 우리에게 유리하게 작용하기도 하지만 어떤 방어는 우리의 발전을 저해하기도 한다. 따라서 의사소통 기법을 익힐 때는 불필요한 방어를 줄이는 한편, 우리 자신을 올바른 방식으로 보호하는 방법을 찾아야 한다. 이 책의 안내를 따르면 의사소통 기법도 배우고 불필요한 위험에서 자신을 보호할 수도 있다.

올바른 인간관계를 위한 5가지 기법

이 책에는 올바른 인간관계를 형성하기 위해 매우 중요한 5가지 기법이 영역별로 소개되어 있다. 그 기법을 간단히 소개하면 다음과 같다.

> **듣기 기법** 상대방이 말하는 내용을 제대로 이해하는 기법이다. 이 기법을 활용하면, 말하는 사람은 듣는 사람이 자신의 문제와 감정을 온전히 이해했다고 느끼게 된다. 이 방법을 적절히 사용하면 상대방이 당신에게 의지하지 않고 스스로 문제를 풀 수 있게 된다.
> **자기표현 기법** 이 기법을 익히면 다른 사람을 지배하거나 이용하거나 윽박지르

지 않고도 당신의 요구를 충족시키고 권리를 지킬 수 있다.

갈등해소 기법 이 기법을 배우면 상대방과 당신 사이에 갈등을 불러일으키는 감정을 잘 다스리게 된다. 이 기법을 활용하면 상대방과의 다툼을 해결한 후, 그와의 관계가 이전보다 돈독해질 수 있다.

협동문제해결 기법 이 기법을 이용하면 당사자들을 모두 만족시켜야 하는 갈등 상황을 해결할 수 있고, 문제를 해결하고 나서 같은 문제가 다시 발생하지 않게 할 수 있다.

기법의 선택 여기서 제시하는 선택의 방법을 따르면 자신이 처한 상황에 따라 어떤 의사소통 기법을 활용해야 하는지를 결정할 수 있다.

이 책에서 다루는 의사소통 훈련의 장점은 활용 범위가 넓다는 것이다. 많은 훈련 프로그램들이 듣는 기법에 중점을 둘 뿐 효과적으로 자기표현을 하는 방법을 가르치지 않는다. 자신의 의견을 표현하는 방법을 가르치는 경우도 있긴 하지만, 그런 프로그램은 반대로 경청의 필요성을 등한시하는 경우가 많다. 한편, 경청과 자기표현을 통합적으로 가르치는 프로그램에서는 갈등을 해소하거나 인간관계에서 필연적으로 나타나는 여러 가지 문제를 해결하는 방법을 충분히 다루지 않는 경우가 많았다. 배운 기법을 언제 적절히 활용할 수 있는지 가르치는 교육과정은 더더욱 찾기 힘들다. 기법을 잘 사용했더라도 잘못된 상황에 적용했다면 그 기법은 무용지물이다. 이 책은 대인관계에서 기본이 되는 기법들을 모두 다룰 것이다.

이 책에서 다루지 않은 주제들 중에도 여기서 다룬 내용 못지않게 중요한 주제들이 많다. 그러나 이론과 기법을 너무 방대하게 다루면 독자들의 에너지가 쓸데없이 소모될 수 있다. 기법을 발전시키기 위해서는 초점을 분명히 해야 한다. 그래야 에너지를 집중할 수 있다. 다른 분야도 마찬가지겠지만 의사소통 기법을 가르칠 때도 건축 분야에서 통용되는 유명한 지침을 따라야 한다. 바로 '좀 더 단순하라'는 지침이다. 의사소통 분야에서 우리의 교육 프로그램이 성공한 이유 중 하나는 기본에 충실하라는 원칙을 지켰기 때문이다. 수많은 주제와 방대한 세부내용에 질리지 않아야 사람들이 더 잘 배울 수 있다.

정리

대화는 인간의 가장 위대한 능력이다. 그러나 대부분의 사람들이 대화를 제대로 하지 못하고 있다. 대화방식이 잘못되면 외로움을 느끼게 되고, 친구와 연인, 배우자, 자녀들과도 멀어지게 된다. 업무효율이 떨어지는 것은 물론이다. 사람들 누구나 방어적인 성향이 있기는 하지만, 나이와 상관없이 인간관계를 개선하고 업무능력을 높여주는 구체적인 의사소통 기법을 익힐 수 있다. 이 기법들을 좀 더 자세히 알아보자.

Chapter 2
왜 말이
통하지 않을까

의사소통에 장벽이 생기면 만남과 대화의 의미가 사라진다.
사람들 사이에 존재하는 이 장벽은 의사소통을 무척 어렵게 만든다.
말을 한다고 해서 그것이 의사소통이라고 생각한다면 오산이다.
사람들은 어린 시절부터 받아온 교육 때문인지 의사소통을 실제보다 쉽게
생각하는 경향이 있다. 그러다가 막상 어려움에 직면하면 금세 포기해버린다.
어려움의 본질을 모르기 때문에 무엇을 어떻게 해야 하는지도 모르는 것 같다. 문제는
의사소통이 어려운 데에 있는 것이 아니라
포기를 너무 쉽게 하는 데에 있다.

— 루엘 하우, 신학자 겸 교육학자

대화를 방해하는 12가지 주범

30대 중반 여성인 수 맥스웰이 한숨을 쉬며 말했다. "글쎄, 이번에도 일을 망쳐버렸어요. 이번 추수감사절 주말에 부모님을 찾아뵈었거든요. 부모님은 올해에 안 좋은 일도 있었고 경제적으로도 어렵게 지내셔서 저는 두 분을 따뜻하게 위로해 드리려고 했어요. 그런데 제가 애들을 잘못 키우고 있다고 잔소리를 하시는 거예요. 그 말을 들으니까 화가 나잖아요. 그래서 엄마 아빠는 저랑 동생을 얼마나 잘 키웠느냐고 대들었죠. 그 일로 부모님과 30분 동안이나 싸웠고, 셋 다 크게 상처를 받았어요. 친정에 갈 때마다 항상 그런 식이에요. 물론 부모님께서 그런 말씀을 하실 수는 없다고 생각하지만, 그분들을 사랑하고 함께 있을 때 화기애애한 시간을 보내고 싶어요. 하지만 왜 그런지 매번 서로 마음 상하는 말만 하게 돼요."

안타깝게도 수가 겪은 일은 우리 주위에서 흔히 볼 수 있는 광경이다. 부모와 자녀, 상사와 부하직원, 동료나 친구, 아니 이 세상 모든 사람들 사이에서 말이다. 대화를 잘 하고 싶은 마음은 굴뚝같은데, 도대체 왜 이렇게 어려운 걸까? 가장 큰 원인은 대화에 방해가 되는 요소를 무의식적으로 끌어들이는 데에 있다. 대화의 당사자 중 어느 한쪽 또는 양쪽 모두에게 해결해야 할 문제가 있거나 불만이 있는 경우, 십중팔구 이런 방해요소가 등장한다.

의사소통에 방해가 되는 요소를 끌어들이면 일이 꼬일 확률이 높다. 대화 당사자가 스트레스를 받고 있는 상황이라면 의사소통 방해요소의 부정적인 영향이 더 커지는데, 그 영향의 범위는 매우 넓다. 상대방의 자존감을 파괴하고, 방어심리나 저항감, 분노, 위축감, 패배감이 들게 하며 스스로를 무능하다고 느끼게 만든다. 결국 자신의 문제를 스스로 해결할 가능성을 낮추는 부작용을 낳는다. 모든 의사소통 방해요소는 감정 표현의 방해요소이기도 하다. 방해요소에 맞닥뜨리면 자신의 솔직한 감정을 털어놓으려 하지 않기 때문이다. 의사소통 방해요소는 이 같은 부정적인 결과를 낳을 가능성이 높기 때문에 자주 그런 일이 반복되면 관계가 완전히 끝나버릴 수도 있다.

대화를 가로막는 방해요소에는 구체적으로 어떤 것들이 있을까? 칼 로저스, 루엘 하우, 하임 기너트, 잭 깁 같은 대인관계 전문가들은 진실한 대화를 가로막는 반응을 구체적으로 제시했다. 최근에는 토마스 고든이 포괄적인 목록을 작성하여 그것들을 '대화를 방해하는 12가지 주범'이라고 이름 붙였다. 여기에 포함되는 반응들은 다음과 같다.

> **비판하기** 상대방의 행동이나 태도에 대해 부정적으로 평가하는 반응을 말한다. "다 네가 자초한 일이야. 너를 이 지경으로 만든 게 너 말고 누구겠니." 같은 말이 여기에 해당한다.
>
> **인신공격** 상대방을 무시하거나 부정적으로 규정하는 반응이다. "이런 멍청이." "꼭 여자애처럼." "이 대머리야." "너 같은 보수주의자들은 다 똑같아." "당신도

어쩔 수 없이 미련한 인간이야."

진단하기 자신이 아마추어 정신과 의사가 되어 상대방이 왜 그렇게 행동하는지 분석하는 반응이다. "네 속이 훤히 들여다보인다." "내 성질을 돋우려고 이러는 거 다 알고 있어." "네가 대학 좀 다녔다고 나보다 잘났다는 거야?"

평가형 칭찬 다른 사람의 행동이나 태도를 긍정적으로 판단해서 이야기하는 반응이다. "넌 정말 착한 애야. 오늘 잔디밭 청소하는 거 도와줄 거지?" 교사가 10대 학생에게 "넌 정말 대단한 시인이야." 하고 칭찬할 수도 있다. (이런 칭찬이 왜 위험한지 이해하기 힘들어 하는 사람이 많을 것 같다. 이유는 나중에 설명하겠다.)

명령하기 자신이 원하는 것을 다른 사람에게 시키는 반응이다. "지금 당장 숙제부터 해." "왜라니? 하라면 할 것이지."

위협하기 시키는 대로 하지 않으면 안 좋은 일이 생길 거라고 경고함으로써 상대방을 제압하는 반응이다. "네가 그 일을 안 하면…." "당장 조용히 하지 않으면 반 전체가 오늘 집에 못 갈 줄 알아."

훈계하기 설교하듯이 상대방이 어떻게 해야 하는지 말해주는 반응이다. "이혼하면 안 돼. 애들이 어떻게 될지 생각해 봐." "그 사람한테 네가 사과해야 돼."

지나치거나 부적절한 질문 단답형 대답을 요구하는 폐쇄형 질문이 대표적이다. "언제 그랬는데?" "네가 한 일이 후회되니?"

충고하기 상대방이 겪고 있는 문제의 해결책을 제시하는 방식이다. "나 같으면 그 사람한테 쏘아붙이겠다." "그건 간단한 문제잖아. 먼저…."

화제 돌리기 다른 이야기를 꺼내서 상대방의 문제를 제쳐버리는 반응이다. "너무 심각하게 생각하지 마. 좀 재미있는 이야기나 해보자." "그건 고민도 아니야. 내가 당한 일 좀 들어볼래?"

논리적 언쟁 감정은 무시한 채 객관적 사실이나 논리만으로 상대방을 설득하려는 반응이다. "현실을 똑바로 보세요. 당신이 차를 새로 안 샀으면 그 집 계약금은 낼 수 있었잖아요."

위안하기 상대방이 겪고 있는 부정적인 감정을 털어버리도록 유도하는 반응이다. "걱정할 것 없어. 동트기 전이 가장 어둡다고 하잖아." "다 잘 풀릴 거야."

의사소통 방해요소는 위험하다

언뜻 보기에 위의 방해요소들 중 일부는 전혀 방해요소가 아닌 것처럼 보일 수 있다. 칭찬하기, 위안하기, 논리적 대응, 질문하기, 충고하기 같은 행위는 사람들 사이에 긍정적인 요소로 생각되는 것들이다. 그렇다면 왜 대인관계 전문가들은 이 12가지 유형의 반응이 의사소통을 방해한다고 지적했을까?

먼저 이 12가지 반응은 모든 의사소통을 가로막는 '필연적인' 해악 요소라기보다 '아주 위험한' 요소로 분류된다는 점을 염두에 두기 바란다. 이 반응들은 다른 반응에 비해 대화를 중단시킬 가능성이 높고, 상대방의 문제를 효과적으로 해결할 기회를 차단하며, 두 사람을 감정적으로 멀어지게 할 가능성이 높다. 그러나 이런 반응을 보여도 부정적인 영향이 거의 없거나 전혀 없는 경우도 있기는 하다.

한쪽 당사자 또는 양 당사자 모두 욕구불만을 강하게 느끼고 있거나 골치 아픈 문제로 씨름하고 있을 때라면 의사소통 방해요소의 부정적인 영향이 훨씬 커질 것이다. 이럴 때 명심해야 할 지침이 있다. "당신이나 상대방이 스트레스를 받고 있는 상황이라면 어떤 방해요소도 사용하지 말라." 그러나 안타깝게도 사람들이 위험한 반응을 가장 많이 하는 때가 바로 스트레스가 쌓여 있을 때다.

의사소통의 방해요소들은 크게 세 부류로 나눌 수 있다. 판단하기, 해결책 제시하기, 상대방의 관심사 회피하기가 그것이다.

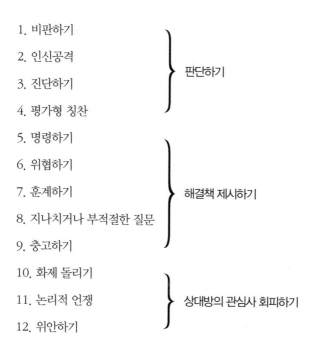

1. 비판하기

2. 인신공격

3. 진단하기 　　　　　　　판단하기

4. 평가형 칭찬

5. 명령하기

6. 위협하기

7. 훈계하기 　　　　　　　해결책 제시하기

8. 지나치거나 부적절한 질문

9. 충고하기

10. 화제 돌리기

11. 논리적 언쟁 　　　　　상대방의 관심사 회피하기

12. 위안하기

판단하기

여기에는 비판하기, 인신공격, 진단하기, 평가형 칭찬이 있다. 이 네 가지 방해요소의 공통점은 다른 사람을 판단하려 한다는 점이다.

　심리학자 칼 로저스는 한 강연에서 "타인과의 의사소통에서 가장 큰 장벽은 바로 우리 안에 있는 판단하려는 성향이다."라고 주장했다. 상대방의 말에 동의하든 반대하든 말이다. 자신에게 판단하려는 성향이 있다는 사실을 인정하는 사람은 거의 없다. 그러나 로저스는 그 강연에서 판단하려는 성향이 우리가 의식하는 것보다 훨씬 광범위하게 퍼져 있다는 사실을 청중에게 보여주었다. 다음은 그가 강연한 내용 중 일부다.

오늘 저녁 이 강연이 끝나고 나서 여러분의 친구에게 "난 그 사람 강연하는 거 맘에 안 들더라."라는 말을 들을지도 모릅니다. 그럼 여러분은 어떤 반응을 보일 것 같습니까? 십중팔구 그 말에 동의하거나 반대할 겁니다. 아마 이렇게 대답하겠지요. "나도 맘에 안 들더라. 지루해 죽는 줄 알았어." 아니면 이렇게 말할 수도 있을 겁니다. "왜? 나는 정말 좋았는데." 다시 말해 여러분은 여러분의 관점에서 여러분의 평가 기준에 비추어 자신이 들은 강연을 평가할 가능성이 높습니다.

다른 예를 들어볼까요? 제가 이런 느낌을 말했다고 칩시다. "요즘엔 공화당 사람들이 웬만큼 제정신이 든 것 같아요." 이 말을 들었을 때 여러분은 어떤 반응을 보일까요? 어떤 식으로든 평가를 내릴 가능성이 굉장히 높을 겁니다. 그 말에 동의하거나 반대할 수도 있고, 저에 관해 어떤 판단을 내릴 수도 있을 겁니다. '이 사람은 아마 보수적일 거야.'라거나 '이 사람은 생각하는 게 상당히 고리타분할 것 같은데.'라는 식으로 말입니다.

그 강연에서 로저스는 일반인들의 판단하기 좋아하는 성향을 이야기하며 중요한 점을 지적했다.

대화를 나눌 때는 누구나 상대방의 말을 평가하는 경향이 있지만 감정이나 기분이 개입된 상황에서는 그럴 가능성이 훨씬 높습니다. 그래서 감정이 격한 상태일수록 공감대가 형성되지 않을 가능성이 큽니다. 거기에는 두 가지 생각과 두 가지 감정과 두 가지 판단이 있기 때문에 심리적으로 멀어져서 서로 상대방을 이해하지 못하는 겁니다. 여러분의 경험을 돌이켜 보면 확실히 이해가 될 겁니다. 여러분은 감정이 격앙된 어떤 두 사람의 대화를 들으면서 이런 생각을 한 적이 있을 겁니다. '뭐야, 이 사람들 서로 딴 이야기만 하고 있잖아.' 맞습니다. 그 사람들은 서로 딴 이야기를 하고 있었을 겁니다. 서로 자신의 기준에 따라 판단하고 평가하면서 말입니다. 그런 대화는 진정한 의사소통이라고 할 수 없습니다. 다시 말하지만, 감정적으로 의미 있는 중요한 발언을 자신의 관점으로 평가하여 반응하는 행위는 의사소통의 가장 심각한 장벽입니다.

비판하기

많은 사람들은 비판을 하지 않으면 상대방의 행동이 절대 나아지지 않을 거라고 생각한다. 부모는 자식들을 야단치지 않으면 그들이 성실하고 예의 바른 어른이 되지 못할 거라고 생각한다. 교사는 학생들을 비판하지 않으면 그들이 제대로 배우지 못할 거라고 생각한다. 관리자는 직원들을 비판하지 않으면 업무능률이 떨어질 거라고 생각한다. 그러나 이 책을 읽다 보면 비판이 아닌 다른 방법을 사용했을 때 의사소통의 목표가 더욱 효과적으로 달성된다는 사실을 알게 될 것이다.

한편, 스스로 얼마나 자주 다른 사람들을 비판하는지 알아보기 위해 자신의 상호작용을 관찰해보는 일도 유익하다. 사람들 중에는 비판이 삶의 방식이 되어버린 경우도 있다. 어떤 남편은 자기 아내를 "항상 실수 찾기 탐험에 몰두하는 사람"이라고 묘사했다. 해군 장성 한 사람은 백악관의 보좌관이었던 해리 홉킨스에게 "바늘군단의 총사령관"이라는 별명을 붙이기도 했다. 비판하기 좋아하는 그의 성향 때문이었다.

인신공격이나 낙인찍기

상대방을 인신공격하거나 낙인찍는 행위는 양쪽 모두에게 부정적인 영향을 끼친다. '깜둥이' '백인 기독교도' '먹물' '애송이' '잔소리꾼' '독재자' '멍청이' '바보' '바가지 긁기 대장' 같은 낙인은 상대방에게 상처를 남긴다. 반대로 어떤 낙인은 후광을 만들기도 한다. '영리한 사람' '부지런한 사람' '헌신적인 사람'

'장래가 촉망되는 사람' 등이 그것이다.

누군가를 낙인찍으면 자기 자신이나 그 사람을 제대로 알 수 있는 기회가 차단된다. 낙인을 찍으면 그 사람 개인이 아니라 그저 어떤 유형을 상대하게 되기 때문이다. 심리학자 클라크 무스타카스는 이렇게 말했다.

누군가를 낙인찍거나 특정 부류로 분류해버리면 그 사람의 실체가 아니라 그림자만을 본 것인데도 그 사람 전체를 알고 있다는 착각에 빠지게 된다. 스스로 자기 자신과 그 사람을 알고 있다고 확신하기 때문에 … 우리 주위나 내부에서 어떤 일이 일어나는지 제대로 파악하지 못한다. 제대로 파악하지 못했기 때문에 실체를 대면하려는 노력도 하지 않는다. 우리는 자신과 다른 사람을 정형화하기 위해 낙인찍기를 계속하고, 이런 낙인으로 인해 한 인간으로서의 의미와 고유한 분위기를 발견하지 못하고 사람들과 더불어 성장하는 기쁨도 누리지 못한다.

진단하기

낙인찍기의 한 유형인 진단하기는 몇 백 년 동안 인간을 괴롭혀왔고 프로이트 이후 훨씬 더 확산되었다. 어떤 사람들은 상대방이 말하는 내용을 듣기보다 감정을 탐색하는 형사가 되어 상대방의 내적 동기나 콤플렉스를 찾으려 한다.

심리학자의 비서로 채용된 사람이 한 달 만에 사직서를 냈다. 친구가 왜 일을 그만두었냐고 묻자 이렇게 대답했다. "그 사람은 내가 어떤 행동을 하든 항상 그 동기가 뭔지를 분석하는 거야. 정말 두 손 들었어. 내가 지각하면 그건 내가 자기에게 불만이 있어서 그런 거고, 일찍 오면 내가 긴장하고 있는 거고, 정시에 출근하면 강박증이 있다는 거야."

어떤 사람이 "당신은 지금 방어의식이 있어요. 죄책감이나 두려움, 아니면 다른 어떤 무의식적인 동기나 콤플렉스 때문에 그런 행동을 하는 거라고요."

라고 말한다고 치자. 아마도 그 대화는 제대로 진행되기 어려울 것이다.

평가형 칭찬

많은 사람들은 진심 어린 칭찬이 인간관계에 도움이 된다고 믿고 있다. 부모, 교사, 관리자들은 그때그때 솔직하게 칭찬을 한다. 하임 기너트는 칭찬이 "자신감을 북돋우고, 마음을 편하게 하고, 독창성을 자극하고, 학습욕구를 불러일으키고, 선의를 이끌어내고, 인간관계를 호전시키는 것으로 보인다."라고 말했다. 그래서 칭찬이 대화에서 방해요소로 작용한다는 생각은 하지 못하는 것 같다. 그러나 칭찬이 부정적인 결과를 가져오는 경우도 있다.

칭찬은 종종 상대방의 행동을 조종하기 위한 술책으로 사용된다. 숨은 의도를 갖고 칭찬할 때, 칭찬을 듣는 사람은 칭찬하는 사람이 자신을 지배하고 이용하려 한다는 생각에 불쾌감을 느끼게 된다. 데이비드 옥스버거는 칭찬받는 것이 항상 사랑받는 것을 의미하지는 않는다고 지적한다. "칭찬 속에 교묘한 의도가 숨어 있는 경우가 많다. 칭찬은 이용의 수단이 될 때도 많다. 자신이 칭찬받는 위치에 있는 사람이라는 건 상대보다 한 수 아래라는 것, 불리한 위치에 있다는 것, 달콤한 말에 넘어가는 사람이라는 것을 의미하기 때문이다."

숨은 의도가 없더라도 칭찬이 해로운 결과를 낳는 경우는 많다. 칭찬을 받은 사람이 마치 위협이라도 받은 듯 저항하는 경우가 있다. 상대방을 경계하는 사람이나 방어적인 사람이라면 이렇게 대응할 수 있다.

"제가 그렇게 잘한 것 같진 않은데요."

"별것도 아닌데요, 뭐."

"저는 그런 칭찬 받을 자격이 없습니다. 전부 제 비서가 생각해낸 거거든요."

"순전히 운 때문이었어요."

"다른 사람이 했으면 더 잘했을 거예요."

한편, 평가형 칭찬에 내재된 위험성을 알게 된 사람들은 모든 유형의 격려가 해로울 거라고 생각할 수 있는데, 항상 그렇지는 않다. 다른 사람에 대한 긍정적인 느낌을 표현하는 것은 대인관계를 좋게 만드는 중요한 요소다. 이 요소를 유용하게 사용하는 방법은 9장에서 설명하기로 한다.

해결책 제시하기

의사소통 방해요소의 또 다른 형태는 상대방에게 해결책을 제시하는 것이다. 그 해결책은 애정이 담긴 충고일 수도 있고, 질문을 이용한 간접적인 제시일 수도 있고, 권위를 내세운 명령일 수도 있고, 공격적인 위협일 수도 있고, 도덕성의 후광을 이용한 조언일 수도 있다. 그러나 이런 식으로 해결책을 제시하는 행위 역시 의사소통의 장벽이 될 수 있다. 특히 한쪽 당사자 또는 양쪽 당사자 모두에게 욕구불만이 있거나 어떤 문제를 안고 있을 때는 더더욱 그렇다. 이런 경우, 해결책을 제시하여 원래의 문제를 해결하기는커녕 사태를 악화시키거나 새로운 문제를 만들기 쉽다.

해결책을 제시하는 방식으로는 명령하기, 위협하기, 훈계하기, 지나치거나 부적절한 질문, 충고하기 등이 있다. 해결책을 제시하는 행위가 항상 나쁜 건 아니다. 다만 그 행위가 대화의 벽을 쌓고 상대방의 발전을 가로막을 가능성이 있다는 점은 염두에 두어야 한다.

명령하기

명령은 권력을 등에 업고 강압적인 태도로 제시하는 해결책이다. 강제력이 사용되면 사람들은 보통 저항감과 분노를 느낀다. 심한 경우에는 명령을 거부하며 맞설 수도 있다. 반대로 명령을 받기만 하다가 고분고분하고 순종적인 성격으로 변할 가능성도 있다. 명령은 상대방의 판단력을 믿을 수 없다는 의미를 담고 있기 때문에 명령을 받는 사람은 자존심을 다칠 우려가 있다.

위협하기

위협은 자신이 시킨 일을 하지 않을 경우, 모종의 처벌이 있을 것임을 강조하는 해결책이다. 위협으로 인한 부정적인 결과는 명령으로 인한 부정적인 결과와 거의 같다.

훈계하기

사람들은 대부분 다른 사람에게 해결책을 제시할 때 그럴듯한 후광을 덧씌우고 싶어 한다. 그래서 자신의 생각을 사회적 지위, 도덕, 권위 있는 이론으로 뒷받침한다. 훈계는 보통 "~해야 한다."라는 말을 함께 사용하는데, 꼭 그렇지는 않고 "이렇게 하는 게 옳아." "요샌 우리 집에 자주 오지 않는구나." 하는 식으로 에둘러 말하는 경우도 있다. 그러나 그렇게 간접적으로 말한다 해도 그 안에는 "~해야 한다."라는 의도가 포함되어 있다. 도덕적으로 따지는 일은 비도덕적이다. 그런 행위가 불안감과 적대감을 불러일으키고 솔직한 자기표현을 가로막으며 가식적인 태도를 조장하기 때문이다.

지나치거나 부적절한 질문

질문은 의사소통에서 적절한 역할을 하기도 하지만, 때때로 의사소통을 방해하기도 한다. 다음은 주위에서 흔히 볼 수 있는 판에 박힌 질문과 대답 같지 않은 대답이다.

"어디 갔다 왔니?"

"밖에요."

"밖에서 뭐 했는데?"

"아무것도 안 했어요."

날이면 날마다 부모들은 이렇게 묻는다. "오늘 학교에서는 어땠니?" 그리고 날이면 날마다 이런 심드렁한 대답을 듣는다. "좋았어요."

어떤 사람들은 계속해서 질문을 던지다가 대화를 완전히 중단시켜버린다. 이런 사람들은 사랑하는 사람이 이야기를 하지 않으면 그에게 사소한 이야기라도 듣기 위해 필사적으로 더 많은 질문을 퍼붓는다. 그러나 과도한 질문은 대화를 더욱 맥 빠지게 만들 뿐이다.

질문에 중독된 사람들이 무척 많다. 정도를 넘어선 질문은 대화를 실패로 이끌 가능성이 높다. 퀘벡에 있는 능력개발연구소 소장인 자크 랄란은 이렇게 주장한다. "일상적인 대화에서 질문은 직접적인 의사표현보다 훨씬 비효율적이다. 질문은 불완전하고 간접적이고 무언가를 감춘 듯하고 인간미가 없기 때문에 결과적으로 방어적인 대응과 저항을 초래한다. 게다가 어떤 사람들은 정보를 얻기보다는 대화를 가로막거나 상대방을 우회적으로 이용하기 위해 질문을 사용한다."

충고하기

충고도 상당히 흔하게 사용되는 의사소통 방해요소다. 최악의 경우, '간섭 강박증'으로 나타난다. 충고가 거의 효과가 없다는 근거를 알고 있고 다른 사람들에게 그렇게 가르쳐왔고 충고를 상당히 많이 줄였지만, 아직도 나는 다른 사람들에게 불필요한 충고를 한다. 내게 충고의 함정은 끊임없는 유혹이며,

특히 친한 사람이 고민을 털어놓을 때 충고를 하려는 경향이 더욱 강해진다.

자, 그럼 충고가 왜 나쁠까? 그 이유는 충고가 기본적으로 상대방의 지적인 능력을 모욕하는 행위이기 때문이다. 충고를 하는 이유는 상대방이 자신의 문제를 이해하고 그 문제에 대처할 능력이 없다고 보기 때문이다. 노먼 케이건의 말처럼 은연중에 그 사람에게 이렇게 말하는 것이다. "내가 보기엔 답이 뻔히 보이는 문제를 가지고 뭘 그렇게 쩔쩔매고 있어. 바보같이."

충고의 또 다른 문제는 충고하는 사람이 상대방의 고민거리를 완전히 이해하고 있는 경우가 거의 없다는 데 있다. 걱정거리를 누군가에게 털어놓을 때 꺼내는 내용은 '빙산의 일각'인 경우가 많다. 따라서 충고하는 사람은 상대방의 복잡한 상황과 감정, 표면적인 내용 아래에 숨겨진 수많은 요소들을 알 수가 없다.

상대방의 관심사 회피하기

한 언론인이 이런 말을 했다. "대화의 제1법칙은 화제에서 벗어난 옆길이 보이면 반드시 누군가 그 길로 간다는 것이다." 화제 돌리기, 논리적 언쟁, 위안하기는 대화를 옆길로 벗어나게 만드는 핵심 요소들이다.

화제 돌리기

다른 사람의 문제에 대해 이야기하다가 자신의 문제로 이야기를 돌릴 때 가장 많이 쓰는 방식이 화제 돌리기다. "그 말을 듣고 보니 생각나는데….."로 시작하는 구절이 바로 그 신호탄이다. 상당수의 대화에서 이 같은 화제 돌리기가 반복된다. 언젠가 입원한 친구를 병문안하러 온 노부인 네 사람의 이야기를 우연히 들은 적이 있다.

환자 수술을 받고 나서 통증이 너무 심해서 참을 수가 없더라고. 마치….

부인 A 수술 이야기가 나와서 말인데, 나도 메모리얼 병원에서 쓸개를 떼 내는 수술을 받았었지. 그때만 생각하면….

부인 B 우리 손자 녀석도 팔이 부러졌을 때 그 병원에 갔었는데, 담당이 베이어 선생님이었지.

부인 C 베이어 선생이 우리 동네 사는 거 알아? 사람들 말로는 그 사람 알코올중독이라던데?

부인 D 그래도 알코올중독이 마약중독보다는 나아. 그 고등학교 교장 아들이 마약으로 완전히 신세 망쳤잖아. 다른 애들 가르치기 전에 아들부터 잘 간수할 것이지.

휴우, 환자의 하소연은 어떻게 된 건지. 대화의 화제를 바꾸는 이유는 상대방의 말에 귀를 기울여야 한다는 사실을 모르거나 그 요령을 모르기 때문이다. 또는 관심의 초점을 자신에게 돌리기 위해 화제를 바꾸기도 하고, 대화의 내용에 마음이 불편해져서 화제를 바꾸기도 한다. 많은 사람들은 애정, 분노, 갈등, 죽음, 질병, 이혼 등 자신의 내면에 긴장을 불러일으키는 화제들에 대해 이야기하기를 싫어한다. 그래서 그런 화제들이 대화의 초점이 되면 자신에게 더 편안한 주제로 대화의 방향을 바꾸려 한다.

논리적 언쟁

논리에는 중요한 기능이 많다. 그러나 스트레스를 받고 있거나 다른 사람들과 갈등을 겪고 있는 사람에게 논리적인 해결책을 들이미는 행위는 화를 돋울 가능성이 높다. 논리적으로 해결하는 것이 최선으로 보일지라도 그 방법을 사용하면 상대방과의 관계를 소원하게 만들 수 있다. 스트레스가 있는 상황에서 논리를 앞세울 때 생기는 가장 큰 문제는 감정적으로 거리를 만든다는 점이다. 논리는 객관적 사실에 초점을 맞추기 때문에 감정 문제를 고려하지 않는 것이 보통이다. 하지만 고민이 있거나 인간관계가 어긋났을 때 중요한 건 논리가 아니라 감정이다. 감정을 배제하고 논리를 사용하는 사람은 상대방이 그를 가장 필요로 할 때 상대방으로부터 달아나는 셈이나 마찬가지다.

위안하기

"위안하는 게 도대체 뭐가 잘못됐다는 건가요?" 사람들이 자주 하는 질문이다. 다른 11가지 방해요소처럼, 위안하기도 사람들 사이를 갈라놓는 원인이 될 수 있다. 다음은 하임 기너트가 쓴 글이다.

자녀에게 "저는 멍청해요."라는 말을 들어보지 않은 부모는 거의 없을 것이다. 자기 자식이 절대 멍청하지 않다는 사실을 알고 있는 부모들은 자녀에게 그들이 아주 영리하다는 사실을 확신시키려 한다.

아들 　전 멍청해요.

아버지 　넌 안 멍청해.

아들 　아니에요, 멍청해요.

아버지 　그렇지 않다니까. 전에 캠프 갔을 때 네가 얼마나 영리하게 잘 해냈는지 기억 안 나니? 상담선생님도 네가 아주 영리한 축에 든다고 생각하셔.

아들 　선생님 생각을 아빠가 어떻게 아세요?

아버지 　선생님이 아빠한테 그렇게 말씀하셨다.

아들 　그래요? 나한테는 맨날 멍청하다고 말하는 그 사람이요?

아버지 　그거야 농담이지.

아들 　전 멍청해요. 그건 사실이에요. 학교 성적만 봐도 아시잖아요.

아버지   좀 더 열심히 하면 돼.

아들   전 이미 열심히 하고 있다고요. 그런데도 소용이 없어요. 머리가 나쁜 거예요.

아버지   넌 영리해. 확실해.

아들   전 멍청해요. 확실해요.

아버지   (큰소리로) 멍청하지 않다니까!

아들   멍청해요!

아버지   멍청하지 않다고, 이 멍청아!

자녀가 자신을 멍청하거나 못생겼거나 나쁜 아이라고 단정하면 당장은 그의 자아상을 바꿀 도리가 없다. 자신에 대한 뿌리 깊은 편견 때문에 이를 바꾸려는 시도 자체가 먹히지 않기 때문이다. 아이는 아버지에게 이렇게 말하고 있는 셈이다. "아빠가 무슨 말씀을 하시는지 잘 알아요. 그러나 저는 제가 영리하다는 말을 곧이곧대로 믿을 만큼 멍청하지는 않다고요."

위안은 상대방의 마음을 편하게 해주기 위한 행동이다. 그러나 결과는 정반대다. 위안comfort이라는 단어는 라틴어 con과 fortis에서 왔다. 둘을 조합해서 문자 그대로 해석하면 '함께 있어 줌으로써 격려하는 것'이라는 뜻이다. 그러나 위안은 진심으로 상대방과 함께 있어 주는 방법이 아니다. 그것은 일종의 감정적인 '물러섬'이다. 다른 사람을 돕고 싶지만 거기에 따르는 감정적인 부담은 피하고 싶을 때 쓰는 방법이 위안이다.

13번째 의사소통 방해요소

사람들에게 의사소통 방해요소를 소개할 때마다 이런 반응이 나온다.

"여태 제 남편이 그랬어요. 그이한테 자기가 보여준 방해요소를 가르쳐줄 테니 좀 기다려주세요." "아, 정말. 우리 부장님은 방해요소 12가지를 전부 다 갖고 있어요. 다음에 또 그러면 어떻게 제 말을 가로막고 있는지 꼭 집어 말씀 드려야겠어요."

바로 이 행동, 즉 다른 사람에게 그들이 의사소통을 방해하고 있다고 지적하는 행동이 13번째 의사소통 방해요소다. 이 방해요소는 판단하기 부류에 해당한다. 대화방식을 개선하고 싶다면 다른 사람의 잘못을 꼬집어 지적하는 행위는 피하는 게 좋다.

죄의식, 자책, 후회

의사소통 방해요소에 관한 설명을 들은 사람들은 대부분 죄의식으로 고민한다. 그동안 자신의 대화방식 때문에 소중한 사람들과 멀어지게 됐을지도 모른다는 생각이 들기 때문이다. 교육을 받은 후 이런 말을 하는 사람이 많았다.

"의사소통 방해요소에 대해 배우고 나니 가슴이 덜컥 내려앉더군요. 제대로 대응했더라면 좋은 결과로 이어졌을 상황들을 제가 망쳐놓았다는 걸 알게 됐거든요."

"갑자기 적을 찾아냈는데 그게 바로 저라는 걸 알았을 때의 기분 같아요."

"저는 제가 사람들의 이야기를 잘 들어주는 사람이라고 생각해왔는데, 그 듣는 방식이 대화를 가로막고 있었으리라고는 상상조차 못했어요."

"선생님이 방해요소라고 하신 방식들을 저는 대화를 촉진하는 방법으로 생각해 왔어요. 그래서 지금까지 수도 없이 써왔고요. 방해요소들에 대해 듣고 나니 후회막심입니다. 저는 부모로서도 교사로서도 실패한 것 같아요. 제가 이걸 15년 전에만 알았더라면 얼마나 좋았을까요. 제가 사용한 방식들이 방해요소라는 것도 모르고 어떻게 40년을 살아왔는지 모르겠네요. 하지만 한편으로 희망도 생겼습니다. 그것들이 해롭다는 걸 몰랐다면 고치지도 못했을 테니까요. 의사소통 방해요소들에 대해 배운 게 저한테는 바람직한 방향으로 가는 첫걸음이 될 겁니다."

누구나 가끔은 방해요소를 사용한다. 가끔 사용한다고 해서 관계에 치명적인 해가 되는 것은 아니다. 그러나 자주 사용한다면 무시할 수 없는 해악을 끼칠 것이다. 나쁜 대화습관은 고칠 수 있다. 이 책을 읽다 보면 자신의 나쁜 습관 중 가장 먼저 고쳐야 할 습관이 무엇이고 완전히 뿌리 뽑아야 할 습관은 무엇인지 깨닫게 될 것이다. 기존 방식들이 몸에 배어 있어서 처음에는 바꾸기가 힘들고 절망스러울 수도 있다. 그러나 어떤 습관이든 그것을 바꾸기 위해서는 시간과 노력이 필요하다. 방해요소를 없애려는 노력과 함께 이 책의 나머지 부분에서 설명하는 의사소통 기법들을 실천해보기 바란다.

고대의 철학자가 말했다. "나쁜 습관을 없애는 것보다 좋은 습관을 들이는 것이 훨씬 더 효과적이다." 그 말은 여기서도 유효하다. 경청하는 방법, 자기 의견을 표현하는 방법, 갈등을 해소하는 방법, 사람들 사이의 문제를 좀 더 효과적으로 해결하는 방법을 배워나가다 보면 이전의 의사소통 방해요소들이 하나씩 사라지게 될 것이다.

정리

말하는 방식을 잘못 선택하면 대화에 찬물을 끼얹었을 수도 있고, 관계를 크게 해칠 수도 있고, 무기력감이나 분노, 의존성에 불을 지필 수도 있다. 12가지 의사소통 방해요소를 사용하다보면 상대방은 고분고분하고 순종적인 사람으로 변할 수도 있고, 이전보다 더 반항적이고 적대적이며 사사건건 따지는 사람으로 변할 수도 있다. 대화를 방해하는 이런 요소들은 상대방의 자존심을 꺾고 의지력을 약화시킨다. 스스로 결정하지 않고 다른 사람의 평가에만 신경 쓰게 만들 수도 있다. 의사소통 방해요소는 우리 사회 전반에 만연해 있다. 한쪽 또는 양쪽 당사자에게 문제가 있거나 강한 욕구불만이 있다면 그들의 대화에 의사소통 방해요소가 사용되고 있다고 보면 된다. 그러나 이런 나쁜 습관은 지금부터 설명하는 요령을 익히면 대부분 고칠 수 있다.

2부
들어라

어떤 문제로 고민할 때, 그 문제를 진심으로 이해해주고 애써 귀를 기울여주는 사람이 한 사람이라도 있다면 세상을 보는 눈이 바뀌게 될 것이다.

– 엘튼 메이요, 심리학자

나는 가끔 인간의 진심과 솔직함이 어떤 모습일지 곰곰이 생각한다.
그 모습은 아주 드물어서 만나기가 어렵다.
그 모습을 만나려면 듣는 사람이 누구인지도 아주 중요하다.
벽을 허물고 길을 평평하게 만들어주는 사람이 있는가 하면 침입자처럼
억지로 문을 열고 상대방의 영역으로 침범해 들어가는 사람도 있다.
상대방을 방벽 안으로 끌어들여 그 안에 가둔 다음, 해자를 파고 둘레에 담을
쌓아버리는 사람도 있다. 조율도 하지 않은 채, 음이 맞지 않는 노래에
귀를 기울이는 사람도 있다. 상대방으로 하여금 이상한 언어를 쓰는
이방인으로 느끼게 하는 사람도 있다. 자, 당신이 들을 차례가 되었을 때,
당신은 어느 쪽에 속할 것인가?

– 작자 미상

듣기의 중요성

다양한 분야에서 일하는 사람들을 조사해본 결과, 깨어 있는 시간의 70%를 의사소통에 사용하는 것으로 나타났다. 그 시간 중 쓰기가 9%, 읽기가 16%, 말하기가 30%, 듣기가 45%를 차지했다. 다른 조사에서도 직업에 상관없이 모든 분야에서 듣기가 차지하는 비중이 아주 높은 것으로 나타났다. 일상생활에서 듣기가 막대한 비중을 차지하기 때문에 효과적으로 듣는 능력은 중요할 수밖에 없다.

　듣기 기법은 삶의 중요한 영역에 큰 영향을 미친다. 친구 사이의 신뢰, 가족 간의 친밀감, 업무의 효율성이 듣는 능력에 달려 있다. 그러나 안타깝게도 훌륭한 청자를 찾아보기는 쉽지 않다. 연구에 의하면, 사람들은 말로 전달하는 내용 중 75%를 흘려듣거나 잘못 이해하거나 금방 잊어버린다고 한다. 상황이 이렇다보니 상대방의 말에 담긴 깊은 의미를 간파하는 경우는 훨씬 더 드물다. 자신에게 정말로 중요한 문제를 이야기하고 있는데 상대방이 건성으로 들으며 아무 생각 없이 앉아있기만 했다는 사실을 알고 나면 얼마나 어이없고 서운하겠는가? 그러나 그런 일은 비일비재하다. 미네소타 대학에서 경청을 주제로 강의하는 랄프 G. 니콜스 박사의 글 중에 이런 내용이 있다.

사람들은 너나할 것 없이 어떻게 들어야 하는지를 모르고 있다. 다른 사람의 이야기를 잘 듣기 위해서는 효율적인 기법이 필요하다는 사실을 깨닫지 못하고 있다. 나와 동료들은 몇 년에 걸쳐 사람들이 들은 것을 이해하고 기억하는 능력이 어느 정도인지를 연구했다. 광범위한 실험을 통해 우리가 얻은 결론은 다음과 같다. '보통 사람들은 상대방이 한 말을 들은 직후에 그 내용의 절반만 기억한다.' 자신은 상당히 집중해서 들었다고 생각하더라도 말이다. 시간이 지나면 어떻게 될까? 우리의 실험결과에 의하면 기억하고 있던 내용 중 1/3~1/2정도를 8시간 내에 잊어버린다.

말한 내용이 '한 귀로 들어왔다 한 귀로 나가는' 경우는 다반사다. 사람들의 듣기 능력이 서툰 이유는 어렸을 때부터 안 듣는 훈련을 철저하게 받아왔기 때문이다. 심리치료사인 프랭클린 어니스트는 이렇게 말한다. "아주 어릴 때부터 우리는 모든 활동 중 듣기 부분에서 가장 고된 훈련을 받는다. 듣기 훈련은 대소변 훈련이나 성교육보다 더 철저하게 이루어진다." 어니스트에 의하면 대부분의 아동은 가장 예민한 시기에 어쩔 수 없이 흘려듣는 습관을 들이게 된다. 부모들이 이런 식으로 말하기 때문이다.

"우리 집에서는 그런 말 안 통한다."
"그 사람 말에 신경 쓸 거 없다."
"못 들은 걸로 해라."

"그 말을 너무 심각하게 받아들이지 마라."

"그 애가 정말 그런 뜻으로 말한 건 아니었을 거다."

"자기들이 한 말을 듣고 네가 고민한다는 걸 알면 좋아할 테니 모른 척해라."

부모들은 이런 식으로 가르칠 뿐만 아니라 몸소 실천하는 모습까지 보여준다. 다른 사람이 말할 때 집중해서 듣지 않고 자주 끼어들고 갖가지 의사소통 방해요소를 끌어들인다. 아이들은 어른들의 말과 행동을 접하며 어린 시절부터 듣지 않는 사람이 되는 방법을 배우게 된다.

학교 교육도 올바른 듣기를 방해하는 데 일조한다. 대부분의 학교에서는 읽기를 6년 동안 가르친다. 책을 잘못 읽을 때는 개인지도를 하기도 하고 속독을 가르치기도 한다. 그러나 올바른 듣기 기법을 가르치는 학교는 거의 없다. 학생들은 학교에서 듣기 기법이 아니라 안 듣기 기법을 배우고 있다. 부모와 마찬가지로 교사도 대부분 훌륭한 청자가 되어주지 않는다. 집중해서 듣지 않고 자주 끼어들고 여러 가지 의사소통 방해요소를 사용한다.

대부분의 교실에서는 말하는 시간에 비해 듣는 시간의 비율이 감당할 수 없을 정도로 높다. 어떤 전문가들은 우리가 들을 때 집중하는 시간은 들은 시간의 1/3~2/3 정도밖에 되지 않는다고 주장한다. 말하거나 대답하지 않고 오랫동안 듣기만 하면, 상대방이 말하는 내용을 건성으로 듣다가 딴 생각으로 빠지게 된다. 학생들도 마찬가지다. 교실에서 듣는 내용에 제대로 집중할 수 없기 때문에 점점 신경 쓰지 않게 된다. 게다가 교사들이 하는 말은 대부분 반복적이고 따분한 것이라서 이런 경향은 점점 더 강해진다.

우리는 대부분 서툰 청자가 되는 훈련을 받아왔다. 그러나 아이러니하게도 우리는 다른 어떤 활동보다 듣기를 많이 하고, 듣기 능력은 인간관계나 직장 업무에 굉장히 큰 영향을 끼친다. 그럼 지금부터 듣기란 무엇인지, 듣기 기법에는 어떤 것들이 있는지 알아보도록 하자.

듣기란 무엇인가

우선 '들리는 것'과 '듣는 것'의 차이점을 구분할 필요가 있다. 존 드레이크포드 교수에 의하면 "들리는 것은 귀가 소리를 받아서 뇌에 전달하는 생리학적 지각 과정을 말한다. 이에 비해 듣는 것은 좀 더 복잡한 정신적인 과정으로, 지각한 내용을 해석하고 그것의 중요성을 이해하는 과정이다." 다른 말로 하면, 누군가의 말이 들리더라도 실제로는 듣지 않을 수 있다는 뜻이다. 어느 10대 청소년이 이런 말을 했던 기억이 난다. "친구들은 제가 말하는 걸 들어주지만, 부모님은 제 말을 그냥 흘려들으세요."

언젠가 내가 친구에게 이야기를 하고 있었는데, 그 친구가 내 말을 귀담아 듣지 않는 것 같았다. "너, 내 말 안 듣고 있지?" 내가 화를 냈다. "아니야, 듣고 있어." 그가 대답했다. 그러고는 내가 한 말을 한 마디도 빠뜨리지 않고 다시 말했다. 내 말은 그의 귀에 정확히 들렸지만 그는 경청하지 않았다. 내가 전달하려고 한 진짜 의미를 이해하지 못했기 때문이다. 누구나 비슷한 경험을 해봤을 것이다. 그리고 정확히 들었지만 이해는 못하는 사람에게 이야기하는 일이 얼마나 맥 빠지는 일인지도 잘 알고 있을 것이다.

단순히 듣기hear과 귀를 기울여 듣기listen 사이에 큰 차이가 있다. listen이라는 단어는 두 개의 고대 영어로부터 왔다. 하나는 '귀에 들리다'라는 뜻의 hlystan이고, 다른 하나는 '긴장하며 기다리다'라는 뜻의 hlosnian이다. 이처럼 듣는다는 행위는 귀로 상대방이 하는 말을 듣는 행위일 뿐 아니라 염려하며 기다리는 행위를 뜻하며, 그런 점에서 듣기는 상대방과의 진정한 심리적 연결이라 할 수 있다.

듣기 기법

바람직한 청자가 된다는 건 누구에게나 어려운 일이다. 그래서 여기서는 고유한 성격의 기법 또는 성격이 비슷한 기법들로 묶어서 한 번에 하나의 기법 또는 비슷한 성격의 기법들로 구분하여 집중할 수 있게 했다.

하나의 고유한 기법 또는 같은 성격의 기법들로 초점을 맞추면 효과적으로 기법을 익힐 수 있다. 이런 방식을 따르면 독자들은 한 가지 성격의 기법을 익히고 그 영역에서 자신이 발전한 모습을 확인한 뒤, 좀 더 수준 높은 기법으로 넘어갈 수 있다. 성격별로 기법을 배운 뒤에는 다양한 기법들을 통합하여 섬세하게 적용하고 활용할 수 있다.

이 책에서 다루는 듣기 기법은 성격에 따라 크게 세 가지로 나눌 수 있다.

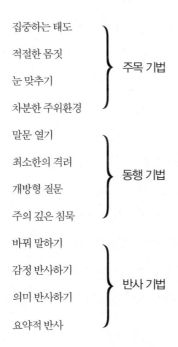

집중하는 태도
적절한 몸짓
눈 맞추기   주목 기법
차분한 주위환경

말문 열기
최소한의 격려
개방형 질문   동행 기법
주의 깊은 침묵

바꿔 말하기
감정 반사하기
의미 반사하기   반사 기법
요약적 반사

주목 기법

주목 기법은 상대방의 말에 집중하고 있음을 표현하는 기법이다. 나는 주목 기법을 '온몸으로 듣기'라고 표현한다. 주목 기법은 상대방의 말을 주의 깊게 듣고 있음을 보여주는 비언어적 대화이며, 이때 집중하는 태도, 적절한 몸짓, 눈 맞추기, 차분한 주위환경이 필요하다.

주목할 때와 주목하지 않을 때

주목 기법을 능숙하게 사용하면 그 효과가 굉장히 크다. 주목이란 당신이 상대방과 상대방의 이야기에 관심이 있음을 보여주는 행동이다. 주목을 받을 때, 우리는 머리와 가슴속에 있는 중요한 내용을 자연스럽게 표현한다. 반대로 주목을 받지 못하면 이야기하고 싶은 마음이 사라진다.

알렌 아이비와 존 힝클은 심리학과 수업에서 주목이 미치는 역할을 연구하여 그 결과를 발표했다. 그들은 주목하는 행동을 훈련받은 학생 여섯 명을 어느 교환교수의 수업에 참석시켜 그 모습을 비디오로 녹화했다. 여섯 학생들은 처음에는 보통의 다른 학생들처럼 행동했다. 물론 그 교수는 학생들이 미리 준비한 계획을 모른 채 강의에만 신경을 쓰며 수업을 진행했다. 그는 제스처를 전혀 사용하지 않았고 말투도 단조로웠으며 학생들에게도 거의 신경을 쓰지 않았다. 그러다가 사전에 약속한 신호를 받은 학생들이 집중해서 듣기 시작했다. 그러자 30초도 안 되어 교수가 처음으로 제스처를 보이더니 말하는 속도도 점차 빨라져서 교실 분위기가 활기차게 변해갔다. 간단한 주목 행동이 분위기를 완전히 바꾼 것이다. 다시 신호를 받은 학생들이 주목하기를 중단하자, 교수는 어색하게 호의적인 반응을 찾다가 결국 애초의 재미없는 강의방식으로 되돌아갔다.

상대방이 내 이야기에 완전히 집중하고 있는 모습은 깊은 감명을 준다. 〈새 터테이 이브닝포스트〉의 표지 그림을 맡으면서 명성을 얻은 노먼 록웰은 아이젠하워 대통령의 그림을 그리던 때를 이렇게 회고했다.

장군과 나는 정치나 선거운동 같은 이야기는 하지 않았고 주로 그림이나 낚시 이야기를 했다. 한 시간 반 정도 함께 있으면서 잊을 수 없었던 점은 나와 이야기할 때 그분이 내게 온전히 집중하는 모습을 보여주었다는 점이다. 그는 마치 세상일에는 아무 관심이 없고 임박한 대통령 선거운동에도 관심이 없는 듯한 태도로 내 말을 들어주고 자신의 이야기를 들려주었다.

주목은 다른 사람의 이야기를 들을 때 우리가 줄 수 있는 가장 큰 선물이다.

집중하는 태도

신체언어가 말보다 효과가 더 큰 경우가 많기 때문에, 들을 때 집중하는 태도는 무척 중요하다. 《인간의 영역Human territories》이라는 책에서 알버트 쉐플렌과 노먼 애쉬크로포트 박사는 이렇게 주장했다. "신체의 각 부분이 어떤 자세를 취하느냐에 따라 대인관계가 오랫동안 돈독하게 유지될 수도 있고, 반대로 관계가 악화되어 서로 회피하다가 깨져버릴 수도 있다." 둘 사이에 장애물을 두지 않은 상태에서, 듣는 사람이 말하는 사람의 맞은편에 적당한 거리를 두고 열린 자세로 앉아, 몸을 약간 앞으로 기울인 채 편안하면서도 진지한 태도를 취할 때, 의사소통이 원활하게 진행된다.

훌륭한 청자는 상대방의 이야기를 듣는 동안 편안하면서도 진지한 태도로 대화에 집중하고 있음을 보여준다. 이때 '지금 마음이 편안한 상태여서 당신의 이야기를 들어줄 여유가 있음'을 보여주는 편안한 자세와 '당신이 내게 하려는 이야기가 중요하다는 것을 알고 있고 그것을 이해할 준비도 되어 있음'을 의미하는 진지한 자세의 균형을 맞추는 일이 중요하다. 이 두 가지 메시지를 몸으로 동시에 나타내고 있다면, 듣는 태도가 제대로 준비된 상태다.

말하는 사람 쪽으로 몸을 기울이는 행동은 등받이에 기대거나 의자에 대충 앉는 것보다 더 높은 열정과 관심을 표현한다. 강연자가 청중을 사로잡았을 때, "청중들이 의자 끝에 앉았다."라고 표현한다. 사람들은 집중할 때 몸을 앞으로 기울일 뿐만 아니라 의자의 앞부분에 앉는다. 반대로 등받이에 기대놓은 시체처럼 몸을 뒤로 젖히고 앉아 있는 사람이 있다고 치자. 그런 자세로 앉아 있는 상대방과 이야기하고 싶은 사람은 아마도 없을 것이다.

정면으로 바라보는 자세, 즉 자신의 오른쪽 어깨를 상대방의 왼쪽 어깨와 마주보게 하는 자세는 상대방에게 집중하고 있음을 효과적으로 나타낸다. 상대방이 정면으로 바라보지 않을 때, 우리는 그 자세를 무관심이나 거부의 의미로 해석한다. 상대방을 정면으로 바라볼 때 명심해야 할 또 한 가지는 눈높이를 맞추는 일이다. 당신이 우월한 지위에 있을 때, 즉 화자의 부모이거나 교사이거나 상사일 때 이 점이 특히 중요하다. 상대방이 의자에 앉아 있는데 당신은 책상 끝에 걸터앉거나 서 있다면 그것만으로도 대화의 장벽으로 작용한다. 어린아이를 둔 부모들은 가정에서 대화할 때 이런 부분에 마음을 쓰는 것이 무척 중요하다고들 말한다.

대화하는 동안에는 팔짱을 끼거나 다리를 꼬지 않고 열린 자세를 취해야 한다. 단단하게 팔짱을 끼거나 다리를 꼬고 앉은 모습은 폐쇄적이고 방어적인 인상을 준다. 야구경기에서 심판의 판정에 감독이 항의할 때 벌어지는 광경은 거의 똑같다. 감독은 팔을 내저으면서 소리를 지르며 심판에게 달려온다. 심판은 팔짱을 낀 방어적인 자세를 취하며 '내 생각은 절대 바뀌지 않을 테니 뭐라고 항의해도 소용없다'는 뜻을 전한다. 어린 학생들도 이런 태도를 취한다.

보통 부모에게 반항할 때 팔짱을 끼는데, 이 행동은 부모의 말을 받아들이지 않겠다는 심리를 나타낸다.

말하는 사람과 적당히 떨어져서 듣는 것도 경청할 때 중요한 요소다. 말하는 사람과 듣는 사람이 너무 멀리 떨어져 있으면 의사소통이 제대로 되지 않는다. C. L. 라센은 정신과 상담을 할 때 물리적인 거리가 어떤 효과를 발휘하는지를 연구했다. 정신과 의사들은 각각 환자들과 90cm, 180cm, 270cm의 거리를 두고 앉았다. 그런 다음, 환자들을 관찰하고 그들로부터 설문을 실시하여 초조감의 정도를 측정했다. 이 실험에서 라센은 의사와의 거리가 멀수록 환자의 초조감이 증가한다는 사실을 알아냈다.

이와 반대로 듣는 사람이 말하는 사람에게 너무 가까이 접근했을 때도 초조감이 증가했다. 어떤 심리학 실험에 의하면, 별로 친하지 않은 사람이 오랫동안 90cm 이내에 자리 잡고 있으면 불편함을 느낀다고 한다. 배우자나 가까운 친구라 할지라도 한참동안 너무 가까운 거리에서 대화하면 불편함을 느낄 수 있다. 그러나 적절한 거리가 어느 정도인지는 사회에 따라 다르고 그 사회 내에서도 개인차가 있다. 대화를 자연스럽게 진행하려면 상대방이 어느 정도에서 초조와 불안을 느끼는지 관찰한 후, 그에 따라 위치를 잡아야 한다. 일반적으로 미국에서는 90cm 정도가 가장 적당한 거리다.

적절한 몸짓

적절한 몸짓은 바람직한 듣기를 위해 핵심적인 요소다. 정신과 의사인 프랭클린 에른스트 주니어는 자신이 쓴 《누가 듣고 있는가? Who's Listening?》라는 책에서 이렇게 말했다.

듣기는 움직이다. 듣기는 화자에 의해 신체적, 심리적으로 움직여지는 것이다. 움직임이 없는 사람, 눈을 깜빡이지 않는 사람은 듣지 않고 있는 사람이다. 눈에 띄는 움직임이 없고 6초에 한 번꼴로도 눈을 깜빡이지 않았다면, 실용적인 목적으로서의 듣기는 중단된 것이다.

청자의 행동에 관한 연구에 따르면, 꼼짝 않고 앉아 있는 사람은 기계적이고 냉정하고 무관심하며 내성적인 인상을 준다. 반대로 활발한 몸짓을 보이는 사람은 친근하고 온화하고 편하고 진심으로 듣고 있다는 인상을 준다. 사람들은 몸이 경직된 사람보다 조금씩 움직이는 사람에게 이야기하기를 좋아한다.

바람직한 청자에 관한 비디오를 보면, 그들은 상대방이 말하는 동안에는 움직임이 적고, 반응을 보일 때는 움직임이 커지는 일정한 리듬을 따른다. 때때로 화자의 제스처에 보조를 맞추는 몸짓을 하기도 한다. 산만한 움직임이나 제스처를 삼가는 것도 효과적인 주목을 위해 중요하다. 훌륭한 청자는 화자의 말에 대한 응답으로 몸을 움직인다. 그러나 산만한 청자는 화자와 상관없는 일에 반응하며 몸을 움직인다. 그들이 집중하고 있지 않다는 사실은 몸짓을 보면 알 수 있다. 연필이나 열쇠를 만지작거리는 행동, 동전을 짤랑거리는 행동, 불안한 듯 안절부절못하는 태도, 손가락으로 연신 책상을 두드리는 행동, 손가락 관절로 뚝뚝 소리를 내는 행동, 몸의 무게중심을 이리저리 옮기거나 다리를 꼬았다 풀었다 하는 행동, 꼰 다리를 그네처럼 위아래로 흔드는 행동 등이 여기에 해당한다. 텔레비전 화면을 쳐다보거나 지나가는 사람에게 손을 흔들거나 고개를 까딱거려 인사하거나 자기가 하던 일을 계속 하는 것도 이야기하는 상대방의 집중력을 흐트러뜨리는 행동들이다.

눈 맞추기
눈 맞추기는 상대방의 이야기를 잘 들으려는 의지와 흥미가 있음을 나타낸다. 눈 맞추기란 말하는 사람에게 자연스럽게 눈을 고정시키고 간간이 얼굴에서 몸의 다른 부위로 시선을 옮기는 행동을 말한다. 뭔가를 설명하면서 움직이는 상대방의 손에서 얼굴로 시선을 옮기다가 다시 눈을 맞추는 식으로 말이다. 청자가 자꾸 딴 데로 눈을 돌리거나 계속해서 화자의 눈만 쳐다보는 행동, 무표정하게 바라보는 행동, 화자가 청자를 보는 순간 시선을 돌려버리는 행동 등은 잘못된 눈 맞추기 방식이다.

화자는 상대방이 자신의 메시지를 잘 받아들이고 있는지를 눈 맞추기로 판단할 수 있다. 또한 이야기 상대로서 당신을 얼마나 신뢰할 수 있는지도 가늠할 수 있다. 청자는 눈 맞추기를 통해 화자의 내면에서 나오는 의미를 들을 수 있다. 효과적인 듣기가 상대방의 속 이야기를 듣고 그가 경험한 일을 꿰뚫어 보는 것이라면, 가장 좋은 방법은 눈이라는 창을 통해 그 내면세계로 들어가는 것이다. 에머슨은 이렇게 말했다. "사람의 눈은 혀만큼이나 많은 이야기를 한다. 눈의 언어는 사전 없이도 전 세계 어디서나 통한다."

많은 사람들이 눈 맞추기를 제대로 하지 못한다. 어떤 사람들은 상대방의 얼굴에서 어떤 감정을 감지하는 순간 눈을 돌려버린다. 그런 행동의 이면에는 상대방의 감정을 방해하지 않도록 또는 상대방이 곤혹스러워하지 않도록 배려하는 측면도 있다. 그러나 훌륭한 청자는 화자가 말한 내용뿐 아니라 화자의 감정도 듣는다. 그리고 화자가 언어로 전하는 내용뿐 아니라 몸짓으로 하는 말도 이해한다. 뒤에서 다시 살펴보겠지만, 화자의 눈을 똑바로 바라보지 못하는 또 다른 이유는 그런 행동이 인간관계를 맺는 가장 친밀한 방식이어서 애정이 깊어질 것을 염려한 많은 사회에서 눈 맞추기를 금기시하기 때문이다.

상대방의 눈을 쳐다보는 것을 곤혹스럽게 느끼는 사람은 있어도, 주위 여기저기로 시선을 던지는 사람과 계속 이야기하고 싶어 하는 사람은 거의 없다. 나로서도 상대방이 그런 부류라면 이야기에 집중할 수 없을 것 같다. 파티에서 나와 이야기하고 있던 사람이 계속 주위의 다른 사람들을 둘러본다면, 나는 그 사람이 나 말고 다른 사람과 이야기하고 싶어 한다고 받아들일 것이다. 그리고 그 사람이 가고 싶은 곳을 찾아서 얼른 가버렸으면 좋겠다고 생각할 것이다. 눈 맞추기를 하지 않으면 상대방은 무관심이나 적대감의 표시로 받아들일 수도 있고 자신을 무시하는 처사로 여길 수도 있다.

눈 맞추기는 좋은 인간관계를 위해 반드시 필요하다. 상대방이 불편하게 여기는 경우가 있어서 무한정 사용할 수는 없지만, 듣기 기법에서 무척 중요한 요소인 것만은 틀림없다. 눈 맞추기에 불편함을 느끼는 사람은 눈을 통해 의사소통하는 능력을 개발해야 한다. 눈 맞추기가 얼마나 중요한지를 깨닫고 나면 어려움을 극복할 수 있을 것이다. 아직 극복하지 못한 사람은 편안함을 느낄 때까지 상대방의 얼굴을 쳐다보는 연습을 꾸준히 해야 한다.

차분한 주위환경

대화에 집중한다는 것은 한눈팔지 않고 오로지 상대방에게만 주목한다는 뜻이다. 산만한 환경에서는 이 같은 집중이 사실상 불가능하다. 차분한 주위환경, 두 사람 사이에 아무런 장애물이 없는 장소, 기분이 불쾌해지는 장소가 아니라 따뜻한 분위기가 느껴지는 장소. 이런 조건이 대화를 촉진한다.

들을 자세가 된 청자는 주위 환경에서 산만한 요소를 최소한으로 줄이려고 노력한다. 집이라면 텔레비전이나 오디오를 꺼서 신경 쓰이거나 산만한 요소를 없앨 것이다. 이런 노력은 대화를 위해 아주 중요하다. 필요하다면 텔레비전 콘센트를 뽑아놓을 수도 있고, 문 밖에 '들어오지 마시오'라고 적힌 팻말을 걸어놓을 수도 있다. 사무실이라면 문을 잠그고 음악이나 전화를 꺼놓고, 이야기가 끝날 때까지 전화를 연결하지 말라고 비서에게 일러놓을 수도 있다. 공장이라면 시끄러운 환경을 완전히 바꿀 수는 없겠지만 방법이 없지는 않다.

이때는 귀가 아니라 발을 이용해야 한다. 사무실이나 방해받지 않을 만한 조용한 곳으로 자리를 옮기면 된다.

큼직한 물건은 치워버리는 편이 대화를 진행하는 데 도움이 된다. 사무실에서는 말하는 사람과 듣는 사람 사이에 책상이 자리 잡고 있을 가능성이 높다. A. G. 화이트가 병원에서의 사례를 분석한 결과, 환자 중 55%는 상담을 시작할 때 의사와 자기 사이에 책상이 없을 때 편안함을 느꼈다고 한다. 책상이 있을 때 편안함을 느낀 사람은 10%뿐이었다. 책상은 권위적인 지위를 연상시킬 수 있기 때문에 무력감이나 적개심을 불러일으킬 수 있다. 또한 책상을 사이에 두고 마주앉으면 두 사람 간의 관계가 인간 대 인간이 아니라 임무 대 임무가 되어 버린다. 만일 사무실이 너무 좁아서 책상이 없는 한쪽 공간에 의자 두 개를 놓을 수 없다면, 화자가 앉을 의자를 책상 너머가 아니라 책상 옆에 두는 게 낫다.

말하는 사람에게 집중하면 신체언어도 관찰할 수 있는데, 이 역시 듣기에서 중요한 요소다. 그런데 만약 두 사람 사이를 책상이나 그 밖의 커다란 물체가 가로막고 있다면 상대방의 몸이 어떤 말을 하고 있는지 알아듣기도 무척 어려울 것이다.

심리적 동행

말하는 사람이 듣는 사람에게 바라는 것은 심리적인 동행이다. 말하는 사람은 듣는 사람이 자신을 위해 함께 있어주기를 바란다. 이때 몸으로 집중하면서 들으면 심리적 동행에 도움이 된다. 이야기하기 좋은 환경에서 편안하게 눈을 맞추고 적절한 몸짓으로 반응하면서 집중하는 자세를 취하면 심리적인 집중도가 높아진다. 신체적으로 집중하는 모습을 보이면 청자가 심리적으로 동행하고 있음을 화자가 느끼도록 하는 데 도움이 된다.

진심으로 귀를 기울이면 그 마음이 얼굴과 몸에 생생하게 나타나지만, 거짓으로 흉내 내면 금방 들통이 난다. 진심으로 상대방과 함께 하지 않는 사람이 집중하는 듯한 몸짓을 보여도 속마음이 금세 드러나기 때문이다. 말하는 사람은 상대방의 흐릿한 눈동자를 보면서 마음이 딴 데에 가 있다는 신호를 포착하기 때문에, 심리적으로 동행하지 않고 속임수를 써봤자 통하지 않는다.

집중하려는 의식적 노력

놀랍게도 대화에 주목하는 요령을 배우기 전부터 대부분의 사람들은 이미 그 요령을 상당히 정확하게 알고 있다. 세미나에서 "제가 이야기하는 내용에 여러분이 집중하고 있다면 어떻게 앉아 있을까요? 그 자세를 취해 보세요."라고 말하자, 대부분의 참가자들이 상당히 적절한 자세를 취했다. 뒤이어 "제가 이야기하는 내용에 전혀 관심이 없다는 태도를 몸으로 보여주세요."라고 말했을 때도 참가자들이 정확한 자세를 보여주었다. 그들은 산만한 태도가 무엇인지 정확히 이해하고 있었다. 그렇다면 우리가 굳이 가르치려고 하는 이유는 무엇일까? 그 이유는 크게 두 가지다.

첫째, 기법을 가르치면 사람들이 주목의 의미에 대해 보다 확실하게 이해하기 때문이다. 애매하고 어렴풋이 알고 있던 내용을 확실히 이해하게 된다. 새로운 사실을 배운 후, 이미 알고 있던 것들을 더 깊이 꿰뚫어보게 되는 것이다.

둘째, 이 점이 더 중요한데, 주목하는 방법과 주목의 장점을 강조하면 이미 알고 있었지만 도외시했던 행동들을 시도하기 시작한다. 주목하는 행동을 시의적절하게 활용하면 그 노력 덕분에 인간관계가 훨씬 더 단단해질 것이다. 앨런 아이비는 이렇게 말했다.

어떤 사람들은 의도적으로 주목하는 행동이 과연 실효성이 있을지 의심한다.

그들은 인생이 각자의 '요령 가방'을 뒤져서 그 요령들을 각각의 실생활에 적용하는 과정이라는 데에 동의하지 않는다. 그런 사람들도 가끔은 의식적으로 주목하는 태도를 취할 때가 있다. 일단 그런 태도를 취하면 이야기하던 상대방이 더 활기를 띠게 되고, 주목하던 사람 역시 자신이 의식적으로 주목하려 했다는 사실을 잊고 실제로 주목하게 된다. 대부분의 교육 참가자들은 의식적으로 주목하는 행동을 취하다가 결국은 상대방의 이야기에 빠져서 자신의 행동에 대해 잊어버리곤 했다.

사람들은 의사소통을 주로 말을 주고받는 과정으로 생각한다. 그러나 이 분야를 전공하는 학생들은 대부분의 의사소통이 말 아닌 다른 것들로 이루어져 있다는 사실을 알고 있다. 자주 인용되는 연구결과지만 우리들이 하는 의사소통 중 85%는 말이 아니다. 주목하기(듣기의 비언어적 부분) 역시 듣기 과정의 기본적인 요소라 할 수 있다.

동행 기법

비어트리스 글래스의 차가 다른 차와 충돌했다. 사고가 나자마자 그녀는 남편 찰리에게 전화해서 사고 소식을 알렸다. 찰리가 맨 먼저 한 말은 "수리비용이 얼마나 나오겠어?"였다. 비어트리스의 대답을 듣고 나서는 어느 쪽 과실이냐고 물었고, 마지막으로 이렇게 지시했다.

"아무것도 인정하지 마. 내가 변호사한테 전화할 테니까 당신은 보험회사에 전화해. 잠깐 기다려봐. 내가 전화번호 불러줄게."

"더 물어볼 건 없어?" 비어트리스가 물었다.

"없어. 그 정도만 알면 될 거야." 찰리가 대답했다.

"오호, 그러셔? 혹시 관심이 있을지 모르겠지만 나는 갈비뼈가 네 개나 부러져서 지금 병원에 있다고!"

찰리가 보인 반응이 일반적인 남편들에 비해 지나치게 냉정하고 노골적으로 보일지 모르지만, 사실 이런 식으로 반응하는 사람들이 부지기수다. 문제가 생긴 쪽은 비어트리스였기 때문에 그 통화에서 찰리는 1차적으로 청자의 역할을 맡아야 했다. 그러나 주로 말을 한 사람이 찰리였다.

청자가 먼저 해야 할 일은 화자의 말을 들으며 그가 자신의 상황을 어떻게 바라보고 있는지 파악하는 일이다. 그러나 안타깝게도 일반적인 청자들은 질문을 퍼붓거나 이런저런 지시를 내리면서 화자의 말을 방해하거나 혼란스럽게 만든다. 연구에 의하면, 청자가 연속적으로 질문하며 대화를 끌어가고 방향을 정하는 일은 무척 흔하다. 청자가 말을 너무 많이 해서 대화를 독점해버리는 일도 자주 등장하는 풍경이다. 지금부터 설명할 4가지 기법은 효과적인 듣기에 도움이 되는 요령들이다. 말문 열기, 최소한의 격려, 개방형 질문, 주의 깊은 침묵이 그것이다.

말문 열기

사람들은 누구나 힘든 일이 있거나 즐거운 일이 생겼을 때 그 감정을 비언어적 단서로 드러내기 마련이다. 그들의 감정은 표정, 목소리, 몸의 자세, 활기의 정도를 통해 나타난다.

제리는 평소에 생기가 가득 찬 모습인데 최근 나흘 동안 집에 돌아와서 입을 다물고 잘 웃지도 않았다. 둘만 있을 때 아내 달린이 제리의 말문을 열기 위해 물었다.

"요 며칠간 당신답지 않아 보여요. 무슨 걱정거리가 있는 것 같은데 무슨 일인지 말해줄 수 있어요?"

말문을 열려면 상대방이 가슴속에 품고 있는 이야기를 시작하도록 부드럽게 유도해야 한다. 때때로 화자 스스로 하고 싶었던 이야기를 곧바로 털어놓는 경우도 있기는 하다. 그러나 제리처럼 할 이야기는 있지만 용기가 필요한 경우도 있고, 이야기를 하다가 계속해도 괜찮을지 망설이는 기색을 보일 때도 있다. 이럴 때는 그가 이야기를 계속하도록 격려해주어야 한다. "난 지금 당신 이야기를 진지하게 듣고 있어요." 하고 직접적으로 이야기하는 것도 하나의 방법이다. 그러나 이렇게 격려해줘야 할 때 오히려 말문을 닫게 하는 사람이 많다. 힘없는 발걸음으로 학교에서 돌아온 아이가 우울한 얼굴을 하고 있으면, 부모들은 아이를 오히려 움츠러들게 하는 말을 던진다.

"너 오늘 표정이 왜 그렇게 뚱하니?"
"이번엔 또 무슨 사고를 쳤니?"
"네 심란한 기분 나한테까지 옮기지 마라."
"무슨 일이니. 단짝 친구랑 헤어지기라도 했니?"

때로는 무조건 안심시키려고 이렇게 말하기도 한다.

"기운 내."
"모든 게 잘 될 거야. 항상 그랬잖아."
"무슨 일이 있었는지 모르지만, 다음 주에는 기억도 안 날 거다."

충고를 던지는 방법도 부모들이 잘 써먹는 요령이다.

"네가 좋아하는 일을 좀 해보지 그러니?"
"우울해 하지 말아라. 그렇다고 뭐가 달라지니?"

"무슨 일인지 모르겠지만, 분명히 네 하루를 온통 망칠 만 한 일은 아닐 거다."

대화를 방해하는 이런 말보다는 이야기를 털어놓을 수 있도록 다음과 같은 말을 해주자.

"뭔가 답답한 일이 있었나 보구나. 이야기하고 싶다면 들어줄 시간은 있는데."
"오늘 무슨 안 좋은 일이 있었니? 나랑 이야기 좀 할까?"

말문을 열기 위해서는 일반적으로 4가지 요소가 필요하다.

상대방의 신체언어를 표현하기 "오늘 얼굴이 밝아 보이는구나." "오늘은 기분이 별로 안 좋은 것 같네."
말문을 열거나 하던 이야기를 계속하도록 격려하기 "이야기하고 싶은 마음 있니?" "그랬구나. 계속 이야기해봐."
침묵하기 이야기를 할 지 말 지, 한다면 무엇을 이야기할 지 생각할 시간을 준다.
주목하기 눈을 맞추고 상대방에게 관심과 흥미가 있다는 태도를 취한다.

이 4가지 요소가 항상 완전히 갖추어져야만 하는 건 아니다. 나와 마음을 털어놓고 지내는 친구는 내게 무슨 문제가 있는 것 같으면 이렇게 한다. 먼저 의자에 앉으라는 시늉을 하며 조용히 말한다. "무슨 일인지 좀 들어보자." 간단히 "이야기해 봐." 라고 말할 때도 있다. 이렇게 단도직입적으로 말하는 방법도 좋은 효과를 낼 수 있는데, 이는 서로 신뢰하고 속내를 털어놓고 지내는 사이에서나 가능한 일이다. 만일 다른 사람이 내게 그런 식으로 말했다면 나는 입을 열지 않았을 것이다. 어떤 방법이 가장 효과적으로 말문을 열게 하는지는 청자의 성품이나 두 사람의 관계, 그 밖의 다양한 요소들에 달려 있다.

침묵과 주목만으로 쉽게 말문을 여는 경우도 많다. 어떤 부인은 남편이 자신에게 너무 말이 없다는 불만이 있었는데, 어느 날 남편이 말하고 싶어 할 때 그에게 주목해 보기로 마음먹었다. 하지만 그녀는 남편이 가장 이야기하고 싶어 하는 시간이 직장에서 집에 막 돌아왔을 때라는 사실을 깨닫고 곤혹스러워했다. 그때는 그녀가 저녁식사를 준비하는 시간이었기 때문이다. 몇 년 동안 그녀는 음식을 만드는 데 열중하면서 남편에게 그날 하루가 어땠는지 어깨 너머로 묻곤 했는데, 시원스런 대답을 들은 적이 거의 없었다. 그녀가 생각해낸 방법은 저녁식사를 45분 뒤로 미루고, 남편이 오기 전에 15분 정도 쉬었다가 남편이 들어오면 그와 이야기하는 데에만 온전히 30분을 쓰는 것이었다. 그 30분 동안 아이들이나 음식 준비는 제쳐두었다. 이제 남편은 중요한 일이 있을 때마다 그녀와 의견을 나눈다고 한다.

다른 어떤 부인은 저녁 식사시간을 늦추기가 부담스러워서 일주일 중 3일은 식탁을 더 일찍 차려 놓고 남편이 집에 들어왔을 때 그의 이야기를 듣는 데 집중했다고 한다. "그 뒤로 얼마나 달라졌는지 몰라요. 어떤 날은 상당히 오랫동안 이야기를 하고 어떤 날은 금방 끝나기도 하죠. 하지만 제가 요리하면서 그이에게 꼬치꼬치 캐물을 때와는 완전히 달라요. 물론 어떤 날은 간단한 인사만 주고받기도 해요. 하지만 집안 분위기가 바뀌고 있어요. 일주일에 세 번, 30분씩 제가 조용히 그이의 말을 들어준 것밖에 없는데 말이에요."

상대방의 말문을 열려면 인간에게 상반된 감정이 양립할 수 있다는 점을 인정하고 그의 감정을 존중해야 한다. 그는 자신의 마음을 털어놓고 싶으면서도 주저하고 있는 것이다. 그런 상반된 감정에 맞닥뜨린 상대방에게 대처하는 한 가지 방법은 고통스런 경험을 이야기하는 것이 얼마나 어려운지 당신이 알고 있다고 이야기해주는 것이다. 상대방이 뭔가를 털어놓기 힘들어하는 것 같다면 이렇게 이야기해 보라.

"뭔가를 털어놓는다는 건 정말 어려운 일이지."

누군가가 하고 싶은 말을 못하고 있을 때 쓸 수 있는 또 다른 방법은 당신이 대화를 강요하는 게 아니라 대화에 초대하고 있다고 느끼게 하는 것이다. 말문을 열게 하려면 강압적인 방법을 쓰면 안 된다. 그러나 안타깝게도 상대방의 말문을 열기보다 억지로 끌어들이려는 사람들이 있다.

> 샘 존, 침울해 보이는데, 나랑 이야기 좀 할래?
> 존 별로 할 이야기 없어.
> 샘 뭔가 문제가 있다는 거 알아. 나한테 이야기해 봐.
> 존 지금은 안 하고 싶어.
> 샘 속에 있는 말은 다 털어내 버리는 게 좋아.
> 존 그래, 알아. 다음에 이야기할게.
> 샘 하지만 기분이 안 좋을 때 당장 해버려야 하는 거야.

사려 깊은 사람들은 프라이버시를 존중하고 일정한 선을 넘지 않도록 조심한다. 그들은 타인의 독립성을 침해하지 않고 인정해주며, 적절한 시기가 오기를 기다렸다가 상대방을 대화에 초대한다. 상대방에게 무리하게 강요하지도 않는다. 대화의 주도권을 쥐지 않은 사람이 대화의 문을 열기는 쉽지 않다.

신뢰가 쌓이지 않았거나 한동안 대화가 뜸했다면, 상대방의 말문을 열려고 노력해봤자 별 반응을 얻지 못할 것이다. 그런 노력이 효과를 거두려면 시간을 들여야 하고 요령이 있어야 하며 신뢰를 다시 쌓으려는 의지가 있어야 한다.

최소한의 격려

앞서 언급했듯이 청자는 화자가 어떤 상황에 대해 자신이 보고 느낀 대로 이야기할 때까지 여유를 갖고 기다려야 한다. 그러나 화자가 이야기하는 걸 방해하지 않으려다가 결국 그가 대화에 참여하지 않는 결과를 낳는 경우도 많다. 청자는 화자가 이야기를 계속하도록 격려하는 능동적인 역할을 해야 하는데, 이때 청자가 보여주는 가벼운 반응을 '최소한의 격려'라고 한다. 최소한의 격려는 내가 상대방의 말에 귀 기울이고 있음을 그에게 알려주는 신호다. '최소한'은 대화 중에 청자가 말하는 양과 지시하는 양을 말하며 둘 다 아주 적은 양이다. 짧은 단어나 어구들이 화자에게 계속 이야기할 힘을 주기 때문에 '격려'라고 표현했다. 몇 마디 말을 통해 상대방은 당신이 이야기의 흐름을 막거나 분위기를 깨지 않으면서 잘 듣고 있음을 느끼게 된다.

대화를 하는 중간중간 '최소한의 격려'를 써먹어야 한다. 대화 초반에는 여세를 몰아가기 위해 조금 빈번하게 사용해도 괜찮다. 가장 많이 쓰이는 최소한의 격려는 간단히 "응, 응" 하고 반응하는 것이다. 그 짧은 반응으로 다음과 같은 의미를 전달할 수 있다. '그래. 계속해. 내가 열심히 듣고 있고 네 마음도 이해해.' 청자가 보일 수 있는 간단한 반응에는 여러 가지가 있다.

더 이야기해 봐.	당연히 그랬겠지.	그랬어?	응.
예를 들면 어떤 거?	정말?	알겠어.	저런.
맞아.	그런데?	그랬더니?	계속해.
그래서?	당연하지.	그러게.	젠장!

위에 예시한 말 중에 각자 많이 쓰는 말이 있을 것이다. 화자의 이야기 중에서 핵심이 되는 한두 단어나 마지막 말을 반복해 주는 방법도 최소한의 격려

에 속한다. 상대방이 "어떻게 해야 할지 모르겠어. 정말 혼란스러워."라고 말하면, 듣고 있던 사람이 "정말 혼란스럽겠다." 하고 대응하는 식이다.

노련한 청자는 상대방이 던지는 한두 마디 말에도 어조와 얼굴 표정으로 수많은 감정을 되돌려준다. 한 유명한 심리치료사가 젊은 여성과의 상담을 녹화한 장면을 본 적이 있다. 그 여성은 어머니가 한 행동에 대해 자신이 얼마나 분노했는지 이야기하고 있었는데, 그 치료사가 "당연히 그랬을 겁니다." 하고 맞장구를 쳤다. 공감하는 한 마디를 들은 그 여성은 이런 생각을 하며 위로를 받는 것 같았다. '이분은 내가 얼마나 화가 나 있었는지를 이해하고 그런 내 기분을 받아주고 있구나.'

언젠가 우리 아이가 학교에서 생긴 아주 속상했던 일을 아내에게 이야기하는 모습을 본 적이 있다. 그 말을 듣고 아내가 한 말은 "속상했겠다." 한 마디뿐이었다. 그러나 그녀의 어조와 얼굴 표정, 그 밖의 태도를 보면서 그 말이 진심에서 우러난 말임을 알 수 있었다.

청자가 한 마디씩 던지는 말이 반드시 화자의 의견에 대한 동의나 반대를 나타내야 하는 건 아니다. 진짜 목적은 '나는 당신의 말을 잘 듣고 있고, 당신이 하는 이야기를 잘 따라가려 노력하고 있어요.'라는 뜻을 전달하는 것이다. 그러므로 상대방의 말에 "맞아요."라고 대답했더라도 그것이 반드시 상대방과 생각이 같다는 뜻은 아니다. 단지 "듣고 있어요. 계속하세요."라는 의미이다.

이런 식의 반응을 소재로 한 우스갯소리가 있다. 정신과 의사는 40분 내내 "네, 네."만 하다가 이야기가 끝나면 "상담료는 50달러입니다."라고 말한다는 이야기다. 물론 전체의 일면만 보고 과장한 이야기다. 어찌됐든 당신이 상대의 말에 다양하고 적절하게 반응을 보여준다면 그가 허심탄회하게 자신의 이야기를 털어놓도록 도와줄 수 있을 것이다.

개방형 질문

질문은 언어를 이용한 소통에서 중요한 역할을 한다. 다른 여러 반응들과 마찬가지로 질문에도 장점과 한계점이 있는데, 제대로 질문하는 법을 아는 사람은 극소수인 것 같다. 사람들은 질문에 많이 의지하면서도 잘못 사용하고 있다. 질문하는 사람들은 보통 상대방보다 자신의 의도나 시각, 관심사에 초점을 맞추는데, 그렇게 하면 질문이 대화의 장애물이 되고 만다.

질문에는 '폐쇄형 질문'과 '개방형 질문'이 있다. 특정 질문에 대한 짧은 답변을 요구하는 것이 폐쇄형 질문이다. 때때로 "예" "아니오" 한 마디면 족한 경우가 있는데, 이럴 때 폐쇄형 질문이 사용된다. 반대로 개방형 질문은 질문하는 사람이 대답을 한정하지 않고 상대방에게 자신의 생각을 설명할 여지를 준다. 폐쇄형 질문이 참과 거짓을 판단하는 문제나 객관식 문제라면, 개방형 질문은 주관식 문제에 해당한다. 부하직원이 사장실에 들어왔을 때, 사장은 다음의 폐쇄형 질문과 개방형 질문 중 하나를 던질 것이다.

폐쇄형 질문 : 럼스포드 일 때문에 왔나요?

개방형 질문 : 앤, 무슨 할 이야기가 있나요?

보통은 개방형 질문이 바람직하다. 개방형 질문은 대화를 시작하려는 사람의 화제를 제한하지 않기 때문이다. 너무 자주 사용하지 않고 능숙하게 활용한다면, 개방형 질문은 청자가 화자의 대화를 통제하지 않고 더 잘 이해하는 데 도움을 준다. 개방형 질문과 폐쇄형 질문을 연구한 모어랜드, 필립스, 록하트는 이렇게 주장한다.

개방형 질문을 할 때 중요한 건 '누가 그 대화를 주도해야 하는가' 하는 문제다.

질문을 할 때, 상담자는 의뢰인에 대한 자신의 관심사보다는 의뢰인의 관심사를 중심으로 질문해야 한다. 그러기 위해서는 상담자 자신이 궁금한 사항들이 아니라 의뢰인이 자신의 문제를 명쾌하게 정리할 수 있도록 질문해야 한다. 상담자가 폐쇄형 질문 위주로 상담하면 계속해서 다음 질문을 생각해내야 하는 압박을 받기 때문에 의뢰인이 하는 말에 제대로 집중할 수 없다.

폐쇄형 질문을 피하고 개방형 질문을 하는 것 이외에 또 한 가지 명심해야 할 점은 한 번에 한 가지 질문만 하는 것이다. 연속해서 두 가지 이상의 질문을 하면 나중 질문은 폐쇄형이 되기 쉽다. 질문자에게 확신이 없을 때 두 가지 이상의 질문을 하는 경향이 있는데, 그러면 대화에 도움이 되지 않는다.

의사소통 기법을 가르치면서 느낀 점 중 하나는 대다수 사람들이 질문을 너무 많이 한다는 점이다. 질문을 몇 가지씩 던지는 건 좋지 않다. 그러면 질문하는 사람이 대답하는 사람과 같은 편이 아닌 적대적인 관계가 될 수 있다. 화자가 처한 상황을 그의 방식대로 이야기할 기회를 주는 사람이 아니라 대화의 진행 방향을 지시하는 사람이 되어버리기 때문이다.

질문만 줄여도 더 훌륭한 청자가 될 수 있다. 더 나아가 대부분의 질문은 평서문으로 고칠 수 있으며, 그렇게 하면 질문만 계속할 때보다 대화가 훨씬 생산적으로 진행된다. 질문에 과도하게 의지하던 습관을 고치려 할 때 몹시 불안해하는 사람들이 많은데, 침묵으로 채워지는 시간이 길어지면 대화가 삐걱대고 있다고 느끼기 때문이다. 그러나 이 책의 2부를 읽다보면 질문을 줄이는 방법을 알게 될 것이고, 질문을 줄이더라도 대화가 공허해지지 않는다는 사실을 깨닫게 될 것이다.

주의 깊은 침묵

올바른 듣기는 침묵의 가치를 깨닫는 것으로부터 시작한다. 침묵은 화자가 생각하고 느끼고 표현하도록 자유롭게 놓아주는 행위다. 고대 히브리의 어느 현인의 말처럼 "지혜의 시작은 침묵이다. 그 다음 단계가 듣기다."

청자가 말을 지나치게 많이 하는 경우를 자주 보게 된다. 화자만큼 많이 하기도 하고, 화자보다 많이 하기도 한다. 그러나 훌륭한 듣기의 핵심은 말없이 반응하는 데에 있다. 들어야 할 사람이 말을 더 많이 해버리면 정작 말하고 싶은 사람은 자신의 문제를 제대로 설명할 수 없다.

듣는 사람이 침묵하고 있으면 말하는 사람은 자신이 무슨 이야기를 하고 있는지 생각할 시간을 가지면서 그 문제를 더 깊이 응시할 수 있다. 그런 과정에서 자신의 내면에서 꿈틀대고 있는 감정을 명확히 의식하게 된다. 또한 침묵은 화자가 자신의 리듬에 맞춰 이야기를 이어갈 수 있게 해주고, 문제를 털어놓아야 할지 말아야 할지 판단하는 데에 도움을 준다. 침묵의 시간 사이사이에 그는 이야기를 계속해야 할지 말아야 할지, 어느 정도 깊이까지 말해야 할지를 결정한다. 침묵이 이야기를 계속 진행하라는 가벼운 재촉의 기능을 하기도 한다. 대화 사이사이에 침묵의 시간이 끼어 있고, 여기에 진지하게 주목하는 태도가 더해지면 의외의 효과가 나타난다. 다음은 격렬한 감정의 소용돌이에 빠져 있는 사람에게 침묵이 강력한 힘이 되는 과정을 묘사한 유진 헤리겔의 글인데, 나는 지난 몇 년 동안 이 글을 여러 번 되새기며 읽었다.

누군가가 겪고 있는 고통의 진정한 의미는 공감하는 능력이 있는 사람만이 함께 느낄 수 있다. 그는 점점 침묵 속으로 빠지고, 마침내 자기 내면으로 침잠한 채 오랫동안 아무 말 없이 앉아 있을 것이다. 그런데 이상하게도 이 침묵은 상대방에게 무관심이나 적막한 공허감으로 느껴지지 않는다. 그 침묵은 무수한 단어들보다 더 많은 의미를 품고 있고, 신선한 힘이 솟아나오는 원천으로 그를 끌고 들어간다. 그는 알 수 없는 자신감으로 충만해짐을 느낀다. 비참한 존재를 행복한 삶으로 이끌어줄 해결책이 나타나는 순간은 아마도 이 시간 동안이리라.

침묵은 고통 받는 이에게 일종의 진통제가 될 수 있으며, 환희의 순간에도 중요한 요소로 작용한다. 친근한 분위기 속에 흐르는 침묵은 얼마나 아름다운가? 토마스 칼라일과 랄프 에머슨은 어느 날 밤 완전한 침묵 속에 몇 시간을 함께 앉아 있었다. 그런 다음 한 사람이 먼저 일어나며 작별인사를 했다. "멋진 저녁시간이었네."

나도 아내 도트와 그런 경험을 함께 나눈 적이 많다. 우리는 벽난로 앞에 조용히 앉아 아무 말 없이 상대방의 눈을 응시하며 서로의 애정을 느끼곤 했다. 할포드 루코크는 이렇게 말했다.

사랑의 침묵은 무관심이 아니다. 그 침묵은 단순히 할 말이 없는 상태와는 다르다. 그 침묵은 내면의 긍정적인 교류다. 시계 초침이 째깍째깍 움직이는 소리를 듣기 위해 침묵이 필요하듯이, 심장의 고동소리를 듣기 위해서도 침묵이 필요하다.

대화 기법을 배우던 사람들 중 절반 이상이 처음에는 침묵을 불편해했다. 그들은 대화가 몇 초 동안만 끊겨도 어색해했고, 질문이나 충고, 그 밖에 다른 소리를 내서 자신을 불편하게 하는 침묵을 깨뜨리려고 애썼다. 이런 사람들의 관심의 초점은 상대방이 아니라 자신의 내면에 도사리고 있는 불안감이다. 그들은 사무엘 베케트의 소설 《고도를 기다리며》에 나오는 "침묵을 견딜 수 없으니 조용히 이야기하자."고 말하던 인물과 비슷한 유형이다.

다행히 대부분의 사람들은 비교적 짧은 시간의 침묵에 점차 적응해간다. 침묵이 대화에서 아주 중요한 요소라는 사실을 깨달은 사람들은 말이 끊어졌을 때 긴장하는 정도가 점점 약해졌다. 훌륭한 청자는 대화 도중에 침묵의 시간이 찾아오면 다음과 같이 행동한다.

상대방을 주목한다 청자의 이 같은 태도는 그가 화자와 진심으로 함께 있음을 보여준다.

상대방을 관찰한다 그는 말하는 사람의 눈과 얼굴표정, 자세, 손짓이 모두 의사소통의 일부라는 사실을 알고 있다. 상대방의 이야기에 지나치게 정신을 팔지만 않는다면, 그의 신체언어를 좀 더 명료하게 '들을' 수 있을 것이다.

상대방이 전달하는 내용에 대해 생각한다 그는 상대방이 한 말을 곰곰이 생각한다. 상대방이 지금 어떤 기분일지 짐작해보고, 그 기분에 대해 어떻게 반응해야 할지 생각하다가 가장 도움이 될 만한 말을 고른다.

이런 일을 하느라 분주하기 때문에 청자는 침묵에 대해 불편해할 시간이 없다. 화자의 관심의 초점은 자신의 고민에 있지 청자에게 있는 게 아니라는 사실을 깨닫고 침묵에 좀 더 의연해지는 사람도 있다. 그러다가 화자가 이야기를 그만두더라도 그 역시 그의 권리다. 화자가 대화를 그만두려 한다고 해서 청자가 심각하게 고민할 이유는 없다. 누군가가 고민을 이야기하면 그 고민을 앉은 자리에서 해결해야 한다고 생각하는 사람들이 많은데, 사람 사는 일은 그렇게 간단하지가 않다.

구약성경 전도서의 저자는 "침묵을 지켜야 할 때가 있고, 입을 열어야 할 때가 있다."고 말했다. 훌륭한 청자는 그 두 가지를 모두 제 때에 하는 사람이다. 한편, 대화가 진행되는 내내 말없이 앉아서 상대방 혼자 이야기하게 만드는 사람이 있는데, 대화 내내 목석처럼 침묵만 지키는 행동은 침묵이 아예 없는 행동만큼이나 바람직하지 않다. 청자가 아무 말도 하지 않고 듣기만 하는 대화에서 좋은 결과가 나오는 경우는 거의 없다. 그런 청자는 시간이 얼마 지나지 않아 정신이 멍해지고 눈빛이 흐릿해지기 때문에, 청자가 자신의 이야기를 흘려듣고 있다는 사실을 화자가 금세 알아채게 된다.

정도를 벗어난 침묵은 금이 아니다. 과도한 침묵은 반응을 보여야 할 사람에게 아무 반응도 보이지 않는 행위일 뿐이다. 제대로 된 청자는 언제 말하고 언제 침묵을 지켜야 하는지를 알고 있으며, 어느 쪽이든 편안함을 느낀다. 그는 대화에서 침묵의 역할이 소중하다는 사실을 알고 있으며, 말로 반응을 보이는 일에도 능숙하다. 그런 청자는 로버트 벤칠리의 다음과 같은 말을 따르는 사람이다. "정확한 언어의 명령에 따라, 나는 아무 말도 하지 않았다."

정 리

듣기는 상대방이 하는 말을 귀로 받아들이는 일일 뿐만 아니라 말하는 상대방과 관계를 맺는 행위이기도 하다. 듣기는 우리가 깨어 있는 시간에 하는 다른 어떤 활동보다도 비중이 크고, 친구나 가족 관계, 업무 효율과도 직결되어 있는 중요한 활동이다. 편의상 이 책은 듣기를 크게 주목 기법, 동행 기법, 반사 기법으로 나눈다. 주목 기법에는 집중하는 자세, 눈 맞추기, 적절한 몸짓, 대화에 집중할 수 있는 차분한 환경이 포함된다. 말문을 열도록 도와주기, 최소한의 격려, 개방형 질문, 주의 깊은 침묵은 청자와 화자가 심리적으로 동행하게 해주는 기법들이다. 이어지는 다음 장에서는 반사적 듣기 기법에 대해 알아보도록 하자.

Chapter 4
어떻게
들어야 하는가

듣는다는 건 단어의 사전적인 의미를 파악하는 일이 아니라 그 단어를
사용한 진짜 의미를 파악하는 일이다. 듣기는 언어 뒤에 숨은 뜻을 찾아내어
말하는 사람의 의도를 알아내는 일이며, 언어적 · 비언어적으로 드러나는
그 사람 속의 보물을 찾는 일이다. 그 과정에서 진짜 의미가 무엇이냐는
문제가 생길 수 있다. 같은 말이라도 내가 생각하는 의미와 상대방이 생각하는 의미가
다를 수 있기 때문이다. 나는 상대방이 한 말을 절대 똑같이 말할 수
없고 단지 내가 들은 말을 되돌려 줄 수 있을 뿐이다. 나는 상대방이 한
이야기를 다른 방식으로 표현함으로써 상대방의 머리와 가슴에 있던 의미가
내 머리와 가슴에 왜곡되지 않고 온전하게 전달되었는지를 확인해야 한다.

– 존 파웰, 신학자

듣기 기법은 크게 주목 기법, 동행 기법, 반사 기법으로 나눌 수 있다. 이 장에서는 반사 기법의 의미를 정의하고 4가지 세부적인 기법에 대해 살펴본다. 그 4가지는 바꿔 말하기, 감정 반사하기, 의미 반사하기, 요약해서 반사하기다.

반사 기법

반사 기법은 화자가 말한 내용이나 감정을 청자가 이해하고 받아들인 방식으로 다시 말해주는 기법이다. 한 아동심리학자는 기혼 여성들을 대상으로 한 강연에서 일상생활에서 흔히 일어나는 대화 중 판단이 개입된 반사 반응과 그렇지 않은 반응을 대비하여 보여주었다.

강사 일이 잘 안 풀리는 어느 날 아침을 생각해 봅시다. 전화기는 울리고, 아기는 울어대고, 어느새 식빵까지 다 타버렸습니다. 여러분의 남편이 식빵 굽는 기계를 건너다보며 이렇게 말했습니다. "뭐야, 도대체 언제쯤 식빵을 제대로 구울 거야?"

자, 여러분은 어떻게 하시겠습니까?

부인A 식빵을 그 사람 얼굴에 던져버리죠.

부인B 이렇게 말해줄 거예요. "당신이 직접 구워 먹어!"

부인C 너무 속상해서 울어버릴 것 같아요.

강사 여러분의 남편이 그렇게 말했다면 어떤 감정이 생길 것 같습니까?

모두 분노, 증오, 배신감 같은 감정이 생기겠죠.

강사 빵을 다시 구울 건가요?

부인A 차라리 독약을 넣는 게 낫죠.

강사 남편이 출근하고 나면 집안을 치우고 싶은 마음이 쉽게 들 것 같습니까?

부인A 아뇨. 하루 종일 기분이 엉망일 거예요.

강사 자, 같은 상황을 다시 한 번 생각해봅시다. 빵이 타버렸는데, 남편이 그걸 보고 이렇게 말했다고 합시다. "아이고, 여보. 오늘 아침은 당신이 정신없겠네. 전화에, 아기에, 식빵까지." (이것이 반사 반응이다. 주관적으로 판단하지 않으면서 자신이 본 대로 상대방의 상황을 그대로 표현하는 반응.)

부인A 남편이 그런 식으로 말한다면 아마 놀라 자빠지겠죠.

부인B 그 말을 들으면 기분이 확 풀릴 것 같아요.

부인C 너무 기분이 좋아서 그이를 안고 키스해 줄 거예요.

강사 왜요? 아기는 여전히 울고 있고, 타버린 빵도 여전히 그대로잖아요.

모두 그건 상관없어요.

강사 두 가지 반응에는 어떤 차이가 있을까요?

부인B 그이가 저를 비난하지 않았다는 데에 고마움을 느끼는 거예요. 저하고 같은 입장이잖아요. 반대 입장이 아니라.

이 짧은 대화에서 반사 기법의 핵심을 뽑아내 보자. 첫째, 주관적 판단을 개입시키지 않는다. 둘째, 상대방이 처한 상황을 정확하게 반영한다. 셋째, 간결하게 한다. 넷째, 말한 내용 이상을 반사하며 때때로 이것이 긍정적인 역할을 한다.

바꿔 말하기

바꿔 말하기는 화자가 말한 핵심 내용을 청자가 자신의 말로 바꾸어 간결하게 다시 말해주는 것이다. 여기에서 중요한 부분은 '핵심이 되는 내용'과 '청자 자신의 말'이다. 바꿔 말하기의 특징은 크게 4가지다.

첫째, 제대로 된 바꿔 말하기는 간결하다. 이 기법을 처음 사용하는 사람들은 말을 너무 많이 하는 경향이 있다. 어떤 경우에는 바꿔 말한 내용이 화자가 한 말보다 더 길어지기도 한다. 바꿔 말한 내용이 간단명료하지 않으면 화자의 '생각의 열차'가 궤도를 벗어날 우려가 있기 때문에 유능한 청자일수록 화자의 말을 압축해서 말한다.

둘째, 효과적인 바꿔 말하기는 화자가 한 말의 핵심을 담아낸다. 따라서 화자가 말한 내용 중 쓸데없는 부분을 쳐내고 말의 핵심에 초점을 맞춰야 한다. 상대가 말하는 핵심이 무엇인지 잘 파악하고 그 핵심을 되돌려 줄 수 있어야 훌륭한 청자라 할 수 있다. 2,500여 년 전, 그리스 철학자 헤라클레이토스는 이렇게 말했다. "본질에 귀를 기울여라."

셋째, 바꿔 말하기를 할 때는 상대방이 말한 내용에 초점을 맞춰야 한다. 말하는 사람의 감정이 아니라 객관적 사실과 생각이 중요하기 때문이다. 내용과 감정을 엄격히 구분하기는 어렵지만, 그래도 중요한 것은 말한 내용이라는 점을 염두에 두어야 한다.

마지막으로, 효과적인 바꿔 말하기를 위해서는 청자 자신의 언어를 사용해야 한다. 이는 화자의 사고방식을 이해해야만 가능하며, 상대방의 내면으로 들어가 그의 시각으로 상황을 관찰하는 능력이 필요하다. 그런 뒤에 자신이 이해한 내용을 자기만의 언어로 요약하는 것이다. 모방과 바꿔 말하기는 엄연히 다르다. 모방은 화자의 언어를 똑같이 반복하는 것으로 대화를 답답하게 만들지만 바꿔 말하기는 대화의 윤활유 역할을 한다.

모린과 그녀의 친구 킴의 대화 한 토막을 들어보자. 광고회사에 다니는 모린은 아이를 낳아야 할지 아니면 계속 경력을 쌓아야 할지 결정을 내리지 못하고 있다.

> 모린 아이를 가져야 할지 말아야 할지 모르겠어. 남편도 별 말이 없고. 나는 지금 하고 있는 일이 너무 좋아. 자극도 되고 도전의식도 생기고 월급도 많으니까. 아이를 낳고 전업주부가 되고 싶다는 마음이 간절할 때도 있어.
>
> 킴 네 일이 무척 좋지만 가끔은 엄마가 되고 싶은 욕구도 강하게 느낀다는 거지?
>
> 모린 (고개를 끄덕인다.)

킴은 모린이 한 이야기의 핵심을 파악하고 자신의 언어로 간결하게 표현했다. 킴이 보여준 것이 바꿔 말하기다. 그래서 어떤 학자들은 바꿔 말하기를 '자기 말로 간결하게 표현하는 반응'이라고 정의한다. 바꿔 말하기가 제대로 되었을 때 상대방은 거의 항상 이렇게 대답한다. "그래." "맞아." "내 말이 그 말이야." 또는 고개를 끄덕이거나 다른 방식으로 동의를 표시한다. 위의 대화에서도 모린은 킴이 자신의 말을 정확히 이해했다고 고개를 끄덕였다. 만일 바꿔 말한 내용이 정확하지 않다면 상대방이 그 부분을 바로잡을 것이다.

듣기 기법을 처음 배우는 사람들은 상대방이 한 말의 핵심을 다시 말하는 게 부자연스럽다고 생각한다. 다시 말하기가 효과가 있다는 말을 수긍하지 않는 사람도 많다. 반사 기법을 사용하면 상대방이 모욕을 받았다고 느끼거나 기분 나쁘게 생각할 거라는 것이 그 이유다.

> "상대방이 한 말을 제가 다시 한다고요? 글쎄요. 그 상대방이 제 남편이라면 저더러 미쳤다고 할 거예요."
>
> "아니, 조립라인에 있는 저 사람들이 한 말을 모조리 다시 하라고요? 회사의 웃음거리가 되라는 얘기로군요."
>
> "우리 애는 이렇게 말할 거예요. '엄마 정말 이상하다. 내가 방금 한 말이 그거잖아.'라고 말이죠."

그러나 의식하지 못할 뿐이지 대부분의 사람들이 이미 바꿔 말하기를 하고 있다. 누군가 전화번호를 불러주면, 사람들은 정확히 들었는지 확인하기 위해 번호를 적으면서 되풀이해 말한다. 멀리 떨어져 있고 방향을 몇 번 바꿔야 하는 어떤 장소를 가르쳐 주면, 정확히 알아들었는지 확인하기 위해 그 길을 다시 반복해서 말하며 확인한다. 정확히 확인하지 않으면 제대로 전달되었는지 확신할 수 없다는 사실을 경험적으로 알고 있기 때문이다. 아마도 이런 과정을 제대로 하지 않아서 전화번호를 잘못 누르거나 길을 잘못 접어든 경우도 많을 것이다. 커뮤니케이션 전문가들은 특별한 경우에만 사용하고 있는 이 방식을 일상적인 대화에서 자주 그리고 더 요령 있게 활용해야 한다고 주장한다. 일상적으로 주고받는 대화의 내용이 보다 정확해져서 해로울 일은 없다. 바꿔 말하기는 오해의 여지를 크게 줄이는 방법이다. 따라서 정확히 들었는지 확인하기 위해 전화번호를 반복하는 방식을 좀 더 다양한 영역에서 사용하는 것이 바람직하다.

감정 반사하기

감정 반사하기는 화자가 전하는 감정을 듣고 나서 적절한 표현으로 다시 말해주는 기법이다.

> 프레드　나는 내가 지금 나이쯤 되었을 때 이미 결혼해 있을 줄 알았어. 그런데 이성관계가 계속 깨지기만 해.
>
> 릭　정말 울적하겠다.
>
> 프레드　그래. 과연 내 마음에 꼭 드는 여자를 만날 수 있을까?

릭은 프레드가 외로움, 분노, 좌절감, 두려움, 울적함 또는 이것들이 섞인 감정들을 느끼고 있다는 사실을 알아챘다. 프레드가 이야기할 때 릭은 신체언어를 '읽고' 울적함이 주요 감정이라는 판단을 내렸다. 릭의 반응에 대한 프레드의 대답을 보면 릭의 짐작이 어느 정도 들어맞았음을 알 수 있다.

이야기를 듣다 보면 상대의 감정적인 면을 놓치고 객관적인 내용에만 집중하는 경우가 종종 있다. 반사 반응을 보일 때도 감정보다는 사실에 초점을 두는 경우가 많다. "그래서 넌 어떻게 했니?" "언제 그 일이 일어났는데?"처럼 사실관계를 묻는 질문을 던지기도 한다.

내가 집필에 몰두하고 있을 때, 전화벨이 울렸다. 시카고에 있는 동료였다. 그의 목소리가 반가웠지만 하던 일을 계속 하고 싶다는 마음이 더 강했다. 동료가 말했다.

"방금 들었는데 1월에 열기로 했던 연수회가 취소됐대."

"취소됐다고, 정말?"

"응."

그 뒤로도 우리는 몇 가지 이야기를 더 주고받았다. 전화를 끊고 나서야 나는 내가 얼마나 형편없는 청자였는지를 깨달았다. 나는 그가 하려던 말의 핵심을 놓쳤고, 연수회가 취소됨으로 인해 그가 느꼈던 기분을 이해하지 못했다. 그래서 그에게 감정을 털어놓을 분위기를 만들어 주지 않은 채 대화를 사실 위주로 끌고 가버렸다.

전화를 끊고 나서 나는 1월에 있을 예정이던 그 연수회에 대한 기억을 더듬어보았다. 그 연수회는 카리브해를 항해하는 유람선에서 진행될 예정이었다. 취소되지 않았다면 그는 카리브해의 태양 아래서 자유로운 시간을 보낼 수 있었을 것이다. 그런 연수회가 취소되었으니 얼마나 실망이 컸겠는가? 한편으로 그 친구가 할 일이 너무 많아서 정신없어 하던 기억도 떠올랐다. 그는 쉴 시간도 친구를 만날 시간도 혼자만의 여유를 즐길 시간도 없었다. 그런데 갑자기 연수회가 취소되면서 많은 시간이 생겼으니 그 동안 밀린 일을 해치울 수 있을 테고 자신만의 시간을 즐기면서 친구들을 만날 수도 있을 터였다. 아마도 그 친구는 두 가지 감정을 동시에 느꼈을 것이다. 유람선을 타지 못하게 된 건 아쉽지만, 그의 생활을 제대로 정리할 시간이 생긴 건 다행스러운 일일 테니까.

나는 그가 그런 상황을 맞이하면서 느꼈을 기분을 털어놓을 기회를 주지 않았다. 내 반응은 그에게 감정이 아닌 사실만 이야기하라는 뜻으로 비쳤을 것이다. '사실만 이야기해. 내가 듣고 싶은 건 객관적인 사실이야.' 내가 실제로 그렇게 말하지도 않았고, 물론 그럴 의도도 아니었지만 말이다.

화자가 감정을 드러내도록 청자가 격려해주지 않으면, 화자는 자신이 설명하는 사건들에 대해 느끼는 여러 감정들(기쁨, 슬픔, 절망감, 분노, 아쉬움, 이중 감정 등)을 분명하게 인식하지 못한다.

윌리엄 제임스가 "감정 속에 개성이 있다."라고 말한 것처럼 상대방의 감정을 모르면 그의 개인적인 특성도 알 수 없다.

누군가가 문제를 토로할 때, 듣는 사람이 말하는 사람의 감정을 반사해주면 말하는 사람 스스로 자신의 감정을 이해하고 문제의 해결책을 향해 움직이기 시작한다. 해결책은 주위에 널려 있다. 감정은 우리가 해결책을 분류하고 조직하고 적절한 방침을 정하고 효과적으로 실행하도록 도와주는 힘이다.

감정을 듣는 능력 기르기

대부분의 사람들은 나이를 먹어감에 따라 다른 사람의 감정을 읽는 법을 터득하게 된다. 그리고 그런 능력은 노력으로 더욱 발전시킬 수 있다. 의식하지 못하는 새에 우리는 그런 일에 통달해 있다. 사람들 앞에서 이야기하다가 그들이 지루해한다는 사실을 눈치 챈 경험이 있을 것이다. 그들이 지루하다거나 관심이 없다고 말하지 않았는데도 그 감정을 눈치채다니 신기하지 않은가?

상대방이 아무 말도 하지 않았는데 그가 당신에게 화가 나 있음을 알아챘을 때도 있을 것이다. 누군가가 당신에게 원하는 바가 있음을 눈치챘을 때, 그리고 나중에 그것이 사실로 밝혀졌을 때를 떠올려 보라. 말로 표현하지는 않았지만 어떤 사람이 당신을 무척 좋아한다면, 그 감정 역시 알아차릴 수 있을 것이다. 상대방이 무언가를 이야기하지만 사실은 그 이야기와 정반대로 생각하거나 느낀다는 사실을 눈치채는 경우도 있다. 오랜 기간의 훈련으로 직관이 발달한 정신과 의사와 심리학자들은 다른 사람의 진심이 무엇인지 어렵지 않게 짐작하거나 해석할 수 있다. 그러나 의사소통에 관한 정식 교육이나 훈련을 받지 않은 사람들도 다른 사람의 감정을 알아챌 수 있다. 어떻게 이런 일이 가능할까? 어떻게 그런 고도의 능력을 발전시킬 수 있었을까?

미시간 주립대학에서 커뮤니케이션 방법론을 가르치는 노먼 케이건 교수는 유전적으로 그러한 민감성을 타고난 사람이 있다고 말한다. 그리고 그 밖에 영향을 끼칠 만한 요인을 다음과 같이 설명한다.

당신은 다른 사람들을 관찰하면서 살아왔고, 다른 사람의 기분을 파악해야 할 때도 많았을 것이다. … 어린아이였을 때는 부모님의 기분을 알아내는 법을 배워야 했다. 무언가를 해달라고 조르려면 언제가 좋은지 알아야 하기 때문이다. 그래서 부모님의 기분이 어떤지, 그들이 무엇을 할지 추측해보았을 것이다. 자신에게 음식을 줄 때는 언제이고 주지 않을 때는 언제인지도 미리 알아내야 했다. 당신은 평생 다른 사람의 기분을 파악하는 법을 훈련해온 셈이다. 만일 당신이 학교에서 어떤 못된 친구가 화났다는 사실을 눈치채지 못해서 그에게 얻어맞았다면, 그 뒤부터는 그 친구가 화났을 때 어떤 신호가 나타나는지를 유심히 살폈을 것이다. 학교생활을 하거나 데이트를 할 때도 상대방이 보내는 미묘한 메시지에 주목해야 한다. 인간의 머리는 어지러울 정도로 복잡한 신경으로 이루어져 있다. 타인의 기분이나 감정을 판단하는 일에 대해 당신이 알고 있는 지식을 책으로 쓴다면 족히 몇 권은 될 것이다.

우리가 진행하는 의사소통 훈련 프로그램에 참가한 사람들을 분석한 결과, 대부분의 청자들은 감정보다 말의 내용에 관심을 쏟았다. 전문가들의 눈에는 빤히 보이는 화자의 감정을 읽지 못하는 경우도 많았다. 이와 같이 사람들이 정서적으로 둔감한 이유를 프로이트는 이렇게 설명했다. "모든 사람들이 충동에 따라 행동하고 자신의 감정을 그때그때 표현해버리면 사회가 혼란에 빠질 것이다. 이런 혼란을 막기 위해 정도의 차이는 있지만 모든 사회에서 감정의 표현을 억압해왔다." 미국처럼 고도로 조직화된 사회에서는 자유로운 감정 표현을 억압하는 분위기가 강하다. 가정이나 학교, 회사, 교회 같은 주요 사회화 기관들에서도 감정 표현을 억누르는 경향이 있다. 그 결과, 많은 사람들이 타인의 감정을 관찰하고 그것을 표현하는 일에 상대적으로 어려움을 느끼게 되었다. 그러나 상대방의 감정을 반사해주는 일은 효과적인 듣기의 핵심적인 요소다.

사람들은 누구나 어느 정도 다른 사람의 감정을 읽는 능력이 있다. 중요하고 어려운 기법이지만, 이 기법을 기초부터 배워야 하는 사람은 없다. 감정을 억압하는 사회에서 살아오는 동안 우리의 민감성이 둔화되었고, 이 때문에 타인의 감정을 반사하는 일이 조금 어색하게 되었을 뿐이다.

의사소통 훈련 프로그램 참가자들은 어떻게 해야 상대방의 감정을 더 잘 알 수 있는지를 궁금해 한다. 우리는 4가지에 집중하라고 가르친다.

1. 감정과 관련된 단어에 주목하라.
2. 상대방이 전달하는 전체적인 내용을 파악하라.
3. 신체언어를 관찰하라.
4. 자신에게 물어보라. "내가 그 입장이라면 어떤 기분이 들까?"

감정과 관련된 단어

감정을 반사하는 것이 목표라면, 가장 확실한 방법은 상대방이 자신의 기분을 직접 표현한 말에 주목하는 것이다. 사람들은 종종 자신의 기분을 직접적으로 표현한다. 어느 젊은 여성이 친한 친구에게 이렇게 고백했다고 치자.

"나는 지금이 정말 좋아. 회사 일도 마음에 들고 그 밖에 재미있는 일도 많거든. 하지만 가끔 아무 일 없이 혼자 있을 때면 몹시 외롭고 초조한 기분이 들어."

이제 그녀가 한 말을 다시 읽어보고 그녀가 직접 표현한 감정이 무엇인지 찾아보자. 내가 보기에 중요한 단어는 '좋다' '재미있다' '외롭다'이다. 그렇다면 감정의 반사는 다음과 같은 말로 표현할 수 있다.

"재미있는 일이 많지만 외로움도 느낀다는 거지?"

글은 여러 번 읽을 수 있기 때문에 말이 오고 가는 대화에서보다 감정을 더 쉽게 짚어낼 수 있다. 그러나 대화를 할 때는 상대방이 감정을 분명하게 표현하는 데도 알아채지 못하는 경우가 많다. 사실관계에 몰두하느라 감정의 실마리를 놓치기 때문이다.

화자가 자신의 감정을 말로 표현했고 그 표현이 신체언어와도 일치한다면, 감정 반사하기는 바꿔 말하기와 똑같다. 화자가 말한 내용에서 감정과 관련된 단어에 초점을 맞춘다는 점만 다를 뿐이다.

감정의 표현을 억제해야 한다고 가르치는 문화 때문에 말에 나타나는 단서가 위의 예처럼 분명하지 않을 수도 있다. 어머니가 딸에게 어젯밤 데이트가 어땠는지 물었을 때 딸이 "뭐, 좋았어요." 하고 대답했다면, 여기서 감정을 나타내는 단어는 '좋았어요'다. 그러나 대화의 맥락을 고려하지 않으면 진짜 의미가 무엇인지 알 수 없다. "제 일에 신경 좀 꺼주세요. 짜증나요." 이런 뜻일 수도 있다. 끔찍한 데이트와 꿈같이 멋진 데이트 사이의 어떤 데이트였고, 그날 저녁을 그럭저럭 보내기에는 나쁘지 않았지만 아주 신나는 시간은 아니었다는 뜻일 수도 있다. 정말로 무슨 뜻으로 한 말인지는 딸의 몸짓을 봐야만 알수도 있다.

상대방이 전하는 전체적인 내용

감정을 숨기는 경향 때문에 화자가 감정을 나타내는 단어를 전혀 사용하지 않는 경우도 있다. 그러나 전체적인 내용을 듣고 나면 그가 어떤 기분일지 추측할 만한 단서를 찾을 수 있다.

> 에릭   그 고객은 분명히 우리 물건을 살 것처럼 굴었어. 나를 자기 사무실로 세 번
> 이나 불러서 새로운 제작방식에 어떤 이점이 있는지 자세히 설명해 달라고 요청했
> 고, 몇 시간 동안이나 검토했거든. 그랬던 사람이 우리 경쟁사 제품을 사버렸더라
> 고. 다시 전화했을 때는 내가 누군지 알지도 못하더라니까.

에릭은 분명히 그 고객에게 분통이 터졌을 것이다. 혹은 자기 자신에게 화
가 났을 수도 있다. 한편으로는 좌절감에 빠져 있을지도 모른다. 이럴 때 에릭
의 신체언어를 관찰해보면 좀 더 정확한 기분을 파악할 수 있다.

신체언어

상대방의 기분을 알아내는 가장 확실한 방법은 신체언어를 관찰하는 것이
다. 감정을 반사하는 일은 효과적인 듣기를 위해 아주 중요한데, 얼굴표정·
어조·제스처·자세는 감정 상태에 관한 중요한 단서가 된다. 이 주제에 관해
서는 6장에서 좀 더 상세히 살펴볼 것이다.

숨겨진 감정

청자는 화자가 한 말 중에서 감정과 관련된 단어에 주목하고 신체언어를 관
찰해야 한다. 그리고 전체적인 내용에 함축되어 있을지도 모를 '숨겨진 감정'
을 읽으려 노력하면서 '내가 저 입장이 되어 이야기를 하고 있다면 어떤 기분
일까?' 하고 자문해보아야 한다.

사람에 따라 느끼는 감정이 천차만별이기 때문에 상대방의 감정을 정확하
게 판단하기는 어렵다. 최선의 방법은 자기 내면의 반응을 살펴 그 반응을 근

거로 상대방의 감정을 추리하는 것이다. 청자가 자신이 추리한 내용을 토대로 반응하면, 대부분의 화자들은 자신도 모르는 새에 그 반응이 맞는지 틀리는지를 표현한다. 맞을 경우에는 고개를 끄덕이거나 "응." "맞아."라고 말하고, 틀렸을 경우에는 그 부분을 바로잡는다.

의미 반사하기

감정과 내용을 결합해서 정확한 반응으로 나타냈을 때, 그 반응을 의미 반사라고 한다. 중년여성인 마지가 남편 로브에게 이렇게 말했다.

> 마지 국장님이 내 사생활을 꼬치꼬치 캐물어. 자기 일에나 신경 쓸 일이지.
>
> 로브 그 사람이 프라이버시를 침해해서 기분이 나빴겠다.

감정은 특정한 사건으로 인해 촉발된다. 아래 표의 왼쪽에 적힌 감정들이 오른쪽에 적힌 사건들과 어떤 관련이 있는지 생각해 보자.

감정	사건
기쁘다	출판사에서 내가 쓴 책을 출판하기로 결정했다.
서운하다	친한 친구가 이사를 간다.
화난다	지난주에 협상한 사항을 상대방이 지키지 않는다.
맥빠진다	복사기가 그저께부터 세 번째 고장이다.

지금까지 청자가 화자와 감정의 파장을 맞추는 일이 얼마나 중요한지에 대해 알아보았다. 화자가 말한 객관적인 내용을 이해하는 것이 아주 중요하다는 사실도 살펴보았다. 로버트 카크허프의 말처럼 "어떤 상황을 머릿속에 체계적

으로 정리하면 막연히 느끼기만 할 때보다 대응하기가 쉬워진다." 우리가 화자의 의미에 반응할 때, 즉 그를 혼란에 빠뜨리거나 그에게 동기를 부여한 감정과 그 감정의 원인이 된 내용에 함께 반응할 때, 듣기의 효과가 극대화된다. 일단 감정과 객관적 사실을 구분하고 나면, 그 두 가지를 하나로 결합해서 의미를 반사하는 일은 비교적 쉽다. 처음 의미 반사하기를 배울 때는 다음과 같은 공식을 사용하면 편리하다. "너는 (감정을 불러일으킨 사건이나 사실) 때문에 (감정)하게 느끼는구나." 이 공식을 구체적인 상황에 적용해 보자.

> 얼 모든 게 달라졌어. 승진하지 못하면 어쩌나 걱정하고 있었는데 승진이 됐어. 새로 이사 간 집도 마음에 들고. 아내와 아이들도 예전보다 기분이 좋아 보여.
> 존 너, 모든 일이 잘 풀려서 행복한가 보구나.

좋지 않은 상황에서도 쓸 수 있다.

> 윌마 남편 때문에 미치겠어. 경제적으로 걱정할 게 없다더니, 그 말을 한 다음날, 집에 필요한 물건 몇 가지 산 걸 가지고 불같이 화를 내는 거야.
> 해리엇 남편 말이 이랬다저랬다 해서 화가 났구나.

'너는 ~ 때문에 ~ 하게 느끼는구나'를 활용하면 감정과 내용 두 가지를 모두 반사해야 한다는 점을 잊지 않게 해주고, 대답을 간결하게 하는 데에도 도움을 준다. '네가 한 말을 듣고 생각해 보니' 하는 식으로 쓸데없이 길게 하는 말과는 전혀 다르다.

의미 반사를 위해 이런 공식을 쓰는 일에 거부감을 느낀다는 사람들도 많다. 그러나 이 공식은 집을 지을 때 쓰는 거푸집과도 같다. 한동안 유용하게 쓰다가 필요가 사라질 때 버리면 된다. 간단한 의미 반사가 몸에 밴 뒤에는 이 공식보다 자연스러운 방식을 사용하면 된다.

'~라고 느낀다'라는 말 대신 '~이다'를 사용할 수도 있고 '때문에' 대신 '~하니까' '~하는 바람에' '~해서'를 넣을 수도 있다. 이렇게 다양하게 변형하면 상대방의 반응도 좀 더 유연해질 것이다.

> "그 사람 의도가 뭔지 몰라서 혼란스럽겠다."
> "새 직장에서 일이 잘 진행되니까 신나겠어."
> "갑자기 계획이 변경되는 바람에 화가 났구나."
> "그 사람한테 아무 연락이 없어서 울적하겠다."

이야기가 빠르게 전개되는 상황에서는 계속해서 의미를 반사하기가 어렵고 바람직하지도 않다. 이럴 때는 감정 반사, 내용 반사, 최소한의 격려, 능동적 침묵 등 다른 여러 반응들을 의미 반사와 함께 조화롭게 활용해야 한다. 감정 반사에 중점을 두어야 하는 대화도 있고, 내용 반사에 중점을 두어야 하는 대화도 있다. 그러나 대부분의 경우 청자가 의미 반사를 해주는 것이 좋다.

상대방이 아무 말 하지 않는 상황에서도 의미 반사를 해주어야 할 때가 있다. 총무부의 노르마는 회사에서 새 직무를 배정받고 하루 종일 열심히 일했다. 그러나 퇴근 무렵까지도 일이 산더미같이 쌓여 있었다. 같은 사무실에서 일하는 사무국장 바바라가 노마에게 말했다. "정신없이 일했는데도 할 일이 많이 남아서 기운 빠지겠어요."

의미 반사는 한 문장으로 명쾌하게 다듬는 일이 중요하다. 짧으면 짧을수록 더 좋다. 잡다하고 긴 반응은 대화를 더디게 할 뿐이다.

요약해서 반사하기

요약 반사는 화자가 말한 내용의 주제와 감정을 청자가 간단히 정리해서 다시 말해주는 방법이다. 이 방법은 긴 대화를 나눈 후에 유용하게 쓸 수 있다. 요약 반사는 화자의 의견 몇 가지를 결합한 것일 수도 있고, 감정이나 문제를 요약하여 강조하는 것일 수도 있다.

대화를 나누다보면 정보가 조각조각 흩어져 있기 때문에, 그 조각들을 의미 있는 방식으로 모으지 않으면 아무 쓸모가 없을 때가 있다. 가끔 화자는 혼란스런 생각과 감정의 덤불 속에서 길을 잃고 헤매기도 한다. 분해된 상태로 상자에 담겨 있는 퍼즐조각과 완성된 그림으로 맞춰졌을 때의 퍼즐조각은 얼마나 달라 보이는가? 마찬가지로 청자가 일목요연하게 정리해주면 화자는 자신이 한 말들의 파편이 의미 있는 단위로 한 데 모였음을 알아차리게 된다. 이처럼 요약 반사는 화자에게 자신이 한 말을 하나의 완결된 그림으로 만들어 제시하는 방법으로, 화자가 되풀이해서 말했거나 가장 힘주어 말했거나 가장 중요하다고 강조했던 내용들을 이용한다.

스위스의 정신분석학자인 칼 융이 1907년에 프로이트를 처음 대면했을 때의 경험을 동료에게 이야기한 적이 있다. 프로이트를 만나서 하고 싶은 이야기가 너무도 많았던 융은 흥분한 상태로 쉬지 않고 이야기했다. 세 시간이나 듣고 있던 프로이트는 결국 융의 말을 잠시 중단시키고 그 동안 융이 한 이야기를 단 몇 문장으로 간결하게 정리해서 이야기해주었다. 그 덕분에 그들은 남은 시간 동안 좀 더 중요한 문제를 주제로 토론할 수 있었다. 요약은 화자가 자기 자신을 보다 명료하게 이해할 수 있도록 도움을 준다. 제라드 이건의 책에 이런 사례가 나온다.

상담자 지금까지 우리가 한 이야기를 검토해볼까요? 당신은 기분이 처져 있고 우울합니다. 이번에는 일상적인 슬럼프가 아니라 오랫동안 이런 상태가 지속됐군요. 당신은 건강에 대해서도 걱정하고 있어요. 그러나 그건 우울한 기분과 연관 지을 게 아니라 진찰을 해봐야 할 문제인 것 같습니다. 개인적으로 안 풀리는 문제가 몇 가지 있네요. 하나는 최근 직장을 옮겨서 예전 동료들을 더 이상 만나지 못한다는 것이죠. 너무 멀어서 말이에요. 또 하나는 젊어지기 위해 투자하는 문제예요. 얼굴이 나이 들어 보이는 게 너무 싫다고 말했습니다. 세 번째 문제는 당신이 일에 시간을 너무 많이 뺏긴다는 겁니다. 그래서 장기 프로젝트가 끝나고 나면 갑자기 인생이 공허하게 느껴지는 거지요.

내담자 듣고 보니 괴롭긴 하지만 그렇게 정리가 되네요. 제 자신의 가치를 찾고 싶어요. 그래서 새로운 생활방식이 필요하다는 생각이 듭니다. 사람들과 좀 더 많은 시간을 보낼 수 있는 그런 생활 말입니다.

이런 종류의 요약에는 화자가 직시해야 할 요소가 포함되어 있다. 그러므로 청자는 화자가 자신의 상황을 대면할 마음의 준비가 되어 있는지 신중하게 판단해야 한다.

요약은 여러 가지 필요성이 충돌하는 상황이나 문제를 해결해야 할 상황에서 유용하게 사용할 수 있다. 빌은 대학원에 진학해야 할지, 그 전에 직장 생활을 하면서 세상 경험을 쌓아야 할지에 대해 아버지와 이야기하고 있다. 45분 동안 이야기한 후에 그의 아버지가 이렇게 말했다.

"그러니까 너는 네 인생에서 대학원이 꼭 필요하지만 대학을 졸업하자마자 그보다 더 틀에 박힌 교육기관에 들어가야 하는지에 대해 확신이 서지 않는다는 거로구나. 지금까지 학비로 수천 달러나 썼는데 또 다시 아빠한테 학비를 부탁해야 하는 상황도 걱정되는 거야. 리하고 결혼하고 싶지만 과연 그 애가 2년 동안 너를 기다려 줄지, 아니면 너를 그저 지루하게 공부밖에 모르는 사람으로 생각할지도 불안하고. 게다가 바로 대학원에 가려면 장학금을 신청해야 하는데, 그러려면 빨리 결정을 해야 하니까 마음이 초조한 거야. 그렇지?"

요약은 화자가 당면한 문제에 대해 전부 다 말해서 더 이상 할 이야기가 없을 때에도 유용하다. 한참 동안 이야기를 듣고 나서 다음 단계로 넘어가기 전에도 요약을 해주면 좋다. 화자가 이야기를 하는 도중에 중요한 생각이 떠오를 수도 있기 때문에 청자는 화자에게 다른 생각이 떠올랐는지, 그 부분에 대해 더 할 이야기가 있는지 물어봐야 한다. 없다고 하면 청자는 그때까지 들은 내용을 간략하게 정리해서 들려주면 된다.

이런 행위는 청자가 흥미 있게 들었음을 보여주고, 화자가 똑같은 이야기를 반복하지 않도록 해주고, 그것을 토대로 이야기를 더 진행하도록 도와준다. 요약의 목적 중 하나는 내용과 감정 안에서 헤매지 않고 앞으로 나아가고 있음을 화자가 느끼도록 해주는 것이다. 이렇게 전진하는 느낌이 들면 해결책을 좀 더 빨리 생각해낼 수 있다. 요약은 그때까지 말한 내용을 청자가 정확하게 이해했는지 점검하는 계기도 된다. 요약 반사는 화자가 말한 내용의 핵심을 한 데 모을 때, 그리고 현 상황에서 핵심이 되는 요소가 무엇인지 화자에게 좀 더 명쾌하게 보여줄 관련 자료가 필요할 때 특히 효과적이다. 제라드 이건은 "요약은 객관적 사실들을 무조건 끌어 모으는 것이 아니라 관련 있는 자료를 체계적으로 제시하는 것이다."라고 말했다.

요약 기법을 처음 배우는 사람들은 다음 같은 말로 시작하는 것도 괜찮다.

"지금까지 네가 한 이야기를 종합해 보면….."

"지금까지 우리가 한 이야기를 요약하면…."

"네가 한 이야기를 생각해보니 이런 점이 눈에 띈다. 들어봐. 너는…."

"지금까지 네가 한 말을 들어보니, 네가 가장 걱정하고 있는 건…."

요약 반사의 효과는 상대방이 그것을 어떻게 받아들이고 활용하느냐에 달려 있다. 요약이 훌륭하면 그 이야기를 들은 상대방은 자신의 문제를 더 심도 있게 이해하여 이전보다 정확한 방향과 통일성을 갖고 이야기하게 된다. 청자가 요약한 내용에 새로운 정보가 들어 있지는 않지만, 화자는 그 이야기를 듣고 문제를 새로운 시각으로 보게 된다. 자신의 생각과 말을 정리해서 듣는 건 그때가 처음이기 때문이다. 효과적으로 요약하면 대화에서 느슨하게 흩어져 있던 조각들을 모아 하나의 결론으로 이끌 수 있다.

정리

훌륭한 청자는 화자가 한 말을 듣고 반사 반응을 한다. 그는 화자가 말한 내용이나 감정을 자신의 언어로 바꾸어 화자에게 전달한다. 반사 기법은 크게 4가지로 나눌 수 있다. 첫째, 바꿔 말하기다. 바꿔 말하기는 화자가 한 말의 내용에 중점을 둔다. 둘째, 감정 반사다. 감정 반사는 감정과 관련된 단어에 주목하여 화자의 신체언어를 읽고 '나라면 어떤 기분일까?' 하고 자문하면서 상대방의 감정을 유추하여 다시 들려주는 기법이다. 셋째, 의미 반사다. 의미 반사는 감정과 내용을 함께 반사하는 기법이다. 넷째, 요약 반사다. 요약 반사는 화자의 긴 이야기 속에서 중요한 요소를 뽑아내어 간결한 말로 정리하는 기법이다.

대화를 할 때, 많은 사람들이 상대방의 말을 해석하고 탐색하고
충고하고 격려한다. 그러나 나는 반사한다.
흉내만 내는 풋내기들이 하는 반사는 어색한 꼭두각시놀음에 불과하다.
그러나 제대로 된 반사는 깊이 있고 친근한 의사소통 방법으로,
전문적인 기법, 감수성, 사람에 대한 진정한 관심이 있어야 가능하다.

— 존 셰린, 심리치료사

듣기 기법을 가르치다보면 반사 반응을 왜 그렇게 선호하느냐는 질문을 자주 받는다. 그 이유를 윈스턴 처칠이 민주주의에 관해 표현한 방식에 빗대어 설명하고 싶다. "반사 반응은 최악의 방식이다. 그러나 그보다 나은 대안은 없다." 화자가 스트레스를 받고 있거나 해결해야 할 문제가 있거나 욕구불만이 있을 때 반사 반응 이외의 다른 방식들은 대부분 효과가 없다.

반사 반응을 처음 배우는 사람들은 이 방식이 너무 틀에 박히고 기계적이어서 자연스럽지 않다고 느낀다. 이 장에서 그런 걱정들에 대해서 살펴보고, 대화 도중에 발생할 수 있는 6가지 문제에 대해 살펴보도록 하자. 그런 다음, 반사적 듣기의 효과에 대한 의구심을 없애는 방법을 알아보도록 하자.

반사적 듣기의 어려움

반사적 듣기가 무척 어렵다고 호소하는 사람들을 자주 보게 된다. "반사적으로 들으려면 듣기가 끝난 뒤에 어떻게 반응해야 할지 생각해야 하는데, 그럴 때마다 너무 어색해요. 이런 기법은 너무 가식적이고 부자연스러운 것 같아요." 사람들이 제기하는 문제들 셋 중 하나 이상은 이런 걱정과 관련이 있다. 이에 대해서 나는 3가지로 설명한다.

첫째, 새로운 기법들을 배우기 시작하는 단계에서는 누구나 그 기법을 의식하며 어색해하기 마련이다. 새로운 방법을 시도하기 시작할 때는 원래의 능력을 다 발휘하지 못하는 경우가 많다. 내가 농구를 배울 때, 코치는 슈팅을 할 때 자세를 고쳐야 한다고 충고했다. 그 후 며칠 동안 골을 넣는 비율이 눈에 띄게 떨어졌다. 그러나 얼마 지나지 않아서 이전보다 더 잘 할 수 있게 되었다. 마찬가지로 듣기 기법을 처음 시도하는 사람들은 대화를 방해하지 않으려고 신경을 곤두세운 채 반사 반응에 몰두하느라 정작 상대방이 하는 말을 놓치게 된다고 하소연했다. 많은 사람들이 이런 과정을 겪는다. 그러나 다행히도 잠깐 동안만 그렇다.

대화 기법을 발전시키려면 4가지 국면을 거쳐야 한다고 말하는 사람들도 있다. 첫 단계에는 지금까지 자신이 해왔던 의사소통 방해요소의 영향을 알고 **죄책감을 느낀다.** 그 다음에는 대화 기법들을 배우지만, 이 새로운 방식이 어색하고 **억지스럽다고 생각한다.** 다행히 대부분의 사람들이 이 두 단계를 아주 짧은 시간에 통과한다.

새로운 방식을 몇 주 동안 사용하다보면 그 방식에 **익숙해진다.** 그러면서 반사 반응에 숙달된다. 그러나 여전히 자신들이 쓰고 있는 방식에 신경이 쓰인다. 그렇게 몇 년 동안 일상생활에서 그 기법을 사용하면 그런 방식의 대화가 몸에 배어서 완전히 **능숙하고 편안해진다.** 테크닉을 완벽하게 익힌 바이올린 연주자처럼 되는 것이다. 연주자는 기법이 자동적으로 나온다. 운지법과 활의 사용에 아무런 어려움을 느끼지 않고 음악을 연주한다. 마찬가지로 대화기법도 오랜 기간 연습을 거듭하다 보면 자연스럽게 몸에 밴다.

둘째, 듣기 기법뿐만 아니라 모든 대화가 구조화되어 있다. 듣기 기법을 처음 배우는 사람들은 반사 반응이 너무 규칙에 얽매어 있고 인위적이어서 대화의 자유로운 흐름을 방해한다고 생각한다. 그러나 사실 자유롭게 진행되는 대화도 상당히 구조화되어 있고, 그것 또한 규칙을 따르는 교류 과정이다. 이에 대해 리처드 밴들러와 존 그라인더는 이렇게 설명한다.

> 의사소통을 할 때, 즉 대화하거나 토론하거나 글로 쓸 때, 우리는 단어를 선택하고 그 단어들을 질서에 따라 구조화하고 있다는 사실을 거의 의식하지 못한다. 물고기가 물속에서 수영하는 것처럼 우리는 언어로 가득 찬 세상에서 살아가고 있다. 우리는 의사소통하는 방식을 거의 또는 전혀 의식하지 못하지만, 우리의 언어 활동은 고도로 구조화되어 있다.

예를 들어, 지금 당신이 읽고 있는 이 문장을 순서를 무시하고 뒤섞으면 의미가 불분명해진다. "불분명해진다 의미가 뒤섞으면 무시하고 순서를 문장을 이 있는 읽고 당신이 지금 들어 예를." 밴들러와 그라인더의 설명을 계속 들어보자.

> 의사소통을 하는 동안 … 어떤 규칙을 따르게 된다. 보통은 의사소통 과정에 숨어 있는 구조를 의식하지 못하지만 … 언어의 구조는 규칙적인 패턴으로 이해된다.

구조화되지 않은 의사소통은 존재하지 않는다. 의사소통을 명료하게 만들어주는 법칙 중 일부는 우리 사회에 상당히 널리 퍼져 있는 반면, 반사적 듣기와 같은 몇몇 중요한 법칙들은 잘 알려져 있지 않다. 그래서 이런 기법들을 처음 배울 때 어색하고 인위적으로 느껴진다. 그렇다고 해서 이런 기법들을 인위적이라고 말한다면 문법이나 단어, 철자 같은 것도 마찬가지가 아니겠는가?

언어의 패턴과 듣기 기법의 구조를 따른다고 해서 대화에서 개인의 스타일과 개성이 소멸되는 건 아니다. 개인의 특성은 비언어적 요소, 자신만의 단어 선택, 말하는 속도를 비롯한 여러 가지 요소를 통해 드러나기 때문에, 다른 사람들과 똑같은 기법을 사용한다고 해서 모두가 똑같은 방식으로 의사소통을 하는 건 아니다. 사람마다 스타일이 제각각이기 때문에 타인과 교류하는 방식도 모두 다를 수밖에 없다. 이런 차이는 여러 분야에서 찾아볼 수 있다. 기타를 배울 때는 운지법이 정해져 있다. 그러나 기타 연주자들이 똑같은 운지법으로 같은 노래를 연주하더라도 그 소리는 연주자에 따라 상당히 다르다. 연주 스타일이 각각 다르기 때문이다.

셋째, 자연스럽게 나오는 반응이 바람직할 때도 있지만 무척 위험할 때도 많다. 자연스럽게 튀어나오는 의사소통 방해요소가 두 사람 사이에 거리감을 만들 수 있고, 반복해서 사용하다가 상처를 줄 수도 있고, 최악의 경우 그 상처가 평생 지워지지 않을 수도 있다.

반사 기법을 능숙하게 사용하게 되고 의사소통에 필요한 많은 규칙들도 배우고 나면, 의사소통 방해요소를 생각 없이 자연스럽게 사용했을 때 어떤 폐해가 생기는지도 깨닫게 된다. 그러면 누구나 반사적 듣기에 통달하기 위해 자진해서 열심히 훈련하기 시작한다.

의사소통의 6가지 특징

인간의 의사소통에는 6가지 문제가 있는데, 이 문제들 때문에 반사적 듣기가 특히 중요하다. 이 중 4가지는 화자에게 자주 나타나고, 2가지는 청자에게 나타난다. 화자와 관련된 문제는, 첫째, 사람들마다 단어를 다른 의미로 사용한다는 점이고, 둘째, 하고자 하는 말을 암호화하기 때문에 진정한 의미를 쉽게 알 수 없다는 점이다. 세 번째 문제는 중요한 이야기를 제쳐놓고 다른 이야기만 한다는 점이며, 네 번째 문제는 화자가 자신의 감정을 효과적으로 표현하지 못하는 점이다. 청자에게도 문제가 있다. 첫 번째 문제는 화자가 하는 말에 집중하지 않는 것이고, 두 번째 문제는 화자가 한 말을 자기 식대로 걸러서 듣기 때문에 진정한 의미를 상당히 왜곡해서 이해한다는 점이다. 이 문제들을 하나하나 살펴보자.

단어를 다른 의미로 사용한다

누구나 자신의 생각을 정확히 표현해줄 단어나 문장을 찾지 못할 때가 있다. 모든 생각을 정확히 표현하기는 사실상 불가능하다. 철학자 알프레드 노스 화이트헤드는 "언어로 정보를 정확히 전달할 확률은 생각보다 매우 낮다."고 주장한다. 덴마크의 과학자 피에트 하임은 그런 어려움을 이렇게 표현했다. "개념은 출입문과 창문이 활짝 열린 집 안팎으로 공기가 드나드는 것처럼 언어 안팎으로 들락날락한다." 그리고 T. S. 엘리어트는 시를 매개로 우리에게 이렇게 이야기한다.

> 말은 마음의 짐 아래서 뒤틀리고 갈라지고 부서지고
> 빗나가고 미끄러지고 사라지고
> 처음의 감명이 변하고 어색해지고 원래의 모습을 잃어가며…

이때 반사적 듣기 기법을 활용하면 대화의 성공 가능성이 높아진다. 청자가 화자의 말을 제대로 이해했는지 검증할 수 있기 때문이다. 반사적 듣기 기법을 사용하는 청자는 대화 사이사이에 상대방이 한 말을 자신이 이해한 대로 자신의 언어를 이용해 다시 들려주기 때문에, 그 말을 들은 화자는 오해가 있을 때 즉시 바로잡을 수 있다.

감정이나 생각을 애매하게 표현한다

미국 대통령이 비밀리에 제7함대에 어떤 지시를 내린다면, 그는 다른 나라 스파이들이 이해할 수 없도록 메시지를 암호로 만들어 보낼 것이다. 우리도 일상적인 대화에서 비슷한 행동을 한다. 때때로 우리는 자신을 정확히 표현하고 싶은 욕구 때문에 강렬한 이중감정을 느낀다. 마음 한구석에는 속내를 모두 털어놓고 싶은 열망이 있지만, 다른 한편에는 그냥 묻어두고 싶은 마음이 도사리고 있다. 그럴 때는 보통 자신의 생각을 애매하게 털어놓게 되는데, 다른 사람이 우리의 감정을 쉽게 추측할 수 없는 이유가 그 때문이다. 국가의 안위를 위해 군대에서 작전 명령을 암호화하듯, 우리는 자신의 안전을 위해 하고 싶은 말을 암호화한다.

어릴 때부터 생각이나 감정을 간접적으로 표현하는 훈련을 받아왔기 때문에 하고 싶은 말을 자기도 모르게 암호화하는 경우도 많다. 우리 모두 지금까지 자신의 생각을 암호화하고 다른 사람의 의도를 해독하면서 살아온 셈이다. 어린 아이들은 잠자리에 들면서 여러 가지 질문을 쏟아내곤 한다. 그런 질문들은 대개 다음과 같은 의미를 담고 있다. "저랑 좀 더 있어주세요." 남편이 아침마다 침대에 있는 아내에게 커피를 갖다 준다고 하자. 그러면 아내는 그 행동을 이렇게 해독한다. '남편은 나를 사랑하고, 그 사랑을 말 대신 이런 작은 행동으로 보여주는 거야.' 어떤 부장이 부하직원을 불러서 그의 보고서를 사장에게 보여줬다고 말했다면, 그 부하직원은 이렇게 해독할 것이다. '부장님은 내 능력에 흡족해하고 계시는군.'

그러나 암호화된 메시지를 해독하는 일이 언제나 수월한 것만은 아니다. 그 이유는 첫째, 상대방이 보낸 메시지를 해독해야 한다는 사실을 깜빡 잊어버리기 때문이다. 몇 년 전에 나는 한 친구에게 편지를 받았다. 부부관계에 작은 문제가 있다는 내용을 대수롭지 않게 적은 글이었다. 나는 그 편지를 흥밋거리로 읽고 나서 그들을 알고 있는 한 친구에게 보여주었다. 그가 편지를 읽더니 내게 말했다. "이 친구는 결혼생활이 위기에 처해 있어서 자네에게 도움을 청하는 거라고." 나는 그의 진심이 겹겹이 숨어 있는 편지를 다시 읽어보고, 고뇌와 도움을 호소하는 신호를 발견했다. 그래서 곧장 그를 찾아갔고, 내게 조언한 친구의 말이 옳았다는 사실을 알 수 있었다. 결혼생활이 파탄 날 위기에 처한 그는 나와 상담하기를 간절히 바라고 있었다.

의사소통이 실패하는 가장 근본적인 원인 중 하나는 해독하는 일이 항상 추측일 수밖에 없다는 데 있다. 상대방이 하는 말을 들을 수 있고 그의 행동도 관찰할 수 있지만, 그의 말과 행동이 의미하는 바는 추측할 수밖에 없다. 〈그림 5-1〉을 보면 사람의 행동은 바깥층에 있어서 쉽게 관찰할 수 있음을 알 수 있다. 그러나 사람의 생각은 직접 관찰할 수 없다. 우리가 활용할 수 있는 단서는 그의 행동, 즉 말과 몸짓이다. 감정은 인간 존재의 가장 깊은 곳에 자리

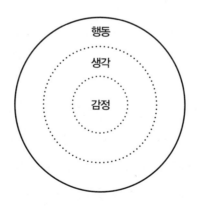

그림 5-1　우리는 상대방의 행동만 볼 수 있다. 생각과 감정은 추측할 수밖에 없다.

전달하려는 의미	전달 방법	해석
화자의 생각과 감정 오직 화자 본인만 알고 있다.	화자의 언행 그의 생각과 감정을 부정확하게 또는 거짓으로 표현하며 심지어 그런 의도마저 감추려 한다.	화자의 언행에 숨겨진 의미에 대한 청자의 해석 오직 청자 본인만 알고 있다.

그림 5-2 의사소통 과정의 부정확성

잡고 있다. 매우 주도면밀하게 감춰져 있다는 뜻이다. 생각과 마찬가지로 감정은 행동을 통해 간접적으로 전달될 뿐이다.

타인에게 이야기를 전하는 행위는 매우 부정확한 과정을 거친다. 그 과정을 나타낸 것이 〈그림 5-2〉이다.

이런 부정확한 표현과 오해가 실제 생활에서 어떤 결과로 나타나는지 살펴보자. 판매팀장이 그의 팀원에게 굳은 표정으로 말했다. "자네, 맡은 일에 분발 좀 해야겠어. 우리 팀에서 자네만 목표를 달성하지 못하고 있어." 흔히 일어나는 일이지만, 말한 사람의 의도를 들은 사람이 항상 정확하게 알아듣는 것은 아니다. 이 경우의 암호화와 해독의 과정은 〈그림 5-3〉과 같이 진행되었다.

화자가 한 말의 의미를 청자가 잘못 파악한 경우, 양 당사자 사이에 오해가 생긴다. 화자의 생각과 감정은 오직 본인만 알기 때문에 청자는 오로지 추측만 할 수 있다. 또한 청자가 화자의 말을 어떻게 이해했는지도 오직 청자 본인만 알고 있기 때문에, 서로 오해가 생겼음을 알아채지 못한다.

이런 오해는 피해야 한다. 판매팀장은 자신의 생각을 좀 더 직접적이고 정

전달하려는 의미	전달 방법	해석
"자네는 목표량에서 20% 미달이네."	"자네, 맡은 일에 분발 좀 해야겠어. 우리 팀에서 자네만 목표 달성을 못하고 있어."	"팀장님은 내가 이 일에 적임자가 아니라고 생각하고 있군."

그림 5-3 전형적인 암호화-해독 과정

확하게 표현해야 한다. (이와 관련된 기법은 이 책의 자기표현 부분에서 상세하게 다룬다.) 그 팀원도 반사 기법을 사용하여 의사소통의 문제를 명확히 드러내야 했다. 그랬다면 대화는 다음과 같이 진행되었을 것이다.

팀장 자네, 맡은 일에 분발해야겠어. 팀 내에서 자네만 목표 달성을 못하고 있어.

팀원 제가 적임자가 아니라는 말씀이시군요.

팀장 그런 뜻이 아니야. 나는 자네가 적임자라고 생각해. 그러나 통계를 보면 자네에게 할당된 판매량에서 20%가 미달이야. 그게 걱정스러워서 하는 말이라고.

팀원 저의 다른 면에는 만족하고 계신데, 제가 할당량을 채우지 못한 부분이 언짢으신 거로군요.

팀장 맞아. 바로 그거야. 올해 내 1차 목표는 우리 팀원들이 모두 각자의 할당량을 달성하게 하는 거거든. 내가 도울 일은 없나?

팀원 실은 제 목표 고객 중 한 명에게 문제가 생겼습니다. 다음에 제가 그 사람을 만날 때 같이 가주시겠습니까? 그 고객만 확보하면 목표량을 넘길 수 있을 것 같습니다.

위의 대화를 읽고 난 사람들은 대부분 이렇게 말한다. "너무 비현실적이에요." "실제 업무에서 누가 저런 식으로 대화를 하겠어요." 맞는 말이다. 보통은 이런 식으로 이야기하지 않는다. 그래서 그렇게 많은 오해가 생기고 있다. 그러나 누군가 스트레스를 받고 있을 때 위와 같은 방식으로 대응함으로써 오해를 최소화하는 사람들이 존재한다는 점도 분명히 명심하기 바란다.

진짜 문제를 감춘다

대화할 때, 가장 심각한 문제를 곧바로 털어놓는 사람은 거의 없다. 언젠가 내게 상담을 받았던 여성이 이런 말을 했다. "상담에 들어가자마자 그 일을 곧바로 털어놓을까봐 걱정스럽기도 하고 이야기를 하지 않고 나올까봐 그게 또 걱정스럽기도 했어요." 이런 이중 감정은 자신의 가장 중요한 문제를 이야기해야 하는 시점에 자주 등장한다. 가장 중요한 일은 가장 상처받기 쉬운 일이기도 하기 때문이다. 누구나 다른 사람에게 자신에 관한 많은 부분을 드러내지 않고 어느 정도 '신분을 숨기고 여행하듯' 살아간다. 그러나 가장 숨기고 싶은 일이 다른 사람과 가장 의논하고 싶은 일인 경우가 종종 있다. 이럴 때 변죽을 울리는 행동이 나오곤 한다.

화자는 본론으로 바로 들어가지 않는다. 그가 말하고자 하는 진짜 문제에 대해 아무런 암시를 주지 않을 때도 있다. 그 문제에 대해 이야기하고 싶은 욕구 때문에 상대방에게 털어놓으려다가도 불안한 마음 때문에 내내 다른 이야기만 늘어놓기도 한다.

심리학자들이 쓰는 용어 중에 '제시된 문제presenting problem'와 '근본 문제basic problem'가 있다. 학부모가 교사나 상담원을 찾아와서 그의 아이가 학교에서 부당한 대우를 받고 있다며 하소연을 했다고 치자. 만약 청자가 유능하다면 대화 내용은 좀 더 심각한 고민으로 이어질 수 있다. 아이가 학교에서 받는 대우가 제일 큰 걱정거리였을 수도 있지만, 삐걱대는 결혼생활이나 집에서 아이를 어떻게 대해야 할지 몰라서 생기는 불안감과 같은 문제가 그 학부모에게 가장 중요하고 의논하고 싶은 문제일 수도 있다.

물속에 뛰어들기 전에 발을 먼저 담가서 물의 온도를 재보는 수영 선수처럼, 많은 사람들 역시 물에 손을 담가본다. 민감한 문제를 상대방에게 믿고 털어놔도 되는지 알아보기 위해서다. 연구에 의하면, 청자가 형식적인 반응을 보인 경우보다 이해심과 배려를 보여준 경우에 중요한 문제에 관한 대화가 더 잘 이루어졌다. 그러나 안타깝게도 대부분의 사람들은 본질적인 문제는 꺼내지도 않은 채 사소한 문제들에 집중하고 그 문제를 해결하는 데 에너지를 소모한다. 더 깊은 걱정거리는 제쳐두고 부수적인 문제의 해결책만 찾아다니는 이런 행태는 기업, 관공서, 학교, 가정, 교회, 상담센터, 그 밖의 여러 기관에서 나타나는 가장 심각한 문제 중 하나다.

감정을 효과적으로 표현하지 못한다

사람들에게는 감정과 관련하여 두 가지 유형의 문제가 있다. 하나는 자신의 감정이 어떤지 모르는 경우고, 다른 하나는 감정이 격앙되어 이성이 마비되는 경우인데, 이성이 마비된 사람은 자제력을 잃기 때문에 원래의 목적을 향해 나아갈 수가 없다. 첫 번째는 감정의 맹인이 된 경우고, 두 번째는 감정의 노예가 된 경우다. 반사적 듣기는 이 두 가지 모두에 효과가 있다.

우리 사회에는 감정을 자제시키는 문화가 있다. 대부분의 사람들은 어린 시절부터 감정을 왜곡하고 억누르라는 가르침을 받는다. "누나한테 착하게 굴어라." "울면 안 돼." "화내지 말라고 몇 번이나 이야기했니." "다른 친구들한테 네 장난감 갖고 놀라고 해." "네 기분이 어떻든지 시키는 대로 해." "어떤 게 너한테 좋은 건지 넌 몰라." "겁쟁이처럼 굴지 마라." "그렇게 바보같이 웃지 마라."

　남자의 경우, 어떤 감정은 드러내도 좋다고 허용하지만 어떤 감정은 허용하지 않는다. 일반적으로 화를 내거나 공격적으로 행동하는 것은 어느 정도 허용하지만, 두려워하거나 순종하는 행동은 허용하지 않는다. 반대로 여자들은 두려워하거나 우는 행동은 허용되지만, 화를 내도 안 되고 화가 나는 감정도 억눌러야 한다. 그런 감정이 곧 폭발할 것 같더라도 말이다. 어떤 사회에서는 마치 종교 집단처럼 자신보다는 다른 사람의 이익을 앞세워야 한다고 가르친다. 그런 사회의 구성원들은 감정이 억눌린 만큼 위축되고 무감각한 삶을 살아간다. 감정은 문제를 해결하기 위해 필요한 실마리를 주고 다른 사람들과의 관계에서도 중요한 역할을 한다. 감정은 가치관 형성에도 기여하며 의욕의 토대가 되기도 하고 삶의 방향과 목적을 설정하는 데에도 도움을 준다. 하임 기너트가 다음과 같이 지적했듯이, 반사 반응은 어린이든 성인이든 자신의 내면에 있는 감정의 세계를 인식하게 해준다.

　　어떻게 하면 어린아이에게 자신의 감정을 알려줄 수 있을까? 우리가 그 어린아이의 감정을 비춰주는 거울 역할을 하면 된다. 아이가 거울을 보며 자신의 모습을 알 수 있듯이, 우리가 들려주는 그의 감정을 듣고 자신의 감정이 어떠한지 알아가게 된다. 거울의 역할은 실물을 더 멋있게 하거나 더 밉게 만들지 않고 있는 그대로를 비춰주는 것이다. 우리는 거울이 이렇게 말해주기를 원하지 않는다. "당신은 형편없어요. 눈에는 핏발이 서 있고 얼굴은 부어 있어요. 모든 게 엉망이에요. 어떻게 좀 해봐요."

　　그런 거울을 몇 번 보고 나면 전염병을 피하듯 거울을 피할 것이다. 우리가 거울에게 바라는 건 우리의 모습을 보여주는 것이지 훈계하는 것이 아니다. 거울에 비친 모습이 마음에 안 들 수도 있지만, 그렇더라도 그 결점을 어떻게 보완할지 스스로 결정하기를 원한다. 감정적 거울의 역할은 있는 감정을 변형시키지 않고 그대로 보여주는 것이다.

"너 화가 많이 난 것 같구나."

"너 그 사람 아주 미워하는구나."

"너는 이런 방식이 모두 싫은 거로구나."

어떤 감정에 휩싸여 있는 아이들에게는 그 감정을 그대로 말해주는 것이 가장 좋다. 이런 말을 들으면 아이들은 자신의 감정이 어떤 상태인지 알게 된다. 실제 거울을 통해서든 감정의 거울을 통해서든 자신의 이미지를 명료하게 인식하고 나면 스스로 자신을 꾸미거나 변화시키려고 노력하게 된다.

반사적 듣기로 제공되는 감정의 거울은 어른들에게도 큰 도움을 준다.

스스로 자신의 감정을 모를 때도 있지만, 때로는 그 감정 때문에 눈이 멀기도 한다. 감정이 이성을 앗아가는 경우다. 흔히 말하듯 '감정에 휘둘린다'는 말은 순간의 감정이 내면에 침입하여 사람을 조종한다는 뜻이다. 이성이나 의지가 아무런 힘을 쓰지 못할 정도로 감정의 지배를 받게 되면 자신에게나 다른 사람들에게 해가 되는 행동을 하게 된다. 그러나 그런 상황에서 상대방이 반사 반응을 보여주면 자신의 감정을 조절하여 이성적인 능력을 되찾을 수 있다.

감정이 격해진 사람에게 그 감정에 대해 이야기하라고 하면 감정이 더 격앙될 거라고 생각하는 사람들이 많다. 감정에 휘둘리고 있는 사람이 감정을 말로 표현하다가 감정대로 행동할 가능성이 더 높아질 거라는 생각이다. 그러나 사실은 그 반대다. 자신의 강렬한 감정을 이해심 많은 사람에게 이야기하고 나면 무분별하게 행동할 가능성이 대폭 줄어든다. 자신이 얼마나 화가 났는지 이야기하는 도중에 과도했던 감정이 빠져나가서 굳이 난폭한 행동으로 표현할 필요가 없어지기 때문이다.

듣는 사람은 쉽게 딴 생각에 빠진다

말하는 쪽에서 자신의 진심을 털어놓기 어려운 것처럼, 대화의 다른 편인 듣는 쪽에서도 자주 겪는 어려움이 있다. 화자의 이야기를 듣는 동안 집중력을 잃고 몽상에 빠지는 것이다. 또한 누구에게나 한두 가지 감정필터가 있어서 자신이 들은 의미를 왜곡하는 경향도 있다. 반사 반응이 이런 문제들을 어떤 식으로 해결할 수 있는지 살펴보자.

듣는 사람은 말하는 사람보다 생각하는 속도가 빠르다. 일반적인 미국인은 분당 125단어의 속도로 말한다. 이 속도는 그보다 4배나 빠른 속도로 정보를 처리하는 귀나 뇌에는 느린 속도다. 듣는 사람에게 생각할 시간이 많아질 수밖에 없는 이유다. 그러나 대부분의 청자들은 이 여유 시간을 제대로 사용하지 않는다. 열심히 이야기하는 친구의 이야기를 듣고 있다가도 그 느린 속도에 점점 지루함을 느끼게 된다. 얼마 지나지 않아 그는 정신적인 여가를 즐기면서도 대강의 줄거리를 따라갈 수 있음을 깨닫게 된다. 그래서 친구가 이야기를 이어가는 동안 내일의 업무계획을 세우거나, 지난주에 이겼던 테니스 경기를 다시 음미하기도 한다. 그 사이사이에 친구의 이야기로 되돌아가서 내용을 확인하고 이야기의 흐름을 점검하면서 적절한 대답을 해주지만, 대부분의 시간은 자기 생각에 빠져서 보낸다. 그러다가 자기 몽상에 너무 빠져 버리면 듣고 있던 이야기의 핵심을 놓치게 된다.

토끼와 거북이의 우화를 기억하는가? 불성실한 청자는 느린 거북이와 경주하는 토끼처럼 궁지에 빠지게 된다. 토끼가 길가에서 잠깐 눈을 붙이는 사이에 거북이는 토끼를 지나 결승점에 다다른다. 뒤늦게 깨어난 토끼는 따라잡기에 실패하고 만다. 청자는 잠깐 트랙을 벗어난다고 생각하지만 결국에는 거북이의 속도로 이야기하는 상대방의 생각을 따라잡지 못하고 놓쳐버린다. 물론 딴 생각에 빠졌다가 다시 대화에 집중해서 그 내용을 충분히 이해하는 경우도 많다. 그러나 이 또한 바람직한 태도는 아니다. 그 역시 상대방과 성심성의껏 동행하는 태도는 아니기 때문에 대화에 진심으로 참여한다고 볼 수는 없다.

상대방의 말을 자기 방식으로 해석한다

존 드레이크포드는 현대사회의 소음에 압도당하지 않도록 막아주는 '주목 필터 attention filters'에 관해 이렇게 설명한다.

> 뇌는 수년의 경험과 적응과정을 거치며 넘쳐나는 주위 소리를 조정하도록 프로그램 되어 있다. 바쁜 상사를 위해 수많은 우편물 속에서 꼭 읽어야 할 중요 메시지만 골라내는 유능한 비서처럼, 뇌는 어떤 소리는 즉시 차단하고 어떤 소리는 유심히 듣는다. 제트기 엔진의 굉음을 막기 위해 귀마개를 하는 비행장 근무자처럼 현대인들은 현대 사회의 끊임없는 소음 폭격으로부터 자신을 방어하는 장치를 개발하였다. 대부분의 사람들은 자신만의 듣기 플러그를 이용해 불필요한 소리들을 무시하는 훈련을 평생 동안 해왔다. 듣지 않으려는 이 같은 경향에는 분명히 지혜로운 면이 있다. 소음이 넘쳐나는 환경으로부터 자신을 보호해 주기 때문이다. 그러나 꼭 들어야 할 내용까지 자주 놓치게 한다는 점에서는 손해가 되기도 한다.

드레이크포드가 설명한 주목 필터 외에도, 우리에게는 뭔가를 잘못 이해하게 하는 감정 필터가 있다. 벨소리만으로 개가 침을 흘리게 만들었던 파블로프의 유명한 실험에 대해 모두 들어봤을 것이다. 1930년대에 뉴욕 퀸즈대학의 그레고리 라즈란 교수는 사람들에게 '스타일'이나 '상자'라는 단어만 들려주어도 침을 흘리게 할 수 있다는 사실을 실험을 통해 밝혀냈다. 라즈란의 실험은 논리적으로 아무 연관이 없는 단어로도 특정한 기분을 느끼게 할 수 있음을 보여준다. 우리가 감정 필터를 일부러 작동시키는 것은 아니지만, 감정 필터는 라즈란의 실험만큼이나 강력한 효과를 발휘한다. 우리는 어렸을 때 부모님이나 선생님, 존경하는 다른 어른이나 친구들이 공산주의자 · 병원 · 정치꾼 · 흑인 · 경찰 같은 단어에는 은근한 비웃음, 찌푸린 얼굴, 우거지상, 경멸 어린 몸짓을 섞어 말하는 반면, 감정이 실리지 않는 다른 단어나 생각을 이야기할 때는 미소를 짓거나 유쾌한 표정으로 이야기하는 모습을 보았다. 일단 그런 조건화가 발생하면 아이들은(또는 어른들도) 별 의도 없이 그 단어에 감정적으로 반응하게 된다. 그래서 상대방의 말 속에 그 단어가 포함되어 있으면 이미 뇌리 속에 깊이 박혀 있는 그 단어의 분위기가 되살아난다.

　기업의 임원들을 상대로 한 교육 과정에서 감정 필터로 인한 왜곡현상이 분명하게 드러난 적이 있다. 그때 사용한 자료가 〈그림 5-4〉였는데, 강사는 프로젝터를 이용해 이 그림을 사람들에게 보여주고 나서 프로젝터를 껐다. 그러고 나서 밖에 있던 사람 중 한 명을 들어오게 하고, 강의실에서 그림을 본 사람 중 한 명에게 그 그림 내용을 묘사하게 했다. 그런 다음 다시 밖에 있던 다른 한 명을 들어오게 해서 방금 전 강의실로 들어와 그림 설명을 들은 사람이 그림 설명을 하게 했다. 이런 방식으로 밖에 있던 다섯 명이 모두 그림의 내용을 들었는데, 마지막에 들어온 사람에게는 전체를 향해 자신이 들은 그림 내용을 설명하라고 했다. 그런 다음 프로젝터를 켜서 모든 사람들에게 보여주며 설명과 그림을 비교하게 했다. 그 결과, 그림에 대한 설명이 얼마나 왜곡되어 있는지가 여실히 드러났다. 마지막에 들어온 사람의 설명은 다음과 같았다.

　흑인과 백인이 싸우고 있었고 몇몇 승객들이 거기에 가담했다. 다른 사람들은 겁에 질려 떨고 있었다. 흑인은 손에 칼을 들고 있었다. 백인은 양복을 입고 있었고 흑인은 작업복을 입고 있었다.

그림 5-4 의사소통의 정확성 실험에 사용된 그림

출전 : Ant-defamation League of B'nai B'rith, Rumor clinic

실험에 참가한 임원들은 자신의 감정 필터를 이용해 상대방이 설명한 내용을 걸러냈다. 그 결과, 사실이 완전히 왜곡되었다. 감정 필터는 이처럼 듣기 능력을 크게 방해한다.

타인에 대한 예단도 우리가 자주 사용하는 일종의 필터다. 민감한 노사협상에서 사용자 측 대표 한 사람이 갑자기 자신이 확실히 듣지 못했다는 사실을 깨닫고 노조 측 지도자에게 다시 한 번 말해 달라고 부탁했다. 그는 나중에 동료에게 이렇게 고백했다. "나는 가끔씩 그 친구가 하는 말을 관심 있게 듣지 않다가 놓칠 때가 있어. 듣다 보면 내용이 뻔할 것 같아서 말이야." 이런 사람들이 굉장히 많다. 남편은 어떤 사안에 관해 아내가 무슨 말을 할지 뻔하다고 생각하기 때문에 아내가 하는 말을 제대로 듣지 않고 자신의 예측에 따라 반응한다. 부모와 자식도 똑같은 방식으로 서로를 잘못 이해하고 있다. 말하는 사람의 자아상을 예단하면 그가 이야기한 생각이나 감정까지 왜곡될 수 있다는 점을 명심해야 한다.

자존감이 낮은 사람은 상대방이 아무런 의도 없이 한 말에도 지나치게 의미를 부여해서 비난으로 받아들이는 경향이 있다. 살림 솜씨에 자신이 없는 어떤 여성은 남편이 자기 어머니의 고기요리를 칭찬하면, 그 칭찬을 자신의 요리 솜씨에 대한 비난으로 해석한다. 자신의 월급이 적다고 느끼는 남편은 부인이 집안 청소를 하느라 피곤하다고 이야기하면 파출부를 쓸 수 없는 자신의 무능력을 탓하는 말로 생각한다. 이런 필터가 지나치게 강한 어느 부인이 이렇게 푸념했다. "제 남편은 제가 요리책을 보고도 여기에 무슨 의미가 숨어 있을까 생각할 거래요."

《처음이자 마지막 자유First and Last Freedom》에서 크리슈나 무르티는 이렇게 주장했다.

정말로 들을 수 있으려면 모든 편견을 버리거나 한쪽에 치워두어야 한다. 진심으로 들을 준비가 되어 있을 때에만 모든 것을 쉽게 이해할 수 있다. 그러나 안타깝게도 대부분의 사람들은 차단막을 거쳐서 듣는다. 사람들을 가로막고 있는 것은 편견이다. 그것은 종교적 편견일 수도 있고, 상대방의 성격일 수도 있고, 심리적 또는 과학적 이론일 수도 있고, 그날의 걱정거리나 욕구, 두려움일 수도 있다. 이런 차단막의 위험을 안고 우리는 듣는다. 이런 점에서 볼 때 우리는 상대방이 하고 있는 말이 아니라 우리 자신의 소음, 우리 자신의 소리에 귀를 기울이고 있다.

반사 반응은 이러한 필터로 인해 생기는 오해를 바로잡는 효과적인 방법이다. 우리가 반응하는 내용이 잘못되었다면 상대방이 그 잘못을 올바르게 바로잡아 줄 테니까 말이다.

제대로 전달되었는지 확인한다

자신의 머리나 가슴속에 있는 말을 정확하게 표현하기 어렵고, 상대방의 말을 집중해서 듣고 왜곡 없이 이해하기도 어렵기 때문에 대화하면서 자신이 정확히 들었는지 확인하는 일이 무척 중요하다. 그래서 훌륭한 청자는 듣는 도중에 간간이 자신이 들은 내용을 요약하여 상대방에게 들려줌으로써 자신이 제대로 들었는지를 점검한다.

그런데 대화에서는 정확성도 중요하지만 대부분의 사람들은 그 이상의 것, 즉 타인의 따뜻한 관심을 갈망한다. 어떤 격렬한 감정에 휩싸였거나 큰 걱정거리가 있거나 심각한 문제가 생겼을 때, 사람은 누구나 혼자라는 생각이 들기 때문에 인간적인 접촉과 도움을 원한다. 공감 능력이 뛰어난 청자는 자신만의 독특한 방식으로 따뜻한 관심을 전달함으로써 그런 상대방에게 위로가 되어준다. 반사적인 청자는 외롭게 분투하고 있는 상대방이 연대감을 느낄 수 있도록 반응해준다.

반사적 듣기를 실행하라

지금까지 제시한 여러 가지 이론적인 근거들을 확인하면서 반사적 듣기가 대인관계에서 왜 의미가 있는지 알게 되었을 것이다. 이론은 '지식을 바탕으로 한 동의'를 이끌어내어 새로운 방식을 시도하게 만든다. 그 방식이 일리 있다고 스스로 판단하도록 만들어주기 때문이다. 그러나 최종적인 실험이 행해지는 곳은 머릿속이 아니라 실생활의 현장이다. 반사 반응을 적절하게 구사했을 때, 그것이 의사소통을 원활하게 하는지 방해하는지는 일상의 대화에서 실행해보고 판가름해야 한다. 영국의 수필가 토마스 칼라일은 이렇게 말했다. "모든 종류의 의심은 오직 실천을 통해서만 해결할 수 있다."

뒤에 이어지는 두 장에서는 가장 효과적인 반사 기법에 대해 살펴본다. 이 기법들을 이해하고 활용하면 당신 스스로 이 듣기 방식을 정당하게 평가할 수 있는 능력을 갖출 수 있을 것이다.

정리

처음 반사적 듣기 기법을 배울 때, 사람들은 그 방법이 과연 실생활에 적합할 지 의심한다. 그리고 그 기법들을 사용하면서 어색하고 우스꽝스럽다는 생각 을 한다. 그러나 이 같은 생각이 드는 것 역시 기법을 배우는 하나의 과정일 뿐이며, 발전이 계속됨에 따라 금세 극복할 수 있다. 어떤 사람들은 이 방식이 지나치게 구조화되어 있다고 불평한다. 그러나 모든 의사소통 방식은 필연적 으로 구조화 될 수밖에 없고, 그런 구조화가 각자의 개성 표현을 방해하지도 않는다.

한편, 이 듣기 방식이 자연스러움을 해친다고 말하는 사람도 있다. 물론 자 연스러운 게 좋은 경우도 있지만, 자연스럽게 사용하고 있는 의사소통 방해요 소의 폐해를 생각해 보면 반사 반응이 더 바람직할 수도 있다는 사실을 알 수 있다. 이와 함께 대화에서 나타나는 6가지 특징을 알고 나면 반사적 듣기가 얼마나 합리적인지 깊이 깨닫게 된다.

1. 사람들은 같은 단어를 각자 다른 의미로 인식하고 있다.
2. 사람들은 메시지를 보낼 때 그것을 암호화하는 경우가 많다.
3. 사람들은 중요한 문제를 제쳐두고 가짜 문제만 이야기하는 경향이 있다.

4. 말하는 사람이 자신의 감정을 모르고 있을 수도 있고, 반대로 감정에 눈이 먼 상태일 수도 있다.

5. 듣는 사람은 다른 생각에 빠지기 쉽다.

6. 듣는 사람은 상대방의 이야기를 자신만의 필터를 거쳐서 듣기 때문에 말하는 사람의 이야기를 잘못 이해할 수 있다.

반사적 듣기는 청자가 화자의 이야기를 정확하게 들었는지 확인하는 기회를 주고 따뜻한 관심을 전달하는 통로 역할도 한다. 이 책에 반사 반응을 시도하는 것이 매우 의미가 있다는 근거들을 제시하였다. 그러나 반사 반응의 가치를 최종적으로 판단하려면 이 책에 나오는 근거에 기대기보다 올바른 방법으로 직접 시도해 보는 편이 더 낫다.

사람들은 다양한 방식으로 각자의 생각을 세상으로 내보낸다.
많은 경우, 그 생각들은 의식적인 방식보다는 비언어적인 신체언어로 발현된다.
믿어지지 않을 때는 눈썹을 치켜 올리고, 뭔가 이해되지 않을 때는
코를 문지른다. 혼자 조용히 생각하거나 방어의식이 생길 때는 팔짱을 낀다.
관심이 없다는 뜻으로 어깨를 으쓱하고, 친근함의 표시로 윙크를 한다.
초조할 때는 손가락으로 책상을 두드리고, 깜빡했다는 사실을 알았을 때는
이마를 친다. 그런 제스처는 셀 수 없이 많고 그 중 일부는 의식적으로
하기도 한다. 그러나 영문을 모를 때 코를 문지르거나, 자신을 방어하려는
심리가 생길 때 팔짱을 끼는 것 같은 행동은 대부분 무의식적으로 나온다.

– 줄리어스 패스트

신체언어는 왜 중요한가

사람이 자신의 의사를 전달하지 않는 건 불가능하다. 말을 하지 않더라도 아무 행동조차 하지 않을 수는 없기 때문이다. 그 사람의 얼굴 표정, 자세, 제스처, 그 밖의 여러 동작들에는 반드시 정보의 흐름이 있고, 그가 품고 있는 감정의 실마리가 끊임없이 새어나온다. 따라서 신체언어를 읽는 기법은 효과적인 듣기를 위해 매우 중요한 기법 중 하나다.

사람과 사람이 마주 보고 이야기할 때 말을 통해 얻는 정보는 아주 미약하다. 이 분야의 저명한 학자는 대화에서 말로 전달되는 내용이 35%뿐이고 나머지는 신체언어를 통해 전달된다고 주장하였다. 널리 인용되는 알버트 메라비언의 논문에 따르면, 대화에서 말로 전달되는 정보의 비율은 7%뿐이고 나머지 93%는 비언어적인 요소로 전달된다고 한다. 논문의 구체적인 수치에 대해서는 의문의 여지가 있겠지만, 이 연구 결과들에서 나타나는 일반적인 법칙, 즉 대화에서 신체언어가 중요한 매개체라는 견해에 이의를 제기하는 사람은 거의 없다. 심리치료학자인 알렉산더 로웬은 이에 대해 이렇게 설명한다. "일단 신체언어를 읽는 법을 배우고 나면 말로 전달되는 어떤 요소보다 정확하게 상대의 의사를 파악할 수 있다."

인류가 출현한 이래, 아주 오랜 기간 동안 비언어적 의사소통이 유일한 언어였고, 구어 口語나 문어 文語가 전혀 존재하지 않았다. 언어가 발명되고 난 이후에야 비로소 몸짓을 이용한 의사소통에 집중하지 않아도 되었다. 그러나 몇몇 사람들은 여전히 비언어적 신호를 계속 사용했다. 고대 중국 속담에 이르기를 "웃을 때 배가 움직이지 않는 사람을 조심하라."고 했다. 기원전 8세기, 예언자 이사야는 이렇게 말했다. "그들의 안색이 그들을 거슬러 증거하리라."

인류가 출현한 이후부터 줄곧 신체언어는 상대방을 이해하는 수단이었다. 그러나 행동과학자들이 비언어적 의미를 체계적으로 연구하기 시작한지는 몇십 년밖에 되지 않는다. 그들은 복잡한 해석 체계를 개발했고, 사람들의 대화 장면을 찍어 느리게 돌리면서 장면을 하나하나 분석했고, 수천 건의 실험을 했다. 신체언어에 관한 과학적 연구는 아직 걸음마 단계이고 그 결과도 어느 정도는 추측에 바탕을 둔 것이다. 그럼에도 불구하고 연구의 결과는 인간의 대화를 이해하는 데 있어 중대한 기여를 했다. 과학자들의 연구와 신체언어를 세심하게 관찰한 자료를 종합해보면, 신체언어를 통해 상대방을 이해할 수 있는 중요한 열쇠를 찾을 수 있다.

신체언어는 감정의 언어

정보를 전달할 때, 말과 말 이외의 방식이 서로 겹칠 때도 있지만, 전달하는 메시지가 본질적으로 어떤 유형이냐에 따라 말과 말 이외의 방식이 효과를 발휘하는 영역이 다르다. 말은 사실적인 정보를 전달하는 데 효과적이다. 책제

목이나 날씨, 옷 가격, 플라톤 철학의 핵심을 설명할 때는 주로 말에 의존하게 된다. 그러나 감정 영역에서는 신체언어가 더 유리하다. 말로도 감정을 표현할 수 있지만, 이때는 보통 신체언어와 병행해서 사용한다. 그 이유를 폴 에크먼과 월리스 프리센은 이렇게 설명한다.

> 빠르게 변하는 얼굴의 신호는 감정을 표현하는 주요 시스템이다. 그 신호를 통해 우리는 상대방이 화가 났는지, 혐오감을 느끼는지, 걱정이 있는지, 슬퍼하는지를 알 수 있다. 그런데 사람들이 느끼는 감정을 언어로 모두 표현할 수 있는 것은 아니다. 상대방이 어떤 감정을 얼굴에 나타냈을 때, 그 감정을 표현할 적절한 말을 찾지 못하는 경우도 많다.

비언어적 행동은 감정뿐만 아니라, 그 사람이 감정에 어떻게 대응하고 있는지까지도 보여준다. 어떤 사람이 화난 표정을 짓고 있다고 하자. 그는 위협하는 듯한 몸짓과 불끈 쥔 주먹으로 싸울 것처럼 다른 사람에게 다가가고 있을 수도 있고, 몸에 잔뜩 힘을 주면서 화를 억누르고 있을 수도 있다. 발을 구르거나 팔을 휘두르거나 문을 꽝 닫거나 하는 방식으로 분노를 표출할 수도 있다. 그와 같은 신체언어를 관찰하면 그 사람이 자신의 감정에 어떻게 대응하고 있는지를 꿰뚫어볼 수 있다.

대화를 하는 사람은 일차적으로 자신의 감정을 비언어적 행동으로 전달한다. 이야기할 때 상대방과 상당히 멀리 떨어져서 앉거나 긴장한 자세로 앉거나 다른 방향을 향한 채 눈도 맞추지 않는다면 그들은 대화를 제대로 하고 있지 않을 가능성이 높다. 제라드 이건이 이야기했듯이 '서로 외면한 얼굴은 서로 외면한 마음'을 의미한다.

나는 의사소통을 교육할 때마다 감정의 중요성을 강조한다. 물론 대화의 내용도 매우 중요하다. 그러나 감정이 깊숙이 개입되어 있는 경우에는 먼저 감정에 주목해야 한다. 감정을 전달하는 주요 수단은 비언어적 행동이므로, 상대방이 전달하는 가장 중요한 내용을 이해하기 위해서는 행동에 중심을 두어야 한다.

몸으로 새어나오는 감정

어떤 단어를 자신의 감정을 감추기 위해 쓰는 경우가 있다. 감추고 싶은 마음이 잠재의식 속에 있어서 스스로 그 부분을 의식하지 못하는 경우도 있다. 사람들은 신체언어를 조종하려고 하기도 한다. 의식적이든 잠재의식에서든, 비언어적 행동으로 표출되는 감정을 조작하여 표현하려고 하는 것이다. 자신에게 정말 중요한 문제인데도 불구하고 관심이 없다는 듯 어깨를 으쓱거리기도 하고, 거짓 미소로 분노를 감추기도 한다. 슬픈 데도 불구하고 얼굴 근육을 잔뜩 긴장시킨 채 터지려는 울음을 억누르기도 한다. 기분을 감추기 위해 일부러 무표정한 얼굴로 위장하기도 한다. 상황에 따라 다르고 정도의 차이는 있지만 사람들은 누구나 거짓 신체언어로 감정을 감추려 한다.

자신의 생각을 감추기 위해 다른 단어를 사용하는 일이 효과적일 때가 있다. 그러나 비언어적 행동은 그렇지가 않다. 아무리 조종하려고 해도 우리 몸이 진짜 감정을 드러낼 가능성이 크다. 거짓말 탐지기가 비교적 정확한 이유는 거짓 이야기를 꾸며내면서 신체 반응을 마음대로 조종하는 일이 쉽지 않기 때문이다.

감정을 신체언어로 나타내지 않기 위해 필사적으로 노력해도 진짜 감정은 그 노력을 뚫고 새어나오기 마련이다. 잠깐 눈 깜짝할 새에 말이다. 이에 관한 실험이 있다. 이 실험에서 실험자는 피 실험자에게 격렬한 감정을 불러일으키는 영화를 보여주면서 어떤 감정도 드러내지 말라고 지시했다. 영화를 다 본 후, 그 사람은 자신이 감정을 전혀 드러내지 않았다고 자신했다. 그러나 영화를 보는 동안 피 실험자를 촬영한 비디오를 돌려보니 필사적인 노력에도 불구하고 역겨워하는 그의 감정이 여러 번 누출되었다.

신체언어는 말하는 사람의 가장 중요한 문제를 드러내기 때문에 제대로 들으려는 사람은 말하는 사람의 신체언어를 잘 관찰해야 한다. 자신의 감정을 말로 표현하기를 꺼려할 때나 스스로 의식할 수 없을 정도로 감정을 억누르고 있을 때도 비언어적 행동이 그 사람의 진짜 감정을 드러내는 경우가 많다. 지그문트 프로이트가 이야기한 것처럼 진짜 감정이 '온몸의 땀구멍에서 새어나오기 때문이다.'

신체언어를 읽기 위한 지침

침묵의 언어, 즉 행동의 언어를 제대로 읽기 위해 나는 5가지 지침을 따른다. 첫째, 가장 가능성 있는 단서에 의식적으로 주목한다. 둘째, 상황을 적절히 고려하여 비언어적 행동을 이해한다. 셋째, 앞뒤가 맞지 않는 부분이 있으면 거기에 주목한다. 넷째, 대화 내용과 관련하여 감정을 이입시켜 깊이 생각해본다. 다섯째, 내가 이해한 내용을 상대방에게 다시 들려주어 확인을 받거나 수정한다.

가장 가능성 있는 단서에 주목하라

일반적인 통념과 반대로, 대화하는 상대방의 감정을 나타내는 단서는 너무 적기보다 너무 많다. 청자로서 우리가 화자의 감정에 관해 얻는 정보의 출처는 6가지다.

청각 영역과 관련해서는 세 가지 출처가 있다. ①이야기하는 특정한 단어들, ②목소리의 음색, ③말의 속도나 머뭇거리는 정도, 즉 "어…." "음…." 하는 말 때문에 이야기가 중단되는 횟수와 그 시간이다.

시각 영역에도 화자의 감정을 추측할 수 있는 세 가지 단서가 있는데, ①표정, ②태도, ③제스처가 그것이다.

이런 수많은 암시들이 화자로부터 나온다. 그러나 화자의 이야기에 담긴 더 중요해 보이는 정보에 정신이 팔려 가장 중요한 메시지를 놓치는 경우가 많다. 사람들은 심리학자 윌슨 반 두센이 가장 신뢰성 낮은 출처라고 말한 '발언된 단어'에 지나치게 의존하는 경향이 있다. 상대방을 좀 더 정확히 이해하기 위해서는 대화 속의 비언어적 요소에 세심하게 주목해야 한다.

표정　　보편적으로 행동과학자들은 얼굴이 감정을 가장 잘 드러낸다는 데에 이견이 없다. 화자의 감정을 알아내려면 눈치 채지 않게 그의 얼굴 표정이 어떻게 변하는지 관찰하라. 진화론을 제창한 과학자 찰스 다윈은 《인간과 동물의 감정표현에 대하여 The Expression of the Emotions in Man and Animals》라는 신체언어에 관한 선구적인 저작을 남겼다. 인간의 얼굴표정으로 감정을 해독할 수 있다는 다윈의 가설은 연구에 의해 검증되었다.

얼굴은 특정한 감정뿐만 아니라 그 사람에게 정말로 중요한 것이 무엇인지도 나타낸다. 말하는 사람의 얼굴이 가끔씩 눈에 띄게 긴장된 기색을 띠는 경우가 있다. 이런 현상은 별로 중요하지 않은 이야기를 하는 도중에 일어나기도 한다. 이럴 때 청자는 그런 반응을 일으킨 내용에 주목하여 어떤 화제가 그 사람의 감정에 영향을 끼쳤는지를 짐작한 다음, 그에 관해 이야기해보아야 한다. 한편, 일상적인 대화를 하던 상대방이 갑자기 밝은 표정이 되거나 유난히 흥미를 느끼며 생기가 도는 경우도 있을 수 있다.

표정이 가장 풍부한 곳은 눈과 그 주위의 피부근육이다. 환희로 반짝이기도 하고, 슬픔 때문에 붉게 충혈되어 물기가 어리기도 하고, 분노에 차서 노려보기도 한다. 눈을 보면 그 사람이 상대방과 어떻게 대화하고 있는지 짐작할 수 있다. 눈은 애정과 신뢰를 보내기도 하고 거리감이나 무관심을 드러내기도 한다. 많은 문화에서 '애정 어린 눈 맞추기'는 가장 순수한 형태의 상호작용이자 가장 높은 수준의 영혼의 결합이다. 그런 이유로 프랑스 소설가인 빅토르 위고는 이런 조언을 했다. "여성이 당신에게 이야기할 때, 그녀가 눈으로 말하는 것에 귀를 기울여라." 사람은 나이가 듦에 따라 그가 가장 지속적으로 가졌던 감정 상태가 얼굴에 새겨진다. 기쁨과 열린 마음이 어려 있는 나이든 사람의 얼굴은 행복하게 살았던 인생을 보여준다. 어떤 얼굴에는 마음먹은 대로 된 일이 하나도 없었던 것처럼 지울 수 없는 불만이 어려 있다.

목소리　존 울먼의 《일기Journal》에는 파푸네항 추장과 이야기하다가 통역이 있다는 사실도 잊고 기도하는 대목이 나온다. 이때 울먼의 기도 내용을 이해하지 못했던 그 추장이 통역하는 이에게 이렇게 말했다고 한다. "저 말들을 쏟아내는 마음을 느낄 수 있어서 정말 행복하네."

훌륭한 청자는 화자가 한 말보다 훨씬 많은 것을 듣는다. 목소리의 높낮이, 말하는 속도, 말투 그리고 의미를 전달하는 목소리의 미묘한 차이에도 귀를 기울인다. 목소리는 그 사람을 이해하는 데 큰 도움이 된다. 심리치료학자인 롤로 메이는 상담실에서 환자를 만나면 이렇게 자문한다. '내가 단어를 듣지 않고 그 어조에만 귀를 기울인다면 저 목소리는 무슨 말을 하는 걸까?' 물론 기초적인 수준에서라면 누구나 말투의 차이를 구분할 수 있다. 예를 들어 "지난 주말은 정말 대단했어."라는 말은 말투에 따라 적어도 두 가지 뜻이 있다. 무척 즐거웠던 주말을 뜻할 수도 있고 몹시 불쾌했던 주말을 뜻할 수도 있다.

어떤 사람이 떨리는 목소리로 "나 직장 그만뒀어."라고 말했다면 직장을 그만둔 것에 대해 슬퍼하거나 화가 났거나 두려워하고 있다는 의미이다. 반대로 그의 목소리가 밝고 활기에 차 있다면 자신의 사직에 대해 행복해한다는 뜻이다. 분노, 열정, 즐거움 같은 감정에 차 있을 때는 말이 빠르고 목소리가 크며 어조가 높아지는 경향이 있다. 평소보다 말이 느리거나 목소리가 작거나 어조가 낮다면 지루하거나 울적하다는 뜻이다. 렌 스페리 박사는 목소리의 특징과 의미를 다음과 같이 정리했다.

특징	감정 / 의미
단조로운 목소리	지루함
느리고 낮은 목소리	울적함
높고 활기에 찬 목소리	열정
끝이 올라가는 목소리	놀람
무뚝뚝한 목소리	방어의식
간결하고 커다란 목소리	분노
높고 끝을 길게 끄는 목소리	불신

어떤 사람들은 상대방이 말하는 태도를 치밀하게 분석하여 그 사람을 이해하는 데 남다른 능력을 발휘한다. 유명한 미스터리 소설가인 얼 스탠리 가드너가 목소리에서 실마리를 찾아 다른 사람은 전혀 눈치 채지 못하는 핵심 정보를 탐지해내는 그의 동료 변호사에 대해 이야기한 적이 있다. 다음은 가드너가 〈보그〉에 기고한 글의 일부이다.

우리는 함께 법정에 나가곤 했는데, 그는 증인석에 있는 증인을 절대 쳐다보지 않았다. 수첩에 눈을 고정한 채, 증인이 한 말을 간단하게 메모하기도 하고 가끔은 그냥 멍하니 있기도 했다. 그러나 증인의 목소리에는 항상 귀를 기울였다. 증인을 심문하는 도중에 팔꿈치로 나를 찌르기도 했다. 바로 그 시점에서 증인이 거짓말을 하거나 뭔가를 감추고 있다는 뜻이었다. 훈련이 안 된 내 귀는 목소리에 담긴 미묘한 변화와 속도를 감지하지 못했지만, 그는 놀라울 정도로 정확하게 그 지점을 잡아냈다.

비록 우리가 그 변호사의 경지까지 이르기는 어렵겠지만, 어떤 사람의 목소리에서 나타나는 높낮이와 음색, 말의 리듬, 유창함 여부 정도는 알아챌 수 있다. 이런 식으로 말투를 통해 화자의 기분을 어느 정도 감지할 수 있고, 우리가 느끼는 화자의 감정을 그에게 다시 반사해줄 수 있다.

자세, 몸짓, 행위 자세와 몸의 움직임을 보면 그 사람의 기분이나 생각, 관심 등의 의미심장한 정보를 얻을 수 있다. 머리와 팔, 손, 다리, 발의 움직임에도 많은 정보가 담겨 있다. 대화를 그만하고 싶은 사람은 다리를 쭉 뻗거나 발을 까딱거리거나 책상 위에 있는 서류들을 정리하거나 가방을 잠그거나 곧 일어설 것처럼 몸을 똑바로 세워 앉는다. 자신의 상사가 대화를 끝내고 싶을 때 코트 왼쪽 주머니에 들어 있는 담뱃갑을 간절한 눈빛으로 쳐다본다는 사실을 알게 되었다는 사람도 있었다.

적당한 말이 없어서 나는 이것을 '행위'라고 부르는데, 우리가 그 행위의 의미를 이해하면 다른 사람의 감정을 알아낼 수 있다. 아동심리학자들은 집에서 신경질을 부리는 아이들의 행동이 사실은 도움을 요청하는 신호라는 사실을 알고 있다. 어린아이가 있는 부모들은 새로 아기가 태어나서 그 아기에게 관심이 몰렸을 때, 손위의 아이가 갓난아기 때 하던 짓을 다시 하는 모습을 보게 된다. 이런 행동은 십중팔구 더 많은 관심을 보여 달라는 다급한 호소다. 교실에서 계속 말썽을 피우는 아이는 그런 행동이 선생님의 관심을 받는 유일한 길이라고 생각했을지도 모른다. 어떤 직원의 생산성이 떨어지고 있다면, 그가 회사의 경직성에 대한 실망과 분노를 드러내고 있거나, 상사와의 관계에서 느끼는 불만을 표출하고 있는 것일 수 있다. 공감 능력이 있는 청자는 이런 종류의 행동을 관찰하고 자신이 해독한 내용이 정확한지를 확인한다.

누군가를 가르치거나, 모임을 주도하거나, 판매회의를 진행하거나, 프레젠테이션을 하거나, 이런저런 방법으로 그룹에서 지도적인 역할을 해야 한다면, 함께 일하는 구성원들의 태도를 주의 깊게 관찰해야 한다. 나는 하루 종일 진행되는 세미나에서 자주 강연을 한다. 그런 자리에서는 수강생들이 동일한 신체언어를 보이는 경우가 많다. 모두가 귀를 쫑긋 세우고 열심히 들을 때도 있지만, 어떤 날은 전체가 슬럼프에 빠진 듯 무기력한 모습을 보이기도 한다. 학습 능률을 최대화하기 위해 나는 수강생들의 '자세 언어'에 주목해야 하고, 슬럼프에 빠져 있을 경우에는 강의를 마치거나 그룹 전체에 활기를 불어넣기 위해 다른 방도를 강구하기도 한다.

옷 입기, 꾸미기, 주위환경　옷을 입고 자신을 꾸미는 방식, 스스로 선택하고 조성한 주위환경도 그 사람이 세상을 향해 보내는 일종의 메시지다. 말끔하게 면도를 하고 가는 세로 줄무늬 양복에 점잖은 넥타이를 맨 사람은 덥수룩한 수염과 긴 머리에 색 바랜 청바지와 티셔츠를 입고 샌들을 신고 다니는 젊은 남자와는 삶의 방식이 다르다는 것을 암시한다. 일주일에 한 번씩 헤어숍에 가고 단정한 디자인의 옷을 입는 여성은 같은 나이라고 해도 브래지어를 하지 않고 청바지를 즐겨 입고 화장을 하지 않는 여성과 사고방식이 다를 것이다.

사는 동네와 집의 형태, 내부를 꾸미는 방식도 그 사람을 나타낸다. 사무실이나 작업 공간은 집보다는 개인의 취향이 덜 드러나는 곳이긴 하지만, 그래도 어떤 식으로든 그 사람의 성향이 엿보이기 마련이다. 책상이 깔끔하게 정리되어 있을 수 있고, 이것저것 널려 있을 수도 있다. 사무실을 업무 중심으로 꾸며 놓을 수도 있고, 사람 중심으로 꾸며 놓을 수도 있다. 단정하고 간소하게 정리해 놓을 수도 있고, 아름답게 꾸며 놓을 수도 있다.

상황을 고려하여 비언어적 행동을 해석하라

대중적인 문학작품에서 특정한 신체언어가 특정한 의미를 갖는 것처럼 암시하는 경우가 많은데, 그러면 독자들은 신체언어에 대해 잘못된 생각을 갖게 된다. 전문가들은 어떤 손짓이나 동작도 그 자체만으로 특정한 의미를 나타내지는 않는다고 주장한다. 하나의 몸짓은 글 안에 있는 단어 하나인 셈인데, 단어 하나에는 여러 가지 뜻이 있기 때문에 글쓴이의 의도는 오직 그 문맥 또는 주제 안에서만 정확하게 파악할 수 있다. 제스처와 상황과의 관련성은 단어와 문맥 간의 관련성보다 더 긴밀하다. 아이젠버그와 스미스가 쓴 글 속에 다음과 같은 내용이 나온다.

대부분의 단어는 어떤 상황에서 누가 사용하느냐에 따라 의미가 달라지는데, 그 의미의 가짓수는 얼마 되지 않는다. 그러나 콧날을 찡그리는 제스처는 그와 함께 일어나는 다른 신호, 즉 찡그리는 사람의 성격, 그 당시의 상황에 따라 수천 가지 의미로 해석될 수 있다. 따라서 비언어적 신호 하나만 떼어놓으면 그 의미를 지정하기가 무척 어렵지만, 특정한 상황에서는 그 제스처의 의미가 명료해진다. 일반적으로 콧날을 찡그리는 행동이 무슨 의미인지는 단정하기 어렵다. 그러나 "튀긴 버섯냄새를 참을 수 없어서 조안이 콧날을 찡그리고 있어."라고 말하면, 그 말이 무슨 의미인지 모를 사람이 거의 없다.

어떤 구체적인 제스처를 해석할 때는 그와 동반되는 다른 몸짓뿐만 아니라 당사자가 한 말과도 관련지어 생각해야 한다. 상대방의 말만 듣거나 신체언어에만 주목하면 그의 생각을 오해할 우려가 있기 때문이다. 노련한 청자들은 상대방을 전체적으로 보면서 실마리를 얻는다.

말과 신체언어의 불일치에 주목하라

상대방의 말과 몸짓의 의미가 서로 다른 경우를 볼 수 있다. 이런 불일치를 표현한 오래된 노래가 있다. "당신의 입술은 '안 돼요, 안 돼요.' 그러나 당신의 눈은 '좋아요, 좋아요' 하고 있네요."

어떤 부인이 남편에게 이렇게 말하는 광경을 본 적이 있다. "당신 나한테 화난 것 같아." 그러자 남편이 얼굴을 붉히고 주먹으로 탁자를 내리치며 외쳤다. "화 안 났어." 부인은 남편의 신체언어가 말보다 더 분명하게 그의 의중을 반영한다고 느꼈을 것이다.

반대로, 직접 말로 하기에는 너무 슬퍼서 감히 입 밖에 내지 못하고 신체언어로 연막을 치는 경우도 있다. 내가 대화하면서 가장 가슴 아픈 때는 상대방이 웃는 얼굴로 슬픈 이야기를 할 때다. 가슴 저미는 슬픔을 토로하면서도 재미있다는 듯 웃는 사람들의 이야기를 수없이 들었다. 상대방이 비극적인 내용을 웃으며 이야기하면, 듣는 사람은 마음을 놓거나 그 고통에 맞닥뜨리는 상황을 회피하기 위해 덩달아 웃는다. "웃음으로 떨쳐버린다."라는 말이 있을 정도로 이런 행동은 우리 사회에서 흔히 있는 일이다.

말과 신체언어가 일치하지 않을 때는 두 가지 메시지가 다 중요하다. 입으로는 "안 돼요, 안 돼."라고 하면서 눈으로는 "좋아요, 좋아."라고 하는 경우, 자신의 애정을 표현하려는 욕구와 어떤 의무나 그러면 안 된다는 자제력 사이에서 갈팡질팡하고 있다고 볼 수 있다. 자신은 화가 나지 않았다고 소리치는 행동은 그 감정을 자신에게나 다른 사람에게 인정하기 싫다는 표현이다. 자신에게 일어난 비극적인 사건을 이야기하면서 웃는다면 그 감정을 다른 사람에게 알리고 싶지만 부담은 주고 싶지 않다는 뜻이다. 혹은 그 사건에 대한 내밀한 감정을 털어놔야 할지 말아야 할지 혼란스러워하고 있는지도 모른다. 다시 한 번 강조하지만 사람의 말과 비언어적 행동(또는 두 가지 비언어적 행동)이 일치하지 않는다면, 가능한 수단을 동원해서 그 의미를 찾아야 한다.

자신의 감정과 신체 반응을 살펴라

지그문트 프로이트는 "사람의 무의식은 의식을 통하지 않고도 다른 사람의 무의식에 반응할 수 있다."고 주장했다. 그런 종류의 무의식은 주로 몸으로 전해진다. 의식하지 않아도 알아서 몸이 먼저 반응한다. 따라서 자신의 몸이 어떤 반응을 일으키는지를 알아채면 상대방의 기분을 더 잘 파악할 수 있다.

가족치료 전문의 한 사람이 "문제가 있는 가족들한테서는 특유의 분위기가 느껴진다."고 말하는 걸 들은 적이 있다. 그런 가족과 함께 있으면 자기도 모르게 불안해진다는 뜻이다. 그 분위기는 냉담하고 차가울 수도 있고, 예의바르지만 따분할 수도 있고, 분노가 폭발하기를 기다리는 것처럼 극도로 경계하는 분위기일 수도 있다. 그런 분위기를 느낄 때, 그의 몸은 점점 불편해진다고 한다. 그래서 위가 거북해지거나 어깨가 아프거나 머리가 욱신거리기 시작하면, 그는 그런 느낌에 주목하고 그 가족들에게 무슨 일이 있는지 좀 더 주의 깊게 살핀다고 한다.

한 십대 청소년이 아버지가 퍼붓는 폭언을 20분 동안이나 견디고 있는 장면을 본 적이 있다. 그 아버지가 하는 말은 대부분 사실이 아니었다. 아버지와 아들 사이에 대화는 없었고 오직 일방적인 호통만 있을 뿐이었다. 그러자 내 몸 전체가 긴장되고 뱃속이 뒤집히는 것 같았다. 내가 내 몸의 불편함을 인식하면서부터 그 십대 청소년이 경험하고 있을 감정도 확연하게 느껴졌다.

심리치료사인 프리다 프롬 라이히만은 환자가 느끼는 감정을 더 잘 이해하기 위한 방법을 생각해냈다. 자세와 몸짓이 환자의 감정을 추정할 수 있는 단서라는 사실을 깨달은 그녀는 환자의 사소한 자세와 제스처까지도 그대로 따라해 보았다. 환자의 태도를 그대로 취하면서 어떤 느낌이 드는지에 초점을 맞췄더니 그들의 심리상태가 훨씬 더 가깝게 와 닿았다고 한다. 나도 그런 방법을 사용해보았는데 확실히 효과가 있었다. 듣는 사람이 건성으로 듣거나 냉담하게 대하면 말하는 사람이 의기소침해질 수 있기 때문에 청자는 상대방의 처지를 이해하기 위해 다양한 방법을 세심하게 고민해야 한다.

상대방의 감정을 반사하라

청자로서 상대방의 신체언어를 보고 그의 감정을 인식했다면, 그것을 자신의 언어로 바꾸어 상대방에게 반사해야 한다. 상대방이 느끼고 있다고 짐작되는 감정을 말로 표현하면 그 과정에서 몇 가지 소득을 얻을 수 있다. 첫째, 상대방의 감정을 정확하게 추측했는지 확인할 수 있다. 둘째, 반사한 말을 들은 상대방이 자신의 감정을 더 잘 인식하게 된다. 셋째, 화자가 자신의 감정에 대해 더 많이 이야기할 용기를 얻게 된다. 넷째, 이해심 많은 청자를 통해 감정이 반사되면 화자 스스로 이해받고 있다고 느끼게 된다. 그래서 그가 느끼고 있을지도 모를 외로움이 사라질 수 있다. 다섯째, 화자가 마침내 자신의 깊은 감정까지 거리낌 없이 털어놓으면 스스로 카타르시스를 경험하면서 긴장이 풀리고 감정적·정신적 부활을 경험하게 된다.

매리언의 남편인 조지가 퇴근해서 집에 돌아와 의자에 털썩 몸을 던졌다. 그러고는 낙담한 목소리로 말했다. "지난 2주일 간 매달려 있던 프로젝트가 끝났어요." 매리언은 그때를 떠올리며 자신이 신체언어에 주목해야 한다는 것을 배우기 전이었다면 이렇게 대답했을 거라고 했다. "그래요? 다 끝났다니 나도 좋네요. 이제 당분간 시간 맞춰 저녁을 같이 먹을 수 있으니까요." 그러나 그때는 그럴 상황이 아니었다. 남편의 비언어적 행동에 주목한 매리언은 그와 마주앉아 말을 꺼냈다. "다 끝났지만 뭔가 잘못된 게 있어서 꺼림칙한 거로군요." 아내의 이해심과 공감에 마음이 움직인 조지는 그때까지 일하면서 자신이 느낀 절망감에 대해 털어놓기 시작했고, 그들은 결혼 8년 만에 처음으로 깊은 이야기를 나누었다.

명백하지만 난해한 언어

말과 몸의 일치에 관한 수사적 표현들이 수백 년 전부터 사용되어 왔다. 겁에 질린 사람은 '공포로 얼어붙는다.' 화난 사람은 '분노에 치를 떤다.' 호전적인 사람은 '이를 드러내고 으르렁거린다.' 과묵한 사람은 '차가운 인상을 풍긴다.' 확신에 찬 사람은 '열정에 불타거나' '자랑스러움으로 가슴이 부푼다.' 결연한 사람은 '이를 간다.' 자신의 감정을 억누르고 있는 사람은 '입을 일자로 굳게 다문다.' 수치심을 감추기 위해 아무리 애를 써도 어떤 사람들은 '당황해서 얼굴이 붉어진다.' 일상생활에서 이런 표현들이 널리 쓰이는 걸 보면, 우리 모두 어느 정도는 신체언어를 읽는 데 일가견이 있는 듯하다.

그러나 누구든 이보다 더 능숙해질 수 있다. 상대방의 신체언어에 세심하게 주목하면 그가 전하는 의미를 보다 민감하게 파악할 수 있다. 그러면 좀 더 세련된 기법과 감정이입을 동원하여 상대방의 감정을 반사할 수 있다.

비언어적 행동이 누구나 정확히 인식할 수 있을 정도로 분명할 때도 있지만, 무슨 의미인지 전혀 짐작조차 못할 정도로 어려울 때도 있다. 사람들은 가끔 비언어적 행동을 잘못 해석하고 나서 맞는지 틀렸는지도 확인하지 않는다. 그래서 서로 소원해지거나 갈등이 일어나기도 한다.

에드워드 사피어는 신체언어 독해기법의 역설적인 측면에 대해 이렇게 말했다 "그 기법은 아무 데도 적혀 있지 않고, 아무도 정확히 모른다. 그럼에도 불구하고 누구나 이해할 수 있는 정교하고 비밀스런 암호법에 따라 작동되는 것 같다." 물론 모순적인 면이 여전히 남아 있지만, 비언어적 행동의 독해법에 대해 깊은 관심을 가진다면 각자의 의사소통 방식을 상당히 발전시킬 수 있을 것이다.

정리

사람들 간의 의사소통은 대부분 비언어적 요소로 이루어지기 때문에 신체언어를 읽는 일은 효과적인 듣기를 위해 매우 중요하다. 비언어적 요소는 상대방의 감정을 파악할 때 특히 중요하다. 가끔씩 비언어적 행동을 조작하여 자신의 감정을 감추려는 사람들이 있는데, 이런 시도는 성공하기 어렵다. 감정이 비언어적 표현을 억누르려는 노력을 뚫고 새어나오기 때문이다. 다음은 신체언어를 읽는 법을 향상시키기 위한 지침이다.

 −표정, 목소리, 자세, 몸짓, 행위 같은 단서들에 초점을 맞춰라.
 −상황을 고려하여 비언어적 행동을 해석하라.
 −말과 신체언어의 불일치에 주목하라.
 −자신의 감정과 몸의 반응을 살펴라.

신체언어는 쉽게 파악할 수도 있고 해석하기 무척 어려울 수도 있다. 어떤 경우이든 청자가 화자의 신체언어를 이해하여 그 언어를 적절한 방식으로 반사한다면 의사소통의 효율성이 상당히 높아질 것이다.

Chapter 7
효과적인
듣기를 위하여

나는 당신의 말을 정확히 듣고 싶습니다.
그러므로 중요한 부분에서 당신이 전하려는 의미와 제가 이해한 의미가
일치하는지 분명히 확인해야 합니다. 당신의 말과 어조, 표정, 제스처,
몸짓을 보며 당신의 뜻을 어렴풋이 짐작하고 있습니다.
그러나 그건 짐작일 뿐입니다. 내가 당신의 이야기를 제대로
이해했다고 확인받을 때까지 내가 들은 이야기를
중간 중간 당신에게 다시 들려주며 확인해야 합니다.
나는 당신이 느끼는 대로 느끼고 당신이 아파하는 부분에서
같이 아파할 수 있을 정도로 깊이 있고 명료하고 정확하게 듣고 싶습니다.
그래서 당신이 완전히 자유로워지기를 바랍니다.

– 데이비드 옥스버거

이 장에서는 반사 기법에 대해 좀 더 자세히 알아보고 화자에게 도움이 되는 지침을 중점적으로 살펴볼 것이다. 이와 함께 듣는 일 외에 청자가 할 수 있는 다른 일이 무엇인지, 반사적 듣기가 적절할 때는 언제이고 적절하지 않을 때는 언제인지도 알아본다.

경청을 위한 지침

화자에게 주목하는 방법과 화자와 동행하는 방법, 화자가 말한 핵심적인 내용이나 감정을 반사하는 방법을 배웠다면, 이제 반사 기법을 발전시킬 때다. 지금부터 설명하는 지침을 따르면 훨씬 더 훌륭한 청자가 될 수 있다.

이해한 척하지 말라

상대방의 말을 이해하지 못할 때가 종종 있다. 다른 생각에 빠져 있었기 때문일 수도 있고, 앞서 한 이야기를 그때까지 생각하고 있었기 때문일 수도 있다. 아니면 말하는 사람이 하고 싶은 말을 명쾌하게 설명하지 못해서일 수도 있다. 이럴 때, 자신이 진지하게 듣고 있고 상대방의 말을 모두 이해하고 있는 척하는 경우가 많은데, 절대로 그러면 안 된다. 상대방의 말을 이해하지 못했다면 그 점을 인정하고 이렇게 말해야 한다. "당신이 한 말을 이해하지 못했어요. 한 번 더 말씀해 주시겠습니까?" "남편 분께서 병이 들었다는 데까지는 들었는데, 그 다음부터는 잘 못 들었습니다."

상대방의 기분을 잘 안다고 말하지 말라

반사적 듣기를 시작한 사람들은 자주 이렇게 말한다. "당신이 어떤 심정인지 알고 있어요." 이런 반응은 바람직하지 않은데, 이유는 다음과 같다. 첫째, 그 말은 사실이 아니다. 다른 사람의 감정을 읽었다는 건 기껏해야 추측했다는 뜻일 뿐이다. 아무도 다른 사람의 심정을 온전히 이해할 수는 없다. 둘째, 그런 말은 더 구체적이고 자세하게 설명하려는 화자의 의지를 꺾어버린다. 셋째, 화자가 당신이 정말 이해했을지 의심하게 된다. 따라서 상대방의 심정을 이해했다는 말은 도움이 되지 않을 때가 훨씬 많다.

정말로 필요한 건 당신이 상대방의 감정을 어느 정도 이해했다고 말하는 것이다. 목표는 상대방의 경험을 정확하게 인식하는 일이지만, 해야 할 일은 '당신의 말을 잘 듣고 있습니다.'라는 마음을 비언어적인 방식으로 전달하는 일이다. 그렇게 하면, "당신 기분이 어떤지 알고 있습니다." 하고 말하지 않아도 상대방이 '이 사람은 나를 진심으로 이해하고 있구나.' 하고 느끼게 된다.

다양하게 반응하라

상대방의 이야기에 어떻게 반응해야 하는지는 정해져 있지 않다. 우리는 앞에서 상대방의 이야기에 침묵으로, 최소한의 격려로, 바꿔 말하기로, 의미 반사로, 요약 반사로 반응할 수 있다는 사실을 배웠다. 또 의미 반사의 방식이 좀 더 자연스럽도록 약간씩 변화를 줄 수 있다는 점도 배웠다. 때때로 반응의 방식이 훨씬 더 정교해질 수도 있고, 아예 생략해도 괜찮을 수도 있다.

적절한 반사 반응이 무엇인지 좀 더 살펴보자. 20대 여성이 친구에게 불만을 털어놓고 있다. "우리 엄마는 항상 내 일에 간섭을 하셔. 엄마 일에만 신경 쓰면 좋겠는데 말이야." 이때 상대방이 보일 수 있는 반응은 다음과 같다.

"어머니께서 그렇게 참견하시는 게 귀찮은가 보구나."

"어머니께서 네 생활에 간섭하시는 게 짜증나는구나."

"그런 간섭 정말 싫지."

"어머니께서 독립성과 프라이버시를 침해한다고 느끼는구나."

"어머니께서 너를 성인으로 대해주시면 좋겠다는 거지?"

"어머니께서 계속 자기 의견을 강요하셔서 너무 속상하겠다."

감정에 초점을 맞춰라

찰스 애러빈은 학부모 초청 주간에 딸의 대학에 방문했다. 다음은 가족식사 시간에 딸과 주고받은 대화다.

크리스티 저는 이 대학에 다니기 싫어요. 저한테 너무 버거워요. 낙제해서 퇴학당할 것 같단 말이에요. 그러면 창피해서 친구들을 어떻게 만나겠어요. 정말 생각도 하기 싫어요.

찰스 학교 공부가 너무 어려운 모양이구나.

크리스티 (눈물을 글썽거리며) 낙제할까봐 무섭단 말이에요.

크리스티의 대답을 들은 찰스는 딸의 감정을 완전히 무시하고 "대학 1학년 때는 누구나 제일 힘든 시기고, 너는 영리하니까 곧 따라잡아서 이번 학기를 무사히 마칠 수 있을 거야."라고 이야기했다. 그 대화는 결국 크리스티가 울음을 터뜨리며 화장실로 뛰어가는 것으로 끝났다.

그날 일을 떠올리면서 찰스가 이렇게 말했다. "크리스티가 우는 모습을 보고 나서야 선생님이 강조하신 '대화에서는 감정이 중요하다'는 말이 생각났습니다. 크리스티는 자기 감정을 벽에 대고 이야기한 겁니다. 지금까지 그런 식으로 대화를 끝낸 적이 정말 많았습니다. 하지만 이제는 대화할 때 감정이 차지하는 부분에 어느 정도 초점을 맞출 수 있게 됐습니다."

감정을 정확하게 표현하는 단어를 사용하라

감정은 살아 있는 대화를 진행하는 핵심 요소다. 반사할 때 정확한 감정을 파악하는 일도 중요하지만 그 감정이 어느 정도인지 파악하는 일도 중요하다. 이는 감정을 나타내는 말이 상대방이 느끼고 있는 감정과 일치해야 한다는 뜻이다. 난생 처음 그랜드캐니언을 보러 간 한 남자가 끝없이 적색과 보라색으로 변하는 광경을 바라보며 황홀해하고 있었다. 한참 동안의 침묵에서 깨어난 그는 부인을 돌아보며 꿈꾸는 듯한 눈빛과 경이로움에 가득 찬 목소리로 이렇게 말했다. "정말 장엄하고 숭고한 광경이에요." 그의 부인이 대답했다. "정말 예쁘죠?"

'장엄하고 숭고하다'와 '예쁘다' 사이에는 상당한 감정적 괴리가 있다.

청자가 상대방의 감정을 보다 정확하고 구체적인 말로 반사할수록 듣기의 효과가 커진다. 그러나 안타깝게도 대부분의 사람들은 감정을 표현하는 단어를 아주 한정적으로 사용한다. 다음과 같이 감정을 표현하는 형용사를 부사와 함께 사용하면 그 감정의 정도나 세기를 좀 더 구체적으로 전달할 수 있다.

"네 개가 죽어서 조금 슬프겠구나."

"네 개가 죽어서 상당히 슬프겠구나."

"네 개가 죽어서 아주 슬프겠구나."

"네 개가 죽어서 무척 슬프겠구나."

'상당히'나 '아주'와 같은 부사가 감정의 정도를 구체화하기는 한다. 그러나 이 역시 적합한 단어 하나를 쓰는 것만은 못하다. "정말로 슬프겠구나."라고 말하기보다 "울고 싶겠구나." "가슴이 미어지겠구나."라고 하는 편이 더 낫다는 뜻이다.

감정을 좀 더 정확하게 표현하기 위해 아래와 같은 단어 목록을 틈틈이 읽어 두는 방법도 고려해볼 만하다.

상냥한	실패한	정신없는
화난	자포자기한	죄스러운
성가신	미친	비통한
배신당한	혼란스러운	행복한
환희에 찬	위압적인	도움이 되는
우울한	간절한	강렬한
부담스러운	동정심 많은	불쾌한
매혹된	활기가 넘치는	상처 입은
속은 듯한	맥 빠지는	신경질적인
흥겨운	분통터지는	무시당한 듯한
버림받은 듯한	두려운	강요받는 듯한
흡족한	어리둥절한	분노에 찬

억눌린	어리석은	겁먹은
소외감이 드는	스트레스 받는	긴장된
질투나는	혹사당하는 듯한	끔찍한
신경과민의	거부당하는 듯한	뒤틀린
친절한	안심되는	피곤한
혼자 남겨진 듯한	긴장이 풀린	함정에 빠진 듯한
사랑하는	슬픈	곤란한
울적한	만족스러운	억울한
비참한	겁에 질린	상처받기 쉬운
안절부절못하는	충격 받은	멋진
괜찮은	앙심을 품은	걱정되는
격분한	아연실색한	눈물이 날 듯한
평화로운	멍청한	괴로운
공감하는		

이 표현들을 여러 번 읽고 나면 정도에 맞게 분류하고 싶은 생각이 들 수 있다. 〈표 7-1〉에 여러 감정 표현들을 정도에 따라 정리하였다.

노련한 청자는 어려운 결정을 내리기 전에 객관적인 사실들만을 이야기하는 사람에게도 그 혼란스러운 감정을 반사해준다. 얼마 전, 샬린 아담스는 자신이 꼭 해보고 싶던 일을 제안받았다. 그러나 그녀가 그 일을 새로 시작하면 출장 때문에 한 달에 며칠씩 가족들과 떨어져 지내야 했다. 이런 고민을 자신이 다니는 교회 목사에게 털어놓자 그가 이렇게 반사했다. "당신은 이 일로 머리가 깨질 것 같겠군요." 그 짧은 반응 덕분에 샬린은 갈등하고 있는 자신의 감정을 좀 더 깊이 들여다볼 수 있게 되었다.

감정의 강도	사랑	기쁨	힘	슬픔	분노	두려움	혼란	나약함
강 Strong	숭배하는 사랑하는 애지중지하는 헌신적인 ……	황홀한 환희에 찬 환호하는 기쁨이 넘치는 ……	역동적인 활기찬 힘센 ……	비참한 고뇌에 찬 낙담한 뼈빠진 ……	맹렬한 격분한 사납게 날뛰는 분통 터지는 ……	공포에 사로잡힌 소름이 호드라진 공황 상태의 절망적인 ……	어리둥절한 정신이 흐트러진 혼란스러운 흐리멍덩한 ……	무너진 무기력한 실패한 기진맥진한 ……
보통 Mild	애정이 있는 호감이 가는 친구 같은 좋아하는	흥분되는 행복한 흥겨운 신나는	효력이 있는 강한 확신하는 능력 있는	침울한 우울한 슬픈 기분이 나쁜	화난 좌절감이 드는 약오르는	겁에 질린 두려워하는 우려하는 불안해하는	뒤숭숭한 당황한 이해할 수 없는 갈피를 못 잡는	힘없는 연약한 서투른 무능한
약 Weak	신뢰받는 받아들여지는 위하는 괜찮은	좋은 만족한 달가워하는	할 수 있는 능력 있는 감당할 수 있는	유쾌하지 않은 불만스러운 기분이 처진	짜증나는 신경질나는 난처한 언짢은	걱정스러운 불안한 긴장한 머뭇거리는	우유부단한 확신할 수 없는 애매한 불확실한	유약한 무력한 하찮은 허약한

표 7-1 강도의 수준이나 정도에 따라 분류한 감정표현 단어들. 단어들은 사람들마다 조금씩 다른 의미로 쓰인다. 위의 표에서 어떤 단어들은 위칸으로 어떤 단어들은 아래칸으로 옮기고 싶을 수 있다. 그러나 일반적으로 대부분의 단어들을 거의 비슷하게 사용한다. 머리에 떠오르는 단어들로 빈칸을 채워보라.

목소리로 공감을 표현하라

공감은 머리뿐 아니라 가슴으로 듣는 일이다. 듣는 사람이 사실 위주의 내용을 냉담한 어조로 반사하면 말한 사람은 자신이 온전히 이해받고 있다고 느끼기 힘들다.

반사하는 어조는 그 자체로 청자의 이해력을 보여준다. 작곡가 그리그는 입센의 시 〈물새에게〉에 곡을 붙였는데, 입센은 처음 그 곡조를 듣자마자 그리그의 손을 덥석 잡고 이렇게 말했다고 한다. "내 마음을 읽었군!" 공감능력이 뛰어난 청자가 화자의 마음을 포착하고 말과 목소리 어조에 실어 반사할 때 화자는 입센과 비슷한 경험을 하게 된다.

목소리와 관련하여 두 가지 중요한 요소가 있다. 첫째, 목소리에 따뜻함이 담겨 있어야 한다. 목소리가 거칠고 냉정하고 날카로우면 상대방은 애정 어린 이해와 관심을 제대로 느끼지 못한다. 나는 가끔씩 교육 참가자들에게 뭔가 큰 고민거리가 있는 상대방과 마주보며 이야기하고 있는 장면을 상상하게 한다. 그리고 나서 자신이 공감한다는 사실을 말이 아닌 목소리만으로 표현해보라고 시킨다. 그러면 대부분 낮고 약간 느린 목소리를 낸다.

둘째, 청자의 목소리 톤은 화자의 목소리 톤까지도 반사해야 한다. 상대방이 자신이 이룬 어떤 성공적인 사건에 대해 흥분해서 이야기하는데 청자가 무덤덤하고 단조로운 어조로 대답한다면, 단어가 시의적절하더라도 어조 때문에 그 반사는 실패하고 말 것이다. 어느 부인이 남편이 바람피운 일 때문에 분통을 터트렸는데, 듣고 있던 사람이 "남편이 저지른 일 때문에 엄청 화가 나셨겠네요."라고 말했다고 치자. 이때 화자가 말한 방식과 감정의 깊이가 이 청자의 반응에 어느 정도 반영되어 있어야 한다.

책으로 의사소통 기법을 가르칠 때의 문제점은 어조에 관한 내용을 표현하기가 정말 힘들다는 점이다. 다른 사람과 나눈 대화를 테이프에 녹음한 다음,

자신의 목소리에 공감의 느낌이 얼마나 살아있는지 살펴보는 것도 유익한 방법이 될 수 있다.

구체적이고 직접적으로 말하게 하라

누군가의 고민을 들어주는 목적은 최선의 해결책을 찾으려는 노력을 돕는 데 있다. 그러나 화자가 고민을 솔직하게 털어놓지 않으면 문제를 해결하기가 쉽지 않다. 애매한 문제에 대한 애매한 처방은 효과를 보기 어렵다.

대화를 구체적으로 이끌어가는 방법은 세 가지가 있다. 첫 번째는 반응을 구체적으로 하는 방법이다. 때때로 화자가 구체적으로 설명했는데도 청자가 애매한 반응을 보이는 경우가 있는데, 청자는 반드시 화자가 말한 내용에 맞추어 구체적으로 반응해야 한다. 만약 화자의 이야기가 애매하다면 좀 더 구체적으로 대화를 이끌어가야 한다. 다음 대화에서 청자가 보인 반응의 구체성에 주목하라.

조안 그 파티에 못 가겠어. 친구들 얼굴을 어떻게 봐. 결혼생활에 문제가 있는 것하고는 달라. 별거하다가 결국 이혼하게 될지도 모르는데, 그건 너무 큰 문제잖아.

헬렌 네 별거생활에 대해 친구들이 어떻게 생각할지 모르는데, 파티에 갔다가 상처를 받게 될 수도 있다는 거지?

두 번째는 몇 가지 사실적인 질문을 하거나 감정을 묻는 방법이다. "예를 들어 설명해 주겠니?" "그 사람이 그렇게 말했을 때 기분이 어땠니?" 같은 질문이 여기에 해당한다.

세 번째는 화자가 두서없이 말하지 않도록 막아서는 방법이다. 화자가 한 번에 너무 많은 이야기를 하면 대화의 구체성도 의미도 효과도 떨어진다. 청자가 화자의 두서없는 이야기에 고개를 끄덕이거나 격려하는 식으로 힘을 실어주면 안 된다. 기본적으로 청자는 듣는 위치에 있지만 그럼에도 불구하고 대화의 방향을 유도할 수 있다. 이를 위해 화자가 말하고 있을 때 끼어들어야 하는 경우도 있다. 상대방이 이야기하는 도중에 끼어드는 행동이 바람직할 수도 있다는 이야기에 많은 사람들이 의아해한다. 그러나 청자의 위치에서 반사반응을 이용하여 두서없는 대화를 저지하면, 화자와 청자 사이에 말하기와 반사가 리듬을 타듯 규칙적으로 이어진다. 그러면 대화가 좀 더 매끄러워져서 화자가 같은 이야기를 반복하는 행위를 멈추고 핵심에 다가갈 수 있게 된다.

독단적이지 않으면서도 확실한 반응을 보여라

경험 많은 청자는 상대방을 정확히 아는 게 불가능하다는 사실을 알고 있다. 실현 가능한 목표는 논리적이되 대략적으로 이해하는 것이다. 이를 위해 청자는 대화의 상대방을 항상 열린 마음으로 이해하려고 노력해야 한다.

반사하는 단어와 억양은 독선적이지 않아야 한다. 이 말은 화자가 듣고 부담 없이 이렇게 말할 수 있어야 한다는 뜻이다. "아니에요. 제가 말한 건 그게 아니고, 무슨 뜻이냐 하면…." 그런 다음 청자는 화자의 말을 다시 좀 더 정확하게 반사해야 한다.

반사적 듣기를 배우기 시작하는 초보자들은 너무 독선적으로 반사하거나 지나치게 자신 없는 태도로 반사하기도 한다. 또 반사를 마치 질문처럼 하는 사람도 있다. 반사하는 문장이 평서문 형식일지라도 반사하는 사람이 끝을 올려서 말하면 질문이 되어 버린다. 청자가 너무 소심하게 반응해도 대화가 원활하게 진행되지 않는다. 이런 사람들은 상대방에게서 받은 확실한 이미지를 반사하지 않고, 자신감 없는 모습을 보이며 간결하고 구체적인 반사의 위험을 피하려고만 한다.

물론 화자가 무슨 말을 하는지 애매할 때도 있다. 그럴 때는 "무슨 말인지 확실히 모르겠는데, 당신이 말한 뜻이 ~라는 건가요, 아니면 ~라는 건가요?" 라고 물어보면 된다.

유능한 청자는 상황에 따라 수동적으로 대할 때도 있지만, 보통은 독단적이지 않되 성능 좋은 울림판처럼 분명하게 반응한다.

화자의 해결책을 반사하라

만일 화자가 어떤 문제를 해결해야 한다면, 무엇보다 해결 방법을 찾는 일이 우선이다. 그러나 문제의 수렁에 빠진 화자는 자신이 이야기한 내용에 희미하게나마 해결책이 있는데도 그 부분을 인식하지 못할 때가 있다. 이때 능력 있는 청자는 상대방이 한 말 속에 숨어 있는 해결책에 주목하여 그 부분을 화자에게 반사해준다.

올리버　난 숫자에 약해서 숫자와 관련된 일을 하면 머리가 굳어져. 계산에 착오가 생겨서 일을 망쳐버릴까 봐 겁나는 거지. 숫자만 자유자재로 다룰 수 있다면 이 일을 정말 잘 할 수 있을 텐데. 난 큰 그림을 보는 눈이 있고, 지금까지 미래의 경향을 정확히 예측해 왔으니까 말이야.

프리츠1　(약점에 초점을 두어) 숫자와 관련된 일을 하는 게 너한테 어렵다는 거구나.

프리츠2　(해결 방법에 초점을 두어) 숫자 때문에 주눅이 들지만 미래 시장을 예측하는 데는 자신이 있다는 말이구나.

해결책에 초점을 맞추는 일은 아주 중요하다. 고민거리가 있는 사람들은 기본적으로 용기가 필요한 사람들이다. 이때 유능한 청자는 상대방이 안고 있는 절망감을 덜어주고, 그가 한 이야기 속에서 문제해결의 실마리를 포착하여 반사해준다.

질문 속에 숨어 있는 감정을 반사하라

반사적 듣기를 배운 지 얼마 되지 않은 사람들은 화자가 질문을 던졌을 때 어떻게 대응해야 할 지 몰라서 쩔쩔매는 경우가 많다. 일반적으로 질문에 대답하지 않고 넘어갈 수 있는 경우는 드물기 때문에, 상대방에게 질문을 받으면 계속해서 반사만 하겠다는 결심이 흔들린다. 예를 들어보자. 모리스는 숀과 이야기할 때 조언을 해주고 싶은 유혹을 물리치며 숀이 말한 의미를 계속 반사했다. 하지만 직접 조언을 구하는 질문을 받자 당황스러웠다고 한다.

숀 오랫동안 이 문제를 생각해왔지만 어떻게 해결해야 할지 모르겠어. 자네가 내 입장이라면 어떻게 하겠나?

모리스 나도 예전에 자네와 같은 상황에 처한 적이 있었지. 그때 내가 쓴 방법은 ○○였는데 나한테는 그게 효과가 있더군.

그는 내게 이 경험을 들려주면서 이렇게 덧붙였다. "충고를 해주는 게 의사소통 방해요소라는 사실을 알고 있었지만 어쩔 수가 없더군요. 선생님이라면 조언을 해달라는 요구를 직접 받았을 때 어떻게 하시겠습니까?"

이런 문제는 반사적 듣기 기법을 배우기 시작한 초보자들에게 곤혹스러운 일이다. 한 가지 방법은 상대방의 질문이 정말로 의미하는 바가 무엇인지 파악해서 그 의미를 반사해주는 방법이다. 모리스와 숀의 대화가 다음과 같이 진행되었다면 좋았을 것 같다.

숀 오랫동안 이 문제를 생각해왔지만 어떻게 해결해야 할지 모르겠어. 자네가 내 입장이라면 어떻게 하겠나?

모리스 이 문제가 자네 발목을 꽉 잡고 있나 보군.

숀 정말 그래. 살아오면서 이렇게 힘든 일은 처음이라네.

질문에 반사하는 방식을 몇 가지 더 살펴보자.

테드 아내가 죽은 지 1년이 다 되어가요. 그런데도 저는 슬픔에서 헤어날 수가 없습니다. 제가 과연 극복할 수 있을까요?

브랜든 박사 극복하지 못할까 봐 두려우신가 보군요.

캐론 저는 너무 초조할 때 오히려 웃음이 터져요. 때로는 멈추지 못할 정도로요. 제가 왜 그러는 걸까요?

테리 박사 그런 반응이 의아하고 걱정되는 모양이군요.

청자가 질문 속에 숨어 있는 의미나 감정을 정확히 반사하면, 화자는 자신이 질문을 던졌다는 사실을 잊고 그 사안에 대해 더 깊이 있게 토로하거나 스스로 해결책을 모색하기 시작한다. 그러나 청자가 질문을 해독하여 그 의미를 화자에게 반사했는데도 화자가 안달하며 다시 질문을 던지는 경우가 있다. 그럴 때 청자는 화자에게 자신은 반사하는 역할이지 조언하는 역할이 아니라고 설명해주어야 한다. 그러면 상대방이 이렇게 말할 수 있다. "하지만 당신은 경험도 많고 지혜롭잖아요. 저는 정말 당신의 조언을 듣고 싶어요." 이때 반사적 듣기에 통달한 청자는 상대방의 감정을 반사하고 자신이 왜 조언해주지 않는지를 설명한다. 그 설명을 들은 화자가 대화를 다시 시작할 수도 있고, 청자가 그 동안의 이야기를 요약하고 나서 이야기를 다시 시작할 수도 있다. 때로는 두 사람이 합의하여 대화를 끝낼 수도 있다.

대화가 결론 없이 끝날 수 있음을 받아들여라

많은 청자들은 참을성이 부족하다. 그들은 오랜 시간 끌어오던 문제를 단숨에 풀려고 한다. 문제를 들고 정신과 의사를 찾아가면, 의뢰인과 의사는 적절한 해결책을 찾아서 실행할 때까지 몇 달 혹은 몇 년 동안 계속 만나기도 한다. 만일 그 사람이 똑같은 문제를 들고 옆집에 사는 사람에게 간다면 어떻게 될까? 그 이웃은 그날 저녁 텔레비전 뉴스가 시작되기도 전에 해결책을 내놓을 것이다.

많은 사람들이 자신에게 닥친 문제를 배우자나 친구와 의논하는데, 대부분 눈에 보이는 해결책 없이 끝나는 경우가 많다. 그러나 그 대화 덕분에 화자는 자신이 부닥친 문제와 대안을 더 깊이 꿰뚫어보게 된다. 확고한 결정을 내리기 전에는 그 대안과 선택에 대해 숙고할 시간이 필요하다. 청자로서는 다른 사람의 고민을 듣고 당장 그 문제를 해결해 줄 수 없다는 사실에 좌절감을 느낄지 모르지만, 그런 스트레스는 유능한 청자가 되기 위해 필요한 대가라고 생각해야 한다.

짧고 단순한 방법으로 반사하라

반사적 듣기와 관련하여 가장 자주 나오는 불만은 시간이 많이 소요된다는 점이다. 이 점은 의심의 여지가 없는 사실이다. 상대방의 말을 경청하기 위해서는 상당히 많은 시간이 필요하다. 항상 시간에 쫓기고 업무 중심으로 사는 나로서는 이 문제를 3가지 관점에서 본다.

첫째, 나는 이 문제를 가치의 문제로 본다. 내가 어떤 사람을 정말로 좋아하고 그에게 관심이 있다면, 내 우정을 보여주는 한 가지 수단은 그에게 할애하는 시간의 양과 질이다. 사랑하는 사람의 이야기를 들어주고 내 이야기를 들려주는 행위는 내게 무척 가치 있는 일이다.

둘째, 나는 이 문제를 효율성의 문제로 본다. 다른 사람의 이야기를 듣지도 않고 반응도 해주지 않으면 당장은 시간을 절약할 수 있다. 그러나 그 결과로 생기는 오해와 소외를 극복하기 위해 그보다 훨씬 많은 시간이 필요할 것이기 때문에 효율성에서 엄청난 손해를 감수해야 한다. 경험상 고용주가 고용인의 이야기에 귀를 기울이지 않았을 때, 판매원들이 고객의 요구를 외면했을 때, 교사가 학생의 관심사에 귀를 기울이지 않았을 때, 결국 효율성 저하라는 대가를 치르게 된다. 강한 욕구불만이 있거나, 격앙된 감정을 품고 있거나, 심각한 문제가 있는 상대방의 대화 요청을 거부하는 것은 매우 어리석은 일이며 시간과 노력과 돈을 낭비하는 일이다.

셋째, 대부분의 반사적 듣기는 비교적 짧은 시간 안에 할 수 있다. 나는 한 시간을 넘기지 않고도 상대방의 이야기를 충분히 듣고 이해할 수 있다. 학생 한 명이 수학문제와 씨름하다가 풀지 못하고 책을 탁 덮는 모습을 교사가 보았다. 교사는 학생의 책상으로 다가가 그의 비언어적 행동을 반사했다. "문제가 너무 어려운가 보구나." 어떤 직원이 아픈 몸으로 온종일 일을 하고 있었다. 그 모습을 본 동료가 이렇게 말해주었다. "몸도 안 좋은데 너무 힘들지?" 집안일을 분담하는 가정에서 부엌청소를 하고 설거지까지 하던 남편이 매우 지친 모습을 보이자, 다리미질을 하고 있던 아내가 말했다. "온종일 힘들게 일했는데 설거지까지 하려니 힘들겠어요." 미소 한 번, 끄덕임, 윙크, 어깨 두드려 주기만으로도 상대방을 이해한다는 뜻을 충분히 전달할 수 있다. 이런 단순한 반사를 경험해본 사람은 집안에서나 회사에서 또는 양쪽 모두에서 이런 방법을 자주 사용하게 된다.

반사적 듣기를 넘어서

반사적 듣기 기법을 배우는 사람들이 자주 던지는 질문이 있다. "상대방에게 고민거리가 있거나 강한 욕구불만이 있을 때 반사적 듣기 이상의 대응이 필요한 경우도 있습니까?" 듣기만 하는 방법을 포기하고 상대방의 욕구를 신속하게 충족시키는 방법을 찾고 싶은 마음은 이해하지만, 그런 식의 대응은 대부분 효과가 미약하다. 그러나 듣기와 함께 사용해볼 만한 다른 방법이 있기는 하다.

감산반응, 호환반응, 첨가반응

청자들이 보이는 반응의 종류는 '감산減算반응'에서 '호환互換반응' '첨가添加반응'까지 그 범위가 넓다. 청자가 상대방을 충분히 이해하지 못한 채 반응했을 때 우리는 그것을 감산반응이라고 한다. 청자가 화자의 정확한 감정과 구체적인 내용을 대략 비슷하게 반사했을 때는 그것을 호환반응이라고 한다. 한편, 청자가 몇 가지 호환반응뿐만 아니라 화자가 전달한 내용 이상의 것을 반사했을 때 그것을 첨가반응이라 한다. 첨가반응을 하기 전에 청자는 먼저 자신을 화자의 사고방식에 맞춰야 한다. 첨가반응은 화자가 이야기한 내용과 관련이 있어야 하며, 화자가 세상을 좀 더 객관적인 관점에서 보고 실효성 있는 결단을 내린 후에 행동에 옮길 수 있도록 돕기 위해 사용한다.

그러나 첨가반응은 위험하다. 대화를 방해할 수 있고 양 당사자 모두에게 좋지 않은 영향을 줄 수도 있기 때문이다. 그래서 어떤 사람들은 전문적인 심리치료사들만 첨가반응을 사용해야 한다고 주장한다.

나와 내 주변 사람들을 관찰한 바에 따르면 첨가반응은 한번 사용하고 나면 중독성이 생긴다. 그래서 자칫 청자가 화자의 문제를 떠맡게 될 수 있다. 문제를 풀 수 있도록 화자를 돕는 게 아니라, 청자의 역할은 제쳐둔 채 충고를 던지는 권위자가 되거나 아직 마음의 준비가 되지 않은 상대에게 문제를 해결하라고 압박을 가하는 식이다.

상대를 돕기 위해 첨가반응이 필요할 때가 있지만, 현실적으로는 대부분 부적절하게 또는 어설프게 사용하고 있다. 경험자로서 해주고 싶은 말이 있다. "확실하지 않으면 첨가반응을 사용하지 말라."

첨가반응을 사용하기 위한 토대의 구축

훌륭한 청자는 첨가반응을 사용하기 전에 호환반응을 이용해 신뢰와 이해의 토대를 마련한다. 격한 감정에 휩싸여 있으면 심리적으로 다른 사람의 말에 귀를 기울이기가 쉽지 않다. 이럴 때는 첨가반응을 사용하기 전에 정확하고 공감 어린 반응부터 보여주어야 한다. 그런 다음 첨가반응을 사용하고 다시 반사적 듣기 태도로 되돌아가서 신뢰의 토대를 구축해야 한다. 그렇다면 첨가반응을 사용할 때라는 사실을 어떻게 알 수 있을까? 다음과 같은 상황이 될 때까지는 듣기를 계속해야 한다.

　–상대방의 사고방식으로 그의 상황을 볼 수 있게 되었을 때, 즉 화자가 이야기한
　　내용, 감정, 가치관 등을 이해하게 되었을 때
　–계속해서 듣기보다 뭔가 다른 조치를 취해야 한다는 확신이 들었을 때
　–상대방이 문제의 해결책을 찾는 데 도움이 될 좋은 방도를 찾아냈을 때

화자의 입장에서 청자의 첨가반응이 필요한 때는 다음과 같다.

　–제시된 문제에서 더 근본적인 문제로 접근하기 시작했을 때

－자신의 근본적인 문제가 무엇인지 확실히 알게 되었을 때

－청자가 자신의 말을 제대로 이해하고 정확히 공감했다고 느꼈을 때, 즉 청자가 자신과 동행하고 있다고 느꼈을 때

－자기 자신과 자신의 감정을 받아들였을 때

－직면한 문제의 어려운 국면으로 뛰어들 준비가 되었고, 첨가반응으로 그 문제를 해결할 수 있을 때

첨가반응에 관한 두 가지 문제

첨가반응을 사용할 것인가 말 것인가, 사용한다면 어느 정도로 사용할 것인가 하는 의문에 부닥쳤을 때 두 가지 문제가 제기된다. 하나는 가치관의 문제다. 즉, 문제와 씨름하고 있는 상대방의 인생에 어느 정도까지 개입해서 조언할 지 결정하는 일이다. 또 하나는 실용적인 문제로, 어떻게 해야 가장 효과가 클 것인가 하는 문제다. 이 두 가지 문제에 대해 칼 로저스가 한 말은 내가 성급하고 과도하게 첨가반응을 사용하려는 충동을 막아주었다.

나는 일을 바로잡거나, 목표를 정하거나, 다른 사람의 성격을 고치거나, 그들을 내가 원하는 방식으로 조종하거나 밀어 넣으려는 경향이 점점 약해지고 있다. 나는 지금 이대로의 내 모습, 다른 사람 그대로의 모습에 훨씬 더 만족하게 되었다. 이 말이 이상하게 들릴 수도 있다. '이러저러한 것을 배워야 한다고 말해주지 않으면 그 사람들의 인생이 어떻게 될까?' 하는 걱정이 들 수도 있다. 그러나 내 경우에는 오히려 다른 사람이 처한 현실을 이해하고 받아들이려 할수록 더 많은 변화가 일어났다. 이것은 내가 경험에서 얻은 진리이고, 대인관계와 직장생활에서 깨달은 심오한 교훈이다.

다른 여러 행동과학자들도 변화하라는 압박을 더 적게 받은 사람일수록 더 많이 변화한다고 말한다.

주의할 점도 많고 문제점도 많지만 첨가반응이 필요한 경우가 있기 때문에 대화에 따라 첨가반응을 몇 차례 사용하는 편이 적절할 수 있다.

터치하며 반응하기

말보다 비언어적 반응이 훨씬 더 적절한 경우가 있다. 1968년 가을 〈맥콜스McCall's〉지에는 데이비드 케네디가 아버지 로버트 케네디의 죽음을 텔레비전 화면으로 지켜보는 광경이 실렸다. 기자였던 시어도어 화이트는 데이비드가 그 화면을 보고 정신을 잃기 직전이라는 것을 알고 '데이비드를 끌어당겨 꼭 껴안고 함께 울었다.'고 전했다.

그러나 접촉이 침해가 될 수도 있다. 화자가 스스로를 이해하는 과정을 방해할 수 있기 때문이다. 문화에 따라 타인의 신체적 접촉을 당황스럽게 받아들이는 경우도 많은데, 일반적으로 등 두드리기나 따뜻한 터치, 애정 어린 포옹은 대부분의 사람들이 편하게 받아들인다.

사실적인 정보 제공하기

고민거리를 토로하는 화자에게 사실적인 정보를 제공해주는 것이 바람직한 경우도 있다. 두 사람 사이에 신뢰와 이해의 토대가 쌓인 경우라면, 다음과 같은 상황에서 화자에게 주는 정보가 큰 도움이 될 수 있다.

-화자가 청자의 정보를 받아들일 감정적인 준비가 되어 있을 때
-청자가 가진 정보가 상대방의 근본적인 문제와 연관이 있을 때
-화자가 그 정보에 대해 모르고 있고 앞으로도 알게 될 확률이 낮을 때

−그 정보의 효과에 대해 자신이 있을 때

아래 대화는 경영 컨설턴트인 존과 여성 수습사원 베시의 대화다. 이 대화는 위의 지침을 잘 따른 경우에 해당한다.

존 릿지은행 교육 프로그램을 혼자 진행해야 한다는 게 걱정되는 모양이군요.

베시 이번 일뿐만이 아니에요. 남자들의 세계에서 여자로서 과연 잘 해낼 수 있을지 걱정될 때가 많아요.

존 교육부서에서 일하는 건 좋은데, 잘 해낼 수 있을지 걱정이 된다는 거죠?

베시 네. 남성 관리자들을 교육하는 유명한 여성 컨설턴트가 있나요?

존 우리 직원 중에 아주 우수한 여성 컨설턴트가 있습니다. 그분은 주로 중간 관리자들을 교육하지만, 가끔씩 남성들로만 구성된 집단을 교육하기도 하죠. 그분에 대한 평가가 그 방면에서 꾸준히 높아지고 있어요.

베시 꼭 한 번 만나보고 싶은 분이네요.

존 제가 그분께 이야기해서 자리를 마련해 보죠.

존은 베시의 비언어적 행동에서 걱정스러움을 간파하고 그 걱정스러움을 반사했다. 그 반사 덕분에 베시가 말문을 열었다. 그런 다음, 존은 그녀에게 꼭 들어맞는 정보를 가르쳐주었고, 기꺼이 면담을 주선하겠다고 약속하는 것으로 행동에 착수했다.

행동하기

반사적 듣기를 하는 도중에 일정한 조치를 취해야 하는 상황이 올 때가 있다. 때로는 행동언어가 상대방에게 해줄 수 있는 가장 적절한 반응인데도, 들는 과정에 너무 열중하느라 그 사실을 잊어버릴 때가 있다. 어린아이가 고장 난 자전거를 고치느라 낑낑대고 있고 그 일이 아이에게 너무 어려워 보인다면, 부모는 반사하기보다 직접 도와줘야 한다. 누군가가 사랑하는 사람을 잃고 슬픔으로 정신을 차리지 못 하고 있을 때는 반사적 듣기도 중요하지만 그를 저녁식사에 초대하는 쪽이 더 효과적일 수 있다.

문제해결 지원하기

욕구불만은 강한데 문제해결 능력이 전혀 없는 사람의 이야기를 듣게 될 때도 있다. 이때 청자는 상대방의 문제해결을 직접 떠맡는 것이 아니라 당사자가 문제해결책을 찾도록 안내해야 한다.(이에 관해서는 14장에서 상세히 설명한다.) 첨가반응을 하려는 청자는 신뢰와 이해의 토대를 먼저 구축해야 한다. 또, 효과적인 문제해결 방법을 제시하기 위해서는 화자가 말하는 문제가 그의 근본적인 문제라는 점을 의심치 말아야 한다.

위탁하기

화자가 당신이 알 수 없는 정보를 원하거나 감당할 수 없는 도움을 요청할 때도 있다. 그런 경우에는 그에게 전문가의 도움을 받아보라고 제안해야 한다. 그러나 다른 전문가를 소개해주기 전에 제시된 문제 뒤에 숨어 있는 내용에 먼저 귀를 기울여야 한다. 또 신뢰와 이해의 토대가 마련될 정도로 충분한 시간 동안 상대방의 이야기를 들어주어야 한다. 위탁을 제안하기 전에는 상대방의 이의, 저항, 걱정 등을 능동적으로 들어주어야 한다. 문제를 안고 타인이나 낯선 사무실을 찾아가는 건 결코 내키는 일이 아니기 때문이다. 위탁 제안이 필요한 사람들은 대부분 자신에게 뭔가 심각한 문제가 있을 거라고 생각한다. 이런 경우, 화자가 새로 만난 전문가에게 완전히 적응할 때까지 꾸준히 관심을 갖고 그의 이야기를 들어주어야 한다.

자기노출

유능한 청자는 간절하게 도움을 바라는 화자에게 자신의 실제 경험을 말해주기도 한다. 그러나 이때 자기노출 자체가 목적이 되어서는 안 되고, 특정한 도움을 주는 데 중점을 두어야 한다. 자신의 경험을 말해주는 일이 상대방이 스스로의 문제를 좀 더 명확히 이해하는 데 도움이 되는지 판단해야 한다는 뜻이다. 제라드 이건은 상담에서 효과적인 자기노출과 비효과적인 자기노출을 아래와 같이 예시했다.

의뢰인　저는 아침에 일어날 때 가장 초조해요. 그날을 맞이하기가 싫어요. 너무 두렵거든요.

상담자 A　저도 아침에 초조했던 적이 있어요. 제가 대학원에 다닐 때였는데 제가 정말 제대로 살고 있는지 확신할 수 없더군요. 인생의 목표가 뭔지도 몰랐고요. 그러나 다 옛날이야기죠.

의뢰인　학교생활이 무의미하다고 느꼈나요?

의뢰인　저는 아침에 일어날 때 가장 초조해요. 그날을 맞이하기가 싫어요. 너무 두렵거든요.

상담자 B　침대 밖으로 나가는 일이 고통스런 투쟁이 되어버린 거로군요. 저도 그런 경험을 한 적이 있어요. 그럴 때는 정말 세상이 냉혹하게 느껴지죠.

의뢰인　맞아요. 정말 고통스런 투쟁이에요. 그러나 그런 투쟁을 포기해버리면 세상은 더 냉혹해지겠죠.

첫 번째 상담에서는 자기노출로 인해 관심의 초점이 의뢰인에서 상담자에게로 넘어갔다. 상담자 A의 반응을 들은 의뢰인은 상담자 A의 심리 탐색으로 넘어갔다. 반대로 상담자 B는 자기노출을 의뢰인의 상황과 연결한 뒤, 공감하는 반응을 보여주었다. 상담자 B의 반응을 들은 의뢰인은 좀 더 깊은 자기 탐색에 들어갔다.

불일치 대조하기

화자를 도와주기 위해서는 아래와 같은 불일치가 있는지 잘 살펴야 한다.

—화자의 생각과 말 사이의 불일치

—화자의 느낌과 말 사이의 불일치

—화자의 말과 행동 사이의 불일치

—화자가 말하는 단어와 신체언어 사이의 불일치

—화자의 자아상과 남들이 보는 인상 사이의 불일치

—화자의 현재 삶과 바라는 삶 사이의 불일치

불일치를 대조하여 반응할 때는 "당신은 ~라고 말하면서/느끼면서/행동하면서 한편으로는 ~라고 말하는군요/느끼는군요/행동하는군요."라는 형식으로 말해주는 것이 좋다. 예를 들면 다음과 같다.

그렉 (맥 빠진 목소리로) 약혼하게 돼서 기뻐. 캐롤은 정말 괜찮은 여자거든.

로드니 말은 기쁘다면서 몸은 축 처져 있고 목소리는 우울해 보이는걸.

대조 반응을 시도하기 위해서는 세 가지 조건이 필요하다. 첫째, 대조하기 전에 신뢰와 이해의 토대가 확고하게 쌓여 있어야 한다. 둘째, 논의의 핵심이 되는 모순을 청자가 인식하고 있어야 한다. 셋째, 화자가 이 불일치를 대면할 준비가 되어 있고 이에 대처할 능력이 있다는 확신이 청자에게 있어야 한다. 적절한 시기, 객관적인 태도는 화자가 그 대조를 유익하게 받아들이는 데 꼭 필요한 요소다.

대조 후에 청자는 다시 신뢰와 이해의 토대를 다지기 위해 반사 반응으로 되돌아가야 하는데, 많은 사람들이 이 부분을 소홀하게 생각한다. 대조는 두 가지 이상을 연속해서 제시하면 안 된다. 이 방법은 사람들이 감추고 싶어 하는 민감한 부분에만 유용하기 때문에, 그 방법을 써야 한다면 어쩌다 한 번만 조심스럽고 노련하게 활용해야 한다.

허물없는 대화

청자와 화자 사이에 흐르는 감정에 관해 허물없이 터놓고 이야기해야 할 때가 있다. 사람들이 의논하는 대부분의 문제들에는 인간관계에 관한 문제가 얽혀 있다. 화자가 다른 사람들과의 관계에서 부딪히는 문제가 당신과 이야기하는 도중에도 불거질 수도 있다. 이런 경우, 그 일에 대해 의견을 나누는 것이 좋다. 남편이 자신이 새로 맡게 된 업무에 관해 아내와 이야기를 나누고 있었는데, 그 일을 맡으면 온 가족이 2년 동안 남미에 가서 살아야 했다.

> 존   이 일을 하려면 적응할 일이 한두 가지가 아닐 텐데 내가 잘 해낼 수 있을지 모르겠어. 아이들도 문제야. 이렇게 이사 가면 아이들이 화를 내지 않을까?
> 펫   내가 어떻게 느낄지는 걱정도 안 하네. 내가 쉽게 적응할 거라고 생각하나 보군.
> 존   아, 물론 그것도 큰 걱정이지.
> 펫   좋아. 그 부분에 대해 이야기 좀 해.

감정을 토로하는 상대방을 위해 당신의 성숙한 인격이 필요하다. 상대방은 다른 사람에게 했던 식으로 당신에게 싸움을 걸 수도 있고, 그의 걱정이 생각보다 상당히 깊을 수도 있다. 어느 경우든 논의가 긍정적인 결과로 이어지려면 청자가 방어적인 태도를 취하지 않아야 하며, 상대방의 태도에 격하게 대응하지 않아야 한다.

언제 반사적으로 들어야 하는가

대화를 하다보면 반사적 듣기 기법이 필요할 때가 매우 많다. 어떤 상황들이 여기에 해당하는지 살펴보자.

실행으로 옮기기 전에

의사소통 과정에서 서로의 말을 잘못 이해할 때가 많다. 간단한 바꿔 말하기는 자신이 지시받은 일을 정확하게 확인하는 효과적인 장치 중 하나다. 내가 아는 한 회사는 회의에서 결정된 각자의 임무를 회의가 끝날 때쯤 바꿔 말하도록 한다. 각자 맡은 일을 실행하기 전에 다시 한 번 확인하게 하는 장치인 셈이다. 이 회사의 많은 직원들이 이런 바꿔 말하기가 회의의 성과를 높이는 데 크게 기여했다고 평가하고 있다.

언쟁하기 전에

상당수의 언쟁은 상대방이 말한 내용을 제대로 이해하면 피할 수 있는 것들이다. 한참을 싸우던 상대방이 "그게 바로 지금까지 내가 한 말이잖아요."라고 말할 때가 얼마나 많은지 생각해 보라. 그 문제에 관해 둘 다 같은 의견을 가지고 있다는 사실을 깨닫지 못하고 있기 때문에 싸움이 일어나는 경우가 많다. 의견이 다르다 해도, 반사적 듣기를 통해 그가 왜 그런 견해를 갖게 됐는지 알게 되면 의견 차이를 이해하고 새로운 관점을 배울 수 있다.

상대방이 격한 감정에 휩싸여 있거나 고민을 털어놓고 싶어할 때

상대방이 매우 흥분해 있거나 열정에 휩싸여 있거나 기쁨에 들떠 있을 때, 바로 이때가 그의 말을 반사할 때다. 마찬가지로 그가 우울하거나 혼란스러워하거나 화가 나 있거나 안절부절못할 때도 반사적 듣기가 필요하다. 어떤 사람이 자신의 고민에 대해 당신과 이야기를 나누고 싶어할 때도 그가 스스로 최선의 해결책을 찾을 때까지 반사적 듣기를 해야 한다.

상대방이 속마음을 암호화하여 이야기할 때

상대방이 속마음을 암호화 하는 것 같다면 그에게 말하기 곤란한 문제가 있다는 뜻이다. 그가 감정을 말로 표현하도록 돕는 가장 좋은 방법은 능동적인 듣기다. 이때 반사적 듣기는 상대방의 메시지를 해독하고 그가 정말 말하고 싶은 것이 무엇인지 알아내는 데 큰 도움이 된다.

상대방이 감정과 생각을 정리하고 싶어할 때

자신의 문제에 대한 해결책을 찾기 위해 대화를 시도하는 경우도 있지만, 문제의 해결을 위해서가 아니라 그저 자신의 처지를 함께 생각해보고 싶어서 대화를 시도하는 경우도 있다. 이런 경우에는 특별한 대책을 세우지 않고 그가 처한 상황을 함께 공유하는 것만으로 도움을 줄 수 있다. 상대방이 문제를 완전히 해결하지 못하고 떠난다는 이유로 좌절감을 느끼는 사람들이 있는데, 그럴 필요는 없다.

문제의 당사자끼리 대화할 때

한쪽이 듣기만 하는 상황에서는 관심사의 초점이 화자에게 있는 것이 보통이다. 따라서 화자와 청자 두 사람의 방안이 모두 화자를 위해 발동한다. 그러나 당사자 상호간 대화에서는 두 사람 모두의 관심사가 대화의 초점이 된다. 둘은 똑같이 대화를 이끌어가고 똑같이 상대방의 말을 반사한다. 이때는 상대방이 한 말에 반사한 후에 자신의 관점을 이야기하면 된다. 둘 사이에 매우 심각한 문제가 있거나 갈등을 빚고 있는 상황에서 이 방법을 활용하면 큰 효과를 볼 수 있다.

자기 자신에게 이야기할 때

정신과 의사들은 "사람은 누구나 자기 자신에게 이야기한다."는 말을 자주 한다. 중요한 문제에 대해 자신에게 이야기할 때는 올바른 판단을 내릴 수 있도록 세심하게 귀를 기울여야 한다. 사람들은 보통 자기 자신에게 이야기하는 내용을 들으려 하지 않는다. 오히려 심각한 의사소통 방해요소를 보낸다. 예를 들면 "나는 ~해야 돼."라고 훈계하거나 "난 절대 그 일은 못해." 하며 스스로 사기를 꺾기도 한다. 앞서 제시한 열두 가지 방해요소에 속하는 행동을 하는 경우도 있다.

이럴 때는 자신과 대화한 내용, 특히 자신의 감정을 반사하는 일이 중요하다. 정적과 침묵의 시간에 자신의 마음 속 이야기를 듣고 요약하고 집중해 보라. 마음 속 이야기를 반사적으로 들을 때의 효과가 얼마나 놀라운지 사람들은 잘 모른다. 당신의 몸이 보내는 신호에 귀를 기울일 수도 있다. 두통에 시달리고 있는 사람은 자신의 몸에게 이야기하듯이 다음과 같이 반응해 보라.

나   내가 오늘 미친 듯이 일했더니 너희들이 나를 찾아왔구나. 이제 욱신거리기 시작했어.

머리와 목 (더욱 심한 통증을 보낸다.)

나 이제 시작일 뿐이라고? 그럼 이제 더 심해지겠구나.

머리와 목 (그날의 억압된 감정 때문에 근육이 더욱 뻣뻣해진다.)

나 못 참을 정도가 되기 전에 일 좀 그만하고 쉬라는 뜻이니? 그럼 마사지라도 해주면 좋아하겠구나.

학교나 회사에서 낯선 개념을 만났을 때

새로운 사실을 알게 되었을 때 능동적 듣기 기법을 활용하면 화자의 의도를 파악하는 데 도움이 된다. 나는 이 방법을 지적인 공감이라고 부른다. 내가 이 방법을 처음 사용한 건 대학원에서 예정설로 잘 알려진 사상가 존 칼뱅에 대한 논문을 쓰던 때였다. 당시 나는 칼뱅의 주장을 논리적으로 반박한 내 능력에 스스로 놀랐고 지도 교수님도 내 논리가 빼어나다고 인정해주셨다. 그러나 교수님께서 끝에 이런 말을 덧붙이셨다. "아쉬운 점은 자네가 칼뱅이 씨름했던 문제에 대해서는 다루지 않았다는 점일세." 확실히 교수님 말씀이 맞았다. 그 학자가 이해하려고 애쓴 어려운 문제에 대해 깊이 생각하지 않고 논리만 비판하는 일은 그리 어렵지 않다. 나는 칼뱅의 사상에 동의하지 않지만, 그가 직면했던 문제가 내가 직면한 문제보다 훨씬 더 심오하고 복잡하리라는 사실을 깨닫게 되었다. 그런 의문을 제기한 칼뱅이 존경스럽고, 그런 깨달음이 있은 이후 그에게 배운 것도 많다.

지적인 공감을 위해서는 끊임없이 연구해야 한다. 어떤 개념이 자신의 마음속에서 선뜻 받아들여지지 않는다고 해서 그 개념을 무시해버리면 안 된다. 관리자, 판매직원, 교육자 등 다양한 분야에서 활동하는 사람들에게 의사소통 기법을 가르치면서 내가 절실하게 느낀 것이 있다. 낯선 사상이나 방법을 만나면 열린 마음으로 받아들이려 부단히 노력해야 한다는 점이다.

반사적 듣기를 피해야 할 때

좋은 방법을 적절하지 못한 상황에 사용해서 일을 그르치는 경우가 있다. 반사적 듣기도 마찬가지다. 반사적 듣기를 해야 할 특별한 이유가 없을 때는 사용하지 말아야 한다. 상대방의 상황이 반사적 듣기를 해줘야 하는 상황이라면 어쩔 수 없지만, 반사적 듣기도 노동이다. 한쪽이나 양쪽이 항상 노동해야 한다면 그 관계가 건강하게 유지되기 어렵다. 근심 없이 기쁜 마음으로 지내는 시간이 많으면 관계가 만족스럽겠지만, 한쪽 당사자가 항상 노동을 해야 한다면 양쪽 모두에게 부담스런 관계가 되기 십상이다.

상대방의 생각을 받아들일 수 없을 때

당신이 반사적으로 들으면, 상대방은 보호막을 벗고 자신의 생각을 허심탄회하게 꺼내놓기 쉬운 상태가 된다. 이럴 때 당신이 도덕적 기준으로 선악을 판단하거나 절대로 용인할 수 없다는 태도를 보인다면 어떨까? 아마도 당신이 처음부터 분명한 태도를 보였을 때보다 더 깊은 상처를 받게 될 것이다. 당신이 무언가를 판결함으로써 누군가에게 일침을 가하고 싶다면, 처음에는 호의적으로 대하다가 나중에 돌변하지 말고, 애초부터 태도를 분명히 해야 한다.

상대방이 스스로 해결책을 찾지 못할 것 같을 때

문제를 가진 사람이 그 문제를 해결할 최적의 인물이라는 것이 반사적 듣기의 기본 전제다. 따라서 반사적 듣기의 1차 목표는 문제의 당사자가 해결책을 찾도록 도와주는 것이다. 자신의 문제를 풀어야 할 책임이 당사자에게 있는 이유는 다음과 같다.

-문제에 대한 정보를 당사자가 가장 많이 가지고 있다. 그가 자신의 문제를 빠짐
없이 털어놓고 청자가 그 이야기를 모두 듣는다 해도, 문제의 당사자가 가진 상황
정보가 청자가 가진 정보보다 많을 수밖에 없다.
-위험을 감수하는 사람은 당사자다. 만일 해결책이 생각보다 효과가 없다면 그
결과로 인해 고통 받는 사람도 당사자 자신이다.
-해결책을 실행하는 사람도 당사자다.
-자신이 해결책을 내놓고 실행해야 자신감과 책임감도 강해진다. 그는 자신의 운
명을 만들어나가는 중요한 발걸음을 시작하는 것이다.
-당사자가 청자나 원조자에게 덜 의존할수록 양자 모두에게 유익하다.

어떤 사람들은 이 같은 이유들을 받아들이려 하지 않는다. 부모, 교사, 직장
상사들은 자신들의 경험과 지혜를 토대로 해결책을 말해줘야 한다고 생각한
다. 겉으로는 문제를 가진 사람이 그것을 해결할 최적의 위치에 있다는 의견
에 동의하면서도 실제로는 자신이 내놓은 해결책이 타인의 해결책보다 낫다
고 생각하기 때문이다. 나는 내가 생각한 해결책을 상대방에게 강요하고 싶은
유혹이 생길 때마다 디트로이트 메릴-팔머 연구소의 심리학자 클라크 무스타
카스의 말을 되새긴다.

궁극적으로, 나는 다른 사람을 책임질 수 없다. 단지 그의 삶에 참여할 수 있을
뿐이다. 그 참여의 정도에 관계없이 결국 그는 자신의 의미, 자신의 잠재력, 자신
의 본성, 자신의 존재를 스스로 찾아낼 것이다.

상대방에게서 자신을 분리할 수 없을 때

훌륭한 청자는 상대방의 경험 속으로 들어갈 수 있음에도 불구하고 분리된 상태를 유지한다. 한 남자아이가 자기보다 나이 많은 어떤 '문제아'가 운동장에서 자신을 때렸다고 아버지에게 이야기했다. 격분한 아버지는 때린 아이의 부모에게 기어이 전화를 했다. 이는 지나치게 사건에 개입한 경우라 할 수 있다. 아들의 문제를 아버지가 떠맡았기 때문이다. 한 어머니는 결혼도 안 한 딸이 임신했다는 말을 듣고 울면서 한탄했다. "어떻게 네가 나한테 이럴 수 있니?" 이들은 건강한 거리를 유지하면서 들을 수 없는 청자들이다. 상대방의 고백을 듣고 감정적으로 격분한 사람은 상대방의 말을 제대로 들을 수 없다.

듣기를 자신을 감추기 위한 방편으로 삼을 때

어떤 사람들은 끝까지 청자의 위치에만 안주하며 좀처럼 자신을 드러내지 않는다. 그러면 다른 사람에게 거의 영향을 주지 않기 때문에 실제로 존재하는 사람처럼 여겨지지 않는다. 그런 듣기 태도는 자신에게나 화자에게 껄끄러운 느낌을 줄 뿐이다. 상대방의 부정적인 감정들로부터 자신을 방어하기 위해 반사적 듣기를 하는 사람들도 있다. 화자가 화를 내면 자신은 그 분노를 경험하고 싶지 않아서 교묘하게 반사만 해주는 식이다. 자신이 상황을 얼마나 성숙한 태도로 다루는지를 보여주기 위해 그런 식으로 대응하는 사람도 있다. 그러나 청자가 상대방의 분노를 느끼지도 못하고 상대방의 사고방식도 무시한 채 반사한다면, 그 관계는 거리감만 생길 뿐이다. 이런 식으로 비겁하게 듣는 행위는 진정한 관계에 아무런 도움이 되지 않는다.

심신이 지쳐 있을 때

때때로 누군가의 이야기를 들어주기 힘들 때가 있다는 사실을 인정해야 한다. 심적인 상태가 엉망이어서 훌륭한 청자가 되어줄 수 없을 때다. 내 경우에는 그 사실을 인정하기까지 시간이 좀 걸렸는데, 결국 현실을 받아들이게 되었다. 모든 사람은 삶에서 몇몇 청자가 필요하다. 그러나 그들이 항상 상대방의 이야기를 들어줄 마음의 준비가 되어 있는 건 아니다. 자신의 이야기를 들어줄 상대가 없다고 느낀다면 정말 불행할 것이다. 그러나 그건 스스로 풀어야 할 문제지, 누가 어떻게 해줄 수 있는 문제가 아니다. 공감할 준비가 되어 있지 않은 상태에서 누군가의 이야기를 듣는다면 득보다 실이 더 많을 것이다. 언제나 능동적 듣기를 해야 할 의무를 짊어진 사람은 없다. 나는 아내를 사랑하고 그의 청자로 함께 하고 싶지만, 그런 역할을 하기 싫거나 할 수 없을 때도 있다. 그럴 때 아내가 심각한 이야기를 시작하려고 하면, 나는 아직 들을 준비가 되어 있지 않다고 솔직히 이야기한다.

듣기의 장단점

듣기의 장점은 그것이 아름다운 경험이 될 수 있다는 것이고, 단점은 그것이 무거운 짐이 될 수 있다는 것이다. 누군가 내게 "듣기가 완전히 자동화되지 않는 한 그 모든 과정은 개인적으로 힘겨운 체험이다."라고 말한 적이 있다. 지금까지 설명한 기법들을 단련하고 그 기법들에 능숙해졌다 해도, 감정을 이입시켜 다른 사람의 이야기를 듣는 것은 부담스러운 일이다.

듣기는 결코 쉽지 않다. 그것은 습관적인 의사소통 방해요소를 극복해야 하는 일이며, 일정 수준 이상의 성숙함과 자신과 다른 가치관을 이해하려는 열린 마음이 있어야 한다. 다른 사람의 이야기에 진심으로 귀 기울이다보면 이전의 생각과 가치관이 변하기도 한다. 잘 듣는다는 것은 상처받을 가능성도 커진다는 것을 의미한다. 감정을 이입하여 상대방의 고민을 듣다보면, 심적인 괴로움을 겪을 수밖에 없다. 경험 많은 청자라면 화자의 고통으로부터 어느 정도 감정적 거리를 유지하겠지만, 그렇더라도 상대방을 무너뜨리는 고통을 완전히 비켜갈 수는 없다. 듣는 재능을 지녔다는 것이 어쩌면 감사할 일이 아닌지도 모른다. 오히려 그 재능으로 인해 혹사당할 수 있기 때문이다.

이처럼 듣기는 몹시 어렵고 섣불리 뛰어들기 힘든 일이다. 경험 많은 청자는 시간과 노력, 희생이 필요하다는 사실을 알기 때문에 청자 역할을 조심스러워한다. 조지 가즈다는 누군가를 돕기 전에 신중하게 생각하는 태도가 고민이 있거나 도움이 필요한 사람을 더 존중하는 태도라고 말했다. 듣기는 내키지 않는 마음으로, 또는 생각 없이 함부로 개입할 만한 일이 아니다. 자신이 별 도움이 되지 않을 것 같다면 처음부터 개입하지 말아야 한다. 그런 식의 대화는 어차피 실패로 끝날 확률이 높기 때문에 화자에게 해를 끼칠 뿐만 아니라 듣는 사람에게도 허탈감과 실망감을 안겨주게 된다.

정리

반사적 듣기를 발전시키려면 다음 지침을 따라야 한다.

- 이해한 척하지 마라.
- 상대방의 기분을 잘 안다고 말하지 마라.
- 다양하게 반응하라.
- 감정에 초점을 맞춰라.
- 감정을 정확하게 표현하는 단어를 선택하라.

–목소리로 공감을 표현하라.

–구체적이고 직접적으로 말하게 하라.

–독단적이지 않으면서 확실한 반응을 보여라.

–화자의 해결책을 반사하라.

–질문 속에 숨어 있는 감정을 반사하라.

–대화가 결론 없이 끝날 수 있음을 받아들여라.

–짧고 단순한 방법으로 반사하라.

어떤 사람들은 상대방에게 고민이 있을 때 듣기만 하지 않고 한 단계 넘어서는 반응을 보여줘도 되는지 묻는다. 첨가반응은 위험하다. 그러나 두 사람이 서로 믿고 이해하는 사이라면 사용할 수도 있다. 첨가반응에는 터치, 사실적 정보 제공, 행동에 착수하기, 위탁하기, 적절한 자기노출, 불일치 대조하기, 허심탄회한 감정 토로 등이 있다. 첨가반응을 보인 후에는 다시 한 번 반사적 반응을 해주는 것이 바람직하다.

반사적 듣기가 필요한 경우는 많다.

–실행에 옮기기 전에

–언쟁하기 전에

–상대방이 격한 감정에 휩싸여 있거나 고민거리를 털어놓고 싶어할 때

–상대방이 암호화하여 이야기할 때

–상대방이 감정과 생각을 정리하고 싶어할 때

–문제의 당사자끼리 대화할 때

–자기 자신에게 이야기할 때

–학교나 직장에서 생소한 개념을 만났을 때

반사적인 듣기를 피해야 할 때도 있다.

 −상대방의 생각을 받아들일 수 없을 때
 −상대방이 스스로 해결책을 찾지 못할 것 같을 때
 −상대방에게서 자신을 분리할 수 없을 때
 −듣기를 자신을 감추기 위한 방편으로 삼을 때
 −심신이 지쳐 있을 때

 듣기는 기쁨을 주기도 하지만, 섣불리 뛰어들 수 없는 매우 어려운 일이기도 하다. 듣기가 잘 이루어지면 청자에게 짐이 되고, 잘 이루어지지 않으면 화자에게 짐이 될 수 있기 때문이다.

3부

말하라

내가 나 자신을 위해 행하지 않는다면 누가 나를 위해 행하겠는가? 내가 오로지 나만을 위해 행한다면 나는 무엇인가? 지금 행하지 않는다면 언제 행할 것인가?

— 힐렐, 유대의 랍비

마음을 터놓은 솔직한 대화, 긴장을 풀고 근심을 더는 법을 배우는 일,
자신의 욕구를 더 만족시키는 일, 인간관계를 더 돈독하게 하는 방법을 배우는 일, 자신의
기분이나 생각을 근심이나 죄책감 없이 다른 사람의 존엄성을 해치지 않으면서
표현하는 일, 인생에서 자신에게 일어나는 일에 책임을 지는 일,
결단과 자유로운 선택을 늘려가는 일, 자신의 친구가 되는 일,
자존심과 자긍심을 지키는 일, 포기할 수 없는 권리와 가치관이 자신에게
있음을 깨닫는 일, 다른 사람에게 희생되거나 이용당하지 않고 자신을 지키는 일,
자기표현으로 인해 초래될 긍정적인 결과와 부정적인 결과를 분별하는 일.
본질적으로 이 모든 일들이 내가 자기표현 훈련이라고 믿는 것들이다.
이는 다른 사람의 권리와 존엄을 짓밟는 공격훈련이 아니다. 자신의 발전을 위해
타인을 조종하거나 속이는 일도 아니다. 나는 자신에 대한 존경, 타인에 대한 존경,
자신의 가치관에 대한 존경이 자기표현 훈련의 바탕이라고 생각한다.

— 셔윈 코틀러, 임상심리학자 / 훌리오 케라, 임상심리학자

듣기와 자기표현

중국에서는 양 극단의 성질을 가진 것을 언급할 때 음과 양이라는 용어를 쓴다. 이 둘은 매우 다르면서도 서로 의존하는 관계이며, 서로의 존재를 보완한다.(그림 8-1) 따라서 음과 양은 서로에게 필요하다. 음양을 연구하는 철학자들은 두 가지 사이에서 완벽한 균형을 유지하는 방법을 연구한다.

　나는 듣기와 자기표현이 의사소통의 음과 양이라고 생각한다. 건강한 관계에는 자기표현과 듣기라는 두 가지 측면이 존재한다. 양에 해당하는 자기표현은 다른 사람에게 자신의 기분, 자신의 필요, 자신의 욕구 등을 드러내는 일이다. 음에 해당하는 듣기는 스트레스를 받거나 기쁜 일이 생긴 타인의 이야기를 이해하고 받아들이는 일이다. 어떤 경우에는 음이, 어떤 경우에는 양이 대화에 생기를 준다. 양과 음 둘 중 하나라도 부족하다면 아직 성숙하지 못한 사람이다. 또한 어떤 관계든지 양 당사자 사이에 듣기와 자기표현이 빠져 있다면, 그 관계는 발전할 가능성이 낮다.

그림 8-1 음과 양을 상징하는 문양

잘못된 듣기 태도가 우리 사회에 만연해 있는 것처럼, 제대로 된 자기표현을 하는 사람도 극히 드물다. 이 분야의 전문가들은 적절한 의사소통을 구사하는 사람을 전체의 5% 미만으로 추정한다. 대부분의 사람들이 자신의 의사를 제대로 전달하지 못하고 다른 사람의 이야기도 정확히 듣지 못한다는 뜻이다. 어떤 소설가는 자신의 작품 속 모녀의 대화를 통해 완전한 의사소통은 불가능하다고 주장했는데, 우리 사회 전반에 그 소설가와 같은 시각이 널리 퍼져 있다. 그 소설에서 형언할 수 없는 슬픔에 맞닥뜨린 어머니가 딸에게 슬픈 목소리로 말했다. "정말 중요한 건 절대 말로 표현할 수 없는 법이란다."

자기표현을 발전시키는 방법

듣기 기법을 발전시키기 위한 구체적인 방법이 있는 것처럼, 자기표현 기법을 발전시키기 위한 현실적인 방법도 있다. 1960년대부터 시작된 수많은 연구와 실험들이 자기표현을 발전시킬 수 있는 방법에 초점을 맞추어왔다. 이제는 이 주제가 대중화되어 자기표현에 관한 책과 칼럼이 시중에 넘쳐난다. 수많은 기관에서 자기표현에 관한 연수회를 열었고, 일부 대학에서는 이 분야 강의에 수많은 학생이 몰렸다고 한다.

자기표현 훈련의 가장 큰 장점은 효과가 뚜렷하다는 것이다. 미주리 대학에서 실시한 자기표현 훈련에서는 85%의 참가자들이 이 훈련으로 인해 삶에 변화가 있었다고 대답했다. 훈련이 끝난 뒤 자기표현 기법을 6~18개월까지 유지하거나 더 발전시킬 수 있었다는 참가자의 비율도 이와 비슷했다. 여러 가지 자기표현 프로그램들이 있고 수준도 제각각이다. 그럼에도 이런 프로그램이 대부분 인기를 끄는 이유는 매우 실용적이기 때문이다. 대부분의 사람들이 그 기법을 즉시 실생활에 적용할 수 있었고, 그 기법을 사용하여 성공한 확률도 아주 높았다.

이 장에서는 자기표현의 방어적인 측면과 적극적인 측면을 알아보고, 자기표현이 순종이나 공격과 어떤 차이가 있는지도 구별해서 설명한다. 또한 일상생활에서 이들 각각의 장점과 단점에 대해서도 살펴본다. 마지막으로, 자기표현 훈련이 바람직한 결과를 얻기 위해서는 책임 있는 선택이 중요하다는 점을 집중적으로 설명한다.

이 장에서 자기표현의 필수 요소들을 확실하게 파악하고 나면 자기표현을 통한 의사소통 기법을 더 쉽게 익힐 수 있다. 이에 관해서는 다음 장에서 좀 더 상세히 살펴볼 예정이다.

개인 영역의 중요성

사람들은 각자 자기만의 영역이 있는데 여기에는 물리적 영역, 심리적 영역, 가치관의 영역이 있다. 그 영역은 넓이를 비롯한 그 밖의 여러 가지 측면에서 개인차가 있다. 누구나 개인 영역 안에서는 각자의 특권을 누리지만, 개인 영역 밖에서는 타인의 권리를 인정하고 서로 맞춰가며 지내야 한다. 그러나 많은 사람들이 종종 타인의 사적인 영역을 짓밟거나 침해한다.

개인 영역의 개념에 관해서는 모두들 알고 있을 것이다. 여기에는 옷이나 가구 같은 개인의 소유물, 물리적 공간, 눈에 보이지 않는 영역까지도 포함된다. W. H. 오든은 그의 영역을 다음과 같은 시로 표현하였다.

> 코에서 30인치 앞은 내 인격의 국경
> 그 사이의 오염되지 않은 공기는 내 영역이다
> 여보시오
> 나를 유혹하지만 않는다면 와서 친하게 지내도 좋소
> 그러나 함부로 내 영역에 들어오지는 마시오
> 총은 못 쏘지만 침을 뱉어줄 수는 있으니

독일의 사회학자 게오르크 짐멜은 유명인사의 개인 영역은 보통 사람보다 더 넓다고 주장했다. 그에 따르면, 보통 사람들은 중요 인물을 대하면 7.5미터 이상의 거리를 둠으로써 일반인들과 차이를 둔다고 한다. 언론인 시어도어 화이트가 쓴 《대통령 만들기 1960 The Making of the President 1960》에는 거물급 인사의 개인 영역에 관한 흥미로운 사례가 등장한다. 배경은 존 F. 케네디와 그의 측근들이 사용하던 어느 비밀 별장이다.

케네디는 가볍고 날랜 걸음걸이로 별장 안으로 성큼성큼 걸어 들어왔다. 그는 젊은 사람답게 기운차고 유연하게 걸으며 주위에 서 있는 사람들과 인사했다. 그런 다음 그들을 슬쩍 지나 별장 계단 아래로 내려간 다음, 구석에서 그를 기다리며 한담을 나누고 있던 매부 서전트 슈라이버와 동생 바비에게 다가갔다. 주위에 있던 다른 사람들이 그를 맞이하기 위해 그쪽으로 몰려들었다. 그러다가 그들이 걸음을 멈췄다. 케네디가 있는 곳에서 9미터 정도 떨어진 곳이었다. 오랫동안 권력을 유지해 온 나이 지긋한 사람들이었지만, 모두 한쪽에 서서 케네디를 바라보았다. 몇 분 후, 케네디는 그들이 자신을 바라보고 있다는 사실을 알아차리고 매부에게 뭐라고 속삭였다. 그러자 슈라이버가 그들 사이를 갈라놓고 있던 영역으로 들어서서 사람들에게 가까이 오라고 청했다. 먼저 애버렐 해리먼, 딕 헤일리, 마이크 디살이 다가왔다. 그들은 한 사람씩 케네디에게 축하 인사를 건넸는데, 소개를 받기 전에는 누구도 그들 사이의 열린 영역으로 들어가려 하지 않았다. 거기에는 보이지 않는 경계선이 있었고, 그들은 자신들이 케네디의 후원자가 아니라 아랫사람이라고 의식하고 있었다. 케네디는 장차 미합중국의 대통령이 될 거물이었기 때문에 그들은 초대를 받고 나서야 앞으로 나아갔다.

일부 학자들은 사람들의 영역에 대한 의식은 타고난 것이기 때문에 뿌리 뽑을 수 없다고 주장한다. 그러나 다른 학자들은 그것이 문화적으로 형성되는 것이고, 드물긴 하지만 어떤 사회에서는 영역 의식이 존재하지 않는다고 주장한다. 구체적인 문제에 관해서는 논쟁의 여지가 있지만, 일반적으로 영역 의식은 현대 생활에서 무시할 수 없는 영향력을 행사하는 것으로 알려져 있다. 앨버트 섀플런과 노먼 애시크로프트가 《인간의 영역: 우리는 시공간에서 어떻게 행동하는가Human Territories: How We Behave in Space-Time》에서 주장했듯이, 인간들은 "지구상의 거의 모든 지역에 영역을 표시해 두었다. 바다 위에도 표시했고 심지어 달에도 표시를 남겼다."

사적인 영역을 존중한다는 것은 타인과 적정한 공간적 거리뿐만 아니라 적정한 감정적 거리를 유지한다는 뜻이다. 그것은 다른 사람들을 무시하는 발언을 하지 않고, 짜증나는 질문을 던지지 않고, 부탁하지 않은 조언을 하지 않고, 자기 마음대로 타인을 조종하지 않고, 자신의 애정으로 다른 사람을 숨 막히게 하지 않고, 다른 사람들의 개성을 말살하지 않음으로써 그들과 심리적 또는 정서적 영역과 거리를 유지하는 일이다.

사적인 영역을 존중하는 일은 그에게 자신의 가치관대로 살아갈 권리를 주는 일이다. 그러나 사람들이 자신의 가치관을 남에게 강요하는 경우를 어렵지 않게 찾아볼 수 있다. 교사는 학생들에게, 코치는 선수들에게, 고용주는 직원들에게, 배우자는 서로에게 자신의 가치관을 강요한다. 가치관 문제에서 상대방의 영역을 침해하지 않는 일은 대부분의 사람들에게 매우 어렵다.

이제 내가 개인 영역이라는 용어를 어떤 의미로 사용하고 있는지 어렴풋이 느꼈으리라 생각한다. 한 문장으로 정리해보겠다. '내 개인 영역을 존중하는 일은 나의 물리적 영역과 소유물을 인정하는 일이며, 나 자신으로 존재하도록 놓아두는 일이다.'

한창 이야기를 나누고 있는 사람들은 다른 사람이 침해할 수 없는 사회적 영역을 형성하게 된다. 그들의 사회적 영역을 존중하는 사람들은 다양한 방식으로 자신이 존중하고 있음을 표현한다. 그들 사이를 걸어가지 않고 돌아갈 것이고, 돌아갈 길이 없어 그 사이를 지나가야 한다면 고개를 숙이고 갈 것이다. 그들이 열띤 토론을 벌이고 있다면 그들의 이야기에 끼어들지 않을 것이며, 합류해도 괜찮겠다고 생각되면 그래도 되는지 먼저 물어볼 것이다.

다른 사람과 적당한 감정적 거리, 가치관의 거리를 유지하기는 쉽지 않다. 자녀가 성인이 되고 결혼을 한 뒤에도, 부모들은 젊은 부부의 사회적 영역을 침범해 들어와 이제 걸음마를 시작한 결혼생활을 방해한다. 부부 사이라도 한 사람의 사적인 영역과 부부가 함께하는 사회적 영역의 관계를 파악하려는 노력이 필요하다. 건강한 관계일수록 서로의 물리적, 감정적 영역을 침해하지 않고 살아간다. 사랑하는 사이라 할지라도 각자 별도의 생활 영역을 유지해야 한다. 남편과 아내는 서로의 감정적인 영역을 인정해야 하고, 부모도 자식의 감정적인 영역을 존중해야 한다.

우리 모두는 불완전한 인간들로 가득 찬 세상에 살고 있다. 따라서 적극적으로 자신을 방어하지 않으면 의식적으로든 무의식적으로든 누군가로부터 자신의 영역을 침해당하게 된다. 동물들이 자신의 영역을 지키는 모습을 본 적이 있을 것이다. 나는 브리타니 스패니얼 종인 우리 개 미스티를 데리고 산책할 때마다 그 모습을 목격한다. 미스티가 다른 집 마당에 접근할 때면 그 집 개가 자기 영역의 경계에 서서 목덜미의 털을 곤두세운 채 송곳니를 드러내고 으르렁거리며 적의를 나타낸다. 왜소하고 약해 보이는 개도 엄청난 에너지를 발산하며 다른 개가 자신의 영역에 접근하지 못하도록 위협한다. 지나가는 개가 아무리 크고 힘이 세 보여도 말이다. 그러나 그 집에서 멀어지면 그 때까지 보였던 행동이 싹 사라지고 무관심한 태도로 돌변한다. 다행히도 인간은 자기 표현 기법을 이용해 동물들의 세계보다 세련된 방식으로 개인 영역을 지킬 수 있다. 로이스 티몬스는 생활공간에 관한 개념을 다음과 같이 설명하였다.

> 생활공간은 태어나면서부터 주어지고, 결단력으로 유지되며, 나약함 때문에 빼앗긴다. … 사람들은 자신의 생활공간을 지키거나 빼앗기거나 둘 중 하나를 선택하게 된다. … 자신만의 생활공간이 있으면 삶의 목적을 느끼고 자신감, 확신, 만족감, 안정감, 충족감, 자제력, 건강함, 깨달음이 있는 삶을 영위할 수 있다.

영향 미치기

자신의 영역을 잘 지키는 일은 중요하다. 그러나 지키는 게 전부라면 그 사람은 쓸쓸하고 편협하며 외로운 존재가 되고 말 것이다. 자기표현을 하는 사람들은 모험을 하게 되는데, 그 모험 덕분에 유익한 관계를 맺고, 고귀한 일을 하고, 창조적인 휴식을 갖고, 가치 있는 헌신을 할 수 있다. 나는 바깥세상으로 뛰어나가려는 적의를 품지 않은 정신적 모험을 '영향 미치기'라고 부른다.

영향을 미치는 사람은 다른 사람을 향해 손을 내밀고 활력 있는 관계를 만들어간다. 그는 단체와 사회에도 영향을 미친다. 뿐만 아니라 주변 환경을 망치지 않으면서도 그 환경을 잘 활용할 줄 안다. 영향 미치기를 활용해 자기표현을 하는 사람은 욕구를 만족시키고, 능력을 발휘하고, 진실하게 살고, 창의력을 활용하고, 평등하고 친밀한 관계를 만들어 갈 수 있다.

우리는 모두 심리적으로 사랑을 주고받고 싶은 욕구, 그래서 진지하고 끈끈한 관계를 맺고 싶은 욕구, 가치 있는 목적에 헌신하고 싶어 하는 욕구를 가지고 있다. 조지 버나드 쇼의 말처럼 진정한 삶의 기쁨은 "불안하고 이기적인 마음이나 세상 사람들이 나를 행복하게 해주지 않는다고 투덜대는 불평이 아니라, 인간의 위대함을 보여주는 것, 즉 자신이 숭고하다고 생각하는 목적에 헌신하는 것"으로부터 온다.

심리학자 에이브라함 매슬로의 평생에 걸친 연구에 의하면, 심리적으로 건강한 사람들은 자신의 인생을 아낌없이 산 사람들이었다. 매슬로는 그런 사람들을 '자아실현형 인간'이라고 불렀는데, 그들은 '한 사람도 예외 없이 그들 바깥의 어떤 목적에 전념한 사람들'이라고 결론을 내렸다.

나는 영향 미치기가 기회일 뿐만 아니라 책임이라고 생각한다. 우리가 사는 이곳이 부조리와 불의가 판치는 걱정스러운 사회이기 때문이다. 어떤 사람이 우리 사회의 불의로 인해 고통을 받는다면 나도 어쩔 수 없이 그 영향을 받게 된다. 그래서 미미한 영향력일지라도 나는 내가 속한 사회에 어떤 영향을 미쳐야 한다는 책임감을 느낀다.

순종형 행동	자기표현형 행동	공격형 행동

그림 8-2 순종 – 자기표현 – 공격의 연속선

순종 – 자기표현 – 공격

먼저 알아두어야 할 것은 자기표현이 자신의 영역을 지키는 방식이자 다른 사
람과 사회에 합리적으로 영향을 주는 방식이라는 점이다. 자기표현을 정의하
기 위해 그것을 순종과 공격의 연속선상에 놓고 비교해보자. (그림 8-2) 비교
를 위해 극단적인 형태의 순종과 공격부터 설명해 보겠다.

순종적인 사람

순종적인 사람은 자신의 욕구와 권리를 하찮게 여기며 그러한 마음가짐이
반드시 행동으로 나타난다.[*] 대다수의 순종형 인간들은 자신의 진짜 기분과,
욕구, 가치관, 관심사를 표현하지 않는다. 다른 사람들이 자신의 영역을 침해
해도 내버려두고, 자신의 권리를 부정하고, 자신의 욕구를 무시한다. 또한 자
신의 욕구를 만족시킬 방법이 한 가지밖에 없을 때도 그 방법을 말로 표현하
는 일이 거의 없다.

어떤 사람들은 자신의 욕구를 표현하기는 하지만 숫기 없이 사과하는 듯한
말투로 하기 때문에 다른 사람들이 진지하게 받아들이지 않는다. 또한 그들은
다음과 같은 말을 덧붙여서 효과를 반감시킨다. "음, 하지만 저는 아무래도 좋

---

[*] 자기표현에 관한 대부분의 책은 '순종하는(submissive)'보다는 '자기표현을 하지 않는(nonassertive)'이라는 단어를 사용한다. 자기표
현을 하지 않는다는 말은 행동의 부재를 의미하는 다소 중립적인 의미이다. 그러나 순종적이라는 말은 어떤 행동을 선택했음을 의미한
다. 관계의 한 가지 방식을 선택했음을 의미한다. 그는 자신을 주장하지 않을 뿐 아니라 순종하는 것이다. 그래서 순종은 일반적으로 침
략자와 공조관계를 맺는다. 이런 관점이 지나치다고 볼 수도 있지만, 나는 이 두 단어를 구별할 필요가 있다고 본다.

아요." "하지만 당신 생각대로 하세요." 때때로 그들은 다른 사람들이 이해하지 못할 정도로 메시지를 암호화해 놓고도 스스로는 확실하게 말했다고 생각한다. 어깨를 으쓱하거나, 눈을 맞추지 않고 말하거나, 지나치게 부드러운 어조로 말하거나, 망설이는 듯한 말투로 말하는 건 자신의 욕구를 표현하는 것도 아니고 개인 영역을 지키려는 행동도 아니다.

어머니가 저녁에 부엌에서 일하는 시간을 줄여주기 위해 모든 가족들이 자신의 접시를 개수대에 갖다놓기로 했다고 치자. 그런데 누군가 자기 접시를 치우는 일을 잊으면 어머니가 그 접시를 대신 치워주었다. 결국 한 달도 되지 않아서 어머니가 모든 가족들의 접시를 치우게 되었다. 의도하지 않았겠지만 그녀 스스로 가족이 합의한 내용을 지키지 않도록 습관을 들인 셈이다.

어떤 사람들은 습관적으로 타인이 자신을 이용하도록 유도한다. 그들은 자신이 맺고 있는 관계를 매우 불평등하게 만드는 행위, 상대방이 자신의 권리를 침해하고 욕구를 무시하는 행위를 조장한다.

순종적인 사람은 종종 이런 의사를 전달한다. "전 상관없어요. 저를 이용하세요. 당신이 어떤 행동을 해도 참을 수 있어요. 제 욕구는 중요하지 않아요. 당신의 욕구가 중요해요. 제 기분은 상관없어요. 당신의 기분이 중요해요. 제 생각은 가치가 없어요. 당신의 생각만 중요해요. 저는 아무 권리가 없어요. 물론 당신의 권리는 중요하죠. 살아있는 게 감사할 뿐입니다."

순종적인 사람은 자긍심이 없으며, 그의 행동은 다른 사람에 대한 존경심도 없음을 의미한다. 그런 태도는 상대방이 문제를 직시하지 못하고 있고 책임감도 부족하다는 뜻을 내포하기 때문이다.

순종적인 행동은 사회 곳곳에 어이없을 정도로 널리 퍼져 있다. 토마스 모리어리티는 '자기표현에 대한 저항'의 정도를 측정하기 위해 몇 가지 실험을 했다. 이때 실험의 대상이 된 사람들은 자신이 관찰된다는 사실을 모르는 상태였다.

실험에서 대학생들은 다른 학생들이 듣고 있는 시끄러운 음악 소리 때문에 공부에 방해가 되는데도 소리를 줄여달라는 말을 쉽게 하지 못했다. 시끄러운 소음을 내는 사람에게 자신의 요구사항을 말하지 못한 사람이 80%나 됐다. 나중에 그들은 소음 때문에 집중력이 떨어졌다고 응답했는데, 그럼에도 불구하고 소음을 그냥 견딘 것이다. 15%의 학생들은 음악 소리를 줄여달라고 했지만 상대방이 요구에 응하지 않자 다시 요구하지는 않았다. 겨우 5%의 학생들만이 재차 말해서 자신의 요구사항을 관철시켰다.

다양한 연령집단, 수많은 상황에서 비슷한 행태를 관찰할 수 있다. 일반적으로 자신의 권리를 지키거나 욕구를 만족시키기 위해 필요한 말을 전혀 하지 않는 사람들은 80%에 달했다. 그런 사람들을 가리켜 모리어리티는 '자발적인 희생자'라고 불렀다. 아무래도 순종적인 행동이 대다수 사람들의 생활방식이 되어버린 것 같다.

공격적인 사람

공격적aggressive이라는 단어는 전혀 다른 두 가지 의미를 가진 aggredi라는 라틴어에서 유래하여 다소 혼란스러운 점이 있다. 이 단어는 상담이나 조언을 해주기 위해 다른 사람에게 '접근한다'는 뜻이기도 하지만, 다른 뜻으로 더 널리 쓰이며 나도 여기서 이 두 번째 뜻으로 쓰고 있다. '맞서서 움직이다' 또는 '해를 끼치려는 의도로 움직이다'라는 뜻이 그것이다. 공격적인 사람은 다른 사람에게 폐를 끼치면서까지 자신의 기분, 욕구, 생각을 표현하려 한다. 그리고 언쟁에서 거의 항상 이긴다. 공격적인 사람은 원한을 갖고 있는 것처럼 보일 때가 많다. 그들은 큰소리로 이야기하고, 다른 사람을 매도하고, 무례하게 행동하고, 빈정대기도 한다. 서비스가 엉망이라며 상점의 직원이나 식당 종업

원을 강하게 나무라기도 한다. 부하직원들과 가족들에게 권위적으로 행동하고 대화를 하더라도 자신에게 중요한 화제만 이야기한다.

공격적인 사람에게는 다른 사람들을 제압하려는 성향이 있다. 그의 관점은 이렇다. "내가 원하는 건 이거야. 네가 원하는 건 별로 중요하지 않아." 브라질 빈민촌에서 가난하게 살다가 감동적인 책을 쓴 저자 카롤리나 마리아 데 헤수스는 수많은 부자들의 공격성에 대한 분노를 이렇게 드러냈다. "다른 사람들을 오렌지 짜듯 쥐어짜던 그 인간들의 탐욕은 참으로 역겹다."

자기표현을 하는 사람

자기표현을 하는 사람은 자신을 존중하고, 행복을 추구하고, 자신의 욕구를 만족시키며, 자신의 권리와 개인 영역을 지킨다. 그러면서도 다른 사람을 학대하거나 지배하지는 않는다. 이것이 가능한 이유는 의사소통 방식 덕분이다. 진정한 자기표현은 자신의 개인적인 가치와 존엄성을 인정하면서 동시에 타인의 가치도 인정하는 행동이다.

자기표현형 인간은 자신의 권리를 지키고 개인적인 욕구와 가치관, 관심사, 생각을 적절한 방법으로 직접 표현한다. 그 과정에서 다른 사람의 욕구를 억누르지도 않고 사적인 영역을 침해하지도 않는다.

어떤 사람을 가리켜 '자기표현이 너무 강하다'고 평가할 때가 있다. 그러나 내가 보기에 그런 경우는 있을 수 없다. 자기표현형 행동은 자신과 타인의 권리를 함께 존중하고, 주어진 상황에 적절히 대처하는 행동이다. 따라서 자기표현이 '너무' 강하다는 건 말이 되지 않는다.[*]

대응의 세 가지 유형

순종형 행동, 자기표현형 행동, 공격형 행동을 구분하기 위해 구체적인 상황에 반응하는 각 유형을 살펴보자.

〈예시〉에서 구분한 방식을 참조하여 〈상황1〉〈상황2〉의 반응을 살펴본 후, 그 반응이 순종형인지 자기표현형인지 공격형인지 구분해보기 바란다.

예시

관객들로 꽉 찬 극장에서 당신 뒤에 앉은 두 사람이 큰 소리로 계속 이야기를 하고 있다. 그들의 말소리 때문에 영화 줄거리를 따라갈 수 없고 제대로 감상하기도 힘들다. 극장 안에는 사람들이 꽉 차 있어서 다른 자리로 옮길 수도 없다.

반응 A | 아무 말도 하지 않고 조용히 견딘다. 순종형

반응 B | 뒤돌아보며 호통을 친다. "다른 사람은 안중에도 없는 거요? 당장 입 다물지 않으면 극장 직원을 불러서 끌고 나가게 하겠소." 공격형

반응 C | 뒤로 돌아서 이야기하던 사람들을 바라보며 말한다. "그렇게 계속 이야기를 하시니까 영화를 제대로 볼 수가 없군요." 자기표현형

상황 1

교장선생님이 쓸데없는 방송을 너무 자주해서 존스 선생님의 수업을 방해한다.

반응 A | 존스 선생님이 교장선생님에게 말한다. "수업시간에 교장선생님이 스피커로 크게 방송을 하시니까 수업에 방해가 되고 흐름이 끊어집니다."

반응 B | 존스 선생님은 화가 치밀고 교장선생님이 왜 그렇게 눈치가 없는지 모르

---

* 자기표현 관련 분야의 연구지도자들은 철학자들이 오랫동안 몰두했던 윤리적 문제 하나를 깊이 다루지 않았다. 수많은 철학자들이 제기했던 근본적인 윤리 문제는 '두 사람 이상의 이해가 정면충돌하는 상황을 어떻게 다룰 것인가?' 하는 것과 관련이 있다. 이것이 바로 우리가 이 책의 나머지 부분에서 살펴보게 될 문제다. 자기표현 훈련의 장점 중 하나는 윤리적·심리적 이론을 세세하게 논하지 않으면서 일반인들의 행동을 바꾸는 현실적인 방법을 가르쳐준다는 점이다. 그러나 최악의 경우, 자기표현 훈련이 말로만 다른 사람의 권리를 존중한 채, 타인의 공격에 맞서는 방법이나 공격법이 되어버릴 수 있다. 이 책에서 윤리적인 문제를 깊이 다루지는 않겠지만, 나는 양 당사자의 권리를 보호하고 두 사람의 욕구를 모두 충족시켜줄 수 있는 확실하고 일관된 근거가 있을 거라고 믿는다. 만약 그럴 수 없다면 그때는 갈등을 해소하는 기법과 건전한 윤리적 판단 기법을 동원해야 할 것이다.

겠다고 생각한다. 그러나 속으로만 그렇게 생각할 뿐이다.

반응 C | 존스 선생님이 교장 선생님에게 말한다. "온종일 스피커에 대고 무슨 헛소리를 그렇게 하는 겁니까? 한 번에 정리해서 말할 수는 없습니까? 교육자 노릇을 하고 싶다면 그런 시답잖은 말은 인쇄해서 나눠주세요!"

상황 2

카를로스 산토스는 회사에서 집에 돌아오면 심신이 기진맥진하다. 그런데 그가 집에 들어오자마자 아내가 자신이 그날 어떤 고생을 했는지 이야기하기 시작한다. 카를로스는 몇 분 동안이라도 다른 사람의 이야기를 듣지 않고 조용히 혼자만의 시간을 갖고 싶다.

반응 A | 아내의 말을 건성으로 듣던 카를로스는 짜증이 들끓는다. 그는 아내가 자신의 기분을 눈치 채기를 바라면서 간간이 신문을 들여다봤다. 때때로 이런 생각을 하기도 했다. '아휴, 왜 자기 생각밖에 안 하는 거야. 나를 사랑한다면 내 기분이 지금 어떤지 알 텐데.'

반응 B | 카를로스가 아내에게 고함을 친다. "당신은 세상에서 제일 이기적인 사람이야. 내가 회사에서 집에 왔을 때 원하는 건 잠깐 동안 조용히 쉬는 것뿐이라고. 그런데 집에 오면 이게 뭐야? 맨날 청승맞게 징징대기만 하고. 이제 그런 소리에 정말 진저리가 나고 당신한테도 질렸어."

반응 C | 카를로스는 아내에게 자신이 무척 피곤하니까 저녁시간에는 조용히 있고 싶다고 이야기한다. 조금 있다가 스트레스가 좀 가라앉으면 저녁을 먹고 나서 그녀가 겪은 사건들을 들어보겠다고 말한다. 오늘 자신에게 무슨 일이 있었는지 이야기해 주겠다는 말도 덧붙인다.

위의 예들이 지나치게 단순해 보일 수 있다. 쉽게 이해할 수 있도록 다소 극단적으로 묘사했기 때문이다. 그러나 극단적으로 행동하는 사람이 많은 것도 사실이다. 나는 위의 반응을 다음과 같이 구분했다.

상황 1	상황 2
반응 A – 자기표현형	반응 A – 순종형
반응 B – 순종형	반응 B – 공격형
반응 C – 공격형	반응 C – 자기표현형

양 극단을 왔다 갔다 하는 사람

자신의 권리가 계속해서 짓밟히거나 번번이 욕구가 좌절되면 원한과 분노가 쌓이게 된다. 순종적으로 행동하는 사람들은 평소에 엄청난 양의 분노를 쌓아두었다가 화산처럼 그 분노를 터트린다. 사소한 일을 가지고 옆에 있던 사람에게 용암을 토해내듯 격앙된 감정을 분출하는 식이다. 그러고 나서 공격적인 폭발에 대해 심한 죄책감을 느끼고 다시 원래의 순종적인 행동방식으로 돌아간다. 그렇게 어느 정도 시간이 지나면 압박감이 위험 수준까지 다시 상승하여 폭발한다. 그 폭발의 희생자는 아무 잘못이 없는 사람이나 그런 격한 반응을 보일 만큼 큰 잘못을 하지 않은 다른 어떤 사람이 될 가능성이 높다.

많지는 않지만 공격적이었던 사람이 내부의 어떤 스트레스나 긴장 때문에 순종적으로 되는 경우도 있다. 그런 경우, 긴장 상태가 고조되면서 공격적 성향이 강해지고 더 독단적이고 난폭해진다. 그러다가 고조된 긴장이 일정 수준에 도달하면 한 걸음 물러나거나 그 상황을 묵인한다. 그러나 그것도 잠시뿐이다. 원래 순종적인 사람들이 그랬던 것처럼, 원래 공격적인 사람도 그네를 타듯 한쪽 극단에서 다른 쪽 극단으로 옮겨가기를 반복한다. 이들이 이런 모습을 반복하는 이유는 자기표현 기법이 각자의 욕구를 충족시키는 가장 적합한 방법이라는 사실을 모르고 있기 때문이다.

연속선상에서 당신의 위치

대부분의 사람들은 한 가지 행동유형을 고집하는 경향이 강하다. 그러나 항상 그런 건 아니다. 평상시 순종적이던 사람이 상대방과 상황에 따라 자기표현형이나 공격형으로 변할 수도 있다. 마찬가지로 평소에는 공격적이던 사람이 상황이나 상대에 따라 자기표현형이나 순종형 행동을 취하는 경우도 있다. 순종형이든 공격형이든 자신의 성향대로 행동할 때 가장 편안함을 느끼지만, 상황에 따라 다른 반응을 취하기도 한다는 뜻이다. 한편 어떤 사람들은 일관되게 순종적이다. 그들은 대부분의 상황에서 대부분의 사람들에게 순종적으로 대한다. 마찬가지로 어떤 사람들은 일관되게 공격적이다. 그들은 거의 모든 상황에서 거의 모든 사람들에게 공격적으로 행동하는 경향이 있다.

자, 이제 당신이 순종형, 자기표현형, 공격형 중 어디에 속하는지 잠깐 생각해보라. 어느 유형이 당신에게 가장 편안한가? 당신이 평소와 달리 의외의 행동을 취할 가능성이 많은 때는 언제 그리고 누구와 함께 있을 때인가? 이 질문에 답을 해야 이어지는 내용이 보다 흥미진진할 것이다.

세 가지 유형의 장점과 단점

순종형 행동, 자기표현형 행동, 공격형 행동은 모두 각각의 장점과 단점이 있다. 지금부터 이들 각각의 장점과 단점을 차례대로 알아보도록 하자.

순종형 행동의 장점

순종형 행동은 갈등을 피하는 방법이다. 그래서 많은 사람들이 선호한다.

탱고를 추기 위해 두 사람이 필요하듯 분쟁도 두 사람이 있어야 일어난다. 순종적인 사람들은 두렵기만 한 분쟁을 피하거나 미루거나 덮어두기 위해 순종이라는 방법을 사용한다.

사람들은 누구나 자신에게 익숙한 유형대로 행동할 때 편안함과 안정감을 느낀다. 순종적인 사람도 마찬가지다. 부모나 학교, 여러 사회기관에서도 대부분 순종적인 태도를 가르친다. 이렇게 굳어진 행동 유형을 깨려고 하면 그 과정에서 굉장한 스트레스를 받는다. 다른 사람들의 환심을 사기 위해 순종적인 태도를 취하는 경우도 많다. 순종적으로 행동하는 사람들은 흔히 이타적이고, 예의 바르고, 남을 배려한다는 칭찬을 듣는다.

순종형 인간은 자기표현형 인간이나 공격형 인간보다 책임감의 부담이 훨씬 적다. 일이 잘못 되어도 다른 사람이 하자는 대로 따라한 사람을 비난하는 경우는 거의 없기 때문이다. 친구와 함께 영화를 봤는데 그 영화가 아주 형편없었다고 치자. 순종적인 사람은 그 일에 대해 비난받을 일이 없다. "나는 아무거나 괜찮아. 네가 결정해."라고 했을 테니까 말이다.

순종형 인간은 때때로 너무 연약해 보이기 때문에 주위 사람들이 그를 돌봐주고 보호해주려 한다. 그래서 자기 힘으로 서 있을 필요가 없다. 그들은 세상일이 자신에게 벅차 보이게 해서 다른 사람이 자신을 돕도록 조장한다.

끝으로, 이런 성향의 사람들은 자신의 순종적인 행동을 이용하여 다른 사람을 조종하기도 한다. 프리츠 펄스에 의하면 공격적인 사람과 순종적인 사람이 지배권을 놓고 다투면, 역설적이게도 순종적인 사람이 이기는 경우가 많다고 한다. 남의 비위를 잘 맞추고, 걸핏하면 울고, 순교자인 척 행동하는 편이 공격형 인간처럼 힘을 앞세우는 것보다 효과적이라는 사실을 부정할 수 있는 사람은 별로 없다. 남자들이 이렇게 말하는 걸 여러 번 들은 기억이 난다. "여자의 눈물 앞에서는 어떻게 할 수가 없어."

순종적으로 행동하는 사람이 얻는 이득은 무엇이 있을까? 많다. 그는 갈등을 피하고 책임을 회피하면서도 다른 사람을 조종할 수 있다. 나약함 덕분에 자신이 조종하는 사람으로부터 오히려 보호를 받는다. 그는 자신에게 익숙한 행동 유형을 따르면서도 욕심이 없다는 칭찬을 받는다. 이러니 순종적인 행동을 포기하기 어려운 게 당연하지 않겠는가!

순종형 행동의 단점

순종적으로 행동하는 사람들은 성격이 좋다는 말을 자주 듣는다. 성격이 좋은 어린이들은 교실에서 여섯 시간 동안 얌전히 앉아 있고 말도 잘 듣는다. 성격이 좋은 어른들은 다른 사람이 하자는 대로 잘 따라준다. 그러나 성격 좋음의 대가는 혹독하다. 뒤에서 살펴보겠지만 성격 좋은 게 늘 좋지만은 않다. 그것은 불결한 집안 내부를 가리는 커튼에 불과하다.

성격 좋은 사람으로 보이게 하는 순종적인 행동의 대가에 대해 알아보자.

첫째, 본인의 생활이 무기력해진다. 순종형 인간은 자기 자신의 의지대로 살아가지 않는다. 다른 사람들을 따라갈 뿐이다. 그가 가는 길은 다른 사람이 선택한 길이다. 자기만의 만족스러운 삶을 만끽하도록 태어났으면서도 다른 사람의 욕망과 명령에 따라 살면서 인생을 허비한다.

둘째, 순종형 인간이 치르는 또 다른 대가는 자신의 바람보다 인간관계가 덜 만족스럽고 덜 친밀하다는 것이다. 모든 소중한 관계에는 진실한 두 사람이 필요하다. 그러나 순종적인 사람은 상대방이 좋아할 만한 사람이 되기 위해 자신을 억지로 그 틀에 끼워 맞춘다. 그에게는 사랑하고 사랑받을 만한 진정한 자아가 없다. 순종형 인간은 알고 지내는 사람이 많더라도 돈독하고 지속적인 우정을 키워나가는 친구는 거의 없다. 누군가가 순종적인 사람에 대해 애정을 느끼더라도 그 애정은 금방 식는다. 심리학자들에 따르면 누군가가 자신에게 계속 순종적으로 행동하면 그런 식의 관계를 지속하면서 죄책감을 느낀다고 한다. 이런 감정은 연민과 짜증을 불러일으키다가 마침내 순종적인 그 사람에게 염증을 느끼게 만든다. 순종적인 사람이 타인에 대해 느끼는 애정도 시간이 지남에 따라 시들해진다. 이것은 그가 자신의 분노를 억누르기 때문이기도 하다. 분노를 억누르면 자연히 애정도 억제된다. 뿐만 아니라 타인을 위해 지나치게 희생하거나 양보하면 그에게 적의가 생긴다. 조지 버나드 쇼가 말했다. "당신이 사랑하는 누군가를 위해 희생하기 시작하면 당신은 결국 그 사람을 증오하게 될 것이다." 무엇보다 안타까운 건 자아를 포기하고 다른 사람의 사랑을 받기 위해 살아가다가 결국 자신이 추구하는 관계를 만들 능력을 잃어버리는 일이다.

순종적인 행동의 세 번째 대가는 감정을 통제하는 능력을 상실한다는 것이다. 대부분의 사람들이 자신의 감정을 조절하기 위해 순종적인 행동을 선택한다는 점에서 볼 때 매우 역설적인 결과다. 순종적인 사람들은 부정적인 감정을 억누르는 경향이 있다. 그러나 앞에서 설명했듯이 감정을 억압하면 관계가 시들해질 수밖에 없다. 감정을 억누르면 애정도 자동적으로 억압되기 때문이다. 그러다가 억눌린 감정이 갑자기 폭발하거나 간접적인 방식으로 표현될 위험도 있다. 이렇게 되고 나면, 순종적인 사람들은 사기를 꺾는 전문가가 되어버린다. 도와준다는 명분으로 분야를 가리지 않고 약점을 잡는 데 몰두하기 때문이다. 그들은 교묘하게, 어쩌면 무의식적으로 다른 사람의 행복한 시간을 망치고 열정을 훼손하는 방해꾼이 된다. 냉소적인 말을 내뱉는가 하면 사람을 피하거나 소리 없이 관계를 청산하기도 한다. 이런 행동은 간접적이긴 하지만 두 사람을 갈라서게 하는 적대적이고 부정적인 태도다. 이렇게 위장된 형태로 표현하면 분노는 해소되지 않은 채 인간관계만 악화된다. 억압된 감정이 해소되지 않으면 그 감정이 계속 남아서 몸과 마음에 부정적인 영향을 준다. 순종적인 태도 때문에 편두통, 천식, 피부병, 궤양, 관절염, 만성 피로, 고혈압 같은 질병이 생기거나 악화되기도 한다. 한 연구에서는 암 환자들이 '분노와 증오와 질투를 억지로 참은 사람들'이라고 결론을 내리기도 했다.

순종은 필연적으로 우울감, 낮은 자존감, 심한 불안감 등의 심리적 문제들로 이어진다. 억압의 정도가 심한 사람은 강박증, 편집증, 무기력증, 불감증에 시달리다가 자살을 시도하기도 한다. 신경증, 정신이상, 죽음과 같은 극단적인 결과로 이어질 수도 있다. 물론 이 책을 읽는 독자들은 최악의 상태에 이를 정도로 극단적인 순종형은 아닐 것이다. 그러나 순종형 행동이 심해지면 의사소통이 왜곡되고 건강이 악화된다는 사실만큼은 명심하고 있어야 한다.

공격형 행동의 장점

공격형 인간은 다른 사람에게 피해를 끼치더라도 자신의 욕구를 충족시키려 하는 유형의 사람이다. 이 유형에 속하는 사람들의 비율이 꽤 높다. 이유가 뭘까? 공격성이 자신에게 부분적으로나마 이익이 되기 때문이다. 공격적 성향에 따르는 보상은 크게 세 가지다. 첫째, 자신이 원하는 물질적인 욕구를 만족시키고 그것을 지킬 가능성이 높다. 둘째, 자신과 자신의 영역을 보호할 수 있다. 셋째, 자신의 삶뿐만 아니라 타인의 삶도 상당한 정도로 통제할 수 있다.

공격적인 사람들은 원하는 것을 얻기 위해 노력하고 그것을 획득한다. 그래서 순종적인 사람들보다 세속적인 부를 누리는 확률이 높다. 그들은 항상 자신의 물질적인 필요를 충족시키려 하는데, 넉넉지 않게 살아가는 대부분의 사람들에게 그런 이득은 확실히 구미가 당기는 일이다.

공격적인 사람은 유순한 사람에 비해 자기 자신을 보호하는 능력이 뛰어난 것 같다. 수세기 동안 공격성은 육체적인 생존과 관련이 있었다. 공격적인 사람들은 투쟁하거나 경쟁하는 사회에서 상처를 덜 받는다. 찰스 다윈의 진화론을 대중화한 19세기 영국의 생물학자 토머스 헨리 헉슬리에 의하면 "동물의 세계에는 난폭한 싸움이 널리 퍼져 있기 때문에 가장 강하고 가장 날래고 가장 교활한 것들이 살아남는다."

오늘날과 같은 복지사회에서는 누구나 늙어 병들어 죽기까지 오래 살아남는 편이다. 반면 회사 간의 경쟁을 비롯하여 기업, 정부기관, 심지어 교회 같은 비영리적인 기관에서 지도자 자리를 두고 벌이는 경쟁에서는 공격적인 사람이 비교적 높은 지위를 차지하고 살아남는 경향이 있다. 적어도 한동안은 말이다. 또한 공격성으로 얻는 보상은 순종으로 얻는 보상보다 더 매혹적이다.

공격적인 사람은 대체로 통제력이 강한 편이다. 그는 카리스마나 권력을 휘둘러 다른 사람들을 지배한다. 다른 사람들이 자신의 명령에 따르도록 만들기 때문에 모든 일이 그의 방식대로 진행된다. 공격적인 사람들은 이 같은 방식으로 자신의 운명을 능동적으로 만들어가며, 그런 이유로 통제력의 가치를 중요시한다.

공격형 행동의 단점

공격성에 내재된 부정적 효과는 셀 수 없이 많다. 두려움, 반격의 유발, 통제력 상실, 죄책감, 인간성 상실, 사람들로부터의 소외, 건강 악화, 공격적인 사람들마저 편안하고 안전하게 살 수 없는 위험한 사회로의 변화 등이 그것이다.

그 중 첫 번째로 공포감의 심화를 들 수 있다. 많은 사람들은 강하기 때문이 아니라 자신이 나약하다고 느끼기 때문에 공격적으로 행동한다. 그들의 공격적인 행동은 결국 그들 자신을 적대적인 타인의 공격에 노출시킴으로써 스스로 두려움에 떨게 만든다.

미국의 전 대통령 리처드 닉슨과 그의 최 측근 고문은 자주 공격적인 언행을 보였다. 워터게이트 사건의 뿌리는 권력에 대한 의지보다 그것이 언젠가 손아귀를 빠져나갈 거라는 두려움이었다. 당시 백악관 특별보좌관이었던 찰스 콜슨은 이렇게 회고했다. "워터게이트 사건이 알려진 뒤, 사람들은 대통령 주변의 인물들이 모두 권력의식에 도취되어 있었을 거라는 편견을 가지게 되었다. 그러나 그건 완전히 오해다. 우리를 둘러싼 건 불안감이었다. 그런 불안감이 과대망상을 낳았고, 우리를 공격하는 사람들이나 수많은 비슷한 사안에 대해 과잉반응을 하게 만들었다."

공격형 행동의 두 번째 부정적 효과는 첫 번째 효과와 관련되어 있다. 공격은 저항을 낳고 스스로를 파멸에 이르게 한다. "머리에 왕관을 쓰고는 편히 눕지 못한다."라는 명언은 공격적인 사람들에게 딱 들어맞는 말이다. 우리는 의사소통 기법훈련에 참가하는 사람들에게 권위적인(공격적인) 태도를 보이는 사람들에게 어떻게 대응하는지 자주 물어보는데, 그들이 쓰는 방법은 저항, 비난하기, 무시, 방해, 반격, 동맹 맺기, 거짓말하기, 대화 회피 등이었다.

오래 전부터 현인들은 '공격적인 성향은 그 공격자의 파멸을 초래한다'고 충고해 왔다. 구약 에스더서에는 호전적인 페르시아 아첨꾼 하만의 이야기가 실려 있다. 언제부턴가 하만의 가장 큰 목표는 모르드게를 죽이는 것이었는데, 모르드게의 유일한 죄는 하만에게 충분한 예를 갖추지 않았다는 것뿐이었다. 하만은 불쾌한 마음에 모르드게를 처형할 커다란 교수대를 만들라고 명령했다. 그러나 결국 사람들은 하만이 모르드게를 죽이려고 만든 교수대에 하만을 매달았다.

공격적인 행동의 세 번째 부작용은 그런 행동이 통제력 상실로 이어질 우려가 높다는 것이다. 공격적인 행동이 자신의 인생과 다른 사람의 인생을 통제하려는 수단이라는 점을 생각할 때, 이는 순종적 행동과 마찬가지로 역설적인 측면이 있다. 순종적인 사람이 교묘한 방법으로 공격적인 사람을 이길 가능성이 많다는 점을 앞에서 언급했다. 그러나 타인의 삶을 통제하는 일은 자신의 자유를 제한하는 일이기도 하다. 이는 공격적인 사람 역시 마찬가지다. 공격성을 이용해 누군가를 조종하려면 그 사람을 관리하기 위해 자신의 시간과 에너지를 써야 하기 때문이다. 이것은 스스로 짊어진 일종의 노역이다. 다른 사람을 너무 과도하게 통제하는 일은 다른 사람의 손아귀에 휘둘리는 일 못지않게 불행한 일이다. 16세기에 프랜시스 베이컨은 이런 역설을 다음과 같이 표현했다. "권력을 얻고 자유를 잃으려는 것은 이상한 욕망이다."

네 번째, 공격적인 사람이 권력을 남용함으로써 얻게 되는 죄책감도 공격성에서 발생하는 또 하나의 불쾌한 소득이다. 공격적인 사람이 다른 사람의 곤경에 대해 느끼는 연민이 보통 사람들보다 무딜 수는 있다. 그러나 그런 사람들 역시 지배당하는 사람들을 보면서 아무 죄책감을 느끼지 못할 정도로 양심이나 동정심이 없는 건 아니다.

다섯 번째, 공격하는 행위는 그 사람 자신을 비인간적으로 만든다. 사람들은 보통 '사람을 사랑하고 물건을 이용'한다. 그러나 공격적인 사람들은 '물건을 사랑하고 사람을 이용'한다. 다른 사람을 이용하는 행위는 인간을 물건으로 취급하고 수단화하는 행위다. 조지 바흐와 로널드 도이치는 이렇게 말했다. "다른 사람을 수단화하는 일은 자신도 수단화하는 일이다." 공격하는 사람의 인간성은 공격적인 행동을 할 때마다 훼손된다. 다른 사람의 인격에 폭력을 가할 때, 그 자신의 인격도 타락하기 때문이다.

공격성의 여섯 번째 결과는 다른 사람들로부터의 소외다. 공격적인 사람들은 스스로 이중의 속박을 만든다. 그들은 자신이 지배하는 사람을 존중하지 않고 평등한 관계를 두려워한다. 18세기 프러시아의 군주였던 프리드리히 대제가 이 점을 잘 보여준다. 그는 부하들에게 복종을 강요했지만 죽음에 임박해서 이렇게 말했다. "노예들을 다스리는 데 지쳤다." 가부장적인 남편, 권위적인 부모, 억압적인 교사, 공격적인 관리자들은 프리드리히 대제처럼 자신의 권위 아래서 고분고분한 사람들과 함께 지내는 일이 얼마나 지겹고 힘 빠지는 노동인지를 깨닫게 된다.

일곱 번째, 공격은 관계의 다른 끝에 있는 사랑을 서서히 잠식한다. 그의 지배를 받는 사람은 결국 그와 멀어진다. 다른 공격자들처럼 아돌프 히틀러도 외로운 사람이었다. 수백만 명이 권력의 절정에 있는 그에게 갈채를 보냈지만, 히틀러는 자신이 영원히 외로운 운명이라는 사실을 알고 있었다. 히틀러의 가장 친한 사람 중 하나였던 알베르트 슈피어에 따르면, 히틀러는 자신이 권좌에서 물러나면 금세 잊힐 거라고 생각했다. 슈피어는 히틀러의 말을 이렇게 요약했다.

'사람들은 일단 그 사람이 권력을 장악했다는 사실이 확실해지면 즉시 그를 환영하고 그의 반역을 용서할 것이다.' 자기연민으로 점철된 이런 생각을 곱씹으며 그가 말했다. "내 측근들은 가끔 나를 찾아올지도 모르지. 그러나 장담할 수는 없어. 그러니 브라운 말고는 아무도 데려가지 않을 생각이네. 브라운하고 내 개만 데려갈 거라네. 나는 외롭게 지내게 될 거야. 누가 잠시라도 나와 함께 있고 싶겠나? 내가 누군지 알아보지도 못할 텐데. 모두들 내가 물러난 뒤에는 권력을 쥔 사람을 열심히 따르겠지. 아마 1년에 한번쯤 내 생일에는 나타날지도 모르지만."

공격적인 사람이 모두 히틀러처럼 엄청난 악행을 저지르는 건 아니다. 선의를 위해 공격적으로 행동하는 사람도 있다. 그러나 그들은 인간관계에서 너무나 혹독한 대가를 치른다. 그래서 이런 말이 있는 게 아닌가 싶다. "개혁은 사랑하지만 개혁가는 싫다."

공격성은 건강에도 치명적인 해를 끼친다. 현대의 가장 치명적인 질병 중 하나인 관상동맥 혈전증은 공격적인 사람이 가장 많이 걸린다고 한다.

공격적인 행동이 초래하는 또 다른 부정적 결과는 그것이 모든 사람들이 불안해하는 사회를 만든다는 점이다. 사회 전반에 공격성이 증가하면서 그동안 별 생각 없이 즐겼던 단순한 즐거움들-해질녘의 공원 산책, 휴가를 떠나면서 소지품을 여러 사람이 이용하는 곳이나 빈집에 잠시 두고 떠날 수 있는 자유로움, 할로윈데이 때에 과자를 얻어먹는 즐거움-이 점점 위험한 일이 되고 있다. 이런 일들이 일상생활에서 경험하는 인간적인 즐거움이었는데, 이제는 안전을 철저히 대비해두지 않고서는 만끽할 수 없게 되어버렸다. 이처럼 공격적 행동은 불신과 두려움을 증폭시켜 공격형 인간이나 순종형 인간, 자기표현형 인간 모두의 즐거움과 자유를 방해한다.

전쟁은 우리가 직면하고 있는 가장 무서운 문제다. 오늘날 원자폭탄, 화학무기, 세균을 이용한 전쟁의 무시무시한 공포가 지구 위에 존재하는 모든 생명체의 생존을 위협하고 있다. 이처럼 심각한 문제들에 직면해 있는 상황에서 인간의 공격성에 대응하는 법을 배우지 않는다면, 우리는 그 문제들을 풀기도 전에 공멸하게 될 것이다.

자기표현형 행동의 장점

자기표현형 인간이 얻을 수 있는 가장 큰 장점은 스스로를 좋아하게 된다는 점이다. 그들은 순종적인 사람이나 공격적인 사람보다 자기 자신에 대해 훨씬 좋은 감정을 느낀다. 자기표현이 자존감을 높여주는 유일한 요소는 아니겠지만, "자신을 표현할 수 있는 정도가 자존감의 정도를 결정한다."는 심리치료사 헤르베르트 펜슈테르하임의 주장은 의미심장하다.

자기표현의 두 번째 장점은 완전한 관계를 형성하는 데 도움을 준다는 점이다. 자기표현은 상대방에게 긍정적인 에너지를 내보낸다. 자기표현형 인간은 자의식과 불안에 시달릴 필요가 없고 자기를 방어하거나 통제할 필요도 없기 때문에 다른 사람들을 좀 더 편하게 받아들일 수 있다. 자기표현을 하는 사람은 자신의 성향대로 자연스럽고 편하게 행동하며, 다른 사람들도 그 사람과 함께 있는 것을 편안하게 느낀다. 풍요롭고 건전하고 친근한 관계는 자기표현형 인간 두 명이 만났을 때 형성된다. 친근감은 자신의 숨겨진 포부와 희망, 두려움, 불안, 죄의식을 언제든 말할 수 있는 사람에게서 느끼는 감정이다. 그러한 감정을 드러내는 행동이 자기표현형 행동이다. 그러나 친근감과 관련하여 흔하게 간과되는 중요한 요소가 있다. 하워드 클라인벨과 샬롯 클라인벨이 《친근한 결혼생활The Intimate Marriage》에서 주장한 내용이기도 한데, 친근함이란 '관계 안에서 서로의 욕구가 충족되는 상태'다. 건강한 욕구충족은 양자가 모두 자기표현형 인간이어야만 가능하기 때문에 바람직한 부부관계, 친구관계, 부모자식관계는 관계의 당사자들이 서로 자기표현형 생활을 할 때 얻을 수 있는 열매다.

자기표현형 행동은 두려움과 불안도 크게 감소시킨다. 자기표현형 반응을 배우면 특정 상황에서 경험했던 불안과 긴장을 현격하게 약화시킬 수 있다는 연구결과도 있었다. 자기표현이 익숙해짐에 따라 자신의 욕구를 충족시킬 수 있고, 자신을 지킬 수 있고, 상처받거나 통제받을지 모른다는 두려움 없이 다른 사람을 대할 수 있게 된다.

자기표현형 행동의 커다란 장점 중 하나는 자기 자신의 삶을 살게 된다는 점이다. 자신이 원하는 바를 다른 사람에게 알리고, 그로 인해 다른 사람들이 자신의 권리와 욕구를 존중하게 만들면, 인생에서 원하는 것을 얻게 될 기회가 급격하게 늘어난다. 우리는 자기표현을 결과지향적인 태도라고 가르친다. 다른 사람들을 관찰한 결과와 내 개인적인 체험을 돌이켜볼 때, 욕구를 충족시키기 위해 필요한 것은 순종적인 행동이나 공격적인 행동이 아닌 일관된 자기표현이다. 자기표현만으로 목적을 항상 달성할 수 있는 건 아니지만, 나는 자신의 영역을 지키고 욕구를 충족시키는 가장 적절하고 효과적이며 건설적인 방법이 자기표현형 행동이라는 사실을 의심하지 않는다.

자기표현을 통해 목적을 달성하지 못했다 하더라도 그 방법이 인간관계를 위한 가장 훌륭한 방식이라는 사실에는 변함이 없다. 존 러스킨의 말처럼 "비열한 승리보다는 영광스런 패배가 낫다."

자기표현형 행동의 단점

자기표현형 행동에는 많은 장점이 있다. 그러나 그로 인해 치러야 하는 대가도 있다. 그 대가는 삶에서의 혼란, 애정을 담아 정직하게 한 말 때문에 겪어야 하는 곤란함, (순종적인 행동이나 공격적인 행동을 가진 사람이) 자신의 습관화된 행동을 바꿀 때 감당해야 하는 힘겨운 투쟁 같은 것들이다.

순종적인 사람들은 자기표현형 행동으로 인해 일어나는 불미스런 일의 횟수와 정도, 확률을 지나치게 크게 생각하는 경향이 있다. 물론 부정적인 결과가 일어날 수 있다. 업무와 관련하여 건설적인 방향으로 자기표현을 한 사람이 그 일 때문에 해고를 당할 수도 있다. 극단적인 경우에는 가족 사이가 멀어질 수도 있고 이혼을 하게 될 수도 있다. 그러나 자기표현을 제대로 한다면 그런 불행한 일이 일어날 확률은 거의 없다. 오히려 자기표현이 익숙해짐에 따라 인간관계가 발전하고 다른 사람들에게 이전보다 분명한 인상을 남기게 되기 때문에 사회에서 성공할 가능성이 높아진다. 그러나 아무리 자기표현을 잘한다 해도 혼란이 일어날 가능성은 여전히 남아 있다.

자기표현의 또 다른 대가는 진정한 자아를 찾는 일이 때로는 고통스러운 체험이라는 사실과 관련이 있다. 인간관계에서 진실은 기쁨과 친밀함을 만들기도 하지만 갈등의 요인이 되기도 한다. 자기표현을 한다는 것은 평등하고 진지한 관계가 되기 위해 의견차이의 위험을 기꺼이 감수하겠다는 뜻이다. 위험을 감수하며 자기표현을 하다 보면 중요한 관계에서 비난받을 가능성이 높아질 수 있다. 그러나 그러한 위험을 감수하지 않는다면 서로를 진심으로 생각하는 관계를 이어나가기도 어렵다. 아무리 그렇더라도 비난받을 각오를 하고 자기표현을 하다보면 상처를 받는 일이 생길 수밖에 없다. 상대가 아무리 가까운 친구하고 해도 말이다.

자기표현 훈련을 하다 보면 자신의 근본적인 가치관을 재검토하게 된다. 다른 사람과 충돌하는 가치관을 새로운 시각으로 바라보며 그것을 이해하려고 노력하게 된다. '어떤 대가를 치르더라도 평화가 좋다'는 가치관을 갖고 있던 사람이 자기표현 훈련을 하면서 '그런 마음가짐이 양 당사자에게 큰 피해를 줄 수 있다'는 사실을 알고 나면, 그때부터 그는 가치관을 새로 정립해야 하는 어려운 과제에 맞닥뜨리게 된다. 어린 시절부터 몸에 밴 가치관을 재검토한다는 건 누구에게나 무척 두렵고 힘든 일이다.

자기표현형 행동의 가장 큰 대가는 순종이나 공격에 지나치게 의존했던 습관을 버리고 혁신적이고 효과적인 관계 맺기를 위해 의지력을 발휘해야 한다는 점이다. 나쁜 습관들을 고치기 위해서는 힘든 싸움을 벌이며 악전고투해야 한다. 자기 스스로 사고나 행동의 변화가 필요하다고 깊이 느낀다 해도, 뿌리 깊은 습관을 바꾸는 일은 무척 힘들 수밖에 없다.

자기표현 훈련의 가장 큰 강점은 이러한 부정적인 면을 모두 해결해준다는 점이다. 자기표현을 했을 때 어떤 결과가 나오는지 현실적으로 판단할 수 있게 해주고, 가치관의 문제를 색다르고 유용한 시각으로 보게 해준다. 또한 학습이론과 다양한 자료들을 토대로 행동 방식과 대화 방식을 발전시키면서 나쁜 습관에서 탈피하도록 도와준다.

스스로 선택하라

자기표현 훈련의 가장 중요한 목표는 자신의 삶을 스스로 책임질 수 있도록 만드는 것이다. 이 훈련은 틀에 박힌 사고방식을 뜯어고치고 습관적인 행동이나 충동적인 행동에서 벗어나게 해준다.

살아온 환경의 영향 때문에 무의식적으로 순종적인 행동을 하는 사람이 있다. 마찬가지 이유로 공격적인 행동을 하는 사람도 있다. 그러나 어떤 특정한 상황에서는 대부분의 사람들이 공격적으로 또는 순종적으로 행동하기도 한다. 자기표현 훈련의 진정한 목표는 사람들이 상황에 맞는 적절한 행동을 선택할 수 있도록 돕는 것이지, 모든 상황에서 자기표현을 앞세우게 만드는 것은 아니다.

헨리 에머슨 포스딕이 쓴 글 중에 다음과 같은 내용이 있다. "순종은 … 인간에게서 뗄 수 없는 구성요소다. 그래서 선이건 악이건 모두 순종을 통해 행한다." 모든 사람의 삶에서 순종적인 태도가 가장 적당한 때가 있다. 반대로 공격적인 태도가 가장 적당한 때도 있다. 그런 상황을 감안하지 않고 무리하게 자기표현을 하도록 만드는 것이 이 책의 목적은 아니다.

지는 게 현명할 때가 있는가 하면 자신의 권리를 지키기 위해 공격적으로 행동하는 게 옳을 때도 있다. 상황에 따라서는 내 것만을 주장해야 하는 경우도 있다. 순종적인 행동이 좋을 때도 있고 공격적인 행동이 좋을 때도 있다. 그럼에도 불구하고 분명한 것은 대부분의 경우 자기표현형 행동이 가장 바람직하다는 점이다.

정리

━━━

 듣기와 자기표현은 의사소통의 양과 음, 즉 인간관계에서 서로 반대되면서 상호 보완적이고 의존적인 두 가지 구성요소다. 듣기 능력을 발전시키는 기법이 있듯이 자기표현을 발전시키는 기법도 있다.

 모든 사람에게는 타인으로부터 지켜야 할 자신만의 영역이 있다. 반대로 사람들은 누구나 다른 사람과 세상에 대해 영향을 미치고 싶어 하는 욕구가 있다. 자기표현 훈련은 자신만의 영역을 지키면서 다른 사람에게 영향을 줄 수 있는 발전적인 방법이다.

 자기표현형 행동을 이해하기 위해서는 순종적인 행동이나 공격적인 행동과의 차이점을 알아야 한다. 타인과 관계를 맺는 이 세 가지 방식에는 각각의 장단점이 있다. 자기표현 훈련의 목표는 자신의 인생을 스스로 책임질 수 있도록 만드는 것이다. 자기표현 훈련은 반복되는 잘못된 행동이나 틀에 박힌 행동에서 탈피하여 자신이 처한 상황에 올바로 대응하도록 도와준다. 다음 장에서는 효과적으로 자기표현을 하는 방법에 대해 알아보도록 하자.

Chapter 9
생각을 어떻게
표현할 것인가

다른 사람들이 당신을 귀찮게 한다면, 그것은 당신이 그 사람들을
그렇게 하도록 내버려두었기 때문이다.

– 데이비드 시버리, 심리학자

당신에게는 당신만의 사적인 영역을 지킬 권리가 있다. 이 장에서는 그 영역을 지키는 방법에 대해 설명한다. 대부분의 동물들이 자신의 영역과 생명을 지키기 위해 사용하는 방법은 싸우거나 도망치는 것이다. 오직 인간만이 그들과 달리 언어를 사용해 상대방과 맞선다. 언어로 맞서는 방법 중에서도 가장 효과적인 방법이 자기표현인데, 자기표현을 제대로 하려면 상대방에게 메시지를 보낼 때 다음 3가지 요소를 포함시켜야 한다.

    −상대방의 잘못된 행동을 비난하지 않고 묘사하기
    −자신의 기분을 표현하기
    −상대방의 행동이 미치는 영향을 분명하게 설명하기

자기표현을 학습하는 사람은 이러한 메시지를 구성하는 과정에서 자신에 대해 많은 것을 배우게 되며, 덤으로 자기 자신을 들여다보는 자아탐색 여행까지도 경험하게 된다.

말을 이용한 자기표현

지구상의 모든 생명체는 외부의 침략과 공격으로부터 자신의 영역과 생명을 지켜야 하는 숙제를 안고 있다. 그리고 모든 생명체는 이 숙제를 해결하고 자신을 지키는 방법을 선대로부터 물려받는다.

싸움과 도망은 인간 이외의 다른 종들, 특히 척추동물이 가장 흔히 쓰는 방법이다. 이 방법은 하등동물들의 몸속에 사전에 입력되어 있는, 생존을 위해 중요하고 필수적인 행동이다. 인간 역시 때때로 이 방법을 쓴다. 그러나 다른 종들과 달리 인간에게는 자신만의 영역을 지키는 제3의 대안이 있다. 다른 종들과 인간을 구분 짓는 가장 중요한 이 특징은 진화하면서 생긴 획기적인 '언어 능력'과 문제해결 능력이 있는 '두뇌'다.

마누엘 스미스 박사에 의하면, 진화과정에서 언어를 도입하지 않은 유인원들은 약 100만 년 전에 도태되었고, 언어 능력과 문제해결 능력을 발달시킨 인간의 선조는 살아남았다. 사람들은 자신만의 사적인 영역을 침해받을 때, 언어를 사용해 의사를 전달함으로써 문제를 해결한다. 이런 능력은 이미 사라졌거나 멸종위기에 있거나 인간의 지배를 받는 다른 종에게서는 찾아볼 수 없는 인간만의 독특하고 중요한 생존전략이다.

초기 인류로부터 전해져 내려온 싸움과 도망 전략은 굳이 분류하자면 공격과 순종에 해당한다. 오늘날에도 가끔 이런 방법을 써야할 때가 있지만, 항상 옳다고는 말할 수 없다. 그 방식을 무조건 회피하는 것도 과도하게 사용하는 것도 옳지 않다는 뜻이다. 스미스 박사는 이렇게 주장한다.

내가 치료하는 환자들은 자기 기분에 따라 다른 사람들에게 자주 화를 내고 공격적인 태도를 보인다. 그들은 늘 두려움에 사로잡혀 있으며, 다른 사람 앞에서 움츠러들고, 언쟁에서 항상 지고, 기가 죽은 채 우울하게 지낸다. 정신과 상담을 받는 대부분의 사람들은 여러 가지 형태의 싸움이나 도망에 지나치게 의지하는 습관 때문에 도움이 필요한 사람들이다.

지구상의 모든 동물은 생존을 위해 싸우거나 도망치는 능력을 물려받았다. 그 방법에 얽매이지 않는 유일한 동물이 인간이다. 인간만이 상대방과 이해관계가 어긋날 때 대화로 문제를 해결할 수 있다.

이 제3의 대안을 활용할 때는 정확하고 효과적으로 사용해야 한다. 이 점이 가장 어렵고 중요하다. 자기표현은 외과수술처럼 정확해야 한다. 경솔하게 말해서도 두서없이 횡설수설해서도 안 된다. 의사소통 교육프로그램에 참가했던 어느 학생의 말처럼 "불평할 수는 있다. 그러나 제대로 전달해야 한다."

평상시에도 자기 의사를 정확하게 표현하기 어려울 때가 종종 있다. 하지만 자기표현을 해야 하는 상황은 대체로 화가 나거나 절망스럽거나 걱정거리가 있을 때 찾아오는데, 그런 감정적인 압박을 받는 상황에서 자신의 의사를 정확하고 간결하게 전달하기는 평상시보다 훨씬 더 어렵다. 자기표현이 필요한 순간은 사람들이 이런 식으로 표현하는 순간들이다. "그 녀석이 그런 행동을 한다면 저는 곧바로 폭발할 겁니다. 제 성질을 건드리면 이성을 잃거든요." "뭔가 불길한 일이 생길 것 같으면 아무 것도 할 수가 없어요. 그래서 제 안으로 들어가 웅크린 채 침묵하며 견디죠."

자신만의 영역을 침해당하면 언어능력이 평소보다 떨어진다. 스트레스를 받으면 생체리듬을 관할하는 뇌의 영역이 사고를 관할하는 뇌의 기능을 집중적으로 방해하기 때문이다. 불쾌한 감정이 지속되는 동안 다량의 피가 뇌에서 빠져나가 골격근으로 몰리는데, 그 결과로 언어와 문제해결을 관장하는 뇌의 활동이 위축된다.

그러나 정확하게 말하는 건 어렵긴 해도 불가능한 일은 아니다. 겁에 잔뜩 질려 있거나 불같이 화를 내는 동안에도 조종당하지 않고 스스로 자신의 행동을 선택할 수 있다. 이 때 사용하는 말도 상대방에게 영향을 받아서 튀어나오는 것이 아니라 자기 스스로 선택할 수 있다.

자기표현 메시지의 3가지 필수 요소

누군가가 자신만의 영역을 침범하려고 하면 그 사람을 거기에서 몰아내야 한다. 그러기 위해서는 영역을 침범하는 그 행동을 바꿀 수 있는 자기표현 메시지를 내보내야 한다. 어떤 사람들은 타인을 고치려는 행동이 윤리적으로 옳지 않다고 주장한다. 나도 원칙적으로는 그 말에 동의한다. 다른 사람의 삶을 결정하고 통제하려는 행동이 사람들 사이에 문제가 생기는 가장 큰 원인이기 때문이다. 그러나 우리가 원하는 건 자신의 영역에 침입한 사람에 대한 통제가 아니라 그가 행한 잘못된 행동의 변화다. 이 문제는 자기표현 학습을 시작하는 시점에서 아주 중요하게 다루어야 한다. 어떤 사람이 내 영역을 침해했을 때, 그 행동을 고치고 그 사람이 내 영역을 존중하게 만드는 일은 나를 위해서나 그 사람을 위해서나 이 사회를 위해서 아주 중요한 일이다. 게다가 자신을 지키기 위해 효과적이고 인간적인 방법을 쓰는 일은 속임수도 아니고 타인을 지배하는 행위도 아니다.

효과적인 자기표현의 특징은 상대방을 지배하지 않되 자신의 의사는 확고하게 표현한다는 점이다. 효과적으로 자기표현을 하면 침입자의 영역을 침해하지 않으면서 자신만의 영역을 적극적으로 지킬 수 있다. 상대방의 영역을 침해하지 않으려면 그를 강제하지 않아야 하기 때문에, 내 영역에서 물러나는 일은 전적으로 상대방의 일이다. 그러나 효과적인 자기표현 메시지를 받은 사람은 보통 자신의 자존심을 지키면서 나의 요구를 충족시킬 만한 해결책을 찾아낸다. 자신만의 영역을 침해하는 사람의 행동을 바꾸려면 다음과 같은 조건이 충족되어야 한다.

1. 문제가 되는 그 행동을 상대방이 고칠 가능성이 높아야 한다. 즉, 그 방법이 내 영역을 지키는 데 효과가 있어야 한다.
2. 내가 상대방 영역을 침해하지 않아야 한다.
3. 상대방의 자존심을 해칠 가능성이 거의 없어야 한다. 내 발언에 대한 상대방의 반응은 내가 통제할 수 없기 때문에 상대방을 비난하거나 무시하는 말, 모욕적인 말을 사용하지 않도록 연습해야 한다.
4. 두 사람의 관계가 훼손될 가능성이 낮아야 한다. 물론 깨지기 쉬운 관계였다면 아무리 조심스럽게 자기표현을 해도 그 말이 관계를 끊는 결정타가 될 수 있다. 만약 그런 관계라면 순종이 자기표현보다 훨씬 더 위험하다. 건강한 관계라면 효과적인 자기표현이 두 사람을 더욱 돈독하게 해 줄 것이다.
5. 상대방의 의욕을 꺾을 위험이 거의 없어야 한다.
6. 상대방의 방어가 과도하여 관계가 악화될 우려는 없는지 살펴야 한다. 자기표현 메시지가 상대방에게 지나친 방어심리를 일으키지 않도록 주의해야 한다. 상대방이 나보다 더 큰 스트레스를 받고 있을 때는 방어심리를 누그러뜨리는 방법부터 찾아야 한다.

229쪽에서 제시한 3가지 요소가 포함된 자기표현 메시지는 위의 조건을 만족시킨다. 그런 메시지는 상대방의 어떤 행동이 감정을 상하게 하는지, 그 행동이 당신에게 어떤 영향을 주는지, 그 결과에 대해 당신이 어떤 기분을 느끼는지를 설명한다. 자기표현이 성공하기 위해서는 메시지의 각 요소들을 신중하게 구성해야 할 필요가 있는데, 초심자들은 다음의 공식을 이용하면 좀 더 효과적인 메시지를 내보낼 수 있다.

"당신이 ~하게 행동하니까(비난을 담지 않은 행위 그 자체), 그 결과 ~해서 (당신에게 끼친 구체적인 영향), 제 기분이 ~합니다."

이 공식은 하고 싶은 말을 세 부분으로 나누어 한 문장에 모두 담되 최대한 간결하게 표현하는 방법이다. 예를 들어보자. 어느 가정의 남매가 간식을 만들어 먹고 나서 매번 부엌을 치우지 않았다. 그러자 어머니가 메시지를 보냈다.

행동 너희들이 간식을 만들어 먹고 부엌을 치우지 않으니까

결과 내가 할 일이 늘어나서

기분 기분이 아주 언짢구나.

문제를 해결하는 효과적인 방법

3가지 요소가 담긴 자기표현 메시지를 가르칠 때, 우리는 참가자들이 각자 이전에 문제 상황을 다루던 방식과 자기표현 기법을 배우고 나서 대응할 방식을 비교해 보게 한다. 대부분의 참가자들은 이 기법을 배우기 전에는 상대방에게 창피를 주고 비난하거나 의사소통 방해요소를 사용했다고 응답했다. 토마스 고든 박사의 통계도 비슷하다. "우리 교육생 100명 중 99명은 자녀의 행동이 거슬릴 때 효과적이지 않은 의사소통 방식을 사용하고 있었습니다."

다음은 브랜다 저드슨의 경험담이다. 그녀는 5분 뒤에 아이의 학교버스가 도착하고 7분 뒤에는 회사로 출발해야 했다. 그 때, 아홉살 된 아들 브래드가 자기 신발이 안 보인다고 투덜댔다. 그때 브랜다가 말했다. "왜 이렇게 엄마를 못 살게 구니? 네가 간수만 제대로 했어도 찾을 수 있잖아. 네 방이 저렇게 엉

망인데 엄마가 어떻게 찾겠니? 당장 찾아내지 않으면 혼날 줄 알아."

브랜다는 당시의 일을 회상하면서 이렇게 말했다. "그 상황에서 저는 훈계, 판단, 위협이라는 의사소통 방해요소를 사용했어요. 그러는 동안 시간만 허비했고 우리 두 사람의 욕구도 충족되지 않았어요. 결국 아들과 승강이하느라 신발도 제 시간에 못 찾고 문제만 하나 더 만들었지 뭐예요. 아들이 학교버스를 놓쳐버렸거든요. 저는 마음이 더 급해졌어요. 브래드는 시무룩한 얼굴로 학교에 갔고, 저는 그 일로 온종일 기분이 엉망이었어요."

브랜다는 수업에서 배운 기법을 토대로, 그날 브래드와 어떻게 대화해야 했는지를 설명했다. "먼저 저는 아들을 야단치지 않아야 했습니다. 우리 둘 다 시간이 없었으니까요. 이런 식으로 이야기하는 게 옳았겠죠. '넌 네 방을 찾아봐라. 나는 아래층을 찾아볼 테니.' 그리고 아이가 학교에서 돌아온 뒤에 '브래드, 오늘 아침 일로 너하고 이야기를 좀 하고 싶구나. 네가 아침에 신발을 찾고 있으면 엄마가 회사에 늦기 않으려고 허겁지겁 서둘러야 하기 때문에 몹시 화가 난단다.'라고 이야기해야겠지요." 며칠이 지나지 않아서 똑같은 일이 벌어졌는데, 그때 브랜다는 수업시간에 자신이 세운 계획대로 실천했다. 나중에 브랜다를 다시 만났을 때, 그녀가 이후의 결과를 들려주었다. "효과 만점이었어요. 그 전에는 신발을 못 찾고 허둥대는 상황이 일주일에 한 번꼴로 벌어졌었는데, 그 후로 아홉 달 동안 한 번밖에 일어나지 않았거든요."

자기표현 메시지 작성하기

자기표현 메시지에 들어가야 할 3가지 요소를 기억하는 일은 얼핏 '식은 죽 먹기'처럼 보인다. 그러나 실제로 해보면 익숙해지기까지 상당한 시간이 필요한 일이라는 사실을 실감하게 된다. 지금부터 각 요소를 좀 더 자세히 살펴보자.

상대방의 잘못된 행동을 비난하지 않고 묘사하기

누군가가 당신만의 영역을 침해한다면 당신은 고쳐야 할 상대방의 행동을 정확하고 객관적으로 묘사해야 한다. 그러지 않으면 상대방은 자신의 어떤 행동이 당신의 기분을 상하게 하는지 정확히 알지 못할 수도 있다.

타인의 영역을 침해한 사람이 자신의 어떤 행동이 잘못되었는지 모를 수도 있다는 데에 많은 사람들이 어이없어하면서 말한다. "말도 안 돼요. 그 사람은 자기 행동이 저를 괴롭힌다는 걸 알고 있어요. 그냥 고칠 생각이 없는 것뿐이에요." 물론 때로는 타인의 영역을 침해하는 사람이 다른 사람에게 불쾌감을 준다는 사실을 잘 알고 있을 수도 있다. 그런 경우라 해도 자기표현 메시지를 정확하게 묘사하면 또 다시 그런 행동을 반복하지 않도록 해줄 것이다. 그러나 침입자 자신이 스스로 남의 영역을 침해한다는 사실을 알고 있다고 확신했던 사람들이 자기표현 메시지를 보내고 나서 자신이 오해하고 있었다고 깨닫는 경우가 많다. 그들은 남의 영역을 침해하고 스트레스를 준 장본인이 그런 사실을 전혀 모르고 있었다는 사실에 깜짝 놀란다. 그러면서 그들이 이렇게 말했다고 전했다. "그랬군요. 저는 그게 당신을 언짢게 하는 줄 몰랐어요." "생각해보니 전에도 당신이 이 일에 관해 이야기하려고 했던 것 같네요. 어쨌든 이제 확실히 알았어요."

사적인 영역을 지키려면 상대방의 어떤 행동이 당신의 사적인 영역을 침해하는지 설명해야 하는데, 이 설명을 정확하게 하는 사람은 흔치 않다. 이럴 때 다음과 같은 지침이 도움이 될 수 있다.

첫째, 애매하게 말하지 말고 상대방의 행동을 구체적으로 묘사하라. 자기표현 메시지를 보냈지만 그 메시지가 부정확할 수 있다. 언어란 구체적이지 않고 두루뭉술한 경우가 많아서 상대방이 당신의 말을 정확히 이해하지 못할 수 있다. 자기표현 메시지가 상대방의 행동을 정확하게 묘사하지 않을 경우, 목적을 달성하기가 어렵다.

아래의 세 가지 예에서, 왼쪽처럼 이야기하면 듣는 사람이 자신의 어떤 행동을 고쳐야 하는지 정확하게 알 수 있다. 그러나 오른쪽의 경우에는 말하는 사람의 머릿속에는 구체적인 행동이 들어있을지 몰라도 메시지에는 그 행동이 정확하게 나타나 있지 않다. 이런 경우, 그 말을 듣는 상대방은 자신의 어떤 행동이 잘못되었는지 알아차리기 어렵다.

행동의 구체적인 묘사	행동의 애매한 묘사
네가 등교 전에 집 앞에 쌓인 눈을 치우지 않으니까	네가 집안일을 잘 돕지 않으니까
자네가 이번 주에만 벌써 세 번째 지각을 하니까	자네가 회사 방침을 무시하니까
(남편과 아내는 회사에 갈 때 차를 함께 타고 출근한다. 아내는 식사시간이 길다. 아내 때문에 제 시간에 출발하지 못해서 그들은 계속 회사에 지각을 했다.) 당신이 7시 30분까지 출발 준비를 끝내지 않으니까	당신이 꾸물거리면서 밥을 먹으니까

둘째, 행동만 묘사하라. 상대방의 동기나 태도, 성격 등을 추측해서 말하지 말라. 다른 사람의 행동을 묘사할 때, 그의 행동보다 그의 의도를 짐작해서 말하는 사람들이 많다. 아래 표는 어느 협의회 의장이 한 말이다. 이 표에서 왼쪽은 단순히 행동만 묘사한 표현이고 오른쪽은 추측해서 묘사한 표현이다. 둘을 비교해보라.

행동 묘사	추측
회의 도중에 같은 이야기를 되풀이하거나 다른 사람의 말을 끊으면	회의에서 그렇게 무례하게 행동하면
제 당부대로 모두들 회의가 끝나고 보고서를 낼 때까지 자리를 지켜주시면	회의가 지루하다고 해서 끝나기도 전에 자리를 떠나시면
보고서를 내기 20분 전인데 자네가 회의장을 떠나버리면	프랭크가 자네를 비판했다고 해서 그렇게 서둘러 회의장을 떠나버리면

왼쪽은 눈으로 관찰한 행동을 묘사한 표현이다. 청각과 시각이 정상적인 사람이라면 누구나 똑같이 설명했을 것이다. 오른쪽은 상대방의 머릿속에서 일어난 생각들을 추측한 표현이다. 그 사람이 보고서를 내지 않고 회의가 끝나기 20분 전에 자리를 떠난 건 사실이지만 그가 지루해서 자리를 떠났는지, 화가 나서 떠났는지, 다른 중요한 약속이 있어서 떠났는지, 몸이 좋지 않아서인지, 아니면 다른 이유가 있었는지는 확실히 알 수 없다. 상대방이 무슨 생각을 하고 있는지 추측하면 틀릴 가능성이 높기 때문에 결국 자기표현의 효과를 떨어뜨린다. 설령 맞게 추측했다고 해도 상대방이 그 추측을 인정하지 않을 확률이 높다. 개인의 감정은 그 사람의 사적인 영역에 속하기 때문에 누구도 이를 간섭할 수 없다. 그건 상대방의 영역을 침범하는 행위다.

셋째, 행동을 묘사할 때는 옳고 그름을 판단하지 말고 객관적으로 묘사해야 한다. 자기표현 메시지는 상대방의 행동이 부도덕하다거나 어리석다거나 버릇이 없다거나 잘못되었다는 뜻을 내포해서는 안 된다. 그러므로 저의가 있는 말, 풍자, 빈정거림, 일반화, 절대화, 과장, 모욕적인 말은 사용하지 말아야 한다. 대인관계에 악영향을 끼치는 공격적인 요소와 비판적인 요소를 피하는 것이 건전한 자기표현 메시지의 주요 특징이다.

자기표현 메시지는 인격을 모독하지 않는다.

행동 묘사	인격 모독
당신이 여성들은 유능한 관리인이 될 수 없다고 이야기하니까	당신이 그런 돼먹잖은 남성우월주의에 물들어 있으니까
수업시간에 네가 다른 학생들보다 이야기를 많이 하니까	네가 그렇게 머리가 둔하고 수다만 떠니까

자기표현 메시지는 어떤 사실을 절대화하는 것도 경계한다. '절대' '항상' '계

속해서' 같은 단어를 쓰지 않는다는 뜻이다.

행동 묘사	절대화
당신이 나를 데리러 종종 늦게 오니까	당신이 항상 시간 맞춰 오지 않으니까
제 말이 끝나기 전에 당신이 끼어드니까	당신이 계속 내 말을 막으니까
당신이 내 차를 가로막고 주차하니까	당신이 맨날 내 차를 가로막고 주차하니까

자기표현 메시지는 모욕하지 않는다. 면전에서 상대방을 모욕하는 행위는 불필요한 감정과 방어본능을 일으킨다.

행동 묘사	모욕
저녁식사시간에 늦을 거라고 전화를 해주지 않으니까	맨날 저녁시간에 늦게 기어들어오니까
약속한 시간에 내 차를 고쳐놓지 않으니까	이 거짓말쟁이 자식아, 네가 4시까지는 고쳐놓겠다고 해놓고선

당신이 객관적으로 행동을 묘사하고 인격모독, 절대화, 모욕 등을 피하려고 노력해도 의식하지 못하는 사이에 비난하거나 빈정대는 말을 할 수도 있다. "저는 확고하고 당신은 완고하고 그 사람은 옹고집이죠." "저는 명석하고, 당신은 날카롭고, 그 사람은 사기꾼 기질이 있어요." 어떤 행동을 객관적으로 묘사할 때는 그 안에 비난하는 말이 숨어 있지 않은지 신중하게 검토해 보라.

행동 묘사	비난
당신이 병따개를 다 쓴 뒤에 제자리에 가져다 두지 않으니까	당신이 병따개를 내가 못 찾게 숨겨놓으니까
당신이 옷을 사는 데 많은 돈을 쓰니까	힘들게 번 돈을 옷 사는 데 낭비하니까

자기표현 교육을 받는 사람들 중에는 자신이 보낼 메시지에 공격적인 요소나 비난하는 요소를 일부러 집어넣으려는 사람도 있다. 그러면 나는 이렇게 묻는다. "당신은 자기표현 메시지로 상대방의 행동을 고쳐서 관계를 유지하고 싶습니까, 아니면 그럴 가능성이 낮더라도 기분을 상하게 해서 그 사람과 멀어지고 싶습니까?" 이 기법을 학습하는 목적은 사람들에게 어떻게 행동하라고 가르치는 것이 아니라 공격적인 행동, 자기표현형 행동, 순종형 행동을 구분하고, 각 행동 유형에서 발생할 수 있는 결과를 어느 정도 정확하게 예측하도록 도와주는 것이다.

넷째, 상대방의 행동을 되도록 간결해야 묘사해야 한다. 자기표현 메시지는 고쳐야 할 행동만 정확하게 묘사하면 된다.

많은 사람들이 자기표현을 하면서 쓸데없는 말을 덧붙인다. 나는 자기표현을 할 때 상대방이 나의 요구사항을 한 번에 명확하게 이해하도록 가능한 한 군더더기 없이 말하려 애쓰는데, 이를 위해 이야기의 핵심만 남을 때까지 쓸데없는 말을 쳐낸다. 한 번의 자기표현 안에 여러 가지 행동을 뭉뚱그려 이야기하는 사람도 있지만, 나는 한 가지 행동에만 집중한다.

간결한 묘사	장황한 묘사
네가 저녁식사 시간에 자주 늦으니까	네가 축구시합에 정신이 팔려서 식구들은 잊어버리고 더러운 옷을 입고 집에 늦게 오니까

오른쪽과 같이 묘사하는 부모는 대체 아이에게 어떤 행동을 바꾸라고 요구하는 걸까? 축구시합에 나가지 말라는 것인가, 축구를 하지 말라는 것인가, 식구들을 잊지 말라는 것인가? 또 '식구들을 잊지 말라는 것'은 무슨 뜻인가? 식사시간에 맞춰 집에 들어오는 일이 중요한가 아니면 깨끗한 차림으로 들어오는 일이 더 중요한가? 자기표현 메시지에서 필요 없는 말을 빼는 일은 할

말을 하는 일만큼이나 중요하다. 사소한 문제와 설명을 빼고 핵심내용만 한 문장으로 압축해야 한다.

다섯째, 근본 문제, 즉 진짜 문제를 언급해야 한다. 자신을 괴롭히는 진짜 문제를 제쳐둔 채 가짜 문제를 붙들고 옥신각신할 필요는 없다.

상대방과의 관계에서 중심이 되는 문제를 가지고 씨름하기 두렵다는 이유로 그보다 사소한 문제들을 걸고 넘어지는 경우가 많다. 남편의 진짜 걱정거리는 아직 학교에 다니지 않는 아이들을 두고 아내가 직장에 다니는 문제인데, 그 문제는 제쳐두고 아내에게 옷에 돈을 너무 많이 쓴다고 불평할 수도 있다. 그러면 아내가 옷을 너무 많이 사는 행동을 고친다고 해도 남편의 진짜 걱정거리가 사라지지 않는다. 그는 아내가 행동을 바꾸더라도 고마워하지 않고 '자기표현을 할 만한' 다른 문제를 찾아낼 것이다.

반대편의 극단적인 예를 보자. 많은 사람들은 일상에서 부딪히는 '작은 일'에 대한 자기표현을 내켜하지 않는다. 그러고는 별로 중요하지도 않은 일에 그렇게 옹졸하고 까다롭게 굴고 싶지 않다고 변명한다. 누구나 다른 사람의 행동을 보다 너그럽게 이해하는 쪽으로 발전할 수는 있다. 그러나 겉으로 관용의 폭이 넓어지는 동안 마음 깊은 곳에 짜증이 계속 쌓일 수 있다는 점도 간과해서는 안 된다.

작은 일이 우리 인생에서 큰 방해요소가 되는 경우를 흔히 찾아볼 수 있다. 어떤 사람이 아메리카 대륙을 걸어서 횡단했다. 긴 장정이 끝났을 때, 그를 둘러싼 기자들 중 한 사람이 물었다. "횡단하는 동안 언제 가장 힘들었습니까? 로키산맥이었습니까? 뜨거운 사막이었습니까? 아니면 시카고처럼 사람들이 많은 번잡한 도시였습니까?" 그가 대답했다. "아닙니다. 가장 큰 골칫거리는 제 신발에 들어 있던 모래였습니다."

인간관계에서도 작은 일이 생각보다 심각한 경우가 많다. 헤이즌 워너가 이렇게 말했다. "대부분의 결혼생활은 거대한 폭풍에 난파되어 깨지는 게 아니라, 끊임없이 생채기를 만드는 자갈 때문에 피폐해진다. 사소한 갈등과 일상 속의 하찮고 짜증스러운 일들이 바로 그 원인이다." 10만 건의 이혼을 연구한 조셉 사바스 판사는 이렇게 말했다. "그들이 파경에 이르게 된 결정적인 원인은 심각한 문제나 가정폭력이 아니라 끊임없는 반복되는 수천 가지 형태의 모욕적인 행동과 거짓말이다." 부모와 자식, 상사와 부하직원, 친구관계, 동료관계도 마찬가지다. 자기표현을 이용해 적절히 대응하지 않으면 사소해 보이는 행동이 해결할 수 없을 만큼 심각한 문제로 발전하게 된다.

저녁에 신문을 읽으려고 하는데 그때마다 신문이 제자리에 없을 때, 방문을 닫아도 누군가가 오디오를 크게 켜놓아서 일에 집중할 수 없을 때, 더러운 접시와 음식포장지가 집안 여기저기 어질러져 있어서 결국 스스로 그것들을 치워야 할 때, 사람들은 자신만의 영역이 침해받았다고 느끼게 된다. 그러나 안타깝게도 대부분의 사람들은 속으로 삭이며 생각한다. '이건 사소한 일이야. 이런 일로 짜증내면 안 돼.' 이렇게 생각할 수도 있다. '이런 일 가지고 그 사람과 티격태격하고 싶지 않아.'

수천 명을 대상으로 자기표현 훈련을 하고 나서 내린 결론은, 작은 문제가 반복되면 심각한 문제로 발전한다는 것이다. 일상에서 일어나는 사소한 일에서 자신의 욕구가 충족되지 않으면, 적의가 쌓이고 타인에 대한 관용도 점차 사라지며 인간관계에서 얻는 즐거움도 느끼지 못하게 된다. 그리하여 큰 문제가 생겼을 때, 그 문제를 풀기가 훨씬 더 어려워진다.

조금씩 쌓인 적의는 결국 화를 내기에 적당한 더 큰 문제에 집중하게 만든다. 많은 사람들은 사소한 문제들로 인해 쌓인 짜증을 잠재의식 속에서 하나의 큰 문제로 전환시키는 경향이 있다. 사소했던 진짜 문제가 좀 더 '합법적인' 문제로 옮겨가는 것이다. 올바른 자기표현으로 해결할 수 있는 문제도 이런 식으로 전이되고 나면 해결하기가 힘들어진다.

배우자나 친구, 자식에게 원하던 '사랑'이나 상사나 부하로부터 원하던 '존중'을 전이된 자기표현으로 전달하는 경우도 있다. 그는 상대방이 정말로 자신을 사랑한다면 그렇게 행동하지 않았을 거라는 생각에 화가 난다. 그래서 그 행동을 바꾸려고 자기표현을 시도한다. 그러나 그가 정말로 원하는 건 상대방이 자신을 사랑하거나 존경한다는 확신이기 때문에, 문제되는 행동을 상대방이 고쳤다고 하더라도 만족하지 못한다. 이런 과정이 끊임없이 계속된다. 왜냐하면 그의 주장에 따라 상대방이 문제의 행동을 고치더라도 과연 상대방이 자신을 사랑하거나 존경하는지 확신할 수 없기 때문이다. '그가 나를 사랑했다면 내가 그 행동을 바꾸라고 주장할 필요도 없었을 거야.'라는 식으로 생각하는 것이다. 자신의 진짜 목적이 사랑받고 존경받는다는 확신이라면, 행동을 고치라는 요구는 허무할 뿐이다.

전이된 자기표현은 인간관계에서 계속해서 불화를 일으키고 양 당사자들을 불편하게 만들기 때문에 둘 사이가 발전할 가능성이 희박해진다. 이처럼 진짜 문제를 다루지 않고 가짜 문제로 자기표현을 하는 행위는 두 사람의 관계에 도움이 되지 않고 오히려 친구, 배우자, 동료 사이를 갈라놓는다.

여섯째, 반드시 당사자에게 자기표현을 해야 한다. 엉뚱한 사람에게 시비를 거는 행동은 빗나간 자기표현이다. 직장에서 갈등이 생겼는데 집에서 화를 낸다거나, 문제를 상관에게 항의해야 하는데 부하 직원을 트집 잡아 닦달하는 사람이 있다. 어떤 사람들은 여러 사람에게 해야 할 자기표현을 한 사람을 희생양 삼아 집중 공격하기도 한다. 부당하게 한 학생만 불러내 야단치는 선생님을 본 적이 있을 것이다. 엉뚱한 사람에게 자기표현을 하면 문제가 해결되지 않는다. 오히려 부당하게 당한 그 사람과의 인간관계가 훼손될 뿐만 아니라 그렇지 않은 나머지 사람들과의 관계까지도 어색해지기 쉽다.

자신의 감정을 표현하기

자기표현 메시지에 담겨야 할 두 번째 요소는 상대방의 행동이 자신에게 끼친 영향에 대한 감정을 표현하는 일이다. 직장에 다니는 한 부인은 자신이 출장에서 돌아왔을 때 집안일에 매달리지 않을 수 있도록 남편이 집안 청소를 하기로 약속을 받았다. 그러나 그녀가 일주일간의 고된 출장을 마치고 집에 돌아와 보니 집안 청소도 빨래도 되어 있지 않고 몇 끼니분의 지저분한 접시만 개수대에 쌓여 있었다. 그녀는 화가 치밀어서 남편에게 말했다. "약속과 달리 당신이 집안 청소도 하지 않고 빨래도 하지 않아서 몹시 서운해요."

진심에서 우러난 감정 표현은 그 일이 얼마나 중요한지를 분명하게 나타내 준다. 다른 사람의 행동 때문에 괴로울 때 이런 식으로 자기표현 메시지를 보내면, 감정을 표현하는 일이 상대방의 행동을 자발적으로 바꾸게 하는 데 얼마나 크게 기여하는지를 실감할 수 있다.

현대심리학에서 자기표현 훈련의 기틀을 마련한 앤드루 솔터는 《조건반사치료법Conditioned Reflex Therapy》이라는 중요한 책을 썼다. 솔터의 가장 큰 공헌은 직접적인 감정표현의 중요성을 밝힌 점이다. 자기표현 훈련의 선구자 격인 솔터는 훈련에 참가하는 일반인들이 자신의 감정을 알아내고 그 감정을 표현하는 데 어려움을 느낀다는 사실을 알게 되었다고 한다.

우리 연수회에 참석한 어떤 대학교수도 자기표현 메시지에 감정을 담기 위해 상당히 애를 먹었는데, 많은 사람들이 그와 처지가 비슷하다. 몇 차례 힘겹게 시도한 후에 그가 말했다. "내 머리가 좋은지는 모르겠지만 감각이 둔한 건 확실한 것 같습니다. 내가 무엇을 느끼고 있는지 알아내는 게 참 어렵더군요. 내 감정을 알아채고 나서 그 감정을 표현하는 일은 훨씬 더 어려웠습니다."

감정을 표현할 때 사람들이 부딪히는 문제는 보통 세 가지다. 우선, 그들은 진짜 감정을 숨기고 다른 감정을 표현한다. 어떤 사람들은 자신의 진짜 감정이 공포일 때 화를 낸다. 예를 들어, 아이가 고함을 질러 부모를 놀라게 했을 때, 부모들은 놀랐다는 말 대신 버럭 화를 낸다. 그러나 그들을 분노로 이끈 감정은 공포다. 우리는 이런 현상을 가리켜 1차 감정을 2차 감정이 대체했다고 말한다.

어떤 감정을 다른 감정이 대체하는 현상은 효과적인 자기표현을 위해 극복해야 할 문제다. 다행히 대부분의 사람들은 스스로 이렇게 물어보면서 그런 현상을 극복할 수 있다. '타인의 행동으로 부정적인 영향을 받았을 때, 나는 맨 처음 어떤 기분을 느꼈는가?' 먼저 드는 감정이 주된 감정, 즉 자기표현 메시지에 들어갈 감정일 가능성이 높다.

자신의 주된 감정이 무엇인지 알아차리는 다른 방법은 자신의 감정 대체 유형을 알아내는 것이다. 예를 들어 상처받았거나 슬플 때 화를 내는 경향이 있다면, 다음 번 화가 났을 때는 상처를 받았거나 슬픔에 빠진 건 아닌지 생각해 보라. 화를 내야 할 상황에서 우는 경향이 있다면, 눈물이 날 것 같을 때 혹시 화날 만한 일이 있었는지 돌이켜 보라.

사람들은 자신이 느끼는 감정의 정도를 표현하는 데에도 서툴다. 조금 언짢을 뿐인데 "화나 죽겠어."라고 하거나 분노가 끓고 있는데도 "짜증나." 라고 말하는 경우가 드물지 않다.

자기표현을 할 때는 몇몇 단어 중에서 자신의 감정을 가장 잘 나타내는 단어를 골라 정확히 표현해야 한다. 예를 들어, '초조하다, 걱정된다, 염려스럽다, 망연자실한 기분이다' 같은 말들 중에서 적당한 표현을 골라 쓰는 것이다. 감정을 전달할 때 단어를 신중하게 선택해서 부사와 함께 쓰면 좋다. "조금 걱정된다."라고 할 수도 있고 "무척 걱정스럽다."라고 할 수도 있다.

자기표현 메시지에 감정을 제대로 담는 유일한 방법은 있는 그대로 솔직하게 드러내는 방법이다. 효과가 더 클 거라는 생각으로 감정을 과장하는 사람들이 있는데, 그런 속임수는 권하고 싶지 않다. 그런 행위는 오히려 의도했던 방향의 정반대 결과를 가져올 수 있다. 진실한 감정표현에 반응하던 사람들도 과장된 감정표현에는 불신하고 반응하지 않는다. 반대로 자신의 감정을 축소시켜 표현하면 잘못된 행동을 고칠 수 있는 중요한 자료가 상대방에게 제대로 전달되지 않기 때문에 자기표현의 효과가 떨어진다.

자기표현 메시지에 감정을 담는 과정에서 발생할 수 있는 또 다른 문제는 비판이 내포된 단어를 습관적으로 사용하는 일이다. 자신의 감정을 드러내기보다 상대방의 인격을 비방하는 데 무게를 두고 단어를 선택하는 경우가 여기에 해당한다. 다음과 같이 자기표현 메시지를 보냈다고 하자. "좁은 사무실에서 당신이 담배를 피우니까 눈도 따갑고 목도 따끔거려서 마치 고문을 당하는 것 같군요." 이 메시지에서 비판적 감정이 들어간 단어를 바꾸어 다듬으면 다음과 같다. "좁은 공간에서 당신이 담배를 피우니까 눈도 따갑고 목도 따끔거려서 기분이 안 좋군요."

사람들은 흔히 묻는다. "어떻게 해야 제 기분을 알 수 있습니까?" 이럴 때 도움이 되는 3가지 방법이 있다.

첫째, 왜곡하거나 검열하지 말고 자기 감정에 귀를 기울여라. 존 파웰의 말처럼 "당신의 감정을 말하지 않으면 그 감정이 당신에게 직접 말하게 된다."

둘째, 몸의 반응에 귀를 기울여라. 두통에 시달린다면 당신의 몸이 어떤 감정을 호소하고 있을 가능성이 크다. 근육이 긴장되어 있다면 당신의 감정은 의사전달의 1차 통로인 몸을 통해 무언가를 이야기하고 싶은 것이다. 내가 몸에 주목하기 시작했을 때, 나는 내 몸이 내게 이야기한다는 사실에 놀랐고, 감정 상태에 대해 일관되게 이야기한다는 사실에 다시 한 번 놀랐다. 때때로 나는 내가 감지한 신호를 외면한 채 몇 주일간 방치하기도 했다. 그러나 내 몸은 메시지를 계속 전달했고, 거기에 반응한 후에야 감정으로 풍부해진 삶을 다시 살아갈 수 있었다. 그러나 몸의 메시지를 너무 오랫동안 무시하면 그 메시지를 들을 수 있는 능력이 쇠퇴해버린다.

셋째, 자신이 경험하고 있는 진짜 기분을 표현하라. 감정을 있는 그대로 인정하고, 그 감정에 대해 다른 사람들과 이야기하거나 웃거나 울거나 고함치거나 춤추거나 포옹하면서 적극적으로 표현해야 한다. 감정을 거리낌 없이 표현할수록 자신의 감정을 더 민감하게 알아차릴 수 있다.

자기표현 메시지에 자신의 감정을 긍정적인 방식으로 포함시키면 효과가 상당히 크다. 앞에서 살펴봤듯이, 감정이라는 중요한 자료를 상대방에게 제공하면, 그가 잘못된 행동을 고치는 데 큰 영향을 끼친다. 부정적인 감정을 적극적으로 표현하다 보면 다른 사람에 대한 긍정적인 감정도 쉽게 표현할 수 있게 된다. 다른 사람에게 부정적인 감정을 표현할 수 있게 된 사람은 오랫동안 감춰져 있던 긍정적인 감정도 훨씬 자유롭게 표현할 수 있게 되기 때문이다. 이는 심리학 분야에서 널리 알려진 사실이다.

자신의 감정을 적극적으로 표현하는 사람은 정신적으로나 심리적으로 훨씬 건강해진다. 앤드루 솔터는 대부분의 사람들이 '감정의 변비'로 고생하고 있다고 주장한다. 몸에 변비가 있을 때 생기는 해로운 효과에 대해 모르는 사람은 거의 없다. 마찬가지로 부정적인 감정도 꾸준히 처리해주어야 한다. 그러지 않으면 육체적·정신적 건강을 잃고 대인관계도 악화될 수 있다.

상대방의 행동이 미치는 영향을 분명하게 설명하기

이 장에서 제시하는 3가지 요소를 자기표현 메시지에 담았을 때 발휘되는 가장 큰 효과는 상대방의 행동이 당신에게 어떤 영향을 미치는지 정확히 알려줄 수 있다는 점이다. 누군가의 행동을 그 사람 스스로 바꾸기를 바란다면, 바꿔야 할 설득력 있는 이유를 그에게 알려주어야 한다. 내 경험상 대부분의 사람들은 자신이 내 영역을 침해하고 있다는 사실, 또는 자신이 정당한 권리를 지키려는 나의 노력을 방해하고 있다는 사실을 확실히 알고 나면 기꺼이 행동을 고쳤다.

상대방이 자신의 행동이 내 삶에 부정적인 영향을 준다는 사실을 인정하느냐 않느냐에 따라 자기표현의 효과는 달라진다. '구체적인 영향 또는 명백한 영향'이 있다는 사실을 깨닫게 되면 대부분 자신의 행동이 잘못됐다는 사실을 쉽게 수긍한다. 여기서 구체적이거나 명백한 영향이란 금전적인 손해를 끼치거나, 소유물을 훼손하거나, 시간을 낭비하게 하거나, 쓸데없는 작업을 더 하게 하거나, 직업을 위태롭게 하거나, 효율적인 작업을 방해하는 행위를 말한다. 이 영향들은 실질적인 면에서 부정적인 결과를 초래한 것들이다. 자기표현 메시지에 구체적이고 명백한 영향을 제대로 언급하면 대부분의 사람들은 자신의 행동을 바꾼다. 나는 이런 방식의 자기표현으로 요구조건의 90~95% 정도를 충족시킬 수 있었다.

명백한 영향이 담긴 자기표현 몇 가지를 살펴보자. 249쪽 상단의 표현들은 우리 교육과정 참가자들이 작성한 자기표현의 사례들이다.

자기표현 메시지에 명백한 영향을 담을 때 사람들이 자주 부딪히는 다섯 가지 문제가 있다.

첫째, 명백하게 자신의 영역을 침해당한 일이 잘 생각나지 않는다는 점이다. 그렇다고 해서 그들이 사적인 영역을 한 번도 침해받지 않은 건 아니다. 누구나 일상적인 관계와 모든 중요한 관계에서 다른 사람으로부터 영역을 침해당하기 마련이다. 그런데도 자신의 권리가 침해당한 구체적인 경험이 생각나지 않는다면, 무의식적으로 그 기억들을 몰아냈기 때문이다. 하지만 그 일이 중요하다는 판단이 서기만 하면 자신의 삶에 부정적인 영향을 끼치는 행위들을 쉽게 찾아낼 수 있다.

명백한 영향	행동 묘사	감정 표현	실질적인 영향
금전적 손실	네가 내 차를 쓰고 기름을 채워 놓지 않으니까	억울하다는 생각이 들어.	내 돈을 들여서 기름을 채워 넣어야 하기 때문이야.
소유물 훼손	네가 내 연장을 빌려가서 밖에 내놓고 비를 맞히니까	기분이 언짢구나.	연장이 녹슬어서 제대로 작동하지 않으니까 말이다.
시간 낭비	퇴근 후에 당신이 나를 데리러 올 때 자주 늦으니까	짜증이 나요.	당신을 기다리는 동안 시간을 낭비하게 되니까요.
작업효율의 방해	당신이 업무시간에 저한테 전화해서 오랫동안 이야기하니까	초조해져요.	계획했던 기한까지 제 일을 끝내지 못하게 될 수도 있으니까요.
할 일이 많아짐	세탁할 옷을 당신이 바구니에 넣어놓지 않으니까	화가 나요.	세탁할 때 일이 많아지니까요.

둘째, 물질적인 손해를 상대방의 다른 행동에 비해 사소한 일이라고 생각하는 경향이 있는데, 이는 상당히 잘못된 태도다. 한 아버지가 이렇게 말했다. "물론 비가 오는 마당에 연장을 방치한 일에도 분통이 터집니다. 하지만 정말 화가 나는 건 아들 녀석이 저한테 버릇없이 구는 겁니다. 열 번 중 아홉 번은 그래요." 한 미혼여성도 비슷한 생각을 하고 있었다. "남자친구가 제 음반을 빌려가서 흠집을 내고 온통 더럽혀서 돌려줄 때 신경질이 나요. 그러나 더 어이가 없는 건 그걸 아무렇지도 않게 생각하는 태도예요."

이들은 별로 중요하지 않아 보이는 일에 굳이 자기표현을 할 필요성이 없다고 생각했고, '좀 더 중요한 일'에 대해 이야기하고 싶어 했다. 중요한 가치관 문제가 개입된 상황에 비해 물질적 손해는 사소하다고 생각할지 모르지만, 사실은 그렇지가 않다. 자기표현 메시지에 물질적인 영향과 같은 명백한 사실을 언급하면 그것이 인간관계에서 명백하지 않은 영역에까지 영향을 주게 마련이다. 연장을 밖에 방치해 두지 않는 것은 아버지에 대한 아들의 '좀 더 공손한 태도'를 나타내는 하나의 구체적인 행동이다. 자기표현 메시지에 대한 아들의 반응 덕분에 아버지의 욕구가 충족되면, 그의 마음속에 쌓여 있던 아들의 버릇없음에 대한 분노 역시 사라지게 마련이다. 그것은 두 사람의 관계를 돈독하게 다져준다. 일반적으로 효과적인 자기표현은 그 자체가 양자의 의사소통을 발전시키기 때문에 두 사람이 서로를 더 존중하고 좋아하게 된다.

셋째, 다른 사람의 행동이 자신의 물리적 영역이나 심리적 영역에 아무런 영향도 미치지 않는다고 생각하는 점이다. 이는 수없이 불쾌한 감정을 느끼긴 했지만 구체적으로 영향을 끼치는 건 찾을 수 없다는 태도다. 어떤 부모가 10대 자녀에게 이렇게 말했다고 치자. "네가 학예회에 청바지를 입고 가면 내 기분이 언짢고 화가 난다." 이런 메시지는 자신의 가치관을 강요함으로써 상대방의 영역을 침범하는 행동이다. 가치관과 관련된 어떤 행동을 바꾸라고 요구하는 일은 자기표현이 아니라 그 사람을 공격하는 행위다. 교육을 진행하는 도중에 드러나는 부모자식 간의 갈등은 대개 아이들이 자신들의 방을 어지르는 데 대한 짜증과 절망감인데, 이런 갈등은 부모에게 책임이 있다. 부모들은 대체로 깔끔하게 정리정돈을 잘하고 옷이나 다른 물건들을 깨끗하게 유지하는 일을 중요시한다. 반대로 아이들은 그들이 생각하는 가치들(놀이, 사회생활, 친구와 보내는 시간, 스포츠 즐기기)보다 이런 가치들을 훨씬 하위에 둔다.

이런 가치관 문제를 판단하기 위한 명쾌한 질문이 있다. "아이의 방은 누구의 공간인가?" 아이의 방은 그 자신의 공간이므로 나는 아이가 자기 방을 어떻게 쓰든 상관하지 않는다. 그러나 거실, 식당, 주방 등 공동으로 쓰는 공간에서는 정리정돈과 아름다움을 중요시하는 우리의 가치관을 적용한다. 학생들이 항상 책상을 잘 정돈해야 한다고 생각하는 초등학교 교사들도 비슷한 편견을 갖고 있는 셈이다. 많은 학생들은 자신의 책상이 개인적인 공간이라고 생각하기 때문에 원하는 물건은 무엇이든 무작위로 쑤셔 넣는다. 이때 다시 이 명쾌한 질문에 대답해 보라. "그 책상은 누구의 공간인가?"

자기표현 훈련이 무조건 다른 사람의 가치관에 개입하지 말라고 가르치는 건 아니다. 그러나 가치관 문제를 가지고서는 자기표현의 3가지 요소가 담긴 메시지를 작성할 수 없다는 것만은 분명하다.

넷째, 어떤 사람이 끼친 영향이 자기 자신이 아닌 제3자에게 미칠 때도 자기표현 메시지를 정확하게 작성하기 어렵다. 중요한 건 당신에게 미치는 영향이다. 당신이 제3자를 대신하지 말고, 제3자가 직접 표현하게 하라. 당신의 영역을 침해하지 않는 사람에게는 자기표현의 3가지 요소가 포함된 메시지를 보낼 수 없다.

자기표현 메시지를 작성할 때 발생할 수 있는 마지막 문제는 진짜 영향을 말하지 않고 다른 이유를 대는 것이다. 숀과 몰리는 신혼부부다. 숀은 매주 금요일 퇴근 후에 술집에 들러 친구들과 술을 마셨다. 몰리는 그런 행동이 싫어서 숀에게 말했다. "당신이 술집에서 늦게까지 술을 마시면 화가 나요. 집안 일이 제대로 돌아가지 않으니까요." 나중에 몰리는 내게 이렇게 털어놓았다. "그 메시지는 정확한 게 아니었어요. 분명히 잘못된 자기표현이었죠. 제가 화난 건 집안 일이 제대로 돌아가지 않아서가 아니라 그 사람이 옆에 없다는 것 때문이었으니까요. 그러니까 그 메시지는 정직하지 못한 거였죠. 그 뒤로 문제의 초점에서 벗어난 대화가 이어졌어요. 술 마시는 문제에 대해 이야기를 나눴거든요. 그건 진짜 문제가 아닌데도 말이죠. 그때 서로에게 의사소통 방해요소를 많이 사용했고, 그래서 사태가 더 악화됐어요."

효과적으로 자기표현을 하기 위해서는 대범하고 솔직하게 의사소통을 해야 한다. 가장 심각한 영향 대신 좀 더 그럴듯한 영향을 자기표현 메시지에 언급하는 행위는 타당하지도 않고 효과를 기대할 수도 없다. 명백하게 영향을 끼치는 문제를 자기표현 메시지에 담으라고 강조하는 이유는, 그 부분이 매우 중요한 데도 불구하고 많은 사람들이 간과하고 있기 때문이다. 다음 장에서는 여러 형태의 의미 있는 자기표현들에 대해 논의할 것이다.

자기표현의 영향이 애매할 때도 있다. 한 사람은 그 영향이 명백하다고 생각하는데, 다른 사람은 그렇지 않다고 생각하기 때문이다. 그러나 그런 상황이라 할지라도 자신의 행동이 상대방에게 영향을 끼쳤다는 사실만큼은 두 사람 모두 수긍할 것이다. 아래에 애매한 영역에 속하는 행동과 영향의 사례가 몇 가지 있다.

행동 묘사	감정 표현	영향
네가 나랑 계획을 세워 놓고 마지막에 취소해 버리니까	짜증이 나.	다른 친구들과 다시 계획을 짜기에는 너무 늦었기 때문이야.
TV를 보고 있을 때 네가 큰소리로 떠드니까	기분이 언짢아.	내가 보고 있는 프로그램에 집중할 수 없기 때문이야.
나한테 온 전화메시지를 정확하게 전달해주지 않으니까	화가 나.	중요한 전화일지도 모르는데 번호를 몰라서 연락할 수 없기 때문이야.
여름 휴가를 같이 보내자는 제안에 대답을 해주지 않아서	답답해.	휴가 계획을 세울 수 없기 때문이야.
토요일인데 아침부터 시끄럽게 식사 준비를 하니까	짜증이 나.	내가 일어나려고 했던 시간보다 한두 시간 일찍 깨버리기 때문이야.

자아발견과 성장을 위한 항해

우리 프로그램의 강사와 교육생들이 모두 매료된 자기표현 메시지 작성의 장점이 있는데, 메시지를 작성하면서 자아를 발견하게 된다는 점이다.

다른 사람의 잘못된 행동을 고치려고 노력하는 동안 자기 자신에 대해서도 많이 배우게 된다. 아마도 가장 중요한 깨달음을 얻는 때는 다른 사람의 행동이 자신의 삶에 구체적으로 어떤 영향을 미치는지 표현할 때인 듯하다. 이 과정에서 자기표현을 하려고 했던 내용들을 계속 버리게 되는데, 그 비율은 절반에서 3/4 정도 된다. 버리는 이유는 그 내용들이 가치관 문제에 속하는 것들이라서, 바꾸라고 요구하는 행위가 상대방의 영역을 침해하는 일이 되어버리기 때문이다. 자신의 영역을 지키는 법을 배우다보면 다른 사람의 영역을 지키는 일에도 민감해지기 때문에, 상대방의 영역, 가치관, 삶에 대한 권리를 더욱 폭넓게 용인하게 된다. 한 교육 참가자의 말대로 "자기표현 메시지를 작성하는 법을 배우면 나는 더욱 나답게 될 수 있고, 다른 사람들이 더욱 그들답게 살아가게 해줄 수 있다."

자기표현 메시지를 작성하면서 겪게 되는 '자아발견으로의 항해'는 매우 흥미롭고 유익하지만 까다로운 과정이기도 하다. 상대방의 행동을 정확하게 묘사하는 적절한 단어를 찾아내는 일은 생각보다 어렵다. 자신의 감정을 정확히 알아내기도 어렵고, 스트레스 상황에서 자신의 감정을 다른 사람에게 드러내고 비판에 노출시키는 일도 큰 용기가 필요하다. 자신이 작성한 메시지에 명백한 영향이 담겨 있지 않고 오히려 다른 사람의 영역을 침해한다는 사실을 깨닫는 일 또한 절망스러운 경험이다.

다행히 이런 과정을 거치면서 최종적으로 완성된 자기표현은 다른 사람들의 행동을 바꿀 가능성이 높다. 또한 진심을 담아 자기표현을 하는 사람들 사이의 관계는 견고하고 수평적이고 완전해진다. 실제로 자기표현 훈련에 참가한 대부분의 사람들은 자아발견과 성장을 위해 시도할 만한 가치가 있다고 대답했다.

정리

■

지구상의 모든 생명체들은 다양한 전술을 이용해 자신의 영역을 지키려 한다. 그 전술의 기본은 싸우기 아니면 도망치기다. 오직 인간에게만 제3의 대안인 언어를 활용한 자기표현이 있다. 다른 사람과 충돌했을 때 사용할 수 있는 해결책 중에는 효과적인 것도 있고 역효과를 내는 것도 있다. 가장 효과적인 방법은 자기표현 메시지 안에 3가지 요소, 즉 '비난하지 않고 상대방의 행동 묘사하기' '자신의 기분 표현하기' '상대방의 행동이 자신에게 끼친 명백한 영향 설명하기'를 포함시키는 일이다. 다른 사람의 행동을 바꾸기 위해 메시지를 작성하다 보면 자기 자신에 대해서도 많은 것을 배우게 된다.

대화에서 위기가 발생하는 이유는 양 당사자가 서로 허심탄회하게
이야기하지 않고 방어적인 태도로 합리화하며
자기 안으로 숨어버리기 때문이다.

– 로웰 하우, 신학자

기습 공격

다음과 같은 상황을 생각해 보라. 누군가가 명백하게 당신의 영역을 침해하여 불쾌한 영향을 끼쳤다. 이전까지 당신은 그런 상황에서 꾹 참아왔다. 하지만 이번에는 앞에서 배운 대로 자기표현 메시지를 보낸다. 비꼬거나 기를 죽이거나 비난하거나 과장하는 말은 사용하지 않는다. 머릿속으로 메시지를 작성하면서 부정적인 감정을 배출해버렸고, 상대방이 결국 당신이 바라는 대로 행동을 고치리라고 믿기 때문에 당신의 목소리와 몸짓은 친근하다. 이렇게 최대한 존중하는 태도로 자기표현을 하더라도 상대방이 독설을 퍼부으며 언어폭력을 가할 수 있다.

베스는 자기표현 메시지를 작성하는 법을 배웠다. 그러나 메시지를 보내는 방법에 관한 학습은 아직 끝마치지 못했다. 우리는 교육생들에게 그 과정을 끝까지 배우기 전에는 실전에서 사용하지 말라고 주의를 준다. 하지만 베스는 기어이 시도를 했다. 어떤 일이 벌어졌는지 그녀의 이야기를 들어보자.

친구 세 명과 함께 손님들로 가득 찬 레스토랑에서 식사를 하고 있었어요. 그런데 제 옆 테이블에서 어떤 부인이 담배를 피우기 시작했고, 그 연기가 계속 제 쪽으로 오더군요. 저는 담배연기에 알레르기가 있어서 눈이 따갑고 목구멍과 코도 따끔거렸죠. 그 모습을 보면서 '이 기회에 자기표현 메시지를 써먹어야겠다.'는 생각이 들더군요. 저는 다가가서 차분하고 예의바른 태도로 입을 열었습니다.

"부인이 담배를 피우시니까 좀 괴롭습니다. 저는 담배연기에 알레르기가 있어서 담배연기를 마시면 몇 시간 동안 몸이 안 좋거든요."

전혀 비난조로 이야기하지 않았기 때문에 저는 그 부인이 당장 담배를 끌 거라고 생각했어요. 그런데 믿을 수 없는 일이 일어났어요. 그 부인이 "담배를 꺼달라니, 뭐 이런 뻔뻔한 여자가 다 있어." 하는 거예요. 자기는 담배 피울 권리가 있다면서요. 그러고는 이 레스토랑에 금연 푯말이 어디에 있느냐고 따지더군요. 그래서 비 흡연자에게도 권리가 있다고 맞섰죠. 그 말을 듣고 그 여자는 더 화가 난 것 같았어요. 그 여자는 머리를 기르는 젊은 것들은 죄다 미국과 미국이 상징하는 것들을 증오한다고 하더군요. 그래서 제가 이렇게 말했어요. "제 요구는 담배를 꺼달라는 것뿐이에요. 제가 담배 연기에 알레르기가 있다니까요." 하지만 그 여자는 제가 불쾌하고 버릇없고 괘씸하다고 퍼부으면서 계속 담배를 피우더군요.

자기표현을 배운 지 얼마 되지 않아 이런 반응을 대하면 누구나 얼떨떨한 기분이 된다. 베스의 영역을 침범한 건 분명히 그 부인이기 때문에, 누구라도 베스의 입장이 된다면 그 부인을 거세게 비난했을 것이다. 베스는 합리적이고 객관적인 태도로 이야기했지만 상대방은 베스의 사려 깊고 절제된 태도에 고마워하기는커녕 악담으로 대응했다. 자기표현을 배운 지 얼마 되지 않은 사람들은 진주만 폭격을 받기 전의 미국처럼 준비상태가 허술하기 때문에, 이런 반응이 마치 기습공격처럼 느껴질 수 있다. 그러나 이런 반응은 충분히 예상

할 수 있는 반응이다. 사람들은 다른 사람의 자기표현에 대해 본능적으로 방어의식을 갖기 때문이다.

자기표현 메시지를 효과적으로 보내는 기법에는 이러한 방어적 반응에 대응하는 기법도 포함되어 있다. 이 문제를 해결하기 위해서는 이 장에서 설명하는 '자기표현 6단계'를 따라야 한다. 자기표현이 먹혀들지 않았을 때, 무엇이 잘못되었는지 이 6단계와 비교하며 점검해보기 바란다.

방어심리

방어심리는 어느 인간관계에나 잠재되어 있는 요소이며, 때때로 생산적인 결정과 행동을 가로막기도 한다. 아주 가까운 친구 사이에도 방어심리가 어느 정도 작동하기 때문에 누구라도 조금씩은 조심하기 마련이다. 사람들이 자기표현 메시지에 민감하게 반응하는 이유도 이러한 방어심리 때문이다. 그레고리 바움의 글 중에 다음과 같은 내용이 있다.

용기는 진정한 대화를 위해 반드시 필요하다. 상대방이 이 특별한 단어를 우리를 향해 사용할 때는 더욱 그렇다. 이 특별한 단어는 우리가 누구인지를 드러내고 우리 안에 있는 부정적이고 천박한 것들을 드러낸다. 우리는 거기에 위협을 느끼고 맞서고 싶은 충동을 느낀다. 상대방의 말을 듣고만 있는 건 그 안에 들어 있는 비난에 굴복하는 것처럼 느껴지기 때문이다. 상대방이 진실함을 보여 달라고 말할 때, 그 말을 당연하게 생각하고 그 말에 반응할 용기를 내는 사람은 드물다. 대다수 사람들의 내면에서는 솔직하게 반응하고 행동하고 대화하기를 망설이는 마음이 끊임없이 솟아난다.

자기표현과 그에 대한 방어 반응을 우리는 '작용—반작용 현상'이라고 부른다. 자기표현 메시지를 받았을 때 사람들은 그것을 일종의 '밀어붙이기'로 받아들인다. 그래서 사적인 영역에서 나가달라는 요구일 뿐일 때도 그 표현을 밀어붙이기로 인식하고 저항한다.

자기표현 메시지를 아무리 신중하게 보내도 사람들은 그 메시지를 기분 좋게 받아들이지 않는다. 자신이 다른 사람의 영역을 침범했고 그 사람에게 명백하게 부정적인 영향을 끼쳤다는 말을 듣고 좋아할 사람이 누가 있겠는가? 기분이 언짢을 수밖에 없다. 그래서 아무리 세심하게 준비한 자기표현 메시지라도 상대방의 방어적인 반응을 촉발하기 쉬운 것이다. 우리는 교육생들에게 이렇게 주의를 준다. "여러분들이 아무리 잘 구성된 자기표현 메시지를 보낸다고 해도, 그걸 상 받을 일로 생각하지는 마세요. 어떤 형태로든 상대방이 방어적으로 대응하거나 공격하리라고 예상해야 합니다."

방어적 태도의 악순환

사회심리학자인 잭 깁 박사는 8년여에 걸쳐 다양한 환경에서의 대화를 녹취하고 방어심리에 대해 연구했다. 그 결과 그는 대화 중에 한 사람이 방어적인 태도를 보이면 상대방도 방어적인 태도를 발동한다는 사실을 알게 되었다. 그렇게 되면 대화가 진행됨에 따라 방어적인 태도가 나선형으로 증폭되며, 양 당사자의 공격성과 파괴성이 강화된다.

이 나선은 어떤 사람이 다른 사람에게 자기표현을 할 때 거의 필연적으로 나타난다. 누군가가 자기표현을 하면 그 대상이 되는 상대방이 방어적인 태도를 보일 가능성이 높다. 그 상대방은 자기표현의 실제 내용을 상당히 왜곡해서 듣는 경우가 많으며, 그래서 적의를 띠고 대응한다. 자기표현을 한 사람도 이런 대응에 방어심리가 작동하여 흥분한 어조로 맞받아친다. 상호 비난의 악순환이 시작되는 것이다. 격렬한 언쟁을 하다 보면 두 사람 모두 마음의 상처만 받는다. 결국 처음 자기표현을 했던 사람은 목적을 달성하지 못하고, 두 사람의 관계는 훼손되고, 둘 다 자존심이 만신창이가 된다.

얼마 전, 어떤 대화에서 방어적 태도가 점점 증가하여 자기표현이 본론에서 벗어나는 과정을 목격한 적이 있다. 그 대화는 이렇게 진행되었다.

에버렛 당신이 내 연장들을 쓰고 밖에 내버려두니까 기분이 좋지 않아. 연장들이 다 녹슬어 버리잖아.

샬린 남자가 해야 할 일을 당신이 해주면 내가 그 연장을 쓸 필요가 없잖아.

에버렛 이번 주에는 시간이 없었다는 걸 당신도 잘 알잖아. 날마다 회사 일을 집에 가져와서 밤늦게까지 하는 거 못 봤어?

샬린 허, 그래? 그러면서 일요일 오후 내내 보는 것도 부족해서 월요일 밤까지 축구를 본 거로구만.

에버렛 그래도 난 집안일을 팽개쳐 놓고 날마다 눈물 질질 짜는 드라마나 보는 짓은 안 하잖아. 그런 프로그램은 정신박약아들이나 보는 거야.

이건 1회전에 불과하다. 언쟁은 얼마 지나지 않아 훨씬 더 격렬해졌다. 에버렛이 샬린의 어머니에 대해 몇 마디를 했고, 샬린은 에버렛의 성적인 무능력에 대해 언급하며 그에게 모욕감을 줬다. 결국 두 사람은 생각나는 일을 모조리 다 끌어내고 싸운 뒤에야 끝을 냈다.

에버렛은 이렇게 말했다. "그 날 밤이 얼마나 길었는지 모릅니다. 이틀이 지나서야 샬린과 저 사이에 불편한 휴전이 시작되었죠. 우리 둘 다 그 싸움이 왜 시작되었는지조차 까맣게 잊고 있었습니다."

자기표현 6단계 과정

자기표현 메시지만 보내면 상대방이 방어적으로 대응할 것이 뻔하기 때문에 원하는 결과를 얻을 수 없다. 우리는 6단계로 이루어진 자기표현 과정을 따르고 나서 높은 성공률을 얻었는데, 순서는 다음과 같다. ①준비 ②메시지 보내기 ③침묵 ④상대방의 방어적 대응을 반사적으로 듣기 ⑤필요한 만큼 ②~④단계를 반복하기 ⑥해결책 찾기

준비

메시지를 어떻게 준비하느냐가 자기표현의 성패를 판가름한다. 준비의 첫 단계는 자기표현 메시지를 보내기 전에 그 내용을 작성하는 일이다. 메시지 작성에는 두 가지 중요한 기능이 있다. 첫째, 메시지를 생각해내는 과정에서 억눌린 감정이 미리 발산된다. 둘째, 메시지를 공식대로 제대로 완성하면 그 메시지가 적절하고 간결하고 비난을 담고 있지 않다는 자신감이 생겨서 목적 달성에 도움이 된다. 특히 초보자의 경우에는 준비 없이 제대로 된 자기표현 메시지를 만들어내기 어렵다는 점을 명심해야 한다.

자기표현을 준비하는 과정에는 메시지의 적절성을 점검하는 과정도 포함된다. 내가 사용하는 점검사항은 4가지다. 먼저 나는 이렇게 자문해 본다. 이 메시지가 다른 사람의 영역을 침범하고 있지는 않은가? 만약 메시지에 담긴 영향이 구체적이고 명백하다면 다른 사람의 영역을 침범하지 않는다고 확신해도 좋다. 다음으로 이렇게 묻는다. 그 행동이 지속적으로 나를 괴롭히는가? 자기표현을 하기에 적당한 일이라 할지라도 누군가가 내 영역을 단 한 번 침범했는데, 그걸 가지고 자기표현을 하는 건 좀 심하다. 이 점검사항은 인간관계를 삭막하게 하는 시시콜콜한 잔소리를 피하게 해준다. 그런 다음, 상대방

과 신뢰의 토대를 쌓아왔는지 자문해본다. 친밀한 관계가 형성되기 전에 자기표현을 해야 하는 경우도 있지만, 그럴 때는 관계에 좋지 않은 영향을 줄 수도 있고 동기가 훼손될 수도 있다. 끝으로 그 표현을 통해 내가 의도한 목적을 달성할 수 있을지 자문해본다. 자신의 목적을 달성할 가능성이 높은 상대방, 자신의 목적을 달성할 가능성이 높은 상황에서 자기표현을 해야 한다. 이런 성공 경험이 차곡차곡 쌓여야 좀 더 어려운 단계로 나아갈 수 있다.

자기표현 메시지의 적절성을 판단하는 이 4가지 점검사항을 거치다보면 많은 메시지를 버리게 된다. 그러나 테스트를 통과하고 남은 메시지는 상대방의 행동을 고치게 만들 가능성이 높고, 그와의 관계도 더 가깝게 해줄 수 있다.

대부분의 자기표현 준비에는 상대방과의 대화 전 예행연습이 포함된다. 미국 대통령은 기자회견을 하기 전에 공보비서관과 정책보좌관을 만난다. 이 사람들은 기자회견에서 기자들이 무슨 질문을 할지 예상해서 대통령에게 연달아 질문을 던진다. 완벽한 복장과 조명까지 갖춘 상태에서 실시하는 이 예행연습을 거치면서 대통령은 어려운 예상 질문에 대한 답변을 정리하고 연습하여 실제 기자회견에서 능숙하게 대응할 수 있게 된다.

예행연습을 위해서는 조용한 장소를 고르고 다른 방해요소가 없도록 정리해야 한다. 그런 다음 메시지의 내용을 작성한다. 상대 역할을 해줄 사람에게는 처음에 방어적으로 대하라고 당부하고, 방어적인 태도 몇 가지를 예로 들어준다. 첫 번째 연습에서는 상대방에게 방어적인 요소를 무엇이든 사용해도 좋다고 말하라. 중요한 건 당신이 자기표현과 반사적 듣기를 반복해야 한다는 점이다. 다시 연습할 때는 연습 상대방에게 당신의 메시지를 진짜 상대방이 어떻게 받아들일지 말해주는 것이 좋다. 만일 연습 상대가 그런 유형의 방어적 대응을 해준다면 금상첨화다. 그러나 꼭 그래야 할 필요는 없다. 연습 상대에게 실제보다 과장할 필요는 없다고 말하라. 자기표현 과정만 잘 따르더라도 실전에서 목적을 달성할 수 있을 것이다.

상대방과 이야기를 나누기로 확실하게 약속해 두는 것도 자기표현을 성공시키기 위해 무척 중요하다. 만일 10~30분 동안 이야기를 나누자고 미리 약속해 두지 않으면, 상대방은 자신을 방어하기 위해 급한 일이 있다는 핑계를 대고 나가버릴 수도 있다. 그건 정말 맥 빠지는 일이고 쓸데없이 시간만 낭비하는 일이다.

장소도 신중하게 정하라. 가능하면 다른 사람들이 없는 곳에서 이야기하는 것이 좋다. (가족처럼 신뢰 정도가 높거나 여러 명에게 자기표현을 해야 하는 경우는 예외다.) 상대방에게 편한 장소에서 만날지, 당신이 편한 장소에서 만날지, 아니면 중립적인 장소에서 만날지도 결정하라. 처음 자기표현을 하는 경우라면 당신의 '홈그라운드'에서 하는 것이 좋다. 나중에는 아무런 방해가 없을 것 같으면 상대방이 편한 곳이나 중립적인 장소를 선택해도 괜찮다.

적절한 때를 정하는 일도 중요하다. 가족들 간의 문제라면 다들 피곤하고 배고프고 신경이 곤두서 있는 시간이나 정신없이 바쁜 시간은 피해야 한다.

자기표현 메시지 보내기

자기표현 메시지가 준비되었다면 약속시간을 정하고, 그 시간이 되면 만나서 메시지를 전달한다. 이때 메시지를 전달하는 방식이 자기표현의 성패를 좌우할 수 있다. 내 경우에는 잡담으로 이야기를 시작하지 않고 바로 용건으로 들어간다. 내게 매우 중요한 문제를 시간을 낭비하지 않고 곧바로 상대방에게 전달하고 싶기 때문이다. 이렇게 시작하는 건 어떨까?

보브 시간 내 줘서 고맙습니다. (상대방이 할 말이 있을지 모르니 잠시 멈춘다.)

샐리 좀 바쁘긴 하지만 시간을 내봤어요.

보브 감사합니다. 신경 쓰이는 문제를 해결하고 싶었거든요. 샐리, 당신이 …할 때면 …하게 되기 때문에 저는 기분이 …합니다.

단도직입적인 방식이 아닌 가벼운 잡담으로 시작하면 진지한 의도가 반감되어 전달될 수 있다. 만약 보브가 어린이 야구단에서 투수로 재능을 보이고 있는 샐리의 아들에 대해 먼저 언급했다고 치자. 그녀는 보브가 단도직입적으로 주장할 때보다 그 문제를 덜 진지하게 받아들일 가능성이 높다.

자기표현을 할 때는 내용 못지않게 형식도 중요하다. 잘 작성된 자기표현 메시지를 보낼 때 신체언어가 도움을 줄 수 있다. 자기표현을 할 때는 당신이 진심으로 하고 싶은 말이 무엇인지 신체언어로 보여주고, 그 표현을 그냥 해보는 게 아니라 반드시 관철시킬 생각이라는 점을 보여주어야 한다. 동시에 상대방을 존중하는 마음도 전달해야 한다.

신체언어에 따라 같은 문장이 순종형, 공격형, 자기표현형으로 다르게 들릴 수 있다. 클라라와 남자친구 닐은 저녁을 먹고 연극을 보러 가기로 약속했고, 닐은 클라라를 7시에 데리러 오기로 했다. 그러나 닐은 8시 15분에 도착했다. 늦을 거라는 전화도 없었고 도착해서도 아무런 해명이 없었다. 이에 대한 클라라의 반응은 똑같은 단어를 사용하더라도 신체언어에 따라 순종적으로 보일 수도 있고, 공격적으로 보일 수도 있고, 자기표현형으로 보일 수도 있다.

클라라의 메시지	클라라의 신체언어
우리가… 어… 약속한 시간은… 음… 7시인데… 어… 너는… 8시 15분에 왔고, 그래서 난… 어… 기분이 나빠…. 음… 나는 내 방에 페인트칠을 하다가 옷을 차려입고 내내 기다렸거든.	작은 목소리에 망설이는 말투로 이야기한다. '어'와 '음'을 자주 사용한다. 닐의 눈을 똑바로 쳐다보지 않는다. 기죽은 듯한 자세로 서서 목걸이를 만지작거린다. 닐로부터 1.5미터 정도 떨어져 있다.

클라라가 이와 같은 순종형 신체언어를 보인다면, 닐은 클라라의 말을 심각하게 받아들이지 않을 것이다. 한편, 클라라가 자신의 의도를 전달하기 위해 공격적으로 나갔다면 똑같은 메시지도 아주 다르게 들렸을 것이다.

클라라의 메시지	클라라의 신체언어
우리가 약속을 정한 시간은 7시인데, 너는 8시 15분에 왔고, 그래서 기분이 나빠. 나는 내 방에 페인트칠을 하다가 옷을 차려입고 내내 기다렸거든.	목소리는 크고 날카롭다. 말은 빠르다. '너' 라는 단어에 힘을 주고 비난하듯 내뱉는다. 도착시간을 힘주어 말하고 시간을 발음할 때 길게 끈다. 냉소로 입술이 비뚤어져 있다. 닐에게서 0.6미터 정도 떨어져 있고, 말할 때 집게손가락으로 그의 가슴을 연신 가리킨다. 사나운 시선으로 닐의 눈을 똑바로 노려본다. 닐이 사과하고 그 이유를 설명하자 못 믿겠다는 듯 눈알을 굴린다.

이런 유형의 신체언어는 협조적인 태도를 이끌어내기 어렵다. 이런 신체언어로는 자기표현 메시지의 목적을 달성할 수 없다. 다음에도 닐은 데이트에 늦게 와서 클라라를 배신할 수 있다. 화풀이 삼아 터무니없이 일찍 올 수도 있다. 그는 순종하는 태도를 보이면서도 클라라와 점점 거리를 둘 가능성이 크다.

클라라가 자기표현형 메시지를 보냈다면 신체언어가 아래와 같았을 것이다.

클라라의 메시지	클라라의 신체언어
우리가 약속을 정한 시간은 7시인데, 너는 8시 15분에 왔고, 그래서 기분이 나빠. 나는 내 방에 페인트칠을 하다가 옷을 차려입고 내내 기다렸거든.	목소리는 차분하지만 진지하다. 그녀는 닐과 1미터 정도 떨어져서 양발을 바닥에 반듯이 딛고 안정감 있게 서 있다. 절제 있고 힘이 있지만, 눈에 적의를 담고 있지는 않다. 약간 앞으로 기울어져 있는 그녀의 몸은 이 문제에 대한 진지한 태도를 보여준다.

말과 신체언어가 조화를 이루어 서로를 강화하면, 자기표현 메시지의 효과

가 높아진다. 자기표현형 신체언어의 몇 가지 요소를 살펴보자.

자세 상대방을 마주 본다. 적당한 거리를 두고 반듯이 서거나 앉아서 윗몸을 약간 앞으로 기울인다. 고개는 똑바로 든다. 두 발을 바닥에 탄탄하게 딛고, 팔짱을 끼거나 다리를 꼬지 않고 열린 자세를 취한다.

눈 맞추기 자기표현을 할 때는 상대방의 눈을 정확히 바라보아야 한다. 그래야 당신이 진심으로 이야기하고 있다는 사실을 보여줄 수 있다. 당신의 목적은 공격적인 시선으로 상대방을 제압하는 것이 아니다. 가끔씩 다른 데로 시선을 돌리며 긴장을 풀면서 진지하고 의젓하게 상대방의 눈을 바라보면 목적을 달성하려는 의지를 공격적이지 않은 방식으로 전달할 수 있다.

얼굴 표정 얼굴 표정은 메시지와 일치해야 한다. 상대방의 행동에 화가 났을 때도 미소를 짓거나 어색하게 웃으며 이야기하는 경우가 있는데, 그러면 2중 메시지가 되어 효과가 반감된다. 거울 앞에서 연습하거나 다른 사람과 연습하면서 피드백을 받으면, 자신이 애매하게 웃거나 자기표현 효과를 반감시키는 다른 표정을 짓고 있지는 않은지 찾아낼 수 있다.

제스처 어떤 사람들은 자기표현을 할 때 너무 경직되어 있거나 조각상처럼 무표정하다. 메시지를 전달할 때 신체적으로 경직되어 있으면 자기표현이 약해지는데, 이럴 때 적절한 제스처로 강조하면 효과가 배가된다. 그러나 어떤 제스처는 자기표현 효과를 떨어뜨린다. 너무 강한 제스처를 사용하거나 동일한 제스처를 지나치게 사용하는 행위는 메시지에 대한 집중도를 떨어뜨린다. 탁자를 연거푸 치거나 상대방의 가슴을 향해 손가락질하는 행위도 상대방의 방어심리를 강화한다. 반대로 어깨를 으쓱하거나, 말하는 동안 입을 가리거나, 주저하며 머뭇거리거나, 장신구를 만지작거리거나, 몸의 중심을 이리저리 옮기거나, 왔다 갔다 하면서 이야기하거나, 같은 행동을 반복하면 자기표현의 효과가 떨어진다.

목소리 단조로운 어조로 읊조리거나 억양 없는 말투로 이야기하면 당신의 영역을 침해한 상대방을 몰아내기 힘들다. 자기표현 훈련의 선구자라 할 수 있는 로버트 알버트와 미셸 에먼스가 쓴 글 중에 다음과 같은 내용이 있다.

의사소통에서 목소리는 가장 소중한 자원 중 하나다. 당신은 원하는 바를 강조는 억양으로 이야기하는가? 목소리 크기는 어떤가? 평소 대화할 때 상대방에게 잘 안 들릴 정도로 작게 이야기하는가? 필요할 때 고함을 지를 수 있는가? 반대로 당신이 평소 대화할 때 목소리 크기가 다른 사람들이 화난 것처럼 들을 정도로 큰가? 당신의 목소리를 조종하라. 그것은 자기표현의 강력한 요소를 이용하는 것이다.

나는 자기표현을 할 때 차분하면서도 확고한 목소리로 시작한다. 사람들은 내게 어떻게 그렇게 침착할 수 있느냐고 묻는다. 그렇게 할 수 있는 두 가지 이유가 있다. 첫째, 자기표현 내용을 작성하는 동안 감정이 대부분 발산되기 때문에 자기표현을 할 때는 억눌린 감정이 남아 있지 않다. 둘째, 나는 자기표현에서 성공한 경험이 많아서 이번에도 상대방에게 내 의도를 관철시킬 수 있다는 자신감이 있다.

호흡 숨을 충분히 들이마시면 생각보다 효과적으로 자기표현을 할 수 있다. 폐에 공기의 양이 적으면 흉부가 가라앉고 자신감이 없어 보인다. 게다가 공기가 줄어들면 에너지도 줄어들기 때문에 남아 있는 에너지를 모두 자기표현을 하는 데에 써야 한다. 폐에 공기가 부족하면 초조함이 더해져서 자기표현의 힘도 약화된다. 자기표현에 필요한 힘 있는 목소리를 내기 위해서는 폐에 공기를 가득 채워야 한다. 사람들은 자기표현을 할 때와 같은 초조한 상황에서 숨을 조금 참는 경향이 있다. 두 발을 바닥에 단단히 딛고, 몸을 수그리지 않고, 말하기 전에 공기를 충분히 들이마시면 자기표현을 하기에 용이한 자세가 된다.

자기표현을 하는 사람의 신체언어는 상대방뿐만 아니라 자기 자신에게도 영향을 미친다. 상대방을 향해 마주 서고, 등을 곧게 펴고, 두 발을 바닥에 굳게 딛고, 폐에 공기를 가득 채웠을 때, 내면의 에너지를 더 많이 끌어낼 수 있다. 그러면 초조하고 의기소침한 기분이 사라지고 단호함과 자신감이 생긴다.

침묵하기

자기표현 메시지를 적절한 신체언어와 함께 보낸 뒤에는 잠시 멈추고 침묵하라. 당신이 침묵하면 상대방은 당신이 말한 내용을 찬찬히 생각해보거나 자신이 하고 싶은 말을 꺼내게 된다. 상대방의 첫 반응은 보통 방어적이다. 때로는 변명하고, 때로는 공격하고, 때로는 뒤로 한 발 물러선다. 방어적인 반응이 되돌아오리라고 예상하고 있어야 한다. 그렇지 않다면 특이한 경우다. 당신이 침묵하는 동안 상대방은 자신의 방어심리를 드러낼 기회를 얻게 되는데, 그런 식으로 감정을 발산하는 과정은 자기표현을 하는 사람의 목적 달성을 위해서도 필요하다.

자기표현을 한 뒤의 침묵은 두 사람이 모두 만족할 만한 해결책에 도달하도록 도와준다. 우리가 개최한 연수회에서 캐나다 모 대학의 총장이 이렇게 말했다. "당신들이 가르쳐준 대로 하면 내가 의도한 대로 상대방이 협조해줄 거라고 했는데, 나한테는 그런 일이 한 번도 일어나지 않더군요." 나는 한 가지 상황을 설정하고 그에게 다른 사람과 역할극을 해보라고 했다. 그 역할극에서 그는 상대방이 자진해서 해결책을 생각해낼 수 있는 침묵의 시간을 전혀 허용하지 않았다. 나는 이 점을 지적하고 다시 한 번 역할극을 해보라고 했다. 이번에는 그가 잠시 침묵했고 상대방은 만족스러운 해결책을 제시했다. 나중에 그 총장은 자기표현 메시지를 보낸 후의 침묵이 실제 상황에서 얼마나 중요한지를 깨달았다고 고백했다.

방어적 반응을 반사적으로 듣기

자기표현 메시지를 전하고 침묵의 시간까지 가지고 나면, 상대방이 방어적인 태도를 보이기 시작한다. 이때 당신의 주장을 반복하거나 자세히 설명하거나 공격적으로 나가지 말고, '역할을 바꿔서' 상대방의 방어적인 태도에 반사적 듣기로 대응해야 한다. 이 과정은 〈그림 10-1〉에서처럼 자기표현과 반사적 듣기를 오가면서 주장이 완전히 먹혀들 때까지 여러 번 반복된다. 이때의 반사적 듣기는 4가지 정도의 의미가 있다.

첫째, 상대방의 방어심리를 약화시킨다. 상대방이 방어심리를 드러냈을 때 그것을 존중하는 태도로 반사하면, 방어심리가 서서히 가라앉기 마련이다. 그러면 공격성 증가라는 악순환의 고리가 끊어지고 긍정적인 대화가 다시 시작된다. 올바른 듣기 태도는 공격성을 감소시키는 효과가 매우 크다.

반사적 듣기를 해야 하는 두 번째 이유는 상대방의 말을 듣고 당신의 주장을 철회해야 하는 경우도 있기 때문이다. 예를 들어 보자. 내 아들은 학생 운전면허증이 있는데, 이 면허증은 저녁 9시까지만 운전이 허용된다. 아들이 학교에서 농구연습을 하고 집에 9시 30분에 들어왔을 때, 내가 아들을 불렀다. 그러자 그 애가 법률상 학생 운전면허증을 갖고 있는 사람은 밤 9시까지만 운

방어적 태도

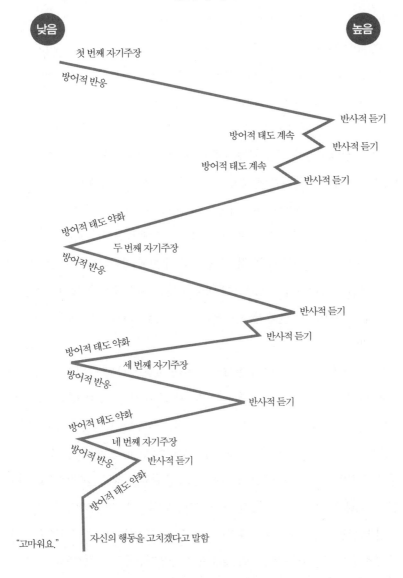

낮음 / 높음

첫 번째 자기주장

방어적 반응

반사적 듣기

방어적 태도 계속 / 반사적 듣기

방어적 태도 계속 / 반사적 듣기

방어적 태도 약화

두 번째 자기주장

방어적 반응

반사적 듣기

반사적 듣기

방어적 태도 약화

세 번째 자기주장

방어적 반응

반사적 듣기

방어적 태도 약화

네 번째 자기주장

방어적 반응 / 반사적 듣기

방어적 태도 약화

"고마워요." / 자신의 행동을 고치겠다고 말함

그림 10-1 자기주장과 반사적 듣기 사이에서 '역할 바꾸기'를 계속할 때 나타나는 공격성의 증가와 감소 양상. (토마스 고든 박사의 그래프를 응용)

전이 허용되는데, 학교 행사가 있는 경우는 예외라고 알려주었다. 규칙을 위반하는 일만 아니라면 아들이 9시 30분에 귀가하는 일을 반대할 이유가 없었으므로, 나는 더 이상 아무 말도 하지 않았다.

자기표현 후 상대방의 반응에 귀를 기울여야 하는 세 번째 이유는 상대방에게 당신의 욕구와 충돌할 수밖에 없는 사정이 있을 수 있기 때문이다. 그럴 때는 두 사람 모두에게 바람직한 방향으로 문제해결 방식을 바꿀 수도 있다. 어느 기숙사 상담교사가 건물 관리인에게 한 자기표현이 바로 이런 경우이다. "바닥과 세면대를 깨끗하게 관리하지 않으시니까 기분이 상쾌하지 않네요. 지저분한 환경에서 일을 해야 하니까요." 그러자 그 관리인은 대학 예산이 삭감되어 자신이 그 전까지 해왔던 면적의 2배를 청소해야 한다는 사실을 말해 주었다. 게다가 그는 초과근무를 할 수 없는 처지였다. 상담교사는 이런 경우에는 자기표현을 계속 고집하기보다 타협해서 다른 해결 방법을 찾아보는 쪽이 현명하다고 생각했다. 결국 두 사람은 서로 머리를 맞대고 만족할 만한 방도를 찾아냈다.

넷째, 자기표현을 하고 나서 반사적 듣기를 하면 상대방이 당신 그리고 당신과의 관계에 대해 어떻게 생각하고 있는지 많은 것을 알 수 있다. 그는 방어적인 입장이기 때문에 자신이 실제로 느끼는 것보다 과격하게 말할 수 있다. 그래도 그의 말은 중요한 단서고 쉽게 무시할 수 없는 정보다. 그 중 상당부분은 당신의 자기표현이 아니었다면 말로 표현되지 않고 묻혀버렸을 내용들이다. 이때 당신이 스스로를 방어하기보다 반사적 듣기를 하면, 관계를 개선시킬 방도를 찾는 데 도움이 된다. (상대방이 자기표현을 하는 동안에는 반사적 듣기에 충실하고 불만들에는 대답하지 말라. 당면했던 문제가 해결되고 나면, 상대방이 수세에 몰렸을 때 폭포처럼 쏟아낸 문제들을 두 사람이 다시 이야기하고 싶어질 것이다.) 상대방의 대응에 따라 당신의 요구사항을 수정해야 하는 경우도 있고, 때로는 상대방에게 해결해야 할 문제가 있다는 사실을 발견하는 경우도 있을 수 있다. 경우가 어찌되었든 반사적 듣기의 가장 중요한 역할은 상대방의 공격심리를 누그러뜨리는 일이다.

적대적 반응에 대응하기 아무리 신중하게 작성한 자기표현 메시지라 해도 적대적인 공격을 받기가 쉽다. 대부분의 사람들은 당신이 표현한 내용을 진지하게 듣고 있기보다 반격할 구실을 찾는 데 몰두한다. 반격할 때 쓰는 말은 당신을 수세에 몰아넣고 공격하기 위해 찾아낸 말들이다. 그들은 자기표현이 담고 있는 요점을 제쳐두고, 자신에게는 상대적으로 위험이 적으면서 당신에게는 타격이 될 만한 문제를 찾아낼 것이다.

공장에서 제1라인의 책임을 맡고 있는 조앤은 생산량에 악영향을 미치고 있는 마이크를 불러 그의 작업현황에 대해 이야기했다. 마이크는 적대적인 태도로 반응했고, 조앤은 마이크의 방어적인 태도에 반사적 듣기로 대응했다.

조앤　이달에는 지난달보다 생산량이 30%나 줄어서 마음이 무거워요. 우리 라인의 생산량이 떨어지면 월급도 적어지니까요.

마이크　사람들 말이 확실히 맞는 것 같네요. 당신은 남자라면 무조건 못마땅해 하는 것 같군요.

조앤　그러니까 내가 생산량에 대해 이야기하는 이유가 당신이 남자이기 때문이고 생산량은 남자에 대한 증오심을 감추기 위한 연막에 불과하다는 거군요.

마이크　잘 아시는군요. 당신네 여성해방론자들은 죄다 싸움닭이에요.

조앤　(자신이 여성해방론자라고 생각하지 않음) 여자들이 너무 주제넘게 나선다는 생각 때문에 진절머리가 나는 모양이군요.

마이크　그래요. 집에서 애나 볼 일이지, 뭐 하러 직장에 다니는지 모르겠어요.

조앤   내가 집에서 애들이나 키우고 일은 하지 말아야 한다고 생각하나 보군요.

마이크   당연하죠. 애들이 학교 끝나고 집에 왔는데 엄마가 없다면 그 애들이 나중에 뭐가 되겠어요?

조앤   이달에는 지난달보다 생산량이 30%나 줄어서 내 마음이 무거워요. 우리 라인의 생산량이 떨어지면 월급도 적어지기 때문이에요.

이 대화에서 조앤의 대응을 검토해보자.

첫째, 그녀는 마이크가 말한 내용과 감정을 반사했는데, 특히 감정에 중점을 두어 반사했다. 그녀는 연속해서 세 번을 반사했지만 횟수가 중요하지는 않다. 때로는 한 번의 반사로 더 이상 계속할 필요가 없는 경우도 있고, 대여섯 번은 해야 상대방의 방어심리가 누그러져서 자기표현 메시지를 다시 전달할 만한 조건이 되기도 한다.

둘째, 조앤은 본론이 아닌 자신의 여성성, 성격, 여성해방, 아이 돌보는 문제 같은 곁가지에 말려들지 않았다. 그녀는 마이크가 던진 미끼 중 하나라도 물면, 이 논쟁이 흐지부지 끝나게 되리라는 것을 알고 있었다. 또한 그런 화제에 자신의 의견을 덧붙이면 대화가 딴 길로 새서 자신의 요구가 관철되지 않는다는 점도 알고 있었다.

셋째, 조앤은 마이크를 정중하게 대했다. 심지어 인신공격을 받았을 때도 비난조의 단어를 사용하지 않았다. 그녀의 목소리 어조는 오만함이나 비웃음과 거리가 멀었다. 태도나 얼굴표정은 그녀가 진지하다는 점을 분명히 보여주면서도 결코 공격적이지 않았다. 그녀로서는 어려운 일이었겠지만, 조앤은 마이크의 사고방식을 이해하려고 최선을 다했다.

넷째, 조앤은 자기표현을 재차 말했다. 그녀는 처음 자기표현을 할 때 했던 말을 똑같이 반복했다. 그녀는 마이크도 다른 사람들처럼 자신이 처음 보낸 메시지를 듣지 않았을 거라고 생각했다. 말이 들리기는 했겠지만 그녀의 걱정이 무엇인지 귀를 기울이지는 않았다는 말이다. 그래서 그녀는 메시지를 다시 보냈다. 조앤은 이 메시지를 준비하면서 마이크가 만만치 않게 나오리라고 예상했다. 또한 자신이 자기표현 메시지를 보내면서 비난조의 단어를 실수로 내뱉을지도 모른다는 점도 알고 있었다. 그래서 그녀는 처음 보낸 메시지의 내용을 외우고 그 메시지를 정확히 말할 때까지 연습해두었다.

조앤이 재차 말한 메시지를 듣고 마이크가 다시 방어적으로 대꾸했다. 조앤은 그가 저항하는 말을 반사했고 자기표현 메시지를 한 번 더 말했다. 이런 과정이 몇 번 더 반복되고 나서 마이크가 드디어 조앤의 요구에 맞는 해결책을 제시하기에 이르렀다. 그녀는 마이크에게 고맙다고 말하고 마이크가 제시한 해결책이 생각만큼 효과가 있는지 확인하기 위해 일주일 뒤에 다시 만나기로 약속했다. 일주일이 지나서 조앤과 마이크가 만났을 때, 마이크가 낸 실적은 그 해 최고치를 기록했다.

이 대화를 듣고 어떤 사람들은 마이크가 그런 식으로 말하는 걸 용납해서는 안 된다고 주장했다. 그러나 조앤은 당당했다. 자기표현을 통해 자신의 요구를 관철시켰고, 자신의 직원 중 가장 까다로운 사람과 업무상 좋은 관계가 되었기 때문이다. 그녀는 이렇게 말했다. "가장 큰 소득은 제가 제 자신을 멋있다고 느끼게 된 거예요. 일주일 내내 기분이 날아갈 것 같았어요."

질문에 대응하기 적대감을 보이는 것 외에도 사람들이 자기표현 메시지에 반응하는 방법은 여러 가지가 있다. 어떤 사람들은 자신을 방어하기 위해 질문을 사용한다. 당신이 질문에 대답하는 동안 자기표현이 중단되고, 그러면 당신의 영역에서 벗어나거나 당신의 요구를 충족시킬 수 있는 방법을 생각하지 않아도 되기 때문이다. 가끔 예외도 있지만, 이럴 때 나는 다음과 같은 원칙을 고수한다. 자기표현을 하는 동안에는 질문에 대답하지 말라. 대신 반사적 듣기로 대응하라. 모든 질문은 평서문으로 바꿔서 상대방에게 돌려줄 수 있다. 예를 들어보자.

> 딸 엄마는 뭐 저만할 때 항상 설거지를 했어요?
> 엄마 엄마도 어렸을 때는 하지 않았으면서 너한테만 시킨다는 거구나.

자기표현을 하는 상황에서 더 이상의 말은 필요 없다. 만약 덧붙일 말이 있다면 비난하지 않으면서 구체적으로 간결하게 말하면 된다. 그러고 나서 상대방이 다음 말을 하도록 침묵을 지킨다.

논쟁으로 회피하려 할 때 어떤 사람들은 자기표현에 대해 논쟁으로 대응한다. 이런 방어법은 머리 회전이 빠르고 논쟁에 자신이 있는 사람들이 주로 사용한다. 아무런 근거가 없더라도 말이다. 그들은 자신이 매우 객관적이며 단지 확실히 알고 싶을 뿐이라는 투로 말하는데, 사실은 당신의 영역을 침범하는 자신의 행동을 고치고 싶지 않은 것이다. 논쟁이란 이기고 지는 게임이다. 상대방이 이기면 당신이 지고, 당신이 이기면 상대방은 지는 게임이다. 어느 경우든 자기표현은 외면당하고 당신의 요구조건은 충족되지 않으며 두 사람의 관계는 악화될 것이다. 지고 싶은 사람은 아무도 없기 때문이다. 당신의 요구조건을 충족시키고 관계를 돈독히 하는 길은 논쟁에 휘말리지 않고 반사적 듣기를 고수하는 방법밖에 없다.

눈물에 대응하기 어떤 사람들은 자기표현에 직면했을 때 눈물을 무기로 사용한다. 대개 눈물을 보이는 행동은 자신이 상대방의 영역을 침해하고 있음에도 불구하고 그 행동을 고치지 않으려는 교묘한 속임수다. 안타깝지만 이 수법은 대단히 효과가 높다. 나는 자기표현을 할 때마다 눈물로 방어하는 사람을 보면서 절대 눈물에 넘어가지 않겠다고 다짐한다. 물론 나는 그 눈물이 진심이며 그 사람이 정말로 슬퍼하고 있다고 믿는다. 그래서 그 사람이 그 일에 대해 슬퍼하고 있다는 사실을 반사하고, 그런 다음에는 부드럽지만 단호하게 자기표현을 한다. 만약 그의 감정이 너무 격해지면, 잠시 뒤 또는 다음날 만나자고 말한다. 그 시간이 되면 나는 다시 자기표현을 한다. 약속시간을 기다리는 동안 그 사람이 감정적인 스트레스에 과도하게 시달리지 않는다면, 나는 재차 자기표현을 함으로써 문제가 해결될 때까지 그를 놓아주지 않는다.

침묵으로 일관하는 사람 대하기　어떤 사람은 자기표현에 직면하면, 위협을 느낄 때 몸통 안으로 목을 쏙 넣어버리는 거북이처럼 움츠러든 태도로 대응한다. 당신이 자기표현을 하는 동안 묵묵히 듣고만 있는 것이다. 때로는 못마땅하다는 신체언어를 보일 수도 있고, 때로는 의기소침한 표정으로 앉아 있을 수도 있고, 때로는 감정을 숨기기 위해 무표정하게 앉아 있을 수도 있다. 이런 부적절한 침묵은 자신의 기분이 언짢고 방어하고 싶다는 뜻이다. 이런 상황에서 나는 한참동안 입을 다문다. 그런 다음 내가 생각하는 그 신체언어의 의미를 반사하고 나서 다시 자기표현으로 돌아간다. 만일 상대방이 계속 입을 다물고 있으면 이렇게 말한다. "당신의 침묵이 더 이상 나와 이야기하고 싶지 않고 내 요구를 받아들여 약속한 시간까지 일을 처리하겠다는 뜻이라고 생각하겠습니다. 일이 제대로 처리되었는지 확인하기 위해 다음 주 일요일에 다시 만나서 이야기합시다." 자기표현의 목적은 상대방의 행동을 고치는 것이다. 그러므로 그 사람이 기분 나쁘게 생각해도 어쩔 수 없는 일이다.

지금까지 가장 흔한 방어적 태도와 그에 대응하는 법을 살펴보았다. 물론 다른 식으로 방어하는 경우도 많다. 그러나 다행스럽게도 방어적인 반응에 대응하는 일반적인 전략은 항상 같다. 반사적으로 들은 다음, 다시 자기표현을 하는 것이다.

상대방이 제시한 해결책을 찾아내고 반사하라 상대방의 방어적인 반응에 반사적으로 대응하느라 그가 당신의 주장이 타당하다는 사실을 인정한다고 했는데도 그 표현을 놓치고 들을 수 있다. 자기표현 메시지를 받은 사람은 방어적인 태도에서 벗어나 문제해결을 위해 노력할 생각이 있어도 그 생각을 애매하게 에둘러서 표현한다. 그래서 격렬하게 저항하는 것처럼 말하면서 그 안에 힌트를 떨어뜨려 놓는 경우가 많다. 당신이 그 부분을 알아채고 반사한다면 이 과정을 단축할 수 있고 두 사람이 감당하고 있는 스트레스도 훨씬 줄일 수 있다.

"이봐, 내가 그런 행동으로 자네에게 상처를 줬군. 다음부터는 이렇게 고치겠네."라고 말하는 건 정말 어려운 일이다. 대부분의 사람들은 당신이 불편해한다는 사실을 인정하고 대책을 제시하면서도 경계를 늦추지 않는다. 관심을 표명하고 대책을 제시할 때도 당신이 눈치 채지 못할 만큼 암시적으로 표현한다. 자기표현에서 가장 중요한 기법 중 하나는 상대방이 대책을 제시하거나 나의 곤경을 이해했다는 신호를 아주 미묘한 뉘앙스로 말했을 때, 그 말을 잡아내서 반사하는 기법이다. 그런 뒤에는 상대방이 그 부분에 대해 좀 더 생각해보도록 침묵을 지켜야 한다. 이런 일에 능숙해지면 원하는 결과를 더 많이 더 빨리 얻을 수 있다.

과정 반복하기

당신이 자기표현 메시지를 보내고 나서 상대방에게 생각하거나 대답할 시간을 주었고, 예상했던 방어적 반응에 반사적 듣기로 대응했다면, 이제는 그 과정을 반복할 때다. 상대방은 방어태세를 갖추고 있었기 때문에 당신의 관점에서 그 상황을 보지 못했을 가능성이 있다. 그러므로 똑같은 메시지를 다시 보내야 한다. 그런 뒤에는 침묵을 지켜야 한다. 그러면 상대방이 다시 방어적인 반응을 보일 것이고, 당신은 다시 그 반응에 반사해야 한다. 그 과정을 다섯 번에서 열 번 정도 되풀이해야 상대방이 제대로 상황을 이해하고 당신의 요구조건을 충족시킬 만한 대책을 제시한다.

자기표현과 반사하기의 리듬을 얼마나 잘 조절하느냐에 따라 자기표현의 효과가 달라진다. 이 2가지 역할의 교대는 우리가 가르치는 대인관계 기법에서 가장 어려운 부분이다. 대부분의 사람들은 자기표현을 하고 나서 상대방의 말을 들어야 한다는 사실을 잊어버린다. 그런 상황에서 상대방이 방어적으로 반응하면 다른 말로 그 사람을 사정없이 공격하기 때문에 얼마 지나지 않아 싸움이 일어난다. 어떤 사람들은 자기표현을 다시 해야 한다는 사실을 잊어버리고 듣는 역할에서 빠져나오지 못하기도 한다. 그러다가 자신의 요구조건이 관철되지도 않았는데 오히려 상대방을 위로하며 이야기를 끝내버린다. 자기표현이 목적이었는데 상대방에게 순종하는 것으로 대화를 끝내버린다.

지속성은 자기표현을 성공으로 이끌기 위해 꼭 필요한 요소다. 자기표현을 해놓고도 끝까지 관철시키지 못하는 가장 큰 이유는 상대방이 처음에 방어적인 반응을 보였을 때 쉽게 포기해버리기 때문이다. 일반적으로 자기표현 메시지를 3~10번 정도 반복(상대방이 대책을 내놓거나 방어하도록 침묵을 지키고, 상대방의 반응을 반사적으로 듣는 행위를 반복)해야 상대방의 행동을 고칠 수 있다.

잘 정리한 메시지를 몇 차례 보내고 상대방의 방어적인 대응을 반사적으로 들은 뒤에는 대화가 일시적으로 소강상태에 접어들 수 있다. 상대방이 당신의 주장을 단어 하나까지 외울 수 있다 하더라도, 당신의 의도를 분명히 이해하지는 못했을 수 있다. 그럴 때는 당신의 감정을 고조시킬 필요가 있다. 당신의 목소리 어조나 신체언어로 전달되는 감정의 표현 단계를 높이는 것이다.

감정을 고조시키는 행동은 계산된 속임수가 아니다. 상대방이 몇 차례 방어적인 반응을 보이면 자기표현을 한 사람의 감정 온도는 당연히 올라간다. 그러면 분노와 좌절감이 증가하면서 상대방에게 감정을 자주 표현하게 된다. 감정을 고조시킬 때는 비난하거나 모욕감을 주는 말, 관련 없는 말을 덧붙이지 말고 당신이 앞서 했던 말을 똑같이 반복해야 한다. 당신의 감정 온도가 높아질수록 애초의 메시지가 다른 말로 흐려질 가능성이 높아지기 때문에, 그럴수록 감정이 차분했을 때 보냈던 메시지를 반복해서 사용해야 한다.

불같이 화가 난 상태에서도 적개심이나 공격성을 내보이지 않고 진심에서 우러난 감정을 표현할 수 있다. 그러나 절대로 위장하지는 말아야 한다. 감정을 과장하는 일도 축소하는 일도 바람직하지 않다. 대화에서 감정이 고조되면 반사적으로 듣기가 점점 힘들어진다. 그러나 안타깝게도 감정의 수위가 높아질수록 반사적인 듣기가 훨씬 더 중요해진다.

앨런 프랭크가 말했다. "성인으로서의 성숙함을 보여주는 표식 중 하나는 감정과 이성을 균형 있게 통제하는 능력인데, 이는 이성을 발휘하면서 감정을 표현하는 능력을 말한다." 자기표현 방식을 잘 지키면 이성적인 자제력과 솔직한 감정 표현 사이에서 성숙한 균형을 유지할 수 있다. 따라서 이 방식을 사용하면 당면한 문제뿐만 아니라 두 사람의 관계까지 안전하게 지키는 방향으로 감정을 표현할 수 있다.

자기표현 과정을 항상 완벽하게 진행할 수는 없다. 듣기를 잊어버릴 수도 있고, 메시지를 서투르게 전달할 수도 있고, 반사할 때 감정에 중점을 두는 일을 까먹을 수도 있다. 그래도 계속하라. 지나치게 많은 실수를 하지만 않는다면 자기표현은 분명히 효과가 있다.

때때로 상대방이 당신의 요구조건을 곧바로 받아들일 수도 있다. 방어적으로 반응하지 않고 곧바로 대책을 내놓을 수 있다는 말이다. 항상 방어적인 반응에 대처할 준비를 하라고 교육받은 사람들은 이럴 때 당황스러울 수 있다. 이럴 때는 그냥 그 대책을 반사하고 "고마워요."라고 대답하면 된다.

해결책 찾기

자기표현 메시지의 효과가 큰 이유는 상대방을 구석에 몰아넣지 않기 때문이다. 상대방은 내가 제시한 해결책에 예/아니오로 대답하는 것이 아니라, 자신의 조건에 맞는 대책을 생각해내서 제시할 수 있다. 이는 억지로 강요한 양보가 아니라 상대방의 존엄성을 지켜주면서 얻은 결과다. 상대방이 내가 만족할 만 한 대책을 내놓았다면, 그것이 비록 설전을 벌인 끝에 나온 결과라 하더라도 양 당사자 모두 한결 기분이 좋아진다. 조정하는 과정을 거치는 동안 두 사람의 관계도 더 가까워진다.

상대방이 어떤 대책을 생각해내면 그 대책이 당신이 원하는 조건을 충족하는지 확인해야 한다. 그 대책을 부분적으로 고칠 수 있어야 하고, 당신의 요구를 충족시킬 수 있는 선택의 범위도 넓어야 한다. 만약 상대방의 제안이 당신의 요구를 충족시키지 못한다면 그 점을 솔직하게 말해야 한다. 그런 뒤에는 해결책을 거절하고 한동안 침묵을 지키는 것이 좋다. 그 시간 동안 상대방이 다른 해결책을 생각해낼 수도 있고 다시 방어적인 태도로 돌아갈 수도 있다. 어떤 반응을 보이든 요구조건을 만족시킬 만한 대책이 나올 때까지 침묵을 지켜야 한다.

상대방은 자신이 당신의 요구조건을 충족시켜야 하는 상황을 마뜩찮게 생각할 수도 있는데, 그래도 어쩔 수 없다. 자기표현의 목표는 상대방이 행동을 고치는 것이다. 나에 대한 상대방의 태도가 바뀌거나 완전히 변하리라는 기대는 하지 않는 편이 좋다. 상대방이 투덜거리든 미소를 짓든 상관없이 그가 나의 사적인 영역에서 사라졌다는 사실에 기뻐하면 된다.

도출된 해결책은 다시 한 번 쉽게 풀어서 상대방에게 말해주어야 한다. 그렇게 해서 두 사람이 똑같이 이해했다는 점을 확인해야 한다. 다시 말해주는 일은 그 해결책을 상대방의 머릿속에 확실하게 각인시키는 구실도 한다.

대화의 끝에는 고맙다는 인사를 잊지 말자. 자기표현 과정이 너무 힘들어서 기본적인 예의를 잊을 수도 있으니 조심하자.

그 해결책이 효과가 있는지 점검하기 위해 두 사람이 다시 만날 시간도 정해 두도록 하자. 선의로 제시한 대책이 효과가 없어서 다른 방도를 찾아야 할 수도 있고, 상대방이 실행할 의지도 없는 대책을 당신을 뿌리치기 위해 내놓았을 수도 있다. 두 사람이 동의한 해결책이 얼마나 효과가 있는지 점검하기 위해 다시 만나기로 하면, 상대방은 당신이 진지하게 자기표현을 하고 있다고 느낄 것이고, 당신에게는 속임수가 통하지 않는다는 사실도 깨닫게 된다.

정리

자기표현 메시지를 보내면 상대방이 방어적으로 대응할 가능성이 높다. 한 사람의 방어심리는 상대방의 방어심리까지 부추기는 경향이 있다. 그러면 방어의 확대재생산이 일어나고, 이어서 공격이나 불화로 이어진다. 자신의 요구조건을 충족시키면서 상대방의 방어에 효과적으로 대응하기 위해서는 다음 여섯 단계를 따라야 한다.

1. 준비

2. 자기표현 메시지 보내기

3. 침묵하기

4. 방어적 반응을 반사적으로 듣기

5. 2~4 과정 반복하기

6. 해결책 찾기

자기표현을 배우는 과정은 외국어를 배우는 과정과도 같다.
처음에는 단어, 절, 기본적인 문법을 배운다. 그러다가 어느 날 갑자기
어린아이들이 쓰는 수준의 말로 의사소통을 할 수 있게 되고,
계속 배우면서 유창해진다. 마침내 완전히 터득한 뒤에는 그 언어로
창의력을 발휘할 수 있을 정도로 자유로워진다.

– 헤르베르트 펜슈테르하임, 정신과 의사 / 진 베어, 작가

다양한 자기표현형 행동

자기표현을 하는 방법은 많다. 앞의 세 장에서 자기표현 메시지를 제시하는 방법에 대해 세세하게 설명했다. 일단 그 방법의 원리를 충분히 숙지하고 연습했다면 나머지 자기표현 방법을 더 익힐 수 있다.

이 장에서는 자기표현을 하는 12가지 방법을 간단히 설명할 것이다. 이 12가지를 방법이라고 부르기는 했지만, 그런 형식적인 명칭으로는 이들의 가치를 전부 나타낼 수가 없다. 이 방법들은 여러 사람들이 자신의 행동이나 대인관계가 모범적인 사람들의 행동을 관찰하고 발전시킨 것들이다. 그 행동들은 의식적인 패턴을 따르지 않고 자연스럽게 나왔을 수도 있는데, 관찰자는 어떻게 해서 그런 행동이 저절로 나오게 됐는지를 찾아내는 과정에서 반복적으로 일어나는 어떤 행동 유형에 주목하게 되었다. 그것들을 적어두면서 일정한 지침이 만들어졌고, 사람들에게 가르치면서 많은 이들이 활용할 수 있는 방법이되었다. 이 방법들을 배우고 충분히 연습하면 학습한 방법들을 의식하지 않으면서 자신을 좀 더 자유롭게 표현할 수 있게 된다.

자연스러운 자기표현

자연스러운 자기표현은 특별한 방법이 아니라 공격적이지 않은 말투로 자신의 요구조건을 관철시키는 방법이다. 이 방법은 두 사람 모두 심한 스트레스가 없고, 그 요구가 상대방에게 별 부담을 주지 않을 때 사용하기에 적합하다.

> ─짐, 일요일에 손님들이 오시니까 토요일에 잔디를 좀 깎아주면 고맙겠어요.
> ─2층으로 올라가는 계단 난간에 윗도리를 걸어놓지 않았으면 좋겠어요.
> ─매주 금요일에 연수회 참가자 명단을 보고해줬으면 해요. 그래야 자세한 계획을 세울 수 있으니까요.
> ─좀 도와줄래? 너무 무거워서 혼자 못 옮기겠어.
> ─내 작업대에 물건을 쌓아놓지 않았으면 좋겠어요. 언제쯤 치워줄 수 있나요? 오늘 저녁에요? 좋아요. 일을 해야 하니까 치우고 나서 깨끗이 닦아주세요.

이런 식의 자기표현에는 정해진 공식이 없다. 내 요구조건이 무엇이고 내 개인적인 영역이 어디까지인지 상대방에게 자연스럽게 알려주면 된다. 자연스런 방식이면서도 부정적인 요소는 들어 있지 않다. 상대방을 기죽이지도 않고, 독설도 없고, 의사소통 방해요소도 없다. 자연스런 자기표현은 듣는 태도, 의사소통 방해요소의 부작용, 개인적인 영역에 대한 개념, 자기표현 메시지에 포함되어야 할 내용들을 충분히 익힌 뒤에 시행하면 훨씬 긍정적인 결과가 나온다. 그런 훈련들이 메시지의 내용에 영향을 미쳐서 자연스러운 자기표현이 효과를 발휘할 가능성을 높여준다.

오랫동안 여러 가지 자기표현 기법들을 연습하다보면 그 기법들을 의식하지 않고도 스스로 시의적절하게 사용하고 있음을 깨닫게 된다. 누구나 연습만 하면 자연스러운 자기표현을 훨씬 더 다양하고 풍부하게 구사할 수 있다.

자기노출

시드니 조라드는 이렇게 썼다.

누구나 시시각각 선택의 기로에 선다. 다른 사람에게 자기 자신을 있는 그대로 보여줄 것인가, 아니면 내 진짜 모습을 감추고 장막 뒤에 숨어 있을 것인가. 지금껏 우리는 이 같은 수많은 상황에서 진짜 모습을 가면 뒤에 숨기는 쪽을 선택해왔다.

사람들은 비난과 거절로부터 자신을 보호하기 위해 진짜 모습을 위장한다. 그로 인해 우리는 엄청난 대가를 치른다. 다른 사람들에게 거짓 모습을 보여주면 그들이 우리를 오해할 테고, 오해를 받으면 '고독한 군중'의 일원이 되고 만다. 더 심각한 문제는 우리가 다른 사람들에게 진짜 모습을 숨기는 데 성공하면, 우리 자신마저 진정한 자아를 잃어버린다는 점이다.

자기노출은 자신의 진짜 모습을 다른 사람 앞에 꺼내 보이는 행동, 자신의 생각과 감정을 솔직하게 드러내고 내면의 모습을 타인에게 숨기지 않는 행동이다. 자기노출에는 솔직하게 자기를 표현하는 정도의 수준도 있고, 자신의 잘못이나 사적인 영역을 투명하게 털어놓는 것과 같은 높은 수준도 있다. T. S. 엘리엇의 시를 보자.

한 사람이 있다면

인생에서 단 한 사람

모든 것을 털어놓을 수 있는 사람이 있다면

당신의 진심을, 죄지은 일을, 비겁했던 일을, 바보 같았던 일을,

민망하고 부끄러운 일을 털어놓을 수 있는 그런 사람이 있다면

그 사람을 사랑하게 되고

그 사랑으로 구원받게 될 것이다.

자기노출은 자신의 의견과 가치관의 솔직한 표현 그 이상의 의미가 있다. 자기노출은 자신의 진짜 감정을 토로하는 일이며, 더 정확하게는 자신의 감정을 말과 신체언어로 표현하는 일이다.

타인에게 자신의 감정을 직접적으로 표현하는 일은 흔한 일도 쉬운 일도 아니다. 자기표현의 목적은 감정적으로 벌거벗는 것이 아니라 어떠한 상황에 대한 심정을 진실하게 표현하는 것이다. 5세기에 카이사레아의 바실Basil of Caesarea이 한 말은 오늘날에도 귀 기울여 들을 만하다. "자기 영혼의 울림을 비밀로만 간직해서도 섣불리 입 밖에 내서도 안 된다. 오직 '믿을 수 있는 형제'에게만 그 울림을 고백하라."

자기노출은 다음과 같이 하는 것이 가장 좋다.

올바른 사람에게 감정을 이입하여 이해할 능력이 있는 사람에게

올바른 정도로 가슴 속 모든 것을 털어놓을지 일부만 털어놓을지 적절히 정하여

올바른 의도로 상대에게 짐을 지우거나 자신을 과시하기 위해서가 아니라 자기 자신을 드러내기 위하여

적절한 시간에 상대방이 자신의 문제로 힘들어하지 않을 때에

적절한 장소에서 이러한 대화가 잘 이루어질 수 있는 장소에서

이 지침들을 지나치게 철칙같이 지키려다보면 자연스러움을 해칠 수 있다. 그렇다고 완전히 무시했다가는 세상을 살아가기가 쉽지 않을 것이다. 지나치게 솔직한 사람도 있지만, 대부분의 사람들은 마음과 입 사이에 너무 많은 장벽을 두고 있다. 사람들은 매일 날씨나 학교, 직장 이야기를 한다. 그러나 상대에 대한 생각이나 느낌과 같은 중요한 내용에 관해서는 입을 열지 않는다. 다른 사람에게 자신의 감정을 감출 때 발생하는 비극에 대한 존 파웰의 이야기를 들어보자.

그날은 아버지가 돌아가신 날이었다. 춥고 스산하고 바람이 휘몰아치는 1월이었다. 병원의 작은 병실에서 아버지의 상체를 팔에 안고 있었는데, 갑자기 아버지의 눈이 휘둥그레해졌다. 생전 처음 보는 두려운 표정이었다. 나는 죽음의 사자가 병실에 들어온 거라고 믿었다. 곧이어 아버지의 몸이 축 처졌다. 나는 아버지의 머리를 천천히 베개에 내려놓고 눈을 감겨드렸다. 그런 다음, 옆에 앉아 기도하시던 어머니께 말씀드렸다. "어머니, 그만하세요. 아버지 돌아가셨어요." 그러자 어머니께서 말씀하셨다. "애야, 아버지는 너를 자랑스러워하셨단다. 너를 얼마나 사랑하셨는지 모른다." 그 말을 듣고 나는 깜짝 놀랐다. 아버지가 돌아가시자마자 어머니가 왜 그 말을 하셨는지 지금도 모르겠다.

그 말이 내게 몹시 중요한 의미라는 사실을 내 몸의 반응을 통해 알 수 있었다. 뭔가 번쩍하는 느낌이었고, 한 번도 해보지 않았던 놀라운 생각이 계시처럼 퍼뜩 떠오르는 것 같았다. 그러나 살아계셨을 때보다 돌아가신 후에야 아버지를 더 깊이 알게 되었다는 생각이 들자, 날카로운 통증이 내 몸을 꿰뚫고 지나갔다.

의사가 들어와서 사망을 확인하는 동안, 나는 병실의 한쪽 구석에 기대어 숨죽여 흐느꼈다. 간호사 한 사람이 내게 다가와 따뜻하게 안아주었다. 눈물 때문에 말을 할 수가 없었지만, 나는 그녀에게 이렇게 말하고 싶었다.

'아버지가 돌아가셔서 우는 게 아니에요. 생전에 저를 자랑스러워한다고 말씀해주지 않으셔서 우는 거예요. 아버지는 한 번도 제게 사랑한다고 말하지 않으셨어요. 말로 하지 않아도 알 거라고 생각하셨겠죠. 제가 아버지께 얼마나 큰 존재이고, 당신의 마음속에 얼마나 큰 자리를 차지하고 있는지, 말하지 않아도 알고 있을 거라고 생각하셨을 거예요.'

설명형 칭찬

많은 사람들이 자기표현을 자신의 계획이나 권리를 침해하는 사람들과 언쟁하는 행위라고 생각한다. 그러나 그렇지 않다. 진정한 자기표현은 타인에게 감사하는 마음도 자유롭고 긍정적으로 표현하는 일이다. 다른 사람을 격려할 때 사용하는 방식에는 아첨, 평가형 칭찬, 설명형 칭찬이 있다.

아첨은 실제로는 그렇게 생각하지 않으면서 상대방에게 기분 좋은 말을 해주는 행위다. 아첨은 위선이다. 대부분의 사람들은 '앞에서는 아첨하고 속으로는 딴 생각을 품는' 사람들을 싫어한다.

평가형 칭찬은 상대방이나 그의 행동에 대한 호의적인 평가를 말로 표현하는 행위다. "에릭, 넌 정말 착한 애야." 같은 말이 여기에 속한다. 이런 종류의 칭찬, 특히 그 사람의 전반을 통틀어서 하는 칭찬은 2장에서 설명한 의사소통 방해요소 중 하나이며, 좋은 결과로 이어지기 힘들다. 하임 기너트 박사는 평가형 칭찬을 삼가야 하는 이유를 이렇게 설명한다.

평가형 칭찬은 의존성을 키우며 불안감과 방어심리를 불러일으킨다. 평가형 칭찬은 자립심, 자기결정, 자제력에 도움이 되지 않는다. 이 같은 능력은 외부의 평가가 아니라 자기 내부의 동기와 평가를 바탕으로 생기는 법이다.

설명형 칭찬은 다른 사람에게 그의 구체적인 행동을 가치 있게 생각한다는 점을 알려주는 행위다. 극찬은 설명형 칭찬이 아니다. 평가형 칭찬과 달리 설명형 칭찬은 상대방에게 긍정적인 영향을 주고 두 사람의 관계를 호전시킨다. 유명한 첼로 연주자 파블로 카잘스의 일화는 평가형 칭찬과 설명형 칭찬의 차이점을 극명하게 보여준다.

　　그레고르 피아티고르스키라는 젊은 첼로 연주자가 처음 카잘스를 만났을 때의 일이다. 카잘스가 그에게 첼로를 연주해 보라고 했다. 피아티고르스키는 너무 긴장한 탓에 형편없는 연주를 했다. 그는 자신의 연주가 너무 엉망이라는 생각에 소나타를 연주하는 도중에 그쳐버렸다. 그러나 카잘스가 박수를 치며 "굉장해. 정말 놀라워!" 하고 외쳤다. 피아티고르스키는 당시를 이렇게 회상했다. "나는 당황한 채 그 자리를 떴습니다. 내가 얼마나 형편없이 연주했는지 알고 있는데, 거장인 그분께서 왜 그런 칭찬으로 나를 어리둥절하게 했을까 생각하면서 말입니다."

　　몇 년 후, 두 사람이 다시 만났을 때 피아티고르스키는 카잘스에게 칭찬을 받고 어떤 기분이 들었는지를 털어놓았다. 그 말을 들은 카잘스는 화난 표정으로 첼로를 집어 들었다. "이걸 보게나." 그는 베토벤의 소나타 한 소절을 켜면서 말했다. "자네는 손가락을 이런 식으로 짚었었지. 그게 내게는 참신하게 느껴진 거라고. 그리고 이 부분에서 자네는 활을 위로 힘차게 그으면서 이렇게 켜지 않았나?" 그 거장은 마음에 들었던 부분을 강조하며 당시 피아티고르스키가 했던 식으로 그 곡을 모두 연주했다.

　　몇 년 전이나 그때나 카잘스가 의도한 바는 똑같았다. 그는 젊은 음악가의 훌륭한 기법을 인정해주고 싶었다. 그러나 방법과 결론은 달랐다. 처음 만났을 때, 카잘스는 평가형 칭찬을 사용하여 "놀랍다" "굉장하다"라고 말했다. 그 말에 피아티고르스키는 어리둥절했고 당황스러웠고 어쩌면 화가 났을 수도 있다. 그러나 훗날 만났을 때 카잘스는 같은 행동에 대해 설명형 칭찬을 했고, 피아티고르스키는 자신의 예술적 재능에 대한 명확한 설명을 들으며 깊은 감동을 받았다.

설명형 칭찬의 구성요소는 자기표현 메시지에 들어가야 할 세 가지 요소와 매우 비슷하다.

첫째, 설명형 칭찬은 상대방의 행동이나 그 행동의 결과를 명료하게 설명한다. 그가 하고 있는 행동이나 이미 한 행동에서 인정할 만한 점이 무엇인지 말해주는 것이다. 인정할 만한 점을 말해주는 목적은 상대방의 실제 업적이나 행동, 성취한 결과물을 정확하게 설명하기 위해서지 그 사람의 품성이나 성격을 평가하기 위해서가 아니다. "네가 방금 닦은 유리창에는 먼지가 하나도 없구나."와 같은 표현이 여기에 속한다.

둘째, 상대방에게 그 행동에 대해 당신이 어떻게 느끼는지 또는 어떻게 평가하는지를 말해준다. 이때 말의 내용뿐만 아니라 목소리에도 그런 뜻을 담아서 전달해야 한다. "할머니 할아버지께서 도착하시기 전에 네 방을 깨끗이 치워놔서 다행이다. 일전에 집이 지저분하다는 문제 때문에 꽤나 시끄러웠잖니." 이런 식으로 말하라. 설명형 칭찬을 할 때 "고맙게 생각한다."라는 표현만 반복하는 사람들이 있는데, 가능하면 감정을 표현하는 다양한 언어를 찾아서 쓰는 게 좋다.

셋째, 상대방의 행동이 당신에게 긍정적인 영향을 끼쳤다면 그 부분도 이야기한다. 예를 들면 이런 식이다. "오늘 나 대신 당신이 식료품점에 다녀와 줘서 한숨을 돌릴 수 있었어요. 덕분에 회의 때 발표할 내용을 여유 있게 준비할 수 있었거든요."

설명형 칭찬의 구성 요소들은 되도록 한 문장으로 압축해서 말하는 것이 좋다. 그러면 효과도 크고 판단하는 말이 끼어들지도 않기 때문이다. "당신이 …

하니까 …하게 되어 내 기분이 …해요." 설명형 칭찬의 초심자들은 이 공식처럼 두세 부분으로 나누어 말함으로써 좀 더 쉽게 익숙해질 수 있다.

"초과근무까지 해가며 그 보고서를 타이핑해 줘서 정말 고마워요. 늦게 제출하면 이 제안서가 검토에서 제외될 수 있거든요."

"내가 병석에 있는 동안 네가 매주 편지를 보내줘서 외로움이 덜했어."

"당신이 내게 일요일 아침마다 특별 요리를 만들어주니까 내가 사랑받고 있다는 느낌이 들어."

이런 공식이 지나치게 형식적으로 보일 수도 있지만, 두 가지 점에서 분명히 유익하다. 첫째, 이 공식을 활용하면 일상적으로 사용하고 있는 평가형 칭찬의 형식을 깨는 데 도움이 되고, 둘째, 상대방의 행동과 그로 인한 영향에 대해 보다 명료하게 생각하게 되기 때문에 평소 같으면 그냥 지나쳤을지도 모를 결과를 구체적으로 표현하게 된다. 이 공식을 머릿속에 잘 담고 있으면 점차 다음과 같이 자연스러운 표현을 쓸 수 있게 된다.

"저한테 사준 넥타이 정말 맘에 들어요."

"당신이 쓴 보고서 구성이 참 훌륭하던데요."

"병문안을 와주신다니 정말 감격했어요."

"지난달에 이 그룹이 달성한 생산량을 보고 깜짝 놀랐습니다."

설명형 칭찬은 일상에서 일어난 큰 성과에 대한 반응일 수도 있고, 항상 해오던 행동에 대한 반응일 수도 있다. 많은 경우, 사람들은 주로 작은 일에 감동을 받는다. 영국의 시인 윌리엄 워즈워드는 "훌륭한 사람의 일생에서 가장 좋은 부분은 작고 사소하고 잘 기억하지 못하는 그의 친절하고 사랑스런 행동이다."라고 말했다. 그렇게 사소하지만 멋진 일들에 많은 관심을 기울여야 한다. 당신에게 긍정적인 감정만 있다면 설명형 칭찬을 꺼내지 못할 정도로 사소한 일은 없다.

일단 당신이 설명형 칭찬 메시지를 보냈다면, 당신이 한 말을 상대방이 생각해보거나 그에 대응하도록 조용히 기다려주어야 한다. 제대로 된 설명형 칭찬이라면 상대방이 즉시 그 메시지를 받아들일 것이다. 그러나 아무리 신중하게 표현하더라도 그 칭찬을 받아들이지 않는 사람도 많다. 그들은 긍정적인 피드백을 무시하고 이런 식으로 말한다. "뭐 별 거 아니에요." "그냥 운이 좋았을 뿐이에요." 이를 두고 내 친구 에드 리스베는 "사실상 거의 모든 사람들이 그런 식으로 생각하기 때문에 아무리 신중한 칭찬도 방어적인 반응을 자극할 가능성이 높다."고 말했다.

상대방이 설명형 칭찬 메시지를 받아들이도록 하기 위해서는 그의 방어적인 말에 귀를 기울이고 그 의미를 반사한 후, 칭찬 메시지를 다시 전해야 한다. 설명형 칭찬 메시지를 보내는 것과 방어적 반응을 반사적으로 듣는 것 사이의 리듬은 문제해결을 위한 자기표현 과정과 비슷하며, 단지 그 과정이 한두 번으로 마무리된다는 점만 다르다.

살아가는 데 더할 나위 없이 유용한 이 칭찬법은 자존감과 의욕을 북돋우고 바람직한 행동을 강화하며 두 사람의 관계를 돈독하게 해준다.

관계형 자기표현

때때로 인간관계에 부정적인 영향을 끼치는 행동에 대해 자기표현을 해야 하는 경우가 있는데, 이럴 때는 관계형 자기표현 메시지를 사용해야 한다. 관계형 자기표현은 지금까지 설명한 자기표현과는 다른 중요한 차이점이 있다.

관계형 자기표현 메시지 역시 상대방의 행동을 정확하게 묘사하고 자신의 감정을 표현한다. 그러나 관계형 자기표현 메시지에는 구체적이고 명백한 영향이 들어 있지 않다. 이것이 가장 큰 차이점이다. 영향이 있기는 하지만 소유물에 흠을 내거나 돈이 들게 하는 것과 같은 명백한 영향은 아니다. 베키라는 젊은 여성은 남편과의 관계가 전반적으로 좋고 행복했지만, 대화 방식 한 가지가 마음에 들지 않았다. 자신이 언짢게 생각하는 문제를 꺼내면 남편은 의논할 생각을 하지 않고 농담으로 문제를 회피했다. 그로 인한 구체적인 영향이 없었기 때문에 베키는 3가지 구성요소를 충족하는 자기표현 메시지를 사용할 수 없었다. 그래서 그녀는 관계형 자기표현을 이용해 자신이 느낀 바를 남편에게 말하는 방법이 최선이라고 판단했다.

그녀는 이 문제를 꺼냈을 때 남편이 회피할 수 있다는 문제에 대비하여 메시지를 미리 작성해 두었다. 몇 주일 후, 그녀가 문제를 제기했을 때 남편이 회피하려 하자 그녀가 말했다.

"이건 나한테 중요한 문제인데 당신이 농담으로 받아넘기니까 화가 나요. 내 요구조건이 논의되지도 않고 충족되지도 않으니까요."

그런 메시지를 보낸 후에는 반사적 듣기가 필요하다. 그러고 나서 다시 한 번 자기표현을 하고 반사적 듣기로 되돌아간다. 구체적이고 명백한 영향이 없기 때문에 상대방이 그 요구조건을 충족시켜줄 가능성이 낮다. 그래서 사람들은 화를 내며 말한다. "나한테 가장 중요한 문제는 확실하게 말로 표현할 수 없는 거예요. 그이가 정말로 저를 사랑한다면 구체적이고 명백한 영향이 있든 없든 저를 실망시키는 행동을 고쳤을 거예요." 많은 사람들이 이런 식으로 생각하고 말한다. 그러나 오랫동안 관찰한 바에 따르면, 사람들은 자신의 행동이 다른 사람의 삶에 구체적이고 명백한 영향을 미쳐야 그 행동을 바꿀 가능성이 높다. 당신은 상대방의 이런 성향이 못마땅할지 모르지만, 문제의 행동이 당신을 사랑하지 않는다는 증거가 아니라는 사실도 알아야 한다. 그는 단지 보통 사람들의 성향대로 반응하고 있을 뿐이다.

반사적 듣기를 하면서 몇 차례 자기표현을 하면, 상대방이 요구조건에 맞는 대안을 제시할 수도 있고 그렇지 않을 수도 있다. 상대방이 대안을 내놓지 않으면 나는 이렇게 말한다. "내가 말한 내용과 내가 느끼는 감정을 당신이 이해하는 것은 아주 중요한 문제예요. 내가 한 번 더 말할 테니, 내가 한 말을 그대로 내게 전달해 주세요. 내 말이 정확히 전달되었다는 확신이 들면, 이 문제에 대해서는 일단 여기까지만 이야기하기로 하죠. 괜찮죠?"

그리고 나서 관계형 자기표현을 다시 반복한다. 그가 내가 말한 바를 이해했음을 보여주면, 나는 "고마워요. 그게 바로 내가 말한 내용이고 내가 느끼는 감정이에요."라고 말한다. 그런 뒤에는 상대방이 내 이야기를 곰곰이 생각해보기를 바라면서, 나도 오고간 대화를 잠시 혼자서 생각해본다. 아래에 관계형 자기표현 메시지에 관한 사례가 있다.

12살짜리 아이가 부모에게 가족여행 계획을 짤 때 저를 끼워주시지 않으니까 무시당했다는 기분이 들어요. 우리가 함께할 일에 대해 아무 말도 할 수 없으니까요.

남편이 아내에게 당신이 화를 내고 나서 몇 시간 동안이나 입을 다물고 있으니 정말 낙심천만이야. 우리 사이의 갈등과 불화를 풀어갈 방법이 없으니까 말이야.

타인의 사적인 영역을 침범하는 행위를 관계형 자기표현 메시지를 보내는 행위로 착각하는 경우가 종종 있다. 관계형 자기표현과 자신의 가치관을 다른 사람에게 강요하는 행위 사이에는 눈에 보이지 않는 경계선이 있다. 때때로 다른 사람의 가치관에 영향을 주는 행위가 바람직한 경우도 있다. 그러나 자신의 가치관을 강요하는 행위는 결코 바람직하지 않다. 그 대상이 본인의 자녀라고 할지라도 말이다. 그러한 강요는 타인의 사적인 영역을 침해하고 정신적으로 공격하는 행위다. 그래서 나는 내 아이의 학교 성적이 어떻든, 그의 친구가 누구든, 교회에 나가든 나가지 않든, 정치적 참여활동을 하든 하지 않든, 옷을 어떻게 입든, 이러한 문제에는 관계형 자기표현 메시지를 사용하지 않는다. 내 아이나 아내의 가치관이나 친구들의 삶에 관해 의논하고 싶을 때는 '자기노출'이나 13장에서 설명할 '갈등해소법'을 사용한다. 누군가가 다른 사람에게 자신의 가치관을 강요하면 상대방의 자아는 물론 두 사람간의 관계도 상처받을 가능성이 높다.

관계형 자기표현은 자기를 표현하는 여러 방법 중에서도 무척 어려운 영역에 속한다. 따라서 이 방법을 시도해보기 전에 이와 관련이 있는 9장, 10장을 다시 한 번 읽어보면 도움을 받을 수 있다. 관계형 자기표현은 갈등해소 기법을 필요로 하는 토론으로 흘러갈 가능성이 있으므로, 뒤에 나오는 13장을 미리 읽는 것도 도움이 될 수 있다.

선택적 외면

수업을 하다 보면 교육생들이 가끔 이런 질문을 한다. "저한테 공격적으로 독설을 내뱉는 사람들에게는 어떻게 자기표현을 해야 하나요?" 알피는 아내 페그가 자신을 뚱보라고 부르는 게 불만이었다. 페그는 알피의 이름을 부르지 않고 "어이, 뚱보. 오늘 일 잘했어?" "오늘 저녁에 텔레비전 뭐 볼까, 뚱보?" "뚱보, 그 디저트를 다 먹으면 뭐가 될지 생각해 봐."

이런 경우에는 자신이 그런 모욕적인 공격의 표적이 되지 않도록 만들어야 한다. 그런 말에 상처를 잘 받지 않는 성격이라 해도, 모욕적인 말을 계속 참고 듣다보면 좋을 리가 없다. 다른 사람의 공격에 자기표현으로 정당하게 대응하지 않으면 자존심은 상처를 입고, 몸과 마음의 건강에도 악영향을 끼치며, 인간관계는 물론 다른 사람들이 자신을 보는 시각에도 나쁜 영향을 미친다.

다른 사람이 나를 모욕하도록 내버려 두면, 모욕하는 그 사람에게도 좋지 않다. 공격적인 성향이 그 사람 자신에게 얼마나 해로운 영향을 끼치는지 앞에서 이미 학습했다. 자기 자신뿐만 아니라 상대방을 위해서, 그리고 두 사람의 현재와 미래의 관계를 위해서도 모욕적인 발언을 참고 있으면 안 된다.

이 책에 나오는 몇 가지 방법들이 당신에 대한 반복적인 모욕을 끝내는 데 도움을 줄 수 있다. 그 중 효과적인 방법 한 가지를 살펴보자.

먼저, 계속 그런 식으로 모욕한다면 상대하지 않겠다고 그에게 말하라. 그러고 나서 문제가 되는 행동을 구체적이고 간결하게 설명하라.

그 다음, 선택적 외면을 이용하라. 상대방이 모욕적인 말을 하면 아예 무시해버리는 것이다. 질문을 해도 대답하지 말고, 비난을 해도 논박하거나 공격하지 말라. 상대방이 모욕적으로 말할 때는 바른 자세로 듣지도 말라. 고개를 끄덕이지도 말고, 눈을 맞추지도 말고, 웃지도 말고, 하던 일을 멈추지도 말라. 대꾸를 해주면 상대방은 자신의 말이 대꾸할 가치가 있다는 생각에 신이 나서 더 떠들 수 있다. 상대방이 왜 말을 안 하느냐고 묻거든, 당신의 메시지를 간결하게 다시 말하라. 그러나 모욕적인 단어를 사용하면서 물었다면, 그 물음에도 대답 해주지 말라. 오랫동안 침묵하라.

상대방이 모욕적인 언어를 사용하지 않고 당신에게 말을 걸면, 그때 주목하고 대답을 해주면 된다. 일단 대화에 참여하면 최선을 다해서 예의바르고 합리적인 태도를 유지하라. 알피는 이런 식으로 대화를 풀어나갔다.

페그 이봐, 뚱보. 오늘 일 잘 했어?

알피 당신이 나를 뚱보라고 부르면 화가 나. 그 말을 사용할 때는 당신하고 이야기하지 않겠어.

페그 당신이 지난 여섯 달 동안 살이 찐 건 사실이잖아. 안 그래, 뚱보?

알피 (침묵) −선택적 외면−

페그 당신, 건설적인 비판에 너무 과민반응 하는 거 아냐? 난 당신에게 도움이 되고 싶어서 그러는 거야.

알피 (간결하게 자기표현 메시지를 반복) 당신이 나를 뚱보라고 부르면 화가 나. 그 말을 사용할 때는 당신하고 이야기하지 않겠어.

페그 (오랫동안 침묵)

알피 (화제를 바꿈) 샘은 농구팀을 만드느라 아주 신이 나 있던데? 뭘 하든 그 아이가 열성을 보이면 기분이 좋아.

페그 맞아, 그 애는 농구를 정말 좋아해.

몇 시간 후

페그 어이, 뚱보. 오늘 저녁에 텔레비전 뭐 볼까?

알피 (침묵) −선택적 외면−

페그 난 PBS에서 하는 시리즈를 보고 싶어. 의학 분야에서 위대한 돌파구를 마련한 사람들에 관한 이야기야. 8시 30분에 시작할 거야.

알피 나도 그거 보고 싶어.

다음날 아침 식사시간

페그 오늘 저녁에 스미스 씨네 집에서 파티가 있어. 몇 시에 갈까, 뚱보아저씨?

알피 (침묵) −선택적 외면−

페그 오, 아직도야?

알피 (간결하게 자기표현 메시지를 반복) 그래, 어제 말했듯이 당신이 나를 뚱보라고 부르면 화가 나. 그래서 그 말을 사용할 때는 당신하고 이야기하지 않을 거야.

페그 알았어. 미안해, 미안하다고.

알피 당신, 나한테 이제 두 번 다시 뚱보라고 부르지 않기로 한 거야.

페그 그래. 하지만 그렇게 안 부르면 당신 체중이 계속 늘어날까 봐 걱정 돼.

알피 (화제를 바꿈) 자, 이제 회사에 가봐야겠어. 저녁 7시 30분에 스미스 씨네 집으로 출발하자고.

페그 좋아.

그 대화를 끝으로 문제는 해결됐다. 그 이후로 페그는 알피를 뚱보라고 부르지 않았다. 선택적 외면을 하는 동안 한두 번 대화가 어긋나기는 했지만, 결국 그 방법 덕분에 몇 년 동안 티격태격하던 부부의 사이가 바뀌게 되었다. 우리는 알피에게 그가 한 행동을 가리키는 심리학 용어가 있다고 말해주었다. 바로 '소거 extinction'인데 상대방의 행동에 개입하지도 외면하지도 않는 기법이다. 알피는 크게 웃더니 이렇게 말했다. "저라면 그냥 오래된 상식이라고 부르겠습니다. 아니, 사람들이 잘 모르는 상식이라고 하는 게 정확하겠네요."

대화중단

일시적으로 또는 영원히 대화를 중단하는 편이 나은 경우도 있다.

일시적인 대화중단

결혼 초기에 아내 도트와 나는 둘 다 극심한 스트레스와 피로에 시달렸는데, 그때마다 대화가 중단되었다. 나는 교육과정을 준비하느라 정서적으로 고갈된 상태였기 때문에 집에 오면 도트가 따뜻하게 대해주고 위로해주기를 바랐다. 그러나 내게 그녀의 따뜻함이 가장 필요했던 그때, 도트 역시 회사 일 때문에 무척 힘든 시기였기 때문에 나를 위로해 줄 여력이 없었다. 그녀에게는 나를 위해 쓸 수 있는 에너지가 남아 있지 않았고, 그녀 역시 나의 사랑과 정서적인 배려를 간절히 바라고 있었다. 하지만 나 역시 그렇게 해줄 수가 없었다. 서로의 요구를 충족시켜주지 못하게 되면서 화를 내고 싸우는 일이 반복되었다. 우리는 그때 너무 피폐한 상태였고, 현명하게 싸우는 방법을 알고 있었지만 그렇게 하지 못했다. 우리는 커다란 고민거리를 안은 채 친구이자 심리치료사인 마틴 셀드만을 찾아갔다.

마틴은 서로의 감정이 고갈되었을 때는 대화하지 말라고 충고했다. 우리는 그의 충고에 따랐고, 시간이 지나면서 그가 말한 대로 바닥났던 우리의 감정이 다시 차올랐다. 우리가 취한 대화중단 방법은 여러 가지였다. 때때로 같은 방에서 각자 다른 일을 하기도 했지만, 그것이 적대적인 대화중단은 아니었다. 더 나은 방식으로 다시 함께 생활하기 위해서는 약간의 창조적인 고독이 필요하다는 사실을 서로 인정하고, 그 부분에 대해 터놓고 이야기했기 때문이다.

그 후로 일시적인 대화중단이 생활의 중요한 부분을 차지하게 되었다. 가끔씩 우리는 일부러 사람들로부터 고립된다. 이제는 그런 일이 일어나기 전에 미리 준비하고 에너지가 완전히 고갈되기 전에 미리 대화중단을 계획하기도 한다. 스스로 지치기 전에 다른 사람들이나 갖가지 요구로부터 물러나면 혼자 있는 시간이 더 충만해지고 다른 사람과 함께 있는 시간이 더 풍성해진다.

영원한 대화중단

편의상 인간관계를 5가지 유형으로 구분해서 생각해 보자.

매우 유익한 관계 내 인생에 커다란 도움을 준다.

어느 정도 유익한 관계 나의 자아와 인생의 즐거움에 어느 정도 도움이 된다.

그저 그런 관계 내게 이익이 되지도 피해를 끼치지도 않는다.

약간 해로운 관계 내 자아와 인생을 즐기는 일에 약간의 해를 끼친다.

매우 해로운 관계 힘들고 적대적이고 신경을 갉아먹는 백해무익한 관계다.

때로는 한 사람과의 관계가 도움과 해를 동시에 끼치기도 한다. 사람들은 누구나 여러 가지 해로운 관계를 경험한다. 그 관계의 대상이 이웃일 수도 있고, 그냥 알고 지내는 사람일 수도 있고, 친구일 수도 있고, 자식일 수도 있고, 부모일 수도 있다. 슬픈 일이긴 하지만, 남편과 아내가 서로를 돕기보다 남들 이상으로 힘들게 하는 경우도 드물지 않다.

한 사람 또는 양 당사자가 서로 피폐해지는 해로운 관계가 오랫동안 지속되고 있다면 어떤 방도를 취해야 할까? 나는 먼저 그 관계가 내게 중요한지 아닌지를 판단한다. 중요하지 않다면, 그 관계를 곧바로 그리고 영원히 청산한다. 내 시간과 에너지를 쏟을 관계는 굉장히 많다. 쾌적하고 좋은 환경을 두고 굳이 해로운 환경에서 살지 않는 것처럼, 좋은 사람들이 많은데 왜 해로운 인간관계 때문에 괴로워한단 말인가?

만일 그 관계가 내게 중요하다면, 그때는 자기수정 self-modification 기법이나 자기표현 기법을 사용하여 그 사람과의 관계를 개선하려고 노력할 것이다. 예전에 어떤 사람과 오랫동안 괴로운 관계로 지낸 적이 있었다. 그러나 기본적으로 그 고통은 쓸데없는 고통이 아니라 성장을 위한 고통이었다. 그때 겪은 고통은 그 사람과의 관계뿐만 아니라 다른 사람과의 관계를 위해서도 의미가 있었다. 그리고 지금은 서로에게 도움이 되는 좋은 관계가 되었다. 다른 어떤 사람과 몇 년 동안 관계를 개선시키기 위해 고전한 적도 있다. 그 관계는 우리 둘 모두에게 중요했고, 둘 다 의사소통 기법에 대해 상당한 지식이 있었다. 하지만 노력은 결국 허사로 끝났다.

중요하지만 해로운 관계를 개선하는 일이 실패하면, 나는 그 관계를 청산한다. 대부분의 경우 해로운 관계를 과감하게 끝내는 것은 현명한 선택이다. 상황에 따라 힘들게 하는 정도가 다르겠지만, 관계를 개선시키거나 과감하게 끝내지 않은 상태가 계속 이어지면 그로 인해 다른 인간관계는 물론 자기 자신까지 무너지게 된다.

스펙트럼 반응

스펙트럼 반응은 다른 사람의 생각이나 관점 또는 대책에 일부만 동의할 때, 자신의 의사를 긍정적이고 솔직하게 표현하는 방법이다. 시네틱스 사社의 조지 프린스와 그의 동료들은 회의에서 제기된 아이디어를 충분히 설명하고 이해시키기 전에 폐기되어버리는 경우가 많다는 데 주목했다. 이렇게 되면 아이디어를 내놓은 사람은 자존심에 상처를 입고, 그 집단의 신뢰 수준과 창의성도 퇴보한다. 그래서 많은 관리자들은 창의성과 의욕을 짓밟지 않으면서 직원들을 비판하는 방법이 필요하다고 느끼고 있다. 그들은 부하직원들이 실용성 없는 아이디어를 내놓았을 때, 그들에게 상처를 주지 않고 사기도 떨어뜨리지 않으면서 다른 좋은 아이디어를 생각해내도록 하는 방법을 알고 싶어 한다. 이와 관련하여 시네틱스 사에서는 가정이나 학교, 회사 등에서 폭넓게 사용할 수 있는 3단계 과정을 개발했다.

첫 단계는 아이디어를 듣고 이해하는 단계다. 이를 실천하기 위해서는 많은 훈련이 필요하다. 대부분의 아이디어는 완전히 좋지도 않고 완전히 나쁘지도 않은데, 사람들은 보통 그 아이디어의 단점만 말하고 장점은 무시해버린다. 이에 대해 프린스는 이렇게 말했다. "사람들은 대개 아이디어의 장점보다 단점을 먼저 떠올린다. 그런 현상을 무조건 거부하기보다는 잠시 동안만 말로 표현하지 말고 기다려 보라. 먼저 당신의 이성, 감정, 직관 등 모든 능력을 동원하여 그 아이디어의 장점에 집중하라. 새로운 아이디어에 대한 부정적인 생각을 잠시 보류하면 당신이 무시했던 능력, 즉 기여할 수 있는 능력, 발전시킬 수 있는 능력, 그 아이디어에 창의성을 더할 수 있는 능력을 발휘할 수 있다."

다른 사람이 한 말에서 좋은 점을 하나도 발견할 수 없다는 생각이 들 때도 있을 것이다. 스펙트럼 접근법에 따르면, 그런 경우에는 상대방에게 그 아이디어에 대해 좀 더 설명해 달라고 부탁하고 좋은 점에 귀를 기울여야 한다. 프린스는 이렇게 주장한다. "어떤 제안이든 장점은 있다. 우리가 단점을 의식하고 있기 때문에 장점을 알아채지 못할 뿐이다. 점차 경험이 쌓이면 모든 제안에는 반드시 좋은 점이 있다는 사실을 깨닫게 되고, 그 장점을 뽑아내 활용할 수 있는 능력이 생긴다. 그러면 당신은 상대방과 다른 관점을 내세워 토론을 방어와 교착 상태에 빠뜨리지 않고, 보다 생산적인 방향으로 토론을 이끌어 갈 수 있다."

전체적인 스펙트럼을 이해했다면, 즉 그 아이디어의 단점뿐 아니라 장점까지 이해했다면, 이제 2단계로 들어간다. 2단계는 당신이 볼 때 그 아이디어에서 고려할 가치가 있는 부분을 상대방에게 이야기하는 단계다. 마음에 드는 점이 무엇인지 이야기하라. 그런 다음, 상대방이 말한 내용의 장점을 강화시켜줄 자료나 아이디어를 더하라. 그 아이디어에 당신이 할 수 있는 기여를 하고, 상대방이나 그 아이디어를 깎아내릴 생각이 없다는 점을 확실히 표명하라.

마지막으로, 그 아이디어에서 당신이 걱정하는 부분을 이야기하라. 가능한 한 당신이 걱정하고 있는 바가 무엇인지 정확하게 전달되도록 단어를 신중하게 선택하라. 비난 섞인 단어는 피하고 전체적으로 뭉뚱그려 말하지 말라. 프린스는 이렇게 덧붙였다. "부정적인 면을 입증하려고 노력하기보다 그 부분을 해결할 수 있는 방안을 찾는 데 중점을 두라. 가능하면 그 단점을 해결할 만한 대책도 생각해보라."

아이디어의 긍정적인 면과 걱정되는 면을 이야기하고 나면, 처음 아이디어를 내놓은 사람은 상대방이 진심으로 긍정적인 면을 이야기했음에도 불구하고 그 긍정적인 면을 무시하는 경우가 많다. 내 동료는 아이디어 제공자가 긴장하지 않도록 처음부터 아이디어의 장점과 단점을 털어놓으면 이런 경향이 줄어든다는 사실을 발견했다. 그는 보통 이렇게 말한다. "나는 그 아이디어가 정말 마음에 들어. 정확히 말하면 대부분 마음에 든다고 해야겠지. 그러나 몇 가지 우려되는 점도 있어. 그 부분에 대해 이야기해보고 싶어."

스펙트럼 반응은 회사, 학교, 가정의 대화 분위기를 바꿀 수 있다. 집단 대화나 1:1 대화에서 창의력을 촉진할 수도 있다. 이 방법은 이해하기 쉽지만, 사용하는 사람 입장에서는 충분한 훈련이 필요한 방법이기도 하다.

선택권 제시

다른 사람의 성가신 행동을 그치게 할 때, 많은 사람들이 "당장 그만 둬!" 하는 식으로 말한다. 이때 다른 대응방법이 없다면, 상대방은 체면을 세울 길이 없기 때문에 구석에 몰렸다는 느낌을 받는다. 그래서 다른 선택사항이 있을 때보다 더 공격적으로 행동하는 경향이 있다.

상대방의 행동을 지적할 때는 직선적으로 말하거나 지시하는 투로 말하기보다 그에게 몇 가지 선택권을 주고 그 중에서 마음에 드는 방식을 고르게 하는 편이 좋다. 자기표현을 하는 사람이 선택권을 두세 가지밖에 생각하지 못할 수도 있고 그 선택권들이 상대방에게 그다지 적절해 보이지 않을 수도 있다. 하지만 그렇게 한정된 선택권이라도 제시하면, 상대방은 자신이 결정권이 있는 사람, 자기 삶을 통제할 수 있는 사람으로 인정받는 기분을 느끼게 된다. 이런 식으로 선택권을 주면, 구석에 몰렸을 때 생기기 쉬운 방어심리를 미리 차단할 수 있다.

학교에서 학생들이 팀별 연구 과제를 수행하고 있었는데, 그 중 한 팀이 점차 소란스러워지더니 다른 학생들까지 방해하게 되었다. 이때 교사가 "조용히 해!" "다 갈라져서 각자 해!" 하는 식으로 말할 수도 있겠지만, 다음과 같이 규범을 말해주고 그들에게 선택권을 줄 수도 있다.

"교실에서는 다른 사람이 작업하는 데 방해되지 않도록 조용히 해야 한다. 조용히 함께 할래, 아니면 각자 따로 할래?"

자연스러운 귀결과 논리적인 귀결

심리학자 루돌프 드라이커스는 처벌이나 보상 또는 지나치게 논리적인 설명을 하지 않고 아이들의 자율성을 키우는 방법에 대해 연구했다. 드라이커스는 처벌이 나쁘다는 점을 강력히 주장한다. 처벌은 사람을 반복적으로 공격하여 순종적인 사람으로 만들어버린다. '처벌해서 들을 사람이라면 그 처벌이 필요 없는 사람이다.'라는 말도 있다. 지나치게 고분고분한 사람이 아니라면, 처벌은 권력투쟁을 낳고 일부러 못된 행동을 하도록 조장한다. 니체가 이를 한 문장으로 요약했다. '처벌은 인간을 무자비하고 무감각하게 만들며 소외감과 반발심을 강화한다.'

드라이커스에 의하면, 보상도 처벌만큼이나 효과가 없다. 그는 보상이 나쁜 이유가 크게 두 가지라고 말한다. 첫째, 보상을 받는 사람의 인성에 해를 끼치고, 둘째, 장기적으로 보면 효과도 없다. 보상은 상대방에 대한 존중이 부족하다는 사실을 내보이는 방식이다. 사람들은 보통 자기보다 못한 사람이 착한 행동을 하거나 자신이 좋아하는 일을 했을 때, 그 점을 보상하기 때문이다. 보상은 신뢰가 부족하다는 신호이기도 하다. 왜 상대방이 좋은 행동을 한 대가로 뇌물을 줘야 한단 말인가? 보상은 그 사람의 책임감을 갉아먹고 자유롭게 선택한 선행과 참여에서 얻는 만족감을 앗아간다. 만약 상대방이 '그 대가로 나에게 무엇이 올 것인가?' 하는 데에 초점을 맞춘다면, 우리가 해줄 수 있고 상대가 만족할 만한 보상은 머지않아 바닥나게 된다. 안타깝지만 상대방의 요구는 계속해서 커질 것이기 때문에 그를 끝까지 만족시켜줄 수 있는 보상은 없다. 드라이커스는 이렇게 결론을 내린다. "아이들에게 착한 행동을 한 대가로 보상을 해주면, 처벌만큼이나 그들의 장래에 해를 끼친다. … 서로 잘 지내기 위해 보상을 활용하는 행위는 삶의 근본적인 만족감을 빼앗는 잘못된 행동이다."

많은 사람들은 아이들이 잘못된 행동을 하면 그 부분을 논리적으로 설명해주려고 한다. 드라이커스에 의하면, 논리적인 설명(이것도 대화 방해요소 중 하나다.)은 보통 허사로 끝나는데, 그 이유는 그런 설명을 한다고 해서 잘못된 행동을 하고 있는 아이의 요구조건과 목적이 충족되지는 않기 때문이다. 부모가 논리적인 설명을 반복하면 아이들이 거기에 얼마나 빨리 면역이 생기는지 다들 알고 있을 것이다. 아이들은 엄마의 말에 귀머거리 행세를 할 것이다.

잘못된 대응과 보상, 처벌에 관한 드라이커스의 연구 결과는 부모자식 관계뿐만 아니라 성인들의 관계에서도 동일하게 적용된다. 합리적으로 설명해봤자 아무 도움이 되지 않고 보상과 처벌도 효과가 없다면 어떻게 해야 하는 걸까? 가장 좋은 방법은 자연스러운 귀결과 논리적인 귀결을 보여주는 것이다.

자연스러운 귀결은 사건의 일반적인 흐름에 아무도 개입하지 않았을 때 일어나는 결과를 말한다. 현실적으로 어떤 문제가 닥치는지를 보여주는 방법이다. 이 방법은 행동하지 않음에 바탕을 둔다. 상대방이 문제를 해결하기 위해 노력하지 않았을 때 어떤 결과가 나타나는지 경험하도록 내버려두는 것이다.

캐시는 10단 기어가 장착된 자전거를 생일선물로 받았다. 그 동네에서는 자전거 도난사고가 자주 일어나기 때문에 캐시의 부모는 밤에 자전거를 밖에 세워두면 도둑맞을 수 있다고 주의를 주었다. 그리고 만약 도둑맞으면 다시는 사주지 않을 테니 스스로 돈을 모아 새로 사든지 자전거 없이 지내야 한다고 말했다. 그런데도 캐시는 자전거를 밖에 세워두었다가 도둑을 맞았다. 그리고 는 하나 더 사달라고 졸랐다. 아이는 온갖 아첨을 동원하며 조르다가 결국에 는 신경질을 냈다. 캐시의 부모는 못 이기는 체하고 하나 사줄까 하는 유혹을 느꼈지만 원칙을 지켜야 한다고 다짐했다. 그들은 캐시가 자전거를 살 만큼 돈을 모은 다음에 사주기로 했다.

이런 태도는 부모 입장에서 상당한 절제력이 필요하다. 어떤 사람들은 캐시의 부모가 사용한 방법은 처벌의 위장된 형태라고 말한다. 그러나 이 경우는 처벌과 다르다. 캐시는 미리 그 결과를 알고 있었다. 부모의 목소리 어조나 신체언어도 평소와 똑같았다. 그들은 단지 사건을 막지 않고 내버려두었을 뿐이다. 이 방법은 사람들에게 책임감을 심어주는 가장 좋은 방법이다.

부모들은 어떻게든 자신의 경험과 지식을 아이들에게 가르쳐주려 한다. 아이들은 그런 식으로 세상을 배우기도 하지만 많은 것들을 스스로 경험하며 배운다. 그러나 정말로 위험한 순간에는 자연스러운 귀결로부터 아이들을 보호해야 한다. 달리고 있는 차 바로 앞으로 뛰어든다거나 할 때 말이다. 하지만 심각한 위험이 없다면, 자신의 행동에 따른 자연스런 귀결을 경험하기 전에 그 사람을 도와주는 행위는 대부분 도움이 되지 않는다.

논리적인 귀결은 행위와 결과가 이어지게 만드는 방식이다. 일을 처리할 때

마음 내키는 대로 하거나 이랬다저랬다 하도록 내버려두지 않고 논리적인 결과를 경험하게 하는 것이 핵심이다. 아이가 우유를 엎지르면 스스로 닦아야 하고, 약속에 계속 늦게 오는 사람은 나머지 시간 동안만 이야기해야 한다. 이야기할 시간이 얼마 남지 않았다면 약속 날짜를 새로 정해 다음에 다시 만나야 한다. 몇 사람이 늦더라도 회의는 정해진 시간에 진행해야 한다. 각각의 행위의 결과는 이전의 행동과 논리적으로 연결되어 있다.

자연스러운 귀결과 논리적인 귀결은 중요한 차이점이 있다. 자연스러운 귀결은 현실적인 위험성을 경고만 하고 어떤 구체적인 조치를 하지 않기 때문에 항상 효과가 좋다. 반대로 논리적인 귀결은 최대한 조심해서 적용해야 하고, 권력투쟁이 있을 때는 적용하지 말아야 한다. 자칫 잘못했다가는 상황을 악화시킬 수 있고 앙심을 품은 행동으로 오해받을 수 있기 때문이다. 정리하자면, 자연스러운 귀결은 항상 바람직한 결과를 낳지만 논리적인 귀결은 기대에 어긋난 결과를 초래할 수 있다. 자연스러운 귀결과 논리적인 귀결로 효과를 보려면 아래의 지침을 따르는 것이 좋다.

자신에게 물어보라 '내가 끼어들지 않으면 어떤 일이 일어날까?' 자연스런 귀결이 무엇일지 생각해보고 그 일이 일어나도록 놔둬라. 당신이 개입하면 상대방은 책임감을 배우고 훈련할 기회를 잃는다.

상황을 봐서 다음 공식을 이용하라 "네가 ~하면 결과는 ~이다. 그리고 다시 기회를 얻으려면 ~해야 한다." 자전거 도난사건이 일어났을 때, 캐시의 부모는 이렇게 말했다. "네가 밤새 자전거를 밖에 세워두면 도둑맞을지도 모른다. 도둑맞고 나서 다시 자전거를 사려면, 네 스스로 그만큼의 돈을 저금해야 한다."

귀결 메시지를 사용할 때는 문제에 감정적으로 개입하지 말아야 한다 부모가 감정적으로 거리를 두면, 아이는 그 문제가 정말로 자신의 일이라는 사실을 깨닫게 된다. 상대방에게 이유를 설명하건 안 하건 문제에 감정을 개입시키지 않는 일은 중요하다. 그래야 상대방이 이 문제에 개인적인 감정이 섞여 있지 않다고 생각한다. 상대방의 일을 자신의 일로 생각하는 건 두 사람 모두에게 득이 되지 않는다. 어떤 사람들은 이 점을 상대방에게 설명해주기도 하는데, 어찌됐든 중요한 건 다른 사람의 삶에 발생한 문제에 대해 감정적으로 중립을 지켜야 한다는 점이다.

자연스러운 귀결이든 논리적인 귀결이든 그것을 시행할 때는 모든 사람에게 일관되게 시행해야 한다. 드라이커스는 이렇게 말한다. "자연스러운 귀결이나 논리적인 귀결을 적용하는 이유는 나쁜 행실을 하면 대가를 치르게 된다는 사실을 가르치기 위해서다. 손을 물에 넣으면 젖어버리는 것처럼 말이다."
어떤 사람들은 이 방법을 사용하고 나서 며칠 안에 기적이 일어나기를 바란다. 그러나 하나의 행동이 몸에 배기까지 몇 년의 시간이 걸렸을 수도 있다는 사실을 알아야 한다. 오랫동안 해온 행동이 며칠 안에 고쳐질 리 없기 때문에 빠르고 극적인 변화를 기다리던 사람들은 실망하며 의욕을 잃을 수도 있다. 하지만 귀결 메시지의 가장 중요한 목적은 갑작스러운 기적이 아니라 바람직하고 의미 있는 변화다.

행동은 중단시키고 감정은 인정하기

화가 났을 때, 그 화를 적대적인 행동으로 표출하는 사람들이 있다. 대개 이런 일은 아이들에게서 자주 발생하는데, 아이스하키를 관람하는 사람들은 그런 행동이 아이들에게 국한된 일은 아니라는 사실을 알고 있을 것이다. 상대방이 난폭한 행동을 보일 때 취할 수 있는 바람직한 자기표현은 다음과 같다.

1. 그 행동을 멈추게 하라.

2. 그 행동에 감정적으로 말려들지 말라.

3. 상대방의 감정을 인정하라.

4. (가능하다면) 상대방이 선택할 수 있는 다른 행동을 제시하라.

브래드가 동생을 때리고 있었다. 그 모습을 본 어머니가 말했다. "동생 때리는 행동 당장 그만 둬라. 동생에게 너무 화가 나서 때려주고 싶었나 보구나. 화가 나는 건 괜찮다. 하지만 동생을 때리는 건 괜찮지가 않아. 여기 베개가 있으니까 이 베개를 맘껏 때리고 화를 풀어버리렴."

브래드는 동생 때리기를 멈췄다. 그런 다음 베개를 때리면서 자기 장난감을 망가뜨린 동생을 떠올리며 소리를 질러댔다. 어머니는 좋지도 싫지도 않은 표정으로 말없이 그 모습을 지켜봤다. 감정을 발산한 브래드는 기분을 풀고 동생과 다시 놀 수 있었다.

브래드의 어머니가 내게 말했다. "몇 달 전만 해도 저는 브래드에게 자기 자신만의 감정을 갖지 못하게 했어요. 그때였다면 저는 때리는 행동을 막았을 뿐만 아니라 훈계하고 명령했을 거예요. '부끄럽지도 않니? 알버트에게 미안하다고 말해라.'라고 말하면서요. 그러나 브래드의 분노를 안으로만 억누르게 하면, 그걸 품고 있다가 동생이 다시 말썽을 일으켰을 때 참았던 화까지 보태서 더 심하게 때리게 될 거라는 걸 깨달았죠."

이 방법의 각 단계를 좀 더 자세히 살펴보자.

먼저, 상대방의 행동을 중단시켜야 한다. 말로 해서 안 될 때는 힘을 써서 막아야 한다. 브래드가 동생을 계속 때리면 그만하라고 다시 한 번 말하면서 단호하게 그러나 혼내듯 심하지는 않게 브래드의 손을 붙들어야 한다. 사회적으로 용납할 수 없는 감정을 다스리는 일은 어린아이들에게 특히 더 어렵다.

부모는 아이가 이런 격한 감정과 싸울 때 동반자가 되어야 한다. 부모가 아이의 행동에 일정한 선을 긋는 행위는 공격적인 행동을 중단시키고 다음과 같은 무언의 메시지를 전달하는 행위다. "네 감정을 두려워할 필요는 없어. 그러나 그 감정을 과격한 행동으로 표현하는 건 용납할 수 없다."

둘째, 감정적으로 휘말리지 않아야 한다. 몇몇 사람들은 이렇게 말한다. "그게 바로 문제예요. 저는 지나치게 깊이 말려들어요. 어떻게 할 수가 없어요." 감정적인 통제를 위해서는 다음 세 가지를 명심해야 한다. 첫째, 사람들은 누구나 분노와 같은 부정적인 감정을 느낀다. 예수님도 말하거나 암묵적인 방식으로 분노를 드러냈고, 호세야 같은 예언자는 하느님의 불같은 분노에 대해 이야기했다. 그런 걸 보면 인간이 분노를 느끼는 건 너무도 당연한 일이 아닌가? 심리학자들은 감정은 좋거나 나쁜 게 아니라 '그냥 그 자체'라고 말한다. 아이가 드러내는 감정이 나쁜 게 아니라고 생각하면, 그 상황에 말려들 일도 없다. 둘째, 감정을 표현해야만 그 감정이 해소되어 행동으로 표출되지 않는다. 셋째, 절대로 감정에 휘말리지 않겠다고 결심해야 한다. 그 결심은 사건이 벌어지기 시작할 때 곧바로 해야 한다. 그러지 않으면, 감정이 점점 고조되어 억제할 수 없을 정도로 가속도가 붙어버린다. 내가 달콤한 소스를 듬뿍 얹은 아이스크림을 먹지 않겠다고 결심했을 때처럼, 사람들이 담배를 끊거나 과음을 하지 않겠다고 결심했을 때처럼, 그 결심을 지키기는 일은 무척 어렵다. 그러나 불가능한 일은 아니다.

셋째, 상대방의 감정을 이해하고 있음을 보여주어야 한다. 통제해야 할 문제는 두 부분으로 나뉜다. 분노의 감정과 분노가 실린 행동이다. 대부분의 사람들은 감정과 행동을 같은 방식으로 대한다. 방임적인(순종적인) 부모들은 행동과 감정을 모두 허용한다. 그들은 확고하게 한계선을 긋는 행위를 달갑지 않게 생각한다. 반대로 권위적인(공격적인) 부모들은 아이들의 감정과 행동을 모두 억압한다. 그러나 자기표현형 접근법을 사용하는 부모들은 이런 어려운 상황에서 아이의 감정과 행동을 서로 다른 방식으로 대한다. 분노가 실린 행동은 통제하지만, 분노의 감정은 표현하게 하고 있는 그대로 받아들인다. 이렇게 하면 아이들은 자신의 감정이 정상적이라는 사실을 깨닫고 그 상황에서 좀 더 현명하게 행동하게 된다.

넷째, 상대방이 자신의 감정을 다른 방법으로 표현하도록 도와주어야 한다. 감정이 존재하고 그 감정이 진심이라면 발산해버리는 게 좋다. 그러려면 부정적인 표현방식을 말이나 다른 행동으로 대신 표출할 방법을 찾아주어야 한다. 아이들이 자라고 경험이 점점 쌓이면 자신의 감정을 바람직한 방식으로 발산하는 방법을 찾아갈 것이다.

'노'라고 말하기

확실하게 '노'라고 말함으로써 '예스'의 의미를 두드러지게 표현할 수도 있다. 미국을 세운 사람들은 강력한 '노'가 없으면 그들이 싸워 쟁취한 자유를 지킬 수 없다는 사실을 잘 알고 있었다. 힘들게 얻은 자유를 지키기 위해, 그들은 부정어를 사용하여 권리장전을 초안했다. 수정헌법의 첫 10개 조항인 권리장전은 미국 민주주의의 초석이라 할 수 있는데, 이 중 8개 항목에 '노'가 포함되어 있다.

> 의회는 … 하는 법률을 제정할 수 없다.
> 무기를 소지하는 권리를 침해할 수 없다.
> 군대는 …에 숙영할 수 없으며
> 안전을 보장받을 권리를 침해해서는 안 된다.

누구도 심문을 받지 않을 권리가 있다.

배심에 의하여 심리된 사실은 재심받지 않는다.

과다한 보석금을 요구할 수 없다.

여기에 열거한 권리를 …으로 해석할 수 없다.

권리장전은 개인의 자유에 '예스'라고 말하기 위해 정부의 몇몇 행위에 '노'라고 말해야 했다. 개인의 삶에서도 대부분의 중요한 '예스'는 단호한 '노'를 사용함으로써 보장받을 수 있다. 내가 이 책을 쓰는 일에 '예스'하기 위해서는 사랑하는 사람들에게 '노'해야 한다. 내게 시간을 투자해달라고 말하는 사람들에게도 자주 단호하게 '노'라고 말해야 한다. 내가 혼자만의 시간을 갖는 일에 '예스'라고 말하기 위해서는 나에게 무언가를 요구하는 사람들, 내가 사랑하는 사람들에게까지도 어렵지만 '노'라고 여러 차례 말해야 한다. '노'는 굉장히 중요한 단어다. 그러나 그 말을 하지 못하는 사람이 너무 많다. 그래서 한때는 그 짧은 단어를 말하는 방법에 관한 책 두 권이 동시에 베스트셀러에 오르기도 했다. 대다수 사람들은 자신에게 여러 가지를 요구하고 수많은 부탁을 하는 사람들로 둘러싸여 있다. 이 간단한 말을 제 때에 하지 못하면 삶을 통제할 수 없게 된다. 그럼에도 불구하고 많은 사람들은 그 말이 얼굴을 마주보고 이야기할 때 가장 하기 어려운 단어라고 생각한다.

'노'라고 말하기 어려운 이유는 메시지를 전달하는 방법이 다양하다는 사실을 모르기 때문이다. '노'라고 말하는 여러 가지 방법 중 몇 가지를 소개하면 다음과 같다.

자연스러운 '노' 무언가를 거절할 때 많은 사람들이 쓰는 방식이다.

반사적 듣기를 한 뒤의 '노' 내 친구 한 명은 이 방법을 자주 사용한다. 그는 상대방이 말한 내용과 그의 기분을 반사한 뒤에 '노'라고 말한다. "너희 요트

경기에 내가 조원으로 참석했으면 좋겠다는 거지? 나도 정말 하고 싶어. 하지만 선약이 있어서 이번 주에는 불가능해."

이유를 말하기 전의 '노' '노'라고 말한 뒤에 그 이유를 간결하게 설명한다. 그 이유는 핑계가 아니라 진심이다. 버사가 마리에게 브리지게임을 하자고 했을 때, 마리가 이렇게 말했다. "미안하지만 싫어. 나는 브리지게임을 좋아하지 않아."

다음 기회를 약속하는 '노' 지금은 거절하지만 다음번에는 그리하겠다고 약속하는 방법이다. 오디오광인 얼은 톰이 오디오세트를 사러갈 때 함께 가주겠다고 약속했다. 토요일 아침, 얼이 한창 중요한 일을 하고 있을 때, 톰이 전화를 걸어왔다. "오디오세트 살 때 네가 봐주기로 약속했지? 오늘이야. 어때?" 얼이 대답했다. "어떡하지. 오늘은 좀 힘들 것 같은데. 하지만 다음 주 토요일은 괜찮아."

고장난 레코드 방식의 거절 상대방이 무슨 말을 하든, 고장난 레코드처럼 '노'를 계속 반복하는 방법이다. 이 방법은 절대 '노'라는 대답을 듣지 않으려고 막무가내로 버티는 사람이나, 속임수를 쓰려는 사람들을 상대할 때 효과적이다. 판매원들의 강압에 못 이겨서 원치 않는 물건을 사곤 하는 지극히 순종적인 사람들에게 이 방법이 매우 효과적이다. 이 방법은 이성을 잃고 말이나 몸으로 다른 사람을 공격하는 사람에게도 유익하다. 고장난 레코드 방식이 효과 만점인 이유는 감정적인 절제를 유지하면서 계속 거절할 수 있기 때문이다. 고장난 레코드 방식으로 거절할 때 다음 6가지 지침을 참고하면 도움이 된다.

1. 거절하는 말을 간결하게 한 문장으로 만들어 상대방이 무슨 말을 하건 어떤 행동을 하건 그 문장만 반복해서 말하라.

2. 상대방의 말이 끝날 때마다 고장난 레코드처럼 그 말을 반복하라. 상대방이

꺼내는 다른 문제에 대답하면 본론에서 벗어날 수 있으니 주의하라.

3. 감정을 싣지 말고 부드럽고 차분한 어조로 말하라.

4. 상대방에게 너무 주목하지 마라. 주목하면 상대방이 멈추지 않고 이야기할 것이다. 하지만 지나치게 산만한 태도도 좋지 않다.

5. 오랫동안 침묵하라. 침묵하는 동안, 상대방은 자신의 모든 이야기와 속임수가 허사임을 깨닫게 된다.

6. 지속하라. 상대방이 무슨 요청이나 질문이나 진술을 하든 고장난 레코드 방식의 거절을 한 번 더 반복하라. 상대방이 여섯 번 말하면 당신은 일곱 번 말하라. 그가 세 번 말했다면 당신은 네 번 말하면 된다. 한두 번 그런 식의 대화가 오고가면 상대방은 점점 불편함을 느낀다. 그 뒤에도 관성적으로 한두 번 더 말할지 모르지만 곧 그만둘 준비를 시작한다.

수업시간에 있었던 일이다. 맥 노블럭이라는 참가자는 단골 미용사에게 자신의 헤어스타일을 전적으로 맡겼다고 한다. 그 미용사는 맥이 원하지도 않는 최신 유행의 헤어스타일을 강요했고, 맥은 그 미용사가 질리도록 길게 이야기하기 때문에 내키지 않으면서도 그의 요구를 따랐다고 한다. 그러나 그가 강요한 헤어스타일에 만족한 적은 거의 없었다. 고장난 레코드 방식의 거절을 배우고 나서, 맥은 자신이 미용사와 나눈 대화를 수업시간에 발표했다.

미용사 이번에는 머리를 하얗게 염색해 드릴까요?

맥 아니요. 늘 하던 대로 해주세요. 흰색으로 염색하기 싫어요. 그냥 조금만 다듬어 주세요.

미용사 하얗게 염색하면 얼굴이 훨씬 부드러워 보일 거예요.

맥 정말로 흰색으로 염색하기 싫어요.

미용사 평범한 진갈색 머리보다 다른 사람들이 훨씬 더 좋아할 텐데요.

맥 정말로 흰색으로 염색하기 싫어요.

미용사 제가 얼마 전 뉴욕 헤어 쇼에 다녀왔는데 흰색이 요즘 유행이에요.

맥 정말로 흰색으로 염색하기 싫어요.

미용사 그러면 얼굴 주변만 흰색으로 염색하는 건 어때요?

맥 정말로 흰색으로 염색하기 싫어요.

미용사 정말 염색은 안 하고 다듬기만 하실 거예요?

맥 정말로 흰색으로 염색하기 싫어요.

미용사 좋아요. 다듬기만 하고 염색은 안 하는 걸로 하죠.

고장난 레코드 방식의 거절은 외판원이나 전화 판매원을 대할 때 유용하게 써먹을 수 있다. 이 방법은 자신의 영역을 차분한 방식으로 지키기 위한 시작 단계에서 유용하다. 그러나 가장 효과적인 부분, 즉 상대방이 한 말을 못들은 척해야 하는 부분이 이 방법의 심각한 결점이기도 하다. 고장난 레코드 방식의 거절은 자신의 영역을 지켜주고 평화를 유지해주지만, 엄격히 말하면 대화라고 할 수 없다. 따라서 친한 사람이나 이웃사람 또는 오랫동안 함께 일할 사람에게는 다른 방법을 쓰라고 권하고 싶다.

단도직입적인 '노' 이런 종류의 '노'는 반사도 하지 않고, 이유도 설명하지 않고, 다음 기회를 약속하지도 않는다. 당신에게는 거절에 대한 이유를 말하지 않을 권리가 있고, 질문에 대답하지 않을 권리도 있다. 물론 대답해주면 상대방이 당신의 처지를 납득하겠지만 말이다. 단도직입적인 '노'가 합리적으로 따지거나 장황하게 합리화하는 방법보다 나을 때가 종종 있다. 자기표현형 인간이라면 이 방법을 선호하지 않겠지만, 때에 따라서는 이 방법이 필요할 수 있다.

의식을 이용한 '노' 때때로 '노'는 주요한 선언이 될 수 있는데, 선언의 의식을 극적으로 꾸밈으로써 효과를 높일 수 있다. 마하트마 간디의 '소금행진'은 인도에서 영국 제국주의의 압제에 '노'라고 말하기 위한 선언적 의식이었다. 마틴 루터가 독일 비텐베르크 대성당의 문에 자신의 요구사항을 못질해서 붙여놓은 것도 교회의 과오와 폐단에 대해 '노'를 선언한 유명한 의식이었다.

'노'라고 말하기 위해 어떤 방식을 사용하든 그 효과는 결단력에 달려 있다. 조나단 바이스가 부모의 내적인 결심(그는 그 결심을 '단호한 노'라고 말했다.)에 대해 한 말은 어른들의 인간관계에도 그대로 적용된다.

> 어린아이의 행동을 멈추게 하는 것은 부모들의 단호한 '노'다. 내가 아는 한 심리학자 한 사람이 이런 말을 했다. 심리학자들도 실제생활에서는 다른 부모들처럼 아이에게 너무 많은 부분을 허용한다고 한다. 하지만 심리학자들의 아이들은 자기 아버지가 환자와 상담하고 있는 방으로는 절대 들어가지 않는다. 아빠가 자신에게 무슨 짓을 할지 몰라서가 아니라, 그곳은 부모들이 절대적인 선을 그어놓은 공간이기 때문이다. 부모들이 단호하게 선을 정해놓고 아이들에게 그 선이 무슨 의미인지 가르쳐주면 아이들은 결코 그 선을 넘지 않는다.

바이스가 지적했듯이 '노'라고 말하는 행위는 자신의 사적인 영역을 둘러싼 경계선을 명확하고 진지하게 표현하는 가장 효과적인 방법이다. 확고한 태도로 그렇게 말하면 상대방도 당신의 영역을 존중할 것이다.

'노'는 영어에서 가장 훌륭한 단어 중 하나다. 때때로 이 단어를 과용할 수도 있고 너무 적게 사용할 수도 있다. 어떤 사람들은 사소한 일도 물고 늘어지며 부정적으로 반응하는가 하면, 어떤 사람들은 병적으로 거절을 못해서 괴로워하기도 한다. 이런 함정들만 피한다면 긍정적인 '노'의 힘으로 인해 우리의 삶이 훨씬 더 풍부해질 것이다. 2천 년 전, 나사렛의 예수는 이를 다음과 같이 표현했다. "예스라고 하려거든 분명히 예스라고 하고, 노라고 하려거든 분명히 노라고 말하라. 그러지 않을 때 문제가 생긴다."

환경 바꾸기

사람들 사이의 문제들 중 일부는 잘못된 환경 때문에 발생한다. 심리학자 토마스 고든은 때에 따라서는 자기표현을 하기보다 환경을 바꾸는 편이 더 낫다고 주장한다.

　주변환경을 간소하게 정리하는 일도 그 중 한 가지 방법이다. 어린아이가 귀중한 물건을 깨뜨릴까봐 걱정이라면, 그 물건을 아이의 손이 닿지 않는 곳으로 치워야 한다. 한 회사는 직원들이 잡담을 너무 많이 해서 문제였는데, 직원들이 개인적으로 마주치지 않도록 사무실 배치를 바꾸었더니 잡담하는 시간이 상당히 줄어들었다고 한다.

　환경에 뭔가를 더 보태야 하는 경우도 있다. 어린아이들을 데리고 자동차로 장거리 여행을 할 때, 그들에게 장난감과 게임기를 주는 것이 이런 경우이다. 내가 아는 장난꾸러기 쌍둥이 형제의 부모는 레슬링 매트를 지하실 바닥에 깔아놓고, 몸싸움을 할 때는 그곳에서만 하게 했다고 한다. 어느 무역회사 사장은 자동차를 쓰고 나서 열쇠를 어디에 두어야 하는지를 두고 부인과 자주 다퉜다. 환경 바꾸기 수업을 들은 그는 차 열쇠를 한 벌 더 마련함으로써 그런 사소한 문제로 싸우지 않게 되었다고 한다.

　대부분의 환경은 사람들의 요구를 충족시키고 충돌을 줄일 수 있는 방향으로 바꿀 수 있다. 우리의 수업에 참가한 사람들 중 몇 명은 계절이나 해가 바뀔 때마다 가정이나 회사의 환경을 어떻게 바꿀 것인지 목록을 작성한다고 말했다. 때에 따라 당신 혼자서 환경을 바꿀 수도 있고, 다른 사람들과 함께 아이디어를 내고 합의사항을 정해서 바꿔야 할 때도 있다. 브레인스토밍(387~389쪽)은 두 사람 이상이 아이디어를 짤 때 좋은 방법이다.

지나친 자기표현 경계하기

순종적인 사람이 자기표현형 기법을 이용할 때, 자신의 영역을 지키기 위해 도가 지나치게 행동하는 경우가 종종 있다. 자기표현의 범위를 넘어 공격적인 행동을 보이는 식이다. 행동방식이 갑자기 변하면 친구나 가족, 동료들이 버거워할 수 있다. 변화가 지나치게 느린 속도로 진행되는 일도 답답하지만, 변화가 너무 빠르게 진행되는 일도 인간관계가 삐걱거릴 수 있어서 좋지 않다. 순종적인 사람은 자기표현형 행동이 완전히 몸에 익기 전까지 공격적인 방식을 보이는 경우가 있다. 공격적인 행동은 대부분 일시적이지만 연관된 사람에게는 상처가 될 수 있다. 하지만 올바른 교육과 자기훈련을 병행하면 공격적인 행동을 미연에 방지할 수 있다.

자기표현형 행동방식을 사용하기는 하지만, 내심 상대방을 공격하려는 의도를 품고 있는 사람도 있다. 그런 식의 접근은 서로에게 아무 도움이 되지 않는다. 나는 동료들과 '자기표현형 인간들은 대체로 원만한 인간관계를 유지한다'라는 주제로 이야기를 나눈 적이 있다. 그러나 자기표현 방법을 사용하기 때문에 자기표현형 인간으로 보일 뿐, 항상 사소한 문제로 물고 늘어지는 사람들이 있었다. 그들은 틈만 나면 자기표현을 한다. 그래서 우리는 자기표현과 관련한 네 번째 부류가 있다는 결론을 내렸다. 순종형, 자기표현형, 공격형 인간 외에 '떼쟁이' 부류가 있다는 것이다. 이 떼쟁이들은 같이 이야기하기도 같이 일하기도 껄끄럽다. 그들은 항상 타인을 힘들게 한다. 이런 점에서 보면, 떼쟁이들은 공격형 인간의 한 부류라고 할 수 있다.

자기표현형 인간의 분위기

교단 앞에 서면 입을 열기도 전에 학생들이 주목하고 존경하는 태도는 보이는 교사가 있는가 하면, 큰소리로 야단을 쳐도 학생들이 주목하지 않는 교사도 있다. 전자에게는 소위 '아우라'라고 하는 독특한 분위기가 있고 후자에게는 그런 분위기가 없다. 자기표현형 인간의 이 같은 분위기는 주로 신체언어에서 나오는데, 이는 자기표현 방식이 익숙해지면서 몸에 배어든 결과다. 자기표현형 인간은 강해 보이고 자신감이 있어 보이고 공정해 보이는데, 실제로 그렇기도 하다. 그가 의식적으로 노력하지 않아도 자신의 영역을 경계 짓는 신호가 보이고 건강한 자존감이 있으며, 자신이 타인의 권리를 존중하고 품위를 인정하는 만큼 자신의 권리와 품위도 지킬 것임을 주위 사람들에게 표출한다. 자기표현형 인간이 되기 위해서는 초반에 엄청난 노력이 필요하다. 그러나 시간이 지날수록 큰 노력 없이도 다른 사람들에게 자기표현을 할 수 있게 된다.

정 리

자기표현을 강화하는 여러 가지 방법이 있다. 이 장에서는 그 중 몇 가지 방법을 사례와 함께 설명했다.

- 자연스러운 자기표현
- 자기노출
- 설명형 칭찬

- 관계형 자기표현
- 선택적 외면
- 대화중단
- 스펙트럼 반응
- 선택권 제시
- 자연스러운 귀결과 논리적인 귀결
- 행동은 중단시키고 감정은 인정하기
- '노'라고 말하기
- 환경 바꾸기

    자기표현 메시지를 과도하게 사용하지 않고 상대방에게 애정이 담긴 관용을 베풀면 사람들의 삶이 편안해진다. 시간이 지남에 따라 자기표현 방법이 발전하면 아우라가 발산될 것이다. 그러면 자기표현 메시지를 의식적으로 사용하지 않고도 자신의 요구사항을 더 쉽게 관철시킬 수 있다.

4부

풀어라

불완전한 인간들의 세상, 갈등은 생길 수밖에 없고 그 갈등은 창조로 연결된다. 갈등 없이는 개개인의 의미 있는 변화도 사회의 진보도 기대할 수 없다. 그러나 전쟁과 같은 심각한 갈등은 그 갈등을 통해 지키려고 했던 대상까지도 파괴하고 만다. 그래서 갈등을 관리하는 기법은 대단히 중요하다. 이 기법은 갈등을 필요한 것으로 받아들이고 심지어 부추기기도 한다. 갈등이 어떤 변화에 핵심적인 역할을 한다면, 갈등의 부정적인 면을 최소한으로 줄이고 가능한 한 신속하고 생산적으로 해결되도록 최선을 다해야 한다.

– 하비 세이퍼트, 사회학자 / 하워드 클라인벨 주니어, 목회상담가

Chapter 12

갈등을 예방하고
통제하라

해결과 통제는 갈등을 풀어가는 서로 다른 목표다.
해결은 갈등의 당사자나 제3자가 원래의 견해차이나 적대적인 감정을
완전히 없애는 일이고, 통제는 견해차이와 대립이 여전히 남아 있는
상태에서 부정적인 결과를 최소한으로 줄이는 일이다.

– 리처드 월튼, 조직경영 컨설턴트

갈등은 불가피하다

인간은 필연적으로 갈등을 겪는다. 며칠 전 저녁, 아내와 나는 우리가 지난 몇 년 간 견뎌온 갈등에 대해 생각해보았다. 우리는 조용하고 평온하게 살아온 편이다. 그러나 회사, 집 그리고 인구 3,500명밖에 안 되는 이 좁은 지역에서 일어난 분쟁의 횟수와 그 심각성을 떠올려보니 정말 놀라운 수준이었다.

이어서 우리는 사회에서 일어나는 갈등에 대해서도 생각해보았다. 전체 부부 중 1/3 정도가 이혼으로 헤어진다. 많은 가정의 부모자식 사이에는 '세대차이'라는 갈등이 있다. 교사들은 파업으로 수업을 거부하고, 학교는 예산이 깎인다. 지역사회의 교회는 의견충돌로 갈라진다. 저녁 6시 30분에 텔레비전을 켜면 바깥세상의 분쟁이 집안으로 쏟아져 들어온다. 뉴스에서는 노동자와 사용자의 갈등, 도시와 농촌의 갈등, 백인과 흑인의 갈등, 낙태 찬성론자와 불가론자의 갈등, 이성애자와 동성애자의 갈등, 환경론자와 핵무기 생산업자의 갈등을 자세히 전한다. 국제면에는 쿠데타와 침략, 납치, 암살, 경제제재, 병력

증강, 협상결렬 등의 소식이 실려 있다. 그 중 많은 문제들이 직간접적으로 우리에게 영향을 끼친다.

내 주변, 내가 살고 있는 사회에 수없이 많은 분쟁이 일어나고 있다는 사실에 놀라기도 했지만, 한편으로 너무나 당연한 일이라는 생각도 든다. 사람들은 서로 다른 생각이나 가치관, 욕구, 습관 등을 가지고 있고, 그러한 차이는 너무도 일상적인 요소들이기 때문이다. 오래 전에 칼 마르크스와 제임스 메디슨은 이렇게 말했다. "사회 분열의 일반적이고 오래된 원인은 부의 불평등한 분배다." 이는 지금 사회에서도 명백한 분열의 원인이다. 그러나 일상생활에서 발생하는 소소한 분쟁의 근본적인 원인은 우리가 신이 아닌 인간이라는 점일 것이다. 이기심, 폭로, 오해, 분노, 관계를 왜곡하고 깨트리는 요소들을 완전히 극복하는 일은 사실상 불가능하다. 플로렌스 올슨의 말처럼 "얼마동안은 사랑할 수 있지만 결국에는 깨지고 만다." 따라서 우리가 할 수 있는 최선은 '갈등의 맞은편에 평화를 마련해두는 일'이다.

나는 갈등을 싫어한다. 그래서 갈등을 피하거나 초월할 수 있는 건전한 방법을 찾고 싶은데 찾을 길이 없다. 내가 갈등을 싫어하는 이유는 인간관계를 분열시키고 심해지면 완전히 파탄내기 때문이다. 갈등은 한 번 폭발하면 통제하기가 어렵다. 갈등으로 비롯된 파괴적인 언쟁은 주변에까지 영향을 끼친다. 때때로 갈등은 최초의 원인에서 떨어져 나와 아무 관계도 없는 일에까지 영향을 미치고 오랫동안 잊힌 뒤에도 그 영향력이 되살아난다. 갈등은 관련된 사람들이 모두 피폐해질 때까지 계속 심화된다.

갈등의 이점

갈등은 위험한 기회다. 적어도 감정적인 면에서 보면, 사람들은 갈등의 가능성보다 위험에 대해 더 많이 알고 있다. 그러나 거기에도 중요한 이점이 있다.

사회학자들은 견해차이를 폭넓게 받아들여야만 사랑이 지속될 수 있다는 사실을 알아냈다. 사회학자인 깁슨 윈터는 《사랑과 갈등Love and Conflict》이라는 책에서 이렇게 주장했다. "오늘날 대부분의 가족들은 정직한 갈등을 좀 더 늘리고 감정의 억압을 좀 더 줄여야 할 필요가 있다. … 때에 따라서는 갈등이 필요하다. 적대감을 표현하는 행위는 누구에게도 도움이 되지 않지만, 그렇더라도 때때로 그러한 감정을 표현해야 한다. … 갈등이 없다면 인간적인 친밀감도 느낄 수 없다. 사랑과 갈등은 분리할 수 없기 때문이다."

이 주장은 흥미로운 실험을 통해 입증되었다. 위스콘신 대학교의 해리 할로우 박사는 원숭이 몇 세대에 걸쳐 기르면서 싸우지 않는 어미 아래서 자란 원숭이들은 사랑도 하지 않는다는 사실을 밝혀냈다. 콘라트 로렌츠는 서로 공격적인 성향을 드러내는 새와 동물들이 가장 친한 친구가 된다는 사실을 발견했다. 하버드대학교의 에릭 에릭슨 교수는 인간관계에 관한 강의에서 "사람들끼리 친밀감을 느끼지 못하는 이유는 유익한 논쟁과 싸움을 하지 않기 때문"이라고 주장했다.

스탠리 쿠퍼스미스는 가정에서의 의견충돌이 아이들의 정신건강에 유익하게 작용할 수 있음을 밝혀냈다. 반대 의견과 견해차이를 자유롭게 허용하는 가정에서 자란 아이들은 값으로 따질 수 없는 가치, 즉 강한 자부심을 갖게 된다는 것이다. 갈등의 또 다른 가치는 그것이 정체를 막고 의욕과 호기심을 자극하며 창의성을 북돋운다는 점이다. 심리학자 존 듀이는 "갈등은 사고思考의 파리다. 그것은 관찰하고 기억하도록 사람을 흔든다. 무언가를 발명하도록 부추기며, 양처럼 수동적인 태도에 충격을 가해서 적극적으로 연구하게 만든다. 갈등은 반성과 창의력 발휘의 필수요소다."라고 말했다.

경제사학자들은 수많은 기술적 진보가 임금인상을 위한 노동조합의 쟁의로부터 비롯되었다는 데에 주목했다. 임금인상은 노동자를 대체하기 위해 자본을 투자하는 일로 이어진다. 1930~1940년대 초, 미국 석탄산업에서 이루어진 고도의 기계화는 당시 탄전에서 자주 일어난 노동조합의 쟁의가 일정 부분 영향을 끼쳤다.

우리가 속한 수많은 조직들은 격렬한 분쟁에 의해 서서히 진보해왔다. 그렇게 보면, 대결도 조직의 쇄신을 위해 필요한 요소로 볼 수 있다. 하버드 경영대학원의 리처드 월튼 교수는 기업 등 여러 조직에서 나타나는 갈등의 긍정적인 효과에 주목했다.

조직 내에서의 적절한 갈등은 몇 가지 긍정적인 효과를 가져온다. 첫째, 그것은 의욕과 에너지를 증가시켜 시스템을 유지하는 데 도움을 준다. 둘째, 갈등은 관점을 다양하게 하고 요구 수준을 상승시켜서 개인의 발전과 조직의 혁신을 자극한다. 셋째, 갈등의 당사자들이 자기 자신의 위치에 대해 더 잘 알게 된다. 갈등이 일어나면 논쟁하기 위해 자신의 관점을 조리 있게 정리해야 하기 때문이다. 넷째, 각 당사자들은 자기 정체성에 대해 더 깊이 이해하게 된다. 다섯째, 사람과 사람 사이에 갈등이 일어나면 당사자들 각자의 내면적 갈등은 줄어드는 경향이 있다.

이제 우리는 갈등을 피할 수 없다는 사실을 알게 되었다. 갈등은 분열을 일으키고 악화되면 인간관계를 파멸로 이끈다. 그러나 능숙하게 대처하면 중요한 이득을 얻을 수도 있다. 친밀감을 강화하고, 아이들의 발달을 돕고, 개인의 지적 능력을 높여주고, 기술의 발전을 촉진하고, 창의력을 북돋우고, 사회기관이나 종교단체, 정부조직, 기업조직의 혁신을 촉진하는 것 역시 갈등이 주는 이득이다. 이 장과 13, 14장에서는 갈등에 어떻게 대처해야 위험을 최소화하고 이익을 최대화할 수 있는가 하는 문제에 대해 알아볼 것이다.

현실적 갈등과 내재적 갈등

1954년 여름, 미국 중산층 가정에서 자란 열한두 살 된 평범한 남자아이들이 2주간 실험캠프에 들어갔다. 캠프의 참가자들은 자신들의 행동을 과학자들이 관찰하고 있다는 사실을 모르고 있었다. 그 실험은 3단계로 이루어졌다. 1단계가 진행된 기간은 일주일이었는데, 이 기간에는 아이들을 두 집단으로 나누어 공동체 의식을 함양하기 위한 프로그램을 진행하였다. 두 집단은 서로 다른 버스를 타고 캠프에 도착했고, 집단 별로 다른 통나무집에서 생활하며 여러 가지 공동 활동에 참가했다. 그들은 함께 요리하고 수영하고 야외활동도 했다. 그 결과 각각의 집단에 속한 아이들 사이에 친밀감이 형성되었다.

실험 2단계에는 과학자들이 두 집단 사이에 갈등을 일으키기 위한 조치를 취했다. 이를 위해 한 집단을 희생시켜야 다른 집단이 목표를 달성할 수 있는 경쟁적인 상황 몇 가지를 조성했다. 이긴 팀에게만 보상이 돌아가는 시합이 시작되었고, 야구 · 축구 · 줄다리기 등의 시합을 하는 동안 건전한 스포츠 정신이 훼손되고 두 집단 사이에 적대감이 싹텄다. 험담 · 위협 · 몸싸움이 일어났고, 상대방 집단의 통나무집을 습격하기도 했다.

실험 3단계에는 분쟁을 줄이고 더 이상의 충돌을 막기 위한 전략이 몇 가지 제시되었다. 이들은 함께 모여 영화를 보고, 같은 식당에서 식사를 하고, 불꽃놀이를 했다. 그러나 두 집단의 갈등은 줄어들지 않았고, 오히려 서로 욕을 퍼붓고 공격하는 빌미가 되었다.

갈등은 두 집단이 협력하지 않으면 성취할 수 없는 공동 목표를 위해 힘을 합쳤을 때에야 비로소 해결되었다. 그들이 사용하는 물은 1마일쯤 떨어진 탱크에서 파이프를 통해 캠프까지 도달하게 되어 있었는데, 과학자들은 이 같은 수도체계를 일부러 망가뜨렸다. 그러자 두 집단이 함께 그 문제를 고민했고 결국 해결했다. 그런 뒤에는 공동으로 돈을 모아서 보고 싶어 하던 영화를 보러 갔다. 한 번은 캠프에서 약간 떨어진 곳에서 트럭이 고장 났는데, 두 집단이 힘을 합쳐 그 트럭을 끌고 왔다. 물론 참가자들은 이런 사고들을 과학자들이 일부러 일으켰다는 사실을 모르고 있었다.

서로에 대한 적대감이 곧바로 사라지지는 않았지만 갈등이 점점 누그러졌고, 시간이 지남에 따라 친근한 상호작용으로 이어졌다. 두 집단은 함께 활동 계획을 세우기도 했고, 그러는 동안 그들 사이에 우정이 생겨났다. 두 집단의 아이들은 캠프에 올 때 각자 다른 버스를 타고 왔는데, 집에 돌아갈 때는 같은 버스를 타고 싶어 했다. 집으로 돌아가다가 휴게소에 들렀을 때는 한 때 적이었던 두 집단의 아이들이 우유를 나눠 마실 정도로 친해져 있었다.

오클라호마 대학의 무자퍼 셰리프 교수와 연구진이 이 실험을 실시하고 난 뒤, 로버트 블레이크와 제인 무톤이 산업기구에서 근무하는 150명의 성인그룹을 대상으로 실험을 실시했다. 이 실험들은 사람들 사이에 쓸데없는 갈등을 초래하는 조건들이 있는가 하면, 갈등을 누그러뜨리거나 방지하는 조건들도 있다는 사실을 보여주었다.

인류학자 루스 베네딕트는 갈등이 유독 많은 사회가 있다는 점에 주목했다. 그녀는 1941년에 브린모 대학에서 실시한 강의에서 갈등 정도가 높은 사회의 특징과 갈등을 방지하거나 통제하는 사회의 특징을 상세히 설명했다.

일정한 시간 동안 두 사람 이상이 함께 지내다 보면 어떤 갈등이든 불거지게 마련이다. 그러나 셰리프, 블레이크, 무톤 등이 실시한 실험이나 루스 베네딕트, 에이브러햄 매슬로 같은 학자들의 분석은 어떤 분위기나 환경은 불필요한 갈등을 불러일으키는 반면, 어떤 환경이나 행동 그리고 조직 분위기는 그렇지 않다는 점을 시사한다.

오늘날 심리학자들은 현실적 갈등과 내재적 갈등을 엄밀히 구별한다. 현실적 갈등은 적대적인 요구조건, 목표, 수단, 가치관, 관심사 때문에 생기고, 내재적 갈등은 무지, 오류, 역사적 관습과 편견, 불합리한 조직구조, 이기고 지는 경쟁 체계, 적대감, 억압적인 환경 때문에 생긴다.

현실적 갈등은 13, 14장에서 설명할 방법들을 이용하여 해결할 수 있다. 그러나 내재적 갈등은 사람들 사이에 쓸데없는 긴장을 유발하고 관계를 파탄 내는 경우도 많다. 그러므로 내재적 갈등은 방지하고 통제해야 하며, 상당한 정도까지는 그렇게 할 수 있다. 불필요한 갈등이 발생하지 않도록 각자 개인들이 할 수 있는 중요한 조치가 있고, 집단과 조직이 취할 수 있는 유용한 조치도 있다.

개인적인 갈등의 예방과 통제

갈등을 완전히 제거할 수는 없지만, 사적인 갈등을 예방하고 통제하는 방법을 사용하면 상당수의 불필요한 분쟁을 피할 수 있다. 갈등의 횟수를 줄이는 한 가지 방법은 의사소통 방해요소를 사용하지 않는 것이다. 이 방법은 한 사람이라도 강한 불만이 있는 경우에 특히 유용하다. 명령, 위협, 비난, 험담과 같은 의사소통 방해요소들은 수많은 갈등을 불러일으킨다.

상대방에게 강한 불만이 있거나 해결해야 할 문제가 있을 때, 그의 말을 반사적으로 들으면 놀랄 만큼 효과가 크다. 반사적 듣기가 부정적인 감정을 누그러뜨려서 그 사람이 자신의 문제를 해결하도록 도와주기 때문이다.

자기표현은 최소한의 충돌로 요구조건을 충족할 수 있는 기법이다. 시의적절하게 자기표현을 하면 분쟁의 씨앗이 되는 감정의 격앙을 막을 수 있다. 예를 들어, "오늘은 책의 이 부분을 써야 하니까 집안에서 조용히 해주면 고맙겠어요."와 같은 방어적인 자기표현을 사용하면 문제의 발생을 미리 막을 수 있다. 자기표현과 듣기 기법은 갈등을 일으키는 두 가지 핵심 원천을 없애준다. '정보의 잘못된 전달'과 '정보의 부족'이 그 두 가지다.

다른 사람들과의 관계에서 불필요한 갈등을 일으킬 수 있는 행동이 무엇인지 알고 있으면 많은 분쟁을 미리 막을 수 있다. 특정한 말이나 표정, 행동은 사람들을 자극하여 갈등 상황으로 몰고 갈 수 있다. 이러한 갈등 유발 행동들은 현재의 관계보다는 어린 시절의 경험에 뿌리를 두고 있을 가능성이 높다.

관찰력이 뛰어난 사람은 하늘에서 태풍이 오리라는 예고를 읽을 수 있다. 마찬가지로 눈치가 빠른 사람은 자신의 행동이나 상대방의 행동에서 폭풍을 불러올 수 있는 신호를 알아차린다. 날씨는 어떻게 할 수 없지만, 대인관계에서는 초반에 어떤 분위기를 감지함으로써 그와 관련된 문제에 대처할 시간과 해결책을 마련할 수 있다.

다른 사람에게 화풀이를 하지 않으면서 자신의 스트레스를 해소하는 것도 갈등을 예방하고 통제하는 좋은 방법이다. 살다보면 누구나 스트레스가 생기기 마련이다. 그런데 어떤 사람은 이 스트레스를 다른 사람에게 전가함으로써 해소한다. 누군가에게 소리치고 욕하면 자신의 스트레스는 풀 수 있을지 모르지만, 화풀이의 대상이 되는 사람은 스트레스가 증가한다. 화가 났을 때, 방에서 소리를 지르거나 제3자에게 하소연하면서 감정을 발산하는 방법도 있다. 격렬한 운동이나 섹스도 자신의 스트레스를 다른 사람에게 전가하지 않고 해소하는 방법이다. 나는 이런 식의 갈등해소법이 중요하다는 사실을 점점 더 실감하고 있다.

가족이나 친구들의 정서적인 지원이 있으면 다른 사람들과의 분쟁도 줄어든다. 우리는 모두 인간관계에서 관심과 온정을 베푸는 방법을 알고 있다. 대체로 사랑과 관심을 많이 받은 사람은 다른 사람과 잘 다투지 않는다.

다른 사람을 좀 더 이해하고 관용으로 대하는 행위도 내재적 갈등을 줄여준다. 개개인의 관용과 이해심의 정도는 대체로 교육이나 유전적 요인에 의해 좌우된다. 하지만 노력 여하에 따라 더 너그러워지고 이해심이 많아질 수 있다. 현명한 자기표현, 가까운 이들의 정서적 지원, 의사소통 기법의 효과적인 교육, 합리적 정서치료법을 잘 활용하면 우리의 관용과 이해심이 더 높아질 수 있다.

'쟁점 통제Issues Control'도 갈등을 조절하는 중요한 방법이다. 로저 피셔는《국제분쟁과 행동과학International Conflict and Behavioral Sciences》이라는 책에서 세계평화를 이루기 위해서는 무력억제 못지않게 쟁점을 통제하는 일이 중요하다고 지적했다. 국가 간 분쟁을 조정하는 데 필요한 이 지침은 개인 간의 갈등에 대처할 때도 유용하다. 쟁점을 통제할 때 명심해야 할 점은 다음과 같다.

—실제 문제에 바로 들어가기보다 논쟁을 이끌어가기 위한 절차를 먼저 세운다.

—한 번에 한 가지 문제만 다룬다.

—복합적인 문제를 한꺼번에 다루기보다 작은 문제들로 쪼개어 논의한다.

—당사자들을 모두 만족시킬 수 있는 쉬운 문제부터 논의한다.

—근본적인 문제는 마지막에 다루어야 한다. 싸움이 계속 이어질 때는 누군가가 잠시 싸움을 중단시키고 이렇게 말해야 한다. "우리가 이렇게 싸운다고 해서 진짜 문제가 해결될까요?"

—논쟁을 이끌어 갈 때는 원칙과 원칙이 맞서지 않게 해야 한다. 가능하면 이념적인 용어를 사용하지 않아야 한다. 어떻게 해야 당신의 요구조건과 상대방의 요구조건이 모두 충족될 수 있을지를 궁리하라. 가치관이 개입된 문제와 관련하여 로저 피셔는 다음과 같이 지적했다. "우리가 원하는 해결책은 문제를 제대로 파악하고 적용했을 때 우리의 원칙과 충돌하지 않고 상대방의 원칙과도 충돌하지 않는 것이다. 상대방에게 그의 원칙을 버리지 않아도 된다는 점을 강조하면, 오

히려 그가 자신의 원칙을 포기할 가능성이 더 높다."

갈등이 생긴 상황에서 상대방이 자신의 감정이나 의견을 쉽게 표현하지 못하고 있다면, 그의 신념과 기분에 대해 말할 시간을 주어야 한다. 그런 다음 그가 자신의 이야기를 시작하면 끝까지 들어줘야 한다. 언쟁을 하는 동안 자기 이야기만 하려는 사람들이 많다. "자, 당신은 이 일을 어떻게 생각하는지 듣고 싶군요." 하며 상대방에게 말할 기회를 주는 사람은 아주 드물다. 상대방이 그 문제에 대해 당신과 어떻게 생각이 다른지 이야기할 때, 우리 마음속에서는 그 생각을 반박하고 언쟁으로 상대방을 누르고 격렬하게 공격하고 싶은 욕구가 일어난다. 따라서 상대방에게 발언 기회를 주는 것만으로는 충분치 않다. 당신의 분노에 찬 공격으로부터도 상대방을 보호해 주어야 한다. 사실 그렇게 하기는 무척 어렵다. 그러나 이는 매우 중요한 일이며, 상대방이 자기표현을 하고 있을 때는 특히 더 그렇다.

최종 결과와 논쟁의 대가를 냉정하게 평가해보고, 불필요한 논쟁을 하지 않는 것도 갈등을 줄이는 방법이다. 논쟁의 대가를 측정하기는 쉽지 않다. 감정적인 상호작용의 결과를 예측하고 통제하기 힘들기 때문이다. 그렇다고 해도, 결과를 생각하지도 않고 불필요한 논쟁을 시작하는 건 어리석은 일이다.

집단이나 조직 갈등의 예방과 통제

사회적 협약이 불필요한 갈등을 낳고 문제해결을 가로막는 경우도 있지만, 내재적 갈등을 최소한으로 줄여주는 경우도 많다. 불필요한 갈등을 사전에 막아주는 가정 · 집단 · 회사 · 인간관계에서의 몇 가지 사회적 협약을 살펴보자.

조직이나 사회의 구조에 따라 그 안에서 발생하는 갈등의 양이 달라진다는 연구결과들이 많다. 유진 리트바크는 중앙집권적이고 관료적인 조직에는 그렇지 않은 조직보다 분쟁의 씨앗이 더 많다고 주장했다. 레니스 리커트는 광범위한 연구를 바탕으로 조직을 매우 경직된 조직에서 매우 유연한 조직까지 단계별로 분류했다. 리커트의 주장에 따르면, 경직된 조직은 유연한 조직보다 구성원들의 의사소통이 비효율적이고 갈등을 조절하기도 어렵다.

지도자의 성격과 조직을 이끌어나가는 방법도 중요하다. 지도자의 자기방어 심리가 약하고 조직원들을 잘 지원해 줄수록 조직원들 사이의 불필요한 충돌 확률도 낮다. 충돌을 방지하거나 생산적으로 해결하는 일은 권력자의 위치에 있는 카리스마 있는 사람이나 효과적인 대화기법을 익힌 사람이 주도하는 경우가 많기 때문이다.

집단의 분위기도 분쟁의 횟수에 영향을 미친다. 몇몇 종류의 경쟁은 조직을 건강하게 만들기도 한다. 그러나 연구결과에 따르면 승패경쟁은 조직 내에 쓸데없는 갈등을 일으키고 분쟁을 효과적으로 해결할 수 있는 능력을 떨어뜨린다. 이와 반대로 공동으로 노력해야 달성할 수 있는 목표가 있으면, 그 목표를 위해 협력하는 동안 조직의 진정한 화합이 이루어진다.

정책과 절차를 잘 구성해서 확실하게 명시하면 구성원들이 쉽게 이해하고 협조하기 때문에 조직 내 질서가 잡히고 혼란과 갈등이 줄어든다. 도로교통법이 없을 때 고속도로에서 생길 수많은 사고와 혼란을 생각해보라. 누구는 왼쪽으로 가고 누구는 오른쪽으로 가서 엄청난 충돌사고가 발생할 것이다.

우리 문화권에서는 거의 찾아볼 수 없지만, 일부다처제는 충돌의 과잉을 막기 위해 명확한 정책과 절차가 필요하다는 점을 생생하게 보여준다. 로버트 블러드는 이렇게 설명한다.

남편 한 명에 아내가 여럿일 때, 아내들 사이에 질투와 갈등이 일어날 위험이 매우 높다. 그래서 일부다처제 사회에서는 갈등을 방지하기 위한 제도를 마련해

두었다. ①각 아내와 그녀가 낳은 아이들의 처소는 따로 떨어져 있다. ②일반적으로 첫 번째 아내는 이후의 아내들을 통제할 수 있는 권리가 있고 그 지위가 확고하다. 그녀는 유일한 아내라는 지위를 잃은 대신 더 많은 하녀를 거느리게 되는 셈이다. ③남편은 아내들을 동등하게 대하고 한 명만 편애해서는 안 된다. 이는 그가 엄격한 계획에 따라 아내들을 방문해야 하며, 각각의 아내와 함께 보내는 잠자리의 횟수나 차례도 엄격히 지켜야 한다는 의미다.

로버트 블러드는 오늘날 가정 내 갈등을 다루기 위해서도 정책과 절차를 중요시해야 한다고 주장한다. 이 이야기는 기업이나 조직에도 그대로 적용된다. 정책과 절차가 조직원의 요구조건과 맞지 않거나 멋대로 적용된다면, 조직의 내재적 갈등이 커질 수밖에 없다.

가정이나 조직이 얼마나 어떻게 변하느냐에 따라서도 논쟁의 횟수와 격렬함의 정도가 달라진다. 사회가 빠르게 변하는 만큼 가족이나 조직도 변해야 한다. 그러지 않으면 주위의 문화에 대응하지 못하고 혼란을 겪을 수밖에 없다. 그러나 지나치게 빠른 변화나 부적절한 의사소통 방식을 이용한 변화는 심각하고 불필요한 갈등을 일으킬 수 있으니 주의해야 한다.

조직원의 고충을 해결하는 기구도 설치해야 한다. 케네스 볼딩의 말처럼, 조직 간 갈등에 관한 협상에서는 협정을 체결하는 일보다 그 후에 발생할 수 있는 불평불만을 해결하는 기구를 설치하는 일이 더 중요하다. 볼딩에 의하면, 노사협상에서 오직 문제해결에만 집중하면 거의 진전이 없지만, 차후에 일어날 분쟁을 해결하기 위한 조치를 마련해 두면 놀라운 진전이 있다고 한다.

'감정 전염병Emotional plague'이 불필요한 갈등을 불러일으키는 경우도 많다. 이 용어는 심리치료사인 빌헬름 라이히가 처음 만들었는데, 나는 좀 더 넓은 의미로 사용하려고 한다. 이 병에 걸린 사람은 자신에게 전혀 해를 끼치지 않는 사람까지 적대적으로 대한다. 이들이 건강하고 멋진 사람, 긍정적으로 열심히 일하는 사람을 만나면 그 사람의 성공을 가로막거나 무너뜨리기 위해 물불을 가리지 않는다. 감정 전염병도 다른 질병과 마찬가지로 환자를 격리시켜야 한다. 나는 이런 사람을 조직에 받아들이지 않고 인간관계도 맺지 않는다. 문제는 처음에 이 전염병을 알아보기 어렵다는 점이다. 나중에라도 이런 사람을 찾아냈다면, 그들을 조직에서 내보내고 인간관계를 단호하게 끊어야 한다. 이런 감정 전염병이 가족 안에 발생한다면 문제는 정말 심각해진다.

인간관계나 조직의 불가피한 갈등을 방지하고 해결하기 위해서는 갈등관리 훈련이 필요하다. 그러나 훈련만으로는 아무 소용이 없다. 스트레스로 가득 찬 갈등 상황에서 적절하게 갈등관리 기법을 활용하기 위해서는 부단한 연습과 연마가 필요하다. 또한 반사적 듣기, 자기표현, 뒤에 나올 협동문제해결법과 함께 훈련 프로그램의 일부로서 심도 있는 갈등관리 기법을 익혀야 한다.

마지막으로, 훈련만으로는 가정이나 조직에서 발생하는 갈등을 해결할 수 없다는 점을 명심해야 한다. 갈등을 예방하고 해결하는 합의된 방식, 적절한 의사소통 창구, 고충을 처리하는 기구 등 여러 조건이 효과적인 훈련법과 결합되어야만 갈등 조절을 위한 제대로 된 훈련과정이 완성될 수 있다.

예방이나 통제보다 해결이 먼저다

몇몇 갈등은 어렵지 않게 예방할 수 있고, 몇몇 갈등은 관련된 모든 사람들에게 이로운 방향으로 현명하게 통제할 수 있다. 그러나 대부분의 갈등은 가능하면 초반에 해결해야 한다. 예방과 통제 전략을 서투르게 사용하면 지금 일을 나중으로 미루는 결과밖에 되지 않는다. 그러면 초반에 갈등을 해결하는 것보다 결과가 더 나빠진다.

어떤 사람들은 갈등을 회피할 생각으로 예방과 통제 전략을 사용하기도 한다. 또 어떤 사람들은 불쾌한 싸움에 말려들지 않기 위해 갈등 부정하기, 회피하기, 무조건 항복하기, 지배하기 전략을 쓰기도 한다. 이런 방법은 모두 갈등을 오래 끌어 불화를 심화시킬 뿐이다.

정리

살아가면서 갈등을 피할 수는 없다. 어떤 갈등은 인간관계를 분열시키고 파멸을 부르기도 하지만 어떤 갈등은 도움이 되기도 한다. 갈등에는 성격이 다른 두 종류가 있다. 현실적 갈등은 서로 충돌하는 요구조건 · 목적 · 가치관이 원인이고, 내재적 갈등은 무지 · 오류 · 역사적 관습이나 편견 · 비합리적인 조직구조 · 스트레스 등이 원인이다. 대체로 내재적 갈등은 예방과 통제 방법으로 대처할 수 있다. 부정, 회피, 무조건적인 항복, 지배 등의 방법으로 갈등을 억누르려는 노력은 그 갈등을 오래 끌어 불화를 심화시킬 뿐이다.

13장에서는 현실적 갈등의 감정적인 측면을 확실히 해결하기 위한 방법을 소개한다. 뒤이어 14장에서는 양 당사자의 요구조건을 충족시키면서 현실적 갈등에서 나타나는 견해차이를 줄일 수 있는 방법을 설명할 것이다.

이것이 요점이다.
내 감정이 이러한 두려움, 분노, 자기방어 본능으로 흥분해 있는 동안,
나는 당신뿐 아니라 다른 누구와도 열린 토론, 정직한 토론,
즐거운 토론을 할 마음의 준비가 되어 있지 않은 상태다.
나는 … 이 토론을 하기 전에 … 감정을 정화하고 환기해야 한다.

– 존 파웰 신학자

감정에 초점을 맞춰라

갈등이 있을 때는 실질적인 문제와 감정을 떼어놓고 생각해야 한다. 갈등이 있을 때 느끼는 감정은 분노, 불신, 방어심리, 경멸, 원한, 반감 등이다. 만약 갈등의 당사자가 심하게 흥분한 상태라면 감정적인 면을 먼저 다루어야 한다. 그렇게 해서 감정이 가라앉고 나면 실질적인 문제를 좀 더 효과적으로 다룰 수 있다. 실질적인 문제란 서로 충돌하는 요구조건, 정책이나 실천 방안에 대한 견해차이, 임무와 자금 사용처 등에 대한 서로 다른 의견 등을 말한다.

갈등의 이 두 가지 측면은 상호 영향을 끼친다. 실질적인 문제는 분노나 불신감과 같은 감정적인 갈등을 일으키고, 감정적인 갈등은 실질적인 문제를 더욱 심각하게 만든다. 대부분의 문제는 이 두 가지 측면이 서로 얽혀 있어서 따로 떼어놓고 생각하기 어렵다.

갈등 해결을 다룬 여러 이론들은 시작단계에서부터 구체적인 문제를 합리적으로 해결할 방법을 찾아보라고 강조한다. 그러나 내 경험상 이는 두 번째로 할 일이다. 감정이 격앙되어 있을 때는 합리적인 문제해결 방법을 생각하기 전에 감정적인 부분부터 서로 털어놓아야 한다. 그렇게 해서 감정이 가라앉으면 다음 단계로 넘어갈 수 있다. 즉, 갈등의 양 당사자를 갈라놓은 실질적인 문제를 합리적인 시각으로 검토할 수 있게 된다.

　감정이 격앙되어 있을 때 합리적인 접근법이 효과를 발휘하지 못하는 이유가 있다. 사람이 흥분을 하면 침착할 때와는 아주 다른 사람이 된다. 화가 나거나 두려움에 사로잡히면 아드레날린이 빠르게 분비되고 기력이 20% 정도 상승한다. 간은 당을 혈류로 내보내기 때문에 심장과 폐에서 더 많은 산소를 받아야 한다. 그러면 혈관이 확장되고 사고를 담당하는 대뇌피질이 제대로 기능을 발휘하지 못한다. 뇌의 문제해결을 담당하는 부분으로 공급되는 혈액량이 급격히 줄어들고, 스트레스를 받는 동안 혈액의 상당량이 팔다리 부분으로 흘러가기 때문이다. 조직경영 컨설턴트인 조지 오디온은 이렇게 말한다. "사람이 감정적으로 흥분하면 그의 몸은 언쟁을 하기에는 최적의 상태가 되지만, 문제를 해결하기에는 대단히 취약한 상태가 된다." 따라서 갈등해결의 첫 번째 목표는 감정문제를 현명하게 다루는 것이다. 이것이 우리가 말하는 '갈등해소법'의 목표다.

갈등해소법

갈등해소법은 갈등을 다스리기 위한 몇 가지 규칙을 말한다. 사람들은 누구나 규칙을 동원해 갈등을 통제하지 않으면 매우 위험한 상황을 맞을 수 있다는 사실을 잘 알고 있다. 체격이 건장한 레슬링 선수들이 매트 위에서 서로 공격할 때, 그들은 스포츠 규칙이 무작위의 폭력으로부터 자신을 보호한다는 사실을 알고 있다. 헤비급 권투선수는 권투 규칙과 심판이 있기 때문에 상대방이 위험한 딴짓을 하지 못한다는 사실을 알고 링 위에 오른다. 정당이 한 국가에서 우월한 위치를 차지하려고 싸울 때도 서로 구체적인 법률을 지킨다는 데 합의하고 경쟁한다. 심지어 국가 간의 전쟁에도 합의된 규칙이 있다. 그러나 일상생활에서 만나게 되는 여러 분쟁에서, 우리는 대부분 규칙 없이 싸운다. 예를 들어 남편과 아내가 심하게 다툴 때, 그들에게는 스스로를 보호하고 결혼생활을 지키기 위한 합의된 규칙이 없는 경우가 보통이다. 이 장에서는 이 같은 갈등이 생겼을 때 좀 더 나은 결과를 얻게 해주는 단순하고 실질적인 방안들을 소개할 것이다.

이 갈등해소법을 사람들 사이의 분쟁을 통제하는 규칙들로 생각할 수도 있지만, 감정이 개입된 견해차이를 조정하기 위한 생산적인 절차로 볼 수도 있다. 이 기법은 자기표현형 의사소통과 감정표현을 권장하며, 갈등의 원만한 해결을 방해하고 관계에 부정적인 영향을 미치는 말싸움은 금지한다. 지금부터 소개할 갈등해결 3단계 과정은 효율적인 규칙에 의거해서 서로에게 상처를 주지 않고 양 당사자를 성숙하게 하는 생산적인 논쟁방식이다.

1단계: 상대방을 존중하는 태도를 보여라

논쟁을 하면서 상대방을 존중한다는 건 무슨 뜻일까? 심리학자 클라크 무스타카스는 이렇게 설명한다.

생산적으로 논쟁하는 사람들은 상대방이 정당하다는 점을 인정한다. 두 사람은 서로 진실을 이야기하고 있다는 사실을 알고 있고, 이 과정에서 누구도 서로를 비하하지 않는다. 사랑하는 마음과 진지한 대화가 있는 건강한 논쟁에서, 각 당사자들은 완전한 자의식을 갖게 되고 진정으로 성장하게 된다. 또한 꾸밈없고 솔직한 대화의 소중함도 알게 된다.

심리학자 마르틴 부버는 그의 대화철학을 중동의 사회, 종교, 정치와 연관지어 설명했다. 부버는 《인간의 지식 The Knowledge of Man》이라는 책에서 거친 말싸움에 말려들었을 때 상대방에게 공손하게 말하는 방법을 다음과 같이 구체적으로 설명하였다.

어떤 사안에 대해 근본적으로 다른 시각을 갖고 있는 두 사람이 상대방을 설득하기 위해 자신의 의견을 이야기할 때, 그 대화가 성공하기 위해서는 두 가지 조건이 필요하다. 첫째, 각 당사자가 상대방을 있는 그대로 인정해야 한다. 둘째, 서로를 설득하고 싶은 욕구를 참고 누구나 그 나름의 사고방식이 있다는 점을 인정하면서 상대방의 의견을 충분히 수용해야 한다. 그렇게 하면 한 인간으로서의 개별성, 상대방과 근본적으로 다른 타자성의 엄밀함과 깊이가 대화의 출발점 역할 뿐만 아니라 한 사람의 신념을 다른 사람에게 전달하는 역할까지 하게 된다. 이렇게 볼 때, 상대방에게 영향을 주려는 욕구는 그 사람의 생각을 바꾸거나 자신이 옳다는 주장을 그에게 주입시키는 것을 의미하는 것이 아니라, 자신이 옳고 정당하고 사실이라고 인식한 것(바로 이런 이유 때문에 상대방의 생각도 그만큼 중요하다는 것을 인정해야 한다.)을 상대방의 마음에 씨앗의 형태로 심어 그의 독자성을 해치지 않는 형태로 자라게 하는 것을 의미한다.

상대방을 존중하는 마음은 구체적인 행동으로 나타난다. 상대방에게 귀를 기울이는 태도, 그를 보는 시선, 목소리에 실린 어조, 단어 선택, 설명하는 방법 등이 모두 공손함이나 무례함을 나타낸다.

안타까운 일이지만, 어떤 사람과 신념이나 가치관이 다르거나 서로의 요구 조건이 충돌할 때, 상대방의 생각과 인격을 무시하는 무례한 태도를 보이는 경우가 많다. 평소에는 상대방을 존중하더라도 격렬하게 싸우는 도중에는 다음과 같이 그를 모욕할 가능성이 높다. "멍청하긴, 그렇게 어이없는 생각은 처음 들어봤네." 또는 이런 식으로 비꼴 수도 있다. "대단한 생각이로군요. 그런데 그 일을 하려면 포트녹스 연방의 금괴 보관소에 있는 금이 전부 필요할 걸요?" 또는 그 사람을 공격하여 자존심을 짓밟을 수도 있다. 사람들은 이 같은 무례한 말을 생각 없이 내뱉는데, 그것이 의사소통을 가로막고 상대방에게 영원히 치유할 수 없는 상처를 줄 수도 있다.

그런 사람들은 화가 가라앉고 난 뒤에 이렇게 말한다. "그런 뜻이 아니라는 거 알잖아. 너무 화가 나서 내가 무슨 말을 하고 있는지도 몰랐어." 그러나 상대방은 이렇게 생각할 것이다. '그런 생각을 하고 있었으니까 그렇게 말했겠지. 네가 나를 그렇게 생각하고 있었다니 정말 실망이다.'

어떤 사람들은 무례한 생각을 하기는 하지만 그 생각을 노골적으로 드러내지 않는다. 그러나 상대방을 존중하지 않을 때, 그의 신체언어가 은연중에 진실을 드러낸다. 상대방은 당신의 얼굴표정, 목소리 어조, 제스처 등에서 그런 생각을 읽어낸다. 이 역시 대화를 가로막고 두 사람 관계에 쉽게 지울 수 없는 상처를 입힌다.

언쟁을 할 때, 예의를 잊고 상대방에게 함부로 대하거나 상대방을 고정된 틀에 넣어서 해석하는 경우가 많다. 이런 행위는 상대방과 이야기를 주고받는 것이 아니라 상대방에게 일방적으로 말하거나 상대방을 무시하는 행위다.

무례한 행동을 억제하기 위해 의지력을 발휘하라. 상대방을 대화를 나눌 만한 평등한 인간으로 대하기 위해 도덕적인 힘을 끌어내야 한다.

2단계: 상대방의 입장을 경험할 때까지 경청하라

더할 나위 없이 좋은 조건에서도 효과적인 의사소통은 쉬운 일이 아니다. 더구나 언쟁으로 감정이 격해져 있는 상태라면 상대방을 오해할 가능성이 훨씬 더 크다. 서로 다른 이야기를 하고 있다는 사실도 모른 채 열심히 이야기한 적이 다들 한 번쯤 있을 것이다. 근본적으로는 생각이 같은데도 그 점을 깨닫지 못했던 경험도 있을 것이다. 언쟁이 벌어지는 동안에는 누가 무슨 말을 하건 그 말이 정확히 전달되지 않을 가능성이 높다.

서로 의견이 다를 때, 좀 더 정확하게 의사소통을 하고 갈등을 해결하는 방법은 칼 로저스의 규칙을 지키기로 약속하는 일이다. 그 규칙은 다음과 같다. '각 당사자는 상대방이 말한 생각과 감정을 상대방이 수긍할 때까지 정확하게 반복한 뒤에 자신의 이야기를 한다.'

시카고 사우스사이드의 주민센터에서 유진 젠들린과 그의 동료들이 발간한 〈대화의 기법〉이라는 자료에 이런 듣기 기법이 소개되어 있다.

당신은 … 상대방이 한 말을 듣고 그 말을 한마디씩, 마치 상대방이 그 말을 하고 있는 것처럼 다시 반복한다. 이때 당신의 생각을 집어넣어서는 안 되고 상대방이 하지 않은 말을 해서도 안 된다. … 그러고 나서 당신이 명확히 이해했음을 보여주기 위해 상대방의 의도를 정확히 표현하는 한두 문장을 덧붙여라. 이 때는 상대방이 쓰지 않은 다른 단어를 사용할 수 있다. 그러나 오해의 여지가 있는 중요한 단어는 상대방이 말한 단어를 그대로 쓰는 편이 낫다.

듣기의 목표는 상대방의 생각이나 제안한 내용, 그 제안이 상대방에게 의미하는 바, 그 제안에 대해 상대방이 느끼는 기분까지 이해하는 것이다. 상대방의 입장이 되어 그의 관점에서 그가 말한 대로 생각하는 것이 듣기의 목표다.

이런 듣기방식은 상대방의 말이나 생각을 기계적으로 반복하는 일과는 전혀 다르다. 리처드 캐보트 박사는 이렇게 설명한다. "상대방의 신념의 힘을 느끼는 지점, 그 안에 담겨 있는 진실의 힘을 느끼는 지점에 도달할 때에야 그의 생각을 제대로 이해할 수 있다." 이것이 마르틴 부버가 말한 '상대방의 입장을 경험하는 상태'다.

견해차이가 있을 때, 상대의 관점을 정확하게 이해하고 요약하는 일은 결코 쉽지 않다. 사람들은 보통 자신의 관점에서 듣고, 그 내용을 요약해서 반사하기 때문이다. 그러면 겉보기에는 정확해 보일지 모르지만, 상대방의 메시지를 왜곡할 가능성이 높다. 마샤와 딸 에밀리의 언쟁을 들어보자.

> 마샤　네가 집안 심부름을 하기로 했는데 그때마다 숙제 때문에 못하겠다고 하니 엄마는 화가 나는구나.
>
> 에밀리　(엄마가 한 말을 요약하려 애쓰면서) 그러니까 저보고 숙제는 하지 말고 집안 일만 하라는 거군요.

에밀리가 보낸 반사는 겉보기에는 정확해 보이지만, 마샤가 말한 의도를 왜곡했다. 상대방이 한 말의 초점을 놓치고 들을 때 흔히 나타나는 현상이다. 마샤는 에밀리가 집안일과 숙제를 둘 다 미루고 있다가 결국 둘 중 하나밖에 못하는 상황을 만드는 데에 화가 난 것이다. 따라서 에밀리의 반사는 다음과 같이 해야 정확해진다.

> 에밀리　엄마는 제가 숙제 핑계를 대고 집안 심부름을 안 했다고 생각해서 화가 나신 거군요.

에밀리의 입장에서 보면, 이렇게 반사한다고 해서 자기가 숙제를 핑계로 삼고 있다고 인정하는 건 아니다. 위의 반사는 어머니의 말을 이해했음을 보여준 것일 뿐, 그 의견에 동의한 건 아니기 때문이다. 에밀리에게는 반사하고 나서 자신의 생각을 말할 기회가 있다.

반사할 때는 특히 감정에 중점을 두어야 한다. 이때 상대방의 감정에 귀를 기울이는 것만으로는 부족하다. 그 감정을 이해하고 받아들여야 한다. 상대방이 당신을 심하게 매도할 때, 그가 당신에게 상처를 주기 위해 일부러 그러는 것처럼 느껴질 수도 있고, 그런 행위에 분노를 느껴 반격하고 싶은 충동이 생길 수도 있다. 이때, 그런 충동을 자제하고 상대방의 기분에 감정을 이입하여 반사하면, 그의 기분이 놀랄 정도로 빠르게 가라앉을 수 있다.

"당신이 어떤 기분인지 알아요."라고 말하지 말라. 상대방은 그 말을 믿지 않는다. 이때는 설명도 사과도 다른 어떤 말도 할 필요가 없다. 상대방의 의견과 제안과 기분을 그 사람의 입장에서 이해하려고 노력하고, 그 생각과 기분을 간단명료한 문장으로 반사하면 된다. 그런 다음 당신이 말한 내용을 상대방이 생각해보도록 가만히 기다린다. 자신이 한 말이나 당신이 이해한 내용 중 정확하지 않은 부분이 있다면 그 부분을 수정하게 하라. 만약 상대방이 자신이 말한 부분에 덧붙이거나 당신이 말한 부분을 수정한다면, 당신은 수정한 내용을 반영하여 상대방이 만족할 만큼 정확하게 다시 요약해서 말하라. 상대방이 자신의 말을 당신이 제대로 이해했다고 인정하고 나면, 이제 당신이 당신의 관점에서 이야기하고 당신의 기분을 표현할 권리가 생긴다.

3단계: 당신의 관점, 요구조건, 기분을 이야기하라

상대방을 한 인간으로 존중하고 있음을 보여주고, 그의 기분과 관점을 당신이 이해한 대로 이야기했다면, 이번에는 당신이 이야기할 차례다. 갈등해소법 3단계에서 유용하게 쓰이는 5가지 지침이 있다.

첫째, 당신의 관점을 짧게 이야기하라. 언쟁을 벌일 때는 간결하게 핵심만 말해야 메시지가 더 잘 전달된다.

둘째, 감정이 실린 단어는 사용하지 말라. 신경이 곤두서 있을 때는 그러기가 쉽지 않을 수 있다. 필립 로스의 소설 속에 한 등장인물이 놀라서 이렇게 말하는 대목이 나온다. "이런, 대화는 의사소통의 수단이야. 서로 맞고 맞히는 총싸움이 아니라고. 목숨을 구하기 위해 몸을 피하고, 죽이기 위해 총을 겨누는 전쟁이 아니란 말이야. 단어가 폭탄이나 총알인 줄 아니? 아니야. 단어들은 그 안에 의미를 담고 있는 작은 선물이라고."

셋째, 허심탄회하게 털어놔라. 사람들은 팽팽하게 긴장된 상태에서는 중요한 정보를 감추어두는 경우가 많다. 정말로 하고 싶은 이야기는 제쳐두고 다른 문제만 이야기하기도 한다. 그러다가 언쟁이 벌어지면 자신의 생각보다 훨씬 더 극단적으로 표현한다. 마음속에 담아두어야 할 말도 있겠지만, 대부분의 경우 솔직하게 이야기하는 편이 더 낫다.

넷째, 당신의 기분을 드러내라. 상대방이 당신을 부당하게 비난했을 수도 있고, 분노나 원한을 불러일으켰을 수도 있다. 이야기하고 있는 사안과 관련하여 당신이 강한 불만을 품고 있을 수도 있다. 당신의 마음을 상하게 한 상대방에 대한 노여움을 긍정적인 방식으로 표현한다는 건 굉장히 어려운 일이다. 그러나 갈등을 해결하기 위해서는 꼭 필요한 일이기도 하다. 이때 앞에서 배운 자기표현 기법들이 도움이 될 수 있다. 감정적인 문제가 해결되기 전에는 실질적인 문제를 해결하기 힘들다. 그런 이유 때문에 말하고 있을 때나 듣고 있을 때나 감정에 중점을 두어야 한다.

다섯째, 갈등해소법 3단계가 필요 없는 경우도 있다. 때때로 한 사람은 화가 나 있지만 다른 한 사람은 그렇지 않은 경우가 있다. 화난 사람이 자신의 감정을 발산하고 나서 상대방을 존중하는 태도로 수용하면 갈등은 자연스레 해결된다.

1, 2단계만 적용하고 3단계는 생략하는 게 적절할 때도 있지만, 보통은 그

렇지 않다. 어떤 사람들은 이 방법을 잘못 사용해서 상대방의 말을 듣기만 하고 자신의 관점이나 기분은 그대로 묻어두기도 한다. 그러나 그렇게 내버려두면 관계가 계속해서 삐걱거릴 것이다.

갈등해소법의 적용

지금까지 살펴본 갈등해소법 3단계를 다시 정리하면 다음과 같다.

1. 상대방을 존중하는 태도를 보여라
2. 상대방의 입장을 경험할 때까지 경청하라
3. 당신의 관점, 요구조건, 기분을 이야기하라

우리가 진행하는 의사소통 수업에 참가한 메그는 약혼자인 돈과 함께 이야기하다가 갈등해소법을 처음으로 사용하게 되었다. 그들은 가끔 종교 문제로 말다툼을 벌이곤 했는데, 어느 날 언쟁이 일어날 듯한 분위기를 감지한 메그가 이 기법을 시험해 보았다. 그런 다음, 그 대화를 보고서로 써냈다.

돈 당신 말이야, 교회에서 시간을 너무 많이 보내는 것 같아. 시간을 좀 다른 데 쓰지 그래?

메그 우리 교회는 정말 좋아. 내가 거기에서 얻는 게 많으니까. 그 대신 교회 일을 돕는 거야. 그런 일을 하는 게 좋기도 하고.

돈 난 우리 성당이 더 좋아. 그렇게 일을 돕지 않아도 그만큼 얻을 수 있으니까.

메그 일을 안 한다는 거 말고 당신 성당이 좋은 게 뭔데?

돈 그뿐만이 아냐. 당신 교회를 봐. 2백 명이나 되는 사람들이 그렇게 열심히 자원봉사를 하지만 늘 적자잖아. 나는 그런 식으로 시간을 낭비해본 적이 없어. 교회는 여러 가지 일을 시키고, 당신은 하고 싶은 않은 활동을 억지로 해야 하잖아.

메그 돈, 이 부분에 대해서 당신과 내 관점이 서로 다른 것 같아. 내가 얼마 전에 상대방의 의견을 잘 듣고, 자기 의견을 건전하게 표현하는 방법을 배웠어. 규칙은 이거야. 당신이 이야기하는 동안 나는 잘 듣는 거야. 그런 다음에 당신이 말한 걸 다시 내가 이야기하는 거지. 그러면 당신은 내가 당신 이야기를 완전히 이해했는지 그렇지 않은지 알게 되겠지. 그러고 나서 서로 역할을 바꾸는 거야. 어때?

돈 (웃으면서) 나를 어떻게든 이겨보겠다는 거지? 좋아. 해봐!

메그 당신은 여가시간이 중요하니까 교회 자원봉사 말고 다른 일에 시간을 쓰는 게 좋다는 거지?

돈 맞아. 특히….

메그 잠깐만, 내 차례야. 나는 이렇게 생각해. 내가 어떤 일을 좋아하면, 그게 교회 자원봉사라도 말이야, 나는 자유롭게 그 일을 해야 된다고 봐. 특히 내가 보기에 그 일이 가치 있고 시간낭비가 아니라면 말이야.

돈 교회에서 시켜서 하는 게 아니라 당신이 하고 싶어서 한다는 거지?

메그 (그렇다는 뜻으로 고개를 끄덕임)

돈 성당은 교회보다 나아. 왜냐하면 헌금을 꼬박꼬박 낼 필요도 없고 수입을 꼬박꼬박 보고할 필요도 없으니까. 게다가 성당은 최근에 아주 많이 변했어. 금요일에 꼭 생선을 먹지 않아도 괜찮도록 바꾼 것도 그 중 하나지.

메그 당신은 성당이 바람직한 방향으로 변하고 있고 요구도 적으니까 교회보다 낫다는 거지?

돈 (긍정하는 의미로 고개를 끄덕임)

메그 나는 교회가 더 좋아. 왜냐하면 교회 사람들하고 함께 일하면서 친하게 지낼 수 있고, 좋은 음악도 들을 수 있고, 설교 내용도 많은 도움이 되니까.

돈   당신은 음악과 설교 내용이 좋다는 거지. 나도 그 점에서는 교회가 성당보다 나을지 모른다고 생각해. 하지만 그래도 그런 설교는 듣고 싶지 않더라. 차라리 공상을 하는 게 낫지. 나는 성당에 있는 동안 내가 신을 경배하고 있음을 느낄 수 있고 그 이상 필요한 건 없어.

메그   당신이랑 나는 원하는 게 달라서 각자 교회와 성당에 대해 만족하는 것 같아.

다음은 메그가 그 대화에 대해 평가한 내용이다.

나는 이 대화에 무척 만족한다. 전에는 이런 일에 대해 이야기하다 보면 늘 분위기가 험악해졌다. 생각해보니 서로 견해차이가 있었을 때 돈이 내 입장이 되어 들어준 건 이번이 처음이었다. 나에게도 도움이 되었다. 그 기법이 없었다면 나는 분명히 설교를 늘어놓거나 잘난 체하면서 이야기했을 것 같다. 하지만 이 방법 덕분에 의사소통 방해요소를 피할 수 있었다. 전에도 이 문제로 둘이 이야기를 나눈 적이 있었는데, 돈의 생각을 깊이 이해할 수 있게 된 건 이번이 처음이다.

사람들은 이 책에서 설명하는 기법이 최근에 개발되었을 거라고 생각한다. 그러나 그렇지 않다. 소크라테스나 예수 이전에도 의사소통 능력이 뛰어난 사람들은 이와 비슷한 기법을 사용했다. 수세기 동안 갈등 해결의 비결이 널리 알려져 있었고 실제로 사용되었다. 다음은 팽팽한 긴장감이 감돌던 위험한 시대에 갈등해소법이 사용된 사례다.

16세기 말, 윌리엄 셰익스피어는 〈줄리어스 시저〉라는 희곡을 썼다. 이 희곡은 기원전 44년에 시저의 죽음을 둘러싸고 벌어진 갈등과 음모를 극화한 것이다. 당시 시저의 암살에 가담했던 브루투스는 로마의 민중과 로마의 영광을 위해 그 일을 행하였다며 뛰어난 웅변술로 군중을 설득했다. 그러나 군중

사이에는 시저와 시저에 대한 충성심을 버리지 않은 마크 안토니 같은 인물들이 섞여 있었다. 그들의 마음속에는 증오심이 불타올랐다. 잠시 후, 마크 안토니가 연설을 하기 위해 일어섰다. 그러나 그가 채 입을 열기도 전에 군중 사이에서 고함이 터져 나왔다. "브루투스를 음해하는 말을 하면 가만 안 두겠다!" 또 다른 사람이 이렇게 소리쳤다. "시저는 폭군이었다!" 누군가가 이렇게 외쳤다. "시저가 죽었다, 만세!"

마크 안토니는 자신이 연설을 하고 나면 목숨을 부지하기도 힘들 거라는 사실을 알고 있었다. 그 연설은 죽느냐 사느냐를 결정하는 중대한 일이었다. 그는 인간의 성정性情을 되새기며 연설에서 3가지를 행했다. 그 연설은 역사상 길이 빛날 명연설이었다.

먼저, 그는 군중을 존중하는 태도로 입을 열었다. "친애하는 로마 시민들이여, 부디 제 말을 들어 주십시오."

다음으로, 그는 군중의 생각을 이해하며 그들에게 그렇게 생각할 권리가 있다고 이야기했다. 안토니는 많은 사람들이 깊이 감동했던 브루투스의 연설 한 대목을 간결하게 다시 들려주었고, 그들이 야유하는 동안 그 야유를 의연하게 들었다. "고귀하신 브루투스는 시저에게 야망이 있었다고 했습니다. 정말로 그렇다면 한탄할 만한 일이고 시저는 죽어 마땅합니다." 그는 차분한 어조로 로마 시민들이 걱정하는 일과 그들의 생각을 요약해서 들려주었다.

군중은 안토니가 자신들의 관점으로 상황을 이해했음을 알게 되었고, 이 분위기를 눈치 챈 안토니는 3단계로 넘어갔다. 그는 이제 자신의 관점에서 차분한 어조로 중요한 증거들을 제시했다. "시저는 제 친구였고, 믿음이 깊었으며, 저를 정당하게 대했습니다. 그러나 고결하신 브루투스는 그에게 야망이 있었다고 말했습니다. 시저는 수많은 포로를 로마에 잡아왔고 그들의 몸값으로 로마의 금고를 채웠습니다. 이것이 시저에게 있던 야망입니까? 여러분은 모두

제가 그에게 루퍼칼 동굴에서 왕관을 세 번이나 바쳤고, 그는 세 번 모두 거절한 사실을 알고 있습니다. 이것이 야망입니까?"

그런 다음 마크 안토니는 시저의 유언을 발표했다. 그 유언에는 자신의 재산을 로마 시민에게 남긴다는 내용이 담겨 있었다.

기원 전 44년 3월 15일 밤, 마크 안토니가 살아날 가망은 거의 없었다. 그러나 그는 갈등해소법 3단계를 실천함으로써 목숨을 구할 수 있었다. 셰익스피어가 그것을 하나의 기법으로 배웠을 리 만무하다. 그러나 그는 위기상황에 처한 안토니가 군중과 적대자들을 존중하는 태도로 대하고, 성심성의껏 듣고, 자신이 그들을 이해했다는 사실을 보여주었으리라고 생각했다. 그렇게 함으로써 안토니는 군중의 분노를 누그러뜨릴 수 있었다. 분노를 해소한 군중은 안토니의 말에 귀를 기울였다. 드디어 군중이 감정적으로 준비가 되었을 때, 안토니는 자신의 생각을 이야기했다. 안토니는 이 3단계를 실천함으로써 살아날 수 있었고 마침내 로마를 지배할 수 있었다.

갈등해소법의 실행

갈등해소법을 실행할 수 있는 경우는 크게 4가지로 나눌 수 있다.

첫째, 상대방이 갈등해소법을 함께 사용하지 않을 때 단독으로 실행할 수 있다. 존중하는 태도로 상대방의 이야기를 들은 후, 차분한 어조로 이야기하면 상대방의 격앙된 감정을 가라앉히고 보다 생산적인 토론으로 이끌 수 있다.

둘째, 언쟁이 일어날 기미가 보일 때 갈등해소법을 실행할 수 있다. 이를 위해서는 갈등해소법을 상대방에게 간단히 설명하고 이 방법을 써 보자고 제안해야 한다. 교사인 바트는 짐이라는 학생 때문에 골머리를 앓고 있었다. 갈등해소법을 배운 뒤, 그는 짐이 다시 사고를 치면 이 방법을 사용해야겠다고 생각하고 있었다. 머지않아 기회가 왔다. 그날 일을 바트는 이렇게 들려주었다.

짐은 다른 반 학생과 싸움을 일으켰습니다. 주먹다짐을 하다가 학교 기물도 몇 개 부쉈습니다. 짐과 지난번처럼 이야기하다가는 해결이 나지 않을 것 같아서 이번에는 갈등해소법을 써보기로 했습니다. 저는 짐에게 제 방에 가 있으라고 하고, 나머지 학생들을 도서관으로 데려다주고 올 동안 기다리라고 했습니다. 제가 돌아오자, 항상 그랬듯이 짐이 저를 향해 분통을 터트리더군요. 저는 짐 옆에 앉아 약 1분 동안 침묵을 지키다가 이렇게 말했습니다. "짐, 이야기를 시작하기 전에 한 가지 약속하자. 우리 둘 다 상대방이 하는 말을 잘 들었다가 그 말을 다시 들려주고, 그런 다음 자기 이야기를 하는 거야. 그리고 이야기할 때는 허심탄회하게 털어놓자." 여기서 말을 멈추고 아까처럼 한동안 침묵을 지켰습니다. 그러고 나서 짐을 쳐다보면서 "어떻게 생각하니, 한번 해볼래?" 하며 악수를 청하듯 손을 내밀었습니다. 그 애는 제 손을 잡더니 "좋아요." 하더군요. 결과가 어땠냐고요? 우리는 서로의 마음을 이해하고 전보다 훨씬 더 친해졌습니다. 감정 문제를 해결하고 나서 우리는 한 달 동안 끌어오던 몇 가지 문제도 해결했습니다.

셋째, 별다른 문제가 없는 상황에서도 갈등해소법을 사용할 수 있다. 가족회의나 학급회의, 업무회의에서 이런 식으로 말문을 열어 보라. "어느 집단에나 갈등은 생기게 마련입니다. 감정문제와 여러 가지 의견 차이를 유익한 방식으로 논의하고 효과적으로 해결하는 방법이 있습니다." 그런 다음, 이 방법을 설명하고 필요하다면 역할을 정해 연습도 해보자. 그리고 나서 갈등해소법이 적힌 설명서를 나눠준 후, 이 방법을 바람직하게 사용하려면 어떻게 하는 게 좋을지 의견을 나눈다.

이 방법을 사용하는 일에 대한 거부감이 예상보다 심할 수도 있다. 그렇더라도 당장에는 거기에 맞서지 말라. 그 대신 존중하는 태도로 상대방의 반대 의견을 성심껏 들어주고, 당신이 그 말을 이해했음을 보여줘라. 그리고 나서 간단히 할 말을 하라. 상대방의 이야기를 충분히 들은 후에 나는 보통 이렇게 말한다. "지금까지 견해차이가 있었을 때마다 저는 우리가 그 문제를 다루는 방식이 부적절하다는 생각을 했습니다. 여러분도 같은 생각일 겁니다. 저는 이 방법을 한두 번 사용해보면서 효과가 있는지 알아보고 싶습니다. 효과가 없다면 없었던 일로 하죠. 어때요, 한 번 해볼까요?"

넷째, 갈등에 얽힌 당사자들이 해결책을 찾도록 도와줄 때 이 방법을 사용할 수 있다. 분쟁의 당사자들이 당신에게 제3자의 역할을 해달라고 할 때, 당신은 중립적인 위치를 지키면서 갈등해소 과정이 제대로 실행되도록 도와줄 수 있다. 아주 미묘한 상황이라면 제3자인 당신이 각 당사자들의 이야기를 대신 반사해줄 수도 있다. 그들이 상대방의 단어를 똑같이 반복할 때보다 당신이 요약해주었을 때, 왜곡이 덜할 것이다. 그러나 보통 제3자는 갈등해소법 3단계를 설명하고 양 당사자가 그 약속을 제대로 지키도록 조정해주는 역할만 한다. 그가 주로 하는 일은 당사자들이 대화를 다른 방식으로 이끌어가려고 할 때 주의를 주는 일이다. 때때로 당사자들이 제기한 주요 쟁점들을 요약할 수도 있겠지만, 제3자의 주된 역할은 분쟁에서 한발 물러나서 스트레스를 받고 있는 당사자들이 의사소통 기법을 제대로 사용하도록, 그리고 나중에는 제3자의 도움 없이 갈등을 원만하게 해결할 수 있도록 도와주는 일이다.

대화의 준비

부부와 직장인들에게 '공정한 싸움'을 주제로 강좌를 진행해온 심리학자 조지 바흐는 언쟁하기 전에 반드시 서로 지켜야 할 것들을 약속으로 정해놓아야 긍정적인 결과를 얻을 수 있다고 말한다.

공정한 싸움을 추진하는 사람은 불평불만이 있는 '주도자'다. 그가 상대방에게 공정한 싸움을 제안해서 '싸움 파트너'가 그 제안을 받아들이면, 싸움을 진행할 시간과 장소를 정한다. '약속 정하기'는 싸움에 제대로 진입하고 그 자리에서 문제를 해결하는 중요한 단계다. 약속을 제대로 정하지 않으면 한 사람만 무장해제를 당하거나, 공격적인 대화만 확대재생산하다가 싸움이 끝나버릴 수 있다. 따라서 당사자들은 공정한 싸움을 위해 서로 동의하고 약속한 조건을 반드시 지켜야 한다.

대부분의 사람들은 시기가 적절한지, 상대방이 싸움을 시작하는 데 동의했는지, 생산적인 싸움의 토대가 되는 조건에 서로 동의했는지를 따져보지 않고 성급하게 싸움을 시작한다. 웬만해서는 싸움을 하지 않는 소심한 사람들도 상대방의 공격으로 수세에 몰리면 생산적인 언쟁을 위한 조건이 마련되었는지 살펴보지도 않고 싸움에 돌입하는 경향이 있다. 지금부터 점검해야 할 사항을 하나씩 살펴보자.

두 사람 모두 이 싸움을 진행할 감정적 에너지가 충분한가? 예를 들어 상대방이 고통스런 이혼 과정을 막 끝낸 시점이라면 싸움을 시작하지 말고 적당한 기회를 기다리는 것이 바람직하다.

싸움의 현장에는 누가 있어야 하는가? 일반적으로 당사자들이 거기에 있어야 하고 관련이 없는 사람은 그 싸움 장면을 보지 않아야 한다. 특히, 생산적으로 싸우는 방법을 처음 배웠다면 다른 사람이 없는 곳에서 싸우는 것이 바람직하다. 두 사람 모두 제3자가 함께 있어도 좋다고 합의하지 않았다면 말이다. 구경하는 사람이 한쪽 편을 들 수도 있고, 싸우는 당사자들 중 한 편이 제3자를 의식하게 될 수도 있기 때문이다. 심하게 싸우는 경우, 그 광경을 지켜보는 일도 그리 유쾌한 일은 아니다. 자신들의 싸움으로 괜히 다른 사람까지 괴롭힐 이유가 어디 있겠는가? 그러나 너무 극단적으로 생각할 필요는 없다. 싸움이 좋은 건 아니지만 반드시 비밀스럽게 치러야 할 일도 아니기 때문이다. 때때로 부모의 싸움을 엿듣는 것이 아이들에게는 인간관계를 현실적으로 이해하는 기회가 될 수도 있다.

언제 싸우는 것이 가장 좋은가? 두 사람이 가장 피로를 덜 느낄 때, 필요한 시간만큼 싸움을 지속할 수 있을 때, 싸우고 나서도 충분한 시간을 낼 수 있을 때가 좋다. 여유 시간이 있으면 나중에 화해하거나 문제를 해결하거나 그 싸움이 얼마나 공정했는지 평가할 수 있기 때문이다.

싸우기 좋은 장소는 어디인가? 전화나 라디오, 텔레비전이나 다른 사람의 방해로부터 조금 떨어진 곳이 좋다. 영역의 중립성도 고려해야 한다. 당신의 영역에서 싸울 것인가, 상대방의 영역에서 싸울 것인가, 제3의 영역(또는 두 사람 공통의 영역)에서 싸울 것인가?

이런 각각의 문제들도 중요하지만 준비단계에서 가장 중요한 건 상대방을 기습공격하지 않도록 자제력을 발휘하는 일이다. 갈등해소법을 사용한다는 전제에 동의한 다음, 약속한 조건을 바탕으로 싸우는 일은 효율적인 싸움을 위한 첫걸음이다.

대화 평가하기

앞서 말한 싸움의 이득은 대부분 성취되지 못하거나 부분적으로만 성취되는데, 그 이유는 생산적인 싸움을 하지 않거나 싸움이 끝난 뒤에 거기에서 배울 점을 찾지 않기 때문이다. 싸움이 끝난 뒤에는 싸움의 상대방과 함께 자신들이 어떻게 싸웠고 무엇을 배웠는지 이야기해보면 좋다. 만약 불가능하다면,

싸움의 과정과 결과에 대해 혼자서 내면의 대화를 해보는 것도 괜찮다. 물론 가장 이상적인 방법은 싸운 과정을 상대방과 함께 되돌아보고, 때때로 머릿속으로 숙고해보는 것이다. 싸움을 통해 무언가를 얻고 싶다면 아래의 질문이 도움이 될 수 있다.

- 이 싸움에서 무엇을 배웠는가?
- 이 싸움에서 자신의 감정을 건드리는 문제와 상대방의 감정을 건드리는 문제가 무엇인지 알게 되었는가? 특히 이번 싸움의 원인이 된 사건은 무엇이었는가?
- 나는 준비, 존중, 경청, 자기 관점 말하기, 평가로 이어지는 갈등해결 절차를 얼마나 잘 따랐는가?
- 나는 얼마나 심하게 상처받았는가?
- 상대방은 얼마나 심하게 상처받았는가?
- 상대방과 나의 분노를 해소한 이 싸움은 얼마나 가치가 있었는가?
- 나와 상대방이 언쟁과 관련하여 새로 털어놓은 정보는 얼마나 유익했는가?
- 나와 상대방의 생각이 조금이라도 바뀌었는가? 그렇다면 양측이 도달한 입장에 대해 나는 어떻게 생각하는가?
- 나와 상대방의 싸움 방식, 전략, 무기 등에 대해 무엇을 알게 되었는가?
- 이 싸움의 결과로 우리는 더 가까워졌는가 멀어졌는가?
- 다음에 싸우게 된다면 나는 어떤 점을 고쳐야 하는가?
- 다음에 싸우게 된다면 그가 어떤 점을 고쳤으면 좋겠는가?

갈등해소법의 효과

갈등해소법의 첫 번째 효과는 대화의 정서적인 측면에 매우 놀라운 영향을 끼친다는 점이다. 갈등해소법은 한 사람의 감정을 솔직하게 직접적으로 표현하는 방법이다. 감정을 표현하고 상대방이 받아들이면, 쌓여 있던 감정이 순식간에 해소된다. 격앙된 감정이 빠르게 해소되기 때문에, 당사자들은 서로의 견해차이에 대해 좀 더 생산적으로 토론할 수 있다.

갈등해소법의 두 번째 효과는 이해심이 많아지고 생각이 바뀐다는 점이다. 한 사람이 갈등에 관한 모든 진실을 알 수는 없기 때문에 어찌 보면 당연한 이야기다. 상대방의 말에 진심으로 귀 기울여 그의 호소력에 감화되면, 그의 아이디어나 방식을 받아들이거나 그의 방식과 자신의 방식을 통합할 수 있다. 끝내 공정한 싸움을 하지 못하게 되더라도 그러한 경험으로 현실에서 가장 뿌리 깊게 남아 있는 자신의 단점을 발견할 수 있다. 그래서 새로운 견해를 통합하고 자신의 삶과 가치관에 영향을 미칠 만큼 소중한 생각들을 받아들여 강화할 수 있다.

갈등해소법에서 얻을 수 있는 또 다른 효과는 상대방도 변할 수 있다는 점이다. 칼 로저스의 말처럼 "만일 상대방이 한 말에 귀를 기울일 수 있다면, 그 말이 상대방에게 어떻게 생각될지 이해할 수 있다면, 그 말이 상대방에게 개인적으로 어떤 의미가 있는지 알 수 있다면, 상대방이 그 말에 대해 어떤 기분을 느끼는지 감지할 수 있다면, 그렇다면 나는 그를 바꿀 수 있는 잠재력을 발휘할 수 있다." 또한 자신의 관점을 올바른 방식으로 이야기하면 상대방이 변할 가능성도 그만큼 높아진다. 그러나 갈등해소법의 목표는 스트레스를 받는 상황에서 의사소통을 원활하게 하는 것이다. 상대방이 신념이나 행동을 완전히 바꾸는 일은 흔치 않다는 점을 미리 알아야 한다.

두 당사자가 합심해서 갈등의 실질적인 문제를 창의적으로 해결할 준비를 한다는 점도 갈등해소법을 적용했을 때 얻는 이득이다. 기억하겠지만, 갈등해소법은 분쟁의 실질적인 문제가 아니라 감정적인 문제를 해결하기 위한 수단이다. 일단 감정이 가라앉으면 실질적인 문제는 다음 장에서 설명하는 '협동 문제해결법'으로 해결할 수 있다.

갈등해소법을 이용하면 가치관 충돌 문제도 효과적으로 다룰 수 있다. 가장 상처를 많이 남기는 싸움 중 하나가 가치관 문제를 둘러싼 분쟁이다. 서로 가치관이 다를 경우, 대화를 시작할 때부터 끝낼 때까지 두 사람의 생각이 같아질 확률이 거의 없다. 갈등해소법을 가치관 충돌 문제에 사용하는 일차적인 목표는 상대방을 좀 더 잘 이해하고 그 문제에 관해 각자 생각이 다를 수 있음을 인정하기 위해서다. 가치관이 다른 두 사람이 얼굴을 맞대고 대화하는 동안, 사람마다 서로 다른 생각을 할 수 있다는 사실을 받아들이게 된다. 이러한 생각의 토대가 생기면, 특정 사안에 관해서는 서로 의견이 대립하더라도 인간적으로는 좋은 관계로 지낼 수 있다. 앞에 나온 메그와 돈의 대화는 이 같은 유형의 관계를 잘 보여준다. 갈등을 이런 방식으로 다루면 두 사람의 관계가 친밀해지고 서로에 대해 만족하게 된다.

자신들의 견해차이를 어떻게 다뤄야 할지 모르면 관계가 뒷걸음질 치는 경향이 있다. 차이를 무시하는 행위는 피상적인 관계로만 지내겠다는 뜻이고, 그런 행위가 불씨가 되어 잘못된 방식으로 싸우게 되면 서로의 마음에 상처를 주거나 심각한 갈등이 생겨서 관계가 악화되고 만다. 이때 갈등해소법을 활용하여 진실한 마음으로 상대방의 입장이 되어주면, 상대방도 그와 똑같이 반응하기 마련이다. 그러면 서로를 솔직하게 대할 수 있고, 싸움이 끝난 뒤에는 강한 일체감과 우정을 경험하게 된다. 갈등의 이면에 있는 이러한 일체감은 이웃 · 친구 · 배우자 · 부모자식 · 회사동료 사이뿐만 아니라, 민족적 · 종교적 · 인종적 갈등이 있는 곳 어디에서나 싹틀 수 있다.

칼 로저스는 반목과 테러가 만연해 있는 북아일랜드에서 개신교 신자 5명과 가톨릭 신자 4명으로 이루어진 집단을 상담했다. 참가자 중 어떤 사람은 폭발사고로 언니를 잃었고, 자기 집이 총탄으로 벌집이 되는 동안 매트리스 아래에 숨어 있어야 했던 사람도 있었다. 어떤 참가자의 아이들은 영국 군인들한테 짐승처럼 얻어맞았다. 이 사람들은 12주일 동안 칼 로저스의 지도를 받으며 함께 프로그램에 참여했다. 칼 로저스는 집단상담 후 이들의 서로에 대한 증오심이 누그러졌을 뿐만 아니라, 실제 태도도 상당히 바뀌었다고 전했다. 그들 사이에는 이념의 차이를 초월한 우정이 자라났다.

보스턴 대학의 한 교수는 '서로 뿌리 깊은 적대감을 품고 있고 사상이 다른 사람들로 구성된 집단도 올바른 의사소통 방식을 배우면 서로를 동등한 인간으로 받아들이고 협력하여 문제를 해결할 수 있음을 보여주고 싶었다. 그래서 그는 보스턴 WBZ방송국의 후원을 받아 흑인과 백인들을 한 집단으로 구성했고, 그들의 만남은 12시간 넘게 텔레비전에 방영되었다. 집단상담 전문가들이 이끈 그 모임에서 참가자들은 처음 몇 시간 동안 서로를 공격하고 비난했지만, 갈등해소법의 규칙에 따라 대화하면서 변화가 일어났다. 프로그램이 끝나고 나서 〈뉴스위크〉에 다음과 같은 기사가 실렸다.

흑인 여교사는 흑인으로 산다는 것이 어떤 의미인지를 이전과 달리 호소력 있는 어조로 차분하게 토로했다. 이웃 학교에서 노골적인 전사이자 인종주의자라는 비난을 받아온 힉스 부인은 이제야 이해하겠다는 듯 이렇게 털어놓았다. "저는 지금까지 그걸 모르고 있었어요. 아무도 저한테 그런 이야기를 해주지 않았거든요." 그녀는 그 동안의 공격적인 태도를 누그러뜨리고 인종주의자라는 낙인이 찍힌 채 살아가는 동안 얼마나 괴로웠는지를 서글픈 어조로 이야기했다. 허심탄회한 대화가 끝날 무렵, 또 다른 흑인 여성이 감정에 북받쳐서 이렇게 말했다. "당신은 제가 항상 증오하던 모든 것의 상징이었어요. 그러나 이제는 당신을 인간으로 바라볼 수 있을 것 같군요. 힉스 부인, 우리 나중에 따로 만나서 이야기를 좀 나눌까요?"

힉스 부인과 가장 많이 싸웠던 흑인 군인은 이런 농담을 할 정도로 부인에 대한 태도가 바뀌었다. "오늘 밤에 저와 힉스 부인의 약혼 발표가 있겠습니다."

갈등해소법을 능숙하게 사용하면 대부분 긍정적인 효과를 볼 수 있으며, 때때로 그 효과는 극적이다. 그럼에도 불구하고 갈등이 언제 갑자기 튀어나올지는 아무도 알 수 없고, 사람들 사이의 문제를 완전히 없앨 수 있는 방법은 안타깝게도 존재하지 않는다.

정리

갈등이 일어났을 때는 먼저 감정에 초점을 맞춰야 한다. 이 과정을 효과적으로 처리할 수 있는 한 가지 방법이 바로 갈등해소법이다.

- 상대방을 존중하는 태도를 보여라.
- 상대방의 입장을 경험할 때까지 경청하라.
- 당신의 관점, 요구조건, 기분을 이야기하라.

이 방법은 당신 혼자서 사용할 수도 있고, 상대방과 합의하여 함께 사용할 수도 있고, 당신이 제3자로서 참여하여 다른 사람들의 분쟁 해결을 돕기 위해 사용할 수도 있다. 분쟁을 위한 사전준비도 중요한데, 사전준비란 싸움을 위해 쌍방이 어떤 조건에 동의하고 약속하는 것을 말한다. 싸움이 끝난 뒤에는 시간을 내서 그 싸움을 평가해보아야 한다. 그래야 그 안에서 무언가를 배울 수 있고, 추후에 보다 생산적으로 싸울 수 있다. 이 방법을 사용함으로써 얻을 수 있는 효과는 감정이 해소되어 아주 신속하게 평정심을 되찾는다는 점이다. 뿐만 아니라 한 사람 또는 두 사람 모두에게 생각의 변화가 일어나고, 가치관 문제에 대해 자신의 견해를 이야기하면서도 서로 생각이 다를 수 있다는 점을 인정할 수 있게 된다. 두 사람의 감정적인 유대감도 더욱 견고해진다. 가장 좋은 인간관계는 갈등의 뒤편에 존재한다.

문제해결식 접근법은 머릿속의 이중 잠금장치를 푸는 방법이다.
이 접근법은 하나의 관점을 다른 관점으로 즉각 바꾸라고 요구하지 않는다.
다만, 어떤 사실을 열린 마음으로 받아들이고
대안을 고려할 수 있는 중립적인 단계를 밟게 한다.

– 윌리엄 레딘, 경영 컨설턴트

갈등의 세 가지 종류

갈등에는 기본적으로 세 가지 유형이 있다. 하나는 감정적인 갈등이다. 인간은 신이 아니고 서로 생각도 다르기 때문에 중요한 관계의 사람끼리도 대립하는 마음이 생겨날 수 있다. 이런 갈등은 보통 13장에서 설명한 갈등해소법을 이용해서 해결할 수 있다.

둘째, 가치관의 갈등이다. 이런 유형의 갈등에는 뚜렷한 해결책이 없다. 그 사람에게 갈등을 유발하는 구체적이고 뚜렷한 이유를 찾아낼 수 없기 때문이다. 그러나 이 경우에도 갈등해소법은 생각이 다른 상대방을 더 잘 이해하고 상대방의 입장을 더 많이 용인할 수 있도록 도와주며, 때때로 그들의 태도와 행동에 영향을 미치기도 한다.

갈등의 세 번째 유형으로 요구사항에 관한 갈등이 있는데, 이 장에서 이 문제를 다룰 것이다. 가치관 문제가 어느 정도 정리되고 감정적인 문제가 해결되고 나면, 비로소 실질적인 문제가 남게 된다.

그럼 지금부터 몇 가지 상황을 살펴보도록 하자.

나의 요구사항	상대방의 요구사항
오늘밤에 물건을 사러 가야 하기 때문에 차가 필요하다.	중요한 사람을 만나러 가야 하기 때문에 차가 필요하다.
중요한 서류를 오늘까지 완성해야 한다.	베이비시터에게 일이 생겨서 아기를 돌보러 집에 가야 한다.
회의실 바닥을 멋지게 수리해야 한다.	중장비 사용으로 인한 소음이 달갑지 않다.

이 문제들은 양 당사자의 요구조건을 모두 충족시키는 방향으로 해결되었다. 인간관계와 관련된 이런 문제를 해결하기 위해 나는 협동문제해결법을 사용하는데, 그 전에 사람들이 흔히 사용하는 다른 방법들부터 살펴보자.

갈등 해결에 사용하고 있는 방법들

사람들이 협동문제해결법 대신에 사용하는 갈등 해결 방법은 크게 4가지다. 부정하기, 회피하기, 무조건 승복하기, 독선적 해결이 그것이다. 때때로 이 방법들을 사용해야 하는 경우도 있겠지만, 지나치게 자주 사용하면 좋지 않은 결과를 불러올 수 있다.

부정하기

어떤 사람들은 갈등 상황이 두려운 나머지 문제를 부정해버린다. 부정만 할뿐 아무 대책도 강구하지 않는다. 즉, 그러한 문제 자체를 의식의 바깥으로 추방해버린다. 갈등을 억누르는 건 자신에게나 다른 사람들에게 모든 일이 잘되어 가고 있는 것처럼 위장하는 행위다. 나이가 많고 적음에 관계없이 수많은 사람들이 스스로를 세뇌시키며 '평화롭다, 평화가 없지만 평화롭다.'라고 속으로 외치며 살아간다. 문제를 계속 부정하는 일은 가뜩이나 상처받기 쉬운 세상에서 자신을 더 상처받게 만드는 일이다. 이런 습관을 고치지 않으면 마음의 병이나 정신질환을 앓게 될 지도 모른다.

회피하기

어떤 사람들은 다른 사람들과 자신의 요구조건이 서로 부딪친다는 점을 잘 알면서도 그런 상황을 필사적으로 외면하려 한다. 그러다가 분쟁이 일어나면 그 상황에서 물러나거나 아무 일도 없는 듯 대충 얼버무리고 넘어가려 한다. 많은 부부들이 평온함의 가면을 쓰고 문제투성이 결혼 생활을 이어나가고 있는데, 이 또한 이런 경우에 속한다.

때 이른 용서는 의도는 좋을지 모르지만 갈등을 회피하는 일일 뿐이라서 바람직하지 않다. 이 같은 회피는 분노와 상처받은 감정, 그 밖의 여러 갈등 상황을 해결하지 않은 채 관계의 틈을 땜질하려는 노력에 불과하다. 이 경우, 감정은 수면 아래에 숨어서 더 이상 손을 쓸 수 없는 지경이 될 때까지 악화된다.

문제를 계속해서 회피하면 결국 존재의 의미가 심각하게 퇴색한다. 사람들은 건강한 관계를 유지하기 위해 문제를 회피하지만, 그런 방식이 관계를 좀먹고 거리감을 만들어 쓸쓸하고 냉담한 사이를 만들어버린다. 문제를 피하면 기회를 포기한 채 계속 은둔하게 되고, 이런 상태가 계속되면 '부정하기'에서 파생되는 온갖 부작용을 낳는다.

무조건 승복하기

자신의 요구조건과 다른 사람의 요구조건이 충돌했을 때, 무조건 승복해버리는 사람들이 많다. 싸워보지도 않고 물러서기 때문에 그들은 자신의 욕구를 충족시키지 못한 채 살게 된다. 어떤 부모들은 모든 것을 허락하는 방식으로 아이들을 기르는데, 이런 방식은 자신의 합리적인 요구조건을 희생하면서까지 끊임없이 아이의 욕심과 욕구를 충족시켜주는 방식으로 나타난다.

누군가에게 습관적으로 항복하다보면 알게 모르게 그 사람에 대해 '분노의 물결'이 형성된다. 어떤 심리학자는 부모들을 대상으로 한 강연에서 순종적 성향의 위험에 대해 이렇게 말했다. "당신의 아이를 미워하고 싶으면, 항상 그 아이에게 져주십시오. 이는 매우 확실한 방법입니다."

지금까지 설명한 부정하기, 회피하기, 무조건 승복하기는 모두 순종적인 행동의 부정적인 결과에 해당한다.

독선적 해결

문제해결의 또 다른 방법으로 독선적 해결이 있다. 이 방법은 자신이 생각하는 해결책을 상대방에게 강요하는 방법이다. 문제를 자신의 뜻대로 해결하려는 사람은 자신의 요구사항에 대한 해결책을 생각해내고 이를 상대방에게 강요한다. 그러나 이런 해결책은 결국 자신의 요구조건을 제대로 충족시켜주지 못한다. 자신의 주장대로 밀고 나가서 일단 그 일에 관해서는 요구조건을 충족시킬지 모르지만, 그 대신 인간관계에 타격을 입는다. 게다가 상대방의 요구조건은 전혀 충족되지 못하거나, 정확히 이해받지 못하거나, 만족스럽게 충족되지 못한다.

공격적인 사람은 다른 사람과 요구조건이 충돌할 때 주로 독선적인 방법에 의지한다. 그러나 순종적인 사람들도 권위 있는 자리에 앉게 되면 자신들의 해결책을 상대방에게 강요하는 경우가 상당히 많다. 어른과 아이 사이에 갈등이 일어났을 때, 이런 일이 특히 흔하다. 어른들은 흔히 아이들보다 지식도 많고 경험도 풍부하기 때문에 자신의 생각이 옳다고 생각한다. 그래서 협동문제해결법을 사용할 생각을 별로 하지 않는다. 매우 순종적인 성향을 가진 어떤 교사가 학생들과의 관계에 대해 이렇게 이야기한 적이 있다. "저는 제가 내린 결론에 학생들이 당연히 따라주기만 바랐습니다. 진심으로 문제가 해결되기를 바랐던 게 아니라 상대방이 무조건 승복하기를 원했습니다. 그러고도 여태 제 자신을 공격적인 사람이 아니라고 생각했습니다."

나는 부모, 매니저, 교사처럼 어느 정도 권위를 가진 사람들에게 의사소통 기법을 가르치면서, 자기표현이 약한 사람일수록 권력이 없을 때는 무조건 승복하지만, 다른 사람보다 높은 자리에 오르면 독선적인 태도를 보인다는 사실을 깨달았다. 이런 현상에 대한 그럴듯한 설명은 얼마든지 많다. 그 중 한 가지는 사람들이 독선적 태도와 무조건 승복하는 태도 외에 다른 방법을 거의 경험하지 못했기 때문에 그렇다는 설명이다. 그래서 자신이 권위 있는 사람이 되면, 그때까지 권위 있는 사람들이 해왔던 방식대로 행동한다. 대다수의 부모, 교사, 매니저들은 자신들이 먼저 좋은 해결책을 생각해내서 그 생각을 강요하는 방식이 자연스럽다고 생각하는 것 같다.

요구조건이 충돌했을 때 자신이 생각하는 해결책을 무조건 상대방에게 하달하면 여러 가지 부정적인 결과들이 나타난다. 그 중 하나는 해결책을 강요받은 사람에게 강요한 사람에 대한 적개심이 쌓인다는 점이다. 자신의 해결책을 상대방에게 강요하면, 상대방은 일반적으로 느낄 만한 정상적인 적개심뿐만 아니라 오래 전 다른 권위적인 사람한테 받았던 상처까지 다시 떠올리게 된다. 결국 권위적인 사람은 자신의 행동에서 나온 적대감뿐만 아니라 오래 전에 쌓인 적대감까지 상대해야 한다. 독선적인 행동을 지속하면 결과가 의외로 심각해진다. 상대방은 태업 · 좀도둑질 · 업무중단 · 소극적 저항 · 감정적 외면을 비롯한 부정적인 방식으로 반격을 가한다. 해결책을 강요하는 사람은 대개 그 방식을 엄하게 밀어붙이지만, 자신의 요구조건을 충족하지 못했거나 의사결정 과정에 온전히 참여하지 못한 상대방은 지시사항을 실행하는 과정에서 미온적인 태도를 보일 가능성이 높다.

요구조건이 충돌할 때 권위적인 접근법을 계속 사용하면 관계를 맺고 있는 상대방은 치유하기 힘든 상처를 받을 수 있다. 심리학자 에리히 프롬은 이에 대해 다음과 같이 말했다.

> 사회적 권위나 부모의 권위가 아이들의 의지, 자발성, 독립성을 파괴하려 하면 아이들은 그 권위에 도전한다. 그들은 깨지기 위해 태어나지 않았기 때문이다. 아이는 단지 억압을 받기 때문에 맞서는 것이 아니라 자아를 확립하기 위해 필요한 자유를 위해서, 로봇이 아니라 엄연한 한 인간이 되는 데 필요한 자유를 위해서 싸운다. 자유를 위한 전쟁에서 어떤 아이들은 다른 아이들보다 더 많이 승리하기도 하지만 항상 이기는 경우는 극히 드물다. 모든 신경증의 저변에는 어린 시절에 불합리한 권위에 맞서다 패배하고 얻은 상처가 도사리고 있다.

메릴 파머 연구소의 심리학자 클라크 무스타카스는 아이들에게 나타나는 소외감을 연구한 결과, 대체로 그 원인은 어른들이 '큰소리로 명령하고 감언이설로 다스리는 방식' 때문이라는 사실을 밝혀내었다. 무스타카스는 이렇게 말했다. "내가 놀란 건 이 모든 증거를 보고도 권위적인 사람들은 계속해서 그들의 기준과 가치관을 다른 사람들에게 강요한다는 점이다."

'무조건 승복하기'와 '독선적 해결'은 이기고 지는 방식이다. 한 사람이 이기면 다른 사람은 지는 식이다. '부정하기'와 '회피하기'도 이기고 지는 방식이다. 의식하지 않으려고 하거나 뒤로 물러나는 건 지는 일이며, 그런 사람은 자신의 요구조건을 충족시키지 못하기 때문이다. 관계에 미치는 영향을 생각할 때, 이 4가지 대응방식은 양자가 모두 지는 방식이라고 할 수 있다. 양 당사자가 모두 무언가를 잃고 관계 자체도 훼손되기 때문이다.

타협하기

타협의 사전적 정의는 '쌍방의 양보를 통해 확립한 동의'다. 타협은 양 당사자의 요구조건과 걱정거리를 모두 고려한 동의다. 개인 간의 견해차이를 조정할 때 타협은 더할 나위 없이 중요한 역할을 하기도 한다. 미주리협정을 제안하여 성공으로 이끈 정치인 헨리 클레이는 타협이 '미국을 하나로 뭉치게 하는 시멘트'라고 표현했다.

모든 규칙은 … 쌍방의 용인 하에 제정된다. … 자신이 인간의 나약함과 인간의 결점과 인간의 탐욕을 초월하여 인간보다 더 높은 곳에 있다면, "나는 절대 타협하지 않겠다."라고 말해도 무방하다. 그러나 결점을 가진 보통의 인간이라면 결코 타협을 외면할 수 없다.

서로의 요구조건과 욕구와 가치관이 충돌하는 세계에서 타협은 분명히 필요한 해결책이다. 그러나 이 방식을 모든 사안에 끼워 맞춘다면 솔로몬의 재판에서처럼 어처구니없는 결과가 나올 수도 있다. 기원전 9세기, 솔로몬은 이스라엘의 왕이었다. 그 당시 통치자의 주요 임무는 개인적인 분쟁을 해결하는 일이었다. 어느 날 두 여인이 솔로몬을 찾아와 한 아이를 두고 서로 자기 아이라고 주장했다.

한 여인이 말했다. "왕이시여, 이 여자와 저는 한 집에서 삽니다. 그런데 제가 며칠 전에 아이를 낳았고, 그때 이 여자도 제 옆에 있었습니다. 제가 아이를 낳고 사흘 뒤에 이 여자도 아이를 낳았습니다. … 그때 그 집에는 저희 둘밖에 없었지요. … 그날 밤에 이 여자는 자다가 잘못해서 자기 아이를 깔려 죽게 만들었습니다. 그래놓고는 한밤중에 일어나 옆에서 자고 있던 제 아이를 데리고 가버린 겁니다. 죽은 아이를 제 품에 넣어 놓고 말입니다. 아침에 아이에게 젖을 먹이려고 일어나 보니, 아이가 죽어 있었습니다. 그러나 밝은 빛에 자세히 비춰보니 제가 낳은 아이가 아니었습니다."

다른 여인이 나섰다. "아니야, 살아 있는 아이가 내 아이야. 죽은 애가 당신 애잖아." 그러나 처음 나서서 이야기한 여인도 지지 않고 반박했다. "아니야, 죽은 아이가 당신 아이고 살아 있는 아이가 내 아이야!" 그들은 왕 앞에서 계속 말싸움을 이어갔다.

왕은 깊은 생각에 잠겼다. 그리고 한참 후에 이렇게 말했다. "내 칼을 가지고 오라." 신하들이 칼을 가지고 오자 솔로몬 왕이 명령을 내렸다. "저 아이를 둘로 갈라 두 사람에게 반쪽씩 나눠주어라."

이 말을 듣고 아이의 진짜 어머니가 왕에게 애원했다. "오, 왕이시여, 이 애를 죽이지 말고 저 여인에게 주십시오." 그러자 다른 여인이 이렇게 말했다. "아닙니다. 나눠주십시오. 차라리 우리 둘 다 안 갖는 게 낫습니다." 솔로몬 왕이 두 여인을 바라보며 말했다. "죽이지 말라고 이야기한 저 여인에게 아이를 주어라. 저 여인이 진짜 어머니다."

위의 상황에서 한 여인이 받아들인 타협은 아이의 죽음을 의미한다. 이런 식으로 타협을 아무 데나 사용하는 건 명쾌하지 않을 뿐만 아니라 치명적인 결과를 낳을 수 있다. 성격이 전혀 다른 수많은 사람들이 결혼으로 연결된다. 그들 중에는 의견이 부딪칠 때마다 타협으로 문제를 해결하려는 사람도 있다. 20년의 결혼생활 동안 의견차이가 있을 때마다 그들이 진심으로 원하는 방식이 아닌 다른 방식으로 문제를 처리한다고 가정해보자. 그들의 타협은 일시적으로 가정에 평화를 가져오겠지만 거기에는 즐거움과 기쁨이 없다. 그런 식으로 몇 년 동안 두루뭉술한 타협만 하다보면 그 결혼생활은 둘 중 하나, 즉 법적인 이혼 아니면 감정적인 이혼으로 끝나고 만다.

조직에서 타협을 지나치게 자주 사용하면 창의성이 말살되고 구성원들이 억압을 느끼기 때문에 발전이 없다. 경영 컨설턴트 로버트 타운젠트는 《조직에 활력을 불어넣어라Up the Organization》라는 책에서 이렇게 충고했다.

일반적으로 타협은 좋지 않은 방법이다. 타협은 최후의 방법이 되어야 한다. 만약 두 부서가 문제를 해결하지 못하고 당신에게 가져왔다면, 두 부서의 주장을 모두 듣고 나서 한쪽 편을 들어주어야 한다. 그렇게 해야 편을 들어준 쪽에게 책임을 분명히 물을 수 있고 그것이 효과를 나타낸다.

타협은 양 당사자 모두 자신의 요구조건을 완벽하게 충족시키지 못하기 때문에 나는 타협을 '양쪽 모두 조금씩 지는 게임'이라고 부른다. 문제를 처리하는 과정에서 양쪽 모두 무언가를 포기하기 때문이다.

협동문제해결법

충돌하는 요구조건이 분명할 때, 협동문제해결법에서는 양측의 요구조건을 모두 충족시킬 수 있는 해결책을 찾기 위해 머리를 맞댄다. 이때 문제를 명확하게 정의하고, 참신한 대안을 발굴하며, 서로의 공통적인 요구조건에 초점을 맞춘다. 이 과정에서 어느 누구도 무조건 승복하거나 상대방을 제압하지 않는다. 아무도 지지 않고 아무도 포기하거나 양보하지 않고 양측 모두 이익을 얻는다. 이를 가리켜 윈윈win-win 효과라 한다. 사람들 사이에서 갈등이 일어났을 때, 대부분 이 방법이 가장 바람직하다.

메리 파커 폴렛은 협동문제해결법을 쉽게 설명하기 위해 대학도서관의 숨막히게 좁은 방에서 함께 공부하던 두 사람을 예로 들었다. 한 사람은 창문을 열어두고 싶고 다른 한 사람은 닫고 싶었다. 그들은 결론, 즉 창문을 여느냐 닫느냐가 아니라 필요성에 초점을 맞추어 고민한 끝에 대안을 찾아냈다. 그 대안은 옆방에 있는 창문을 여는 것이었다. 이렇게 해서 창문을 열어두고 싶던 사람은 상쾌한 바람이 들어와서 좋았고, 강한 바람이 싫어서 창문을 닫고 싶던 사람은 북풍을 막을 수 있어서 만족했다.

우리에게 이런 방식을 훈련받은 수천 명의 사람들은 그들이 맞닥뜨리는 껄끄러운 대인관계 문제들이 윈윈 전략으로 얼마나 많이 해결되는지를 알고 놀라워했다. 그들은 오랫동안 자신이 이기거나 져야 끝나는 해결책, 둘 다 반반씩 손해 보는 해결책 또는 둘 다 지는 해결책에 갇혀 있었는데 거기에서 해방되어 얼마나 행복한지 모르겠다고 털어놓았다.

물론 실제 현장에서 윈윈 전략이 얼마나 효과를 발휘할 수 있을지 모르겠다며 회의적으로 생각하는 사람도 많다. 수업 도중에 메리 파커 폴렛이 예로 든 창문 문제에 대해 이렇게 말하는 사람도 있었다. "좋은 방법이네요. 그러나 옆방에 창문이 없을 수도 있잖아요." 그런 경우에도 창의적으로 문제를 해결하는 사람들은 두 사람이 만족할 만한 다른 대안을 찾아냈을 것이다. 옆방에 창문이 없다는 가정 아래서도, 내 친구는 양 당사자들이 만족할 만한 대안들을 몇 가지나 생각해냈다. 자리를 서로 바꾸거나 아래쪽 창문이 아니라 위쪽 창문을 열거나 그 도서관에서 공부할 만한 다른 장소를 찾아보는 방법 등이다. 나는 지금까지 협동문제해결법으로 골치 아픈 문제들을 해결할 때마다 감탄을 거듭했다. 물론 이 방법만 쓰면 모든 문제가 만사형통이라는 뜻은 아니다. 이 방법이 효과가 없을 수도 있고, 다른 방법을 쓰는 것이 바람직할 수도 있다. 그러나 나는 사람들 사이에서 일어나는 대부분의 문제를 이 방법으로 훌륭하게 해결할 수 있다고 생각한다.

협동문제해결법 6단계

철학자 존 듀이는 "철학은 이제 철학자들이 문제를 다루는 도구가 아니라, 모든 사람들이 부딪히는 문제를 해결하기 위한 도구가 되어야 한다."고 역설했다. 듀이가 강조한 핵심은 사람들이 문제를 악화시키지 않고 더 좋은 결과를 찾을 수 있는 '보편적인 논리법칙'을 세워야 한다는 뜻이다. 듀이가 말한 논리법칙을 대인관계와 비즈니스 문제, 사회갈등, 과학적인 문제나 그 밖의 문제를 고민하는 과정에도 적용할 수 있다. 자기표현과 듣기의 과정을 거치며 서로의 요구사항이 충돌한다는 사실을 알았다면, 이제 그 문제를 해결해야 한다. 심리학자 토마스 고든은 이럴 때 아래와 같은 6단계를 따르라고 권고했다.

1. 해결책이 아니라 필요성을 중심으로 문제를 정의하라.
2. 브레인스토밍으로 해결책을 찾아라.
3. 양 당사자가 만족하는 해결책을 선택하고 그 결과를 확인하라.
4. 누가 무엇을 어디에서 언제까지 할지 정하라.
5. 계획을 실행에 옮겨라.
6. 문제해결 과정과 해결책의 효과를 평가하라.

협동문제해결법에서는 듣기기법, 자기표현기법, 갈등해소법을 사용해야 하는데, 그러기 위해서는 이 6단계를 정확히 이해해야 한다. 논리적인 과정이기 때문에 이해하기는 아주 쉽다. 협동문제해결법을 사용할 때 흔히 빠질 수 있는 함정도 피해야 한다. 지금부터 이 과정을 단계별로 살펴보자.

1단계: 해결책이 아니라 필요성을 중심으로 문제를 정의하라

문제해결을 위해서는 무엇보다 먼저 문제를 정확히 정의해야 한다는 점에는 대부분의 사람들이 동의한다. 그러나 시간의 압박 때문에, 문제의 발생으로 인한 감정적인 스트레스 때문에, 문제를 정의하는 데 요구되는 고도의 정신노동 때문에 많은 사람들이 그 일을 대충 넘기려 한다. 당연한 일이지만, 그런 식으로 문제를 허술하게 정의하면 협동문제해결 과정을 원활하게 진행할 수 없다. 문제를 명확하고 구체적이고 간결하게 정의하는 일은 대단히 중요하다. 또한 윈윈 효과를 얻기 위해서는 해결책이 아니라 필요성의 관점에서 문제를 정의해야 한다. 이 단계는 협동문제해결 과정의 핵심 단계다. 지금부터 이 단계의 특징, 문제 정의의 중요성, 실행방법을 살펴보도록 하자.

필요성의 관점에서 문제를 정의한다는 말은 무슨 뜻일까? 사람들은 대부분 문제를 해결책 중심으로 생각한다. 어느 수도회 건물에 다섯 명의 수녀가 함께 살고 있었다. 그들은 차 한 대를 공동으로 사용하고 있었는데, 모두 사회활동에 적극적이어서 참석해야 할 저녁 모임이 많았다. 당연히 자동차 사용을 둘러싸고 갈등이 생겼다. 어느 날 문제를 정의하는 단계에서 베로니카 수녀가 이렇게 말했다. "오늘 저녁 8시까지 학교 운영위원회 회의에 참석해야 하니까, 제가 차를 써야 되겠어요." (그 회의가 열리는 장소는 도시의 동쪽 끝이었다.) 이번에는 캐서린 수녀가 말했다. "저도 8시에 열리는 지역 교구 사회활동 모임에 참석하려면 차를 써야 해요." (그 모임은 도시의 서쪽 경계로부터 16킬로미터나 떨어진 교외에서 열렸다.) 보통 사람들처럼 자기 사정만 생각하던 이 두 사람은 당면한 문제를 해결책 위주로 정의했고, 이 해결책들은 서로 충돌했다. "오늘 저녁에 나는 차를 써야 한다." "나도 그 시간에 반대편 지역에서 열리는 회의에 참석해야 하기 때문에 차를 써야 한다." 이런 식으로 말이다. 문제를 이렇게 결론 위주로 정의하면 원원 효과를 기대할 수 없다. 둘 중 어느 한 사람만 차를 쓸 수 있기 때문이다. 그러면 한 사람은 이기지만 한 사람은 진다.

나는 두 수녀에게 문제를 필요성의 관점에서 다시 정의해보라고 했다. 두 수녀는 이렇게 대답했다. "나는 오늘 저녁에 그 차가 필요해요." 이 대답 역시 해결책의 관점을 다시 말한 것에 불과했다. 그들이 제시한 해결책 뒤에 숨겨진 필요성을 이끌어내기 위해 나는 "왜 그 차가 필요한데요?" 하고 물었다.

베로니카 수녀가 말했다. "회의에 참석했다가 돌아오기 위해서요."

캐서린 수녀가 말했다. "사회활동 모임에 가기 위해 차가 필요해요."

두 사람에게 필요한 건 교통편이었다. 공동으로 쓰는 그 자동차를 사용하겠다는 건 교통편이 필요한 상황에서 생각할 수 있는 여러 해결책 중 하나일 뿐이었다. 일단 그들이 해결책이 아니라 필요성의 관점에서 문제를 정의하자, 다양한 대안을 생각해낼 수 있었다. 1년 동안 골머리를 앓아왔던 문제를 교통편의 필요라는 시각으로 다시 정의하자, 몇 분 안에 해결책을 떠올릴 수 있었다. 여섯 달 후, 그들은 교통편 해결방법을 그때까지 효과적으로 활용하고 있고, 필요성에 입각한 접근법이 신앙생활에서 마주치는 인간관계에도 무척 유익하다는 편지를 보내왔다.

도서관의 좁은 방에 있던 두 사람을 기억하는가? 맨 처음 그들은 자신들이 처한 문제를 해결책 위주로 이야기했다. 한 사람은 창문을 열기를 원하고, 다른 한 사람은 창문을 닫기를 원했다. 만일 "창문을 열고자 하는 이유가 무엇인가요?" 하고 누가 물었다면, 아마도 다음과 같이 필요성 관점의 대답이 돌아왔을 것이다. "신선한 공기를 마시고 싶어서요." 반대 의견인 사람에게 "창문을 닫아야 하는 이유가 뭔가요?" 하고 물었다면 그는 틀림없이 필요성의 관점에서 이렇게 대답했을 것이다. "저는 감기에 걸려서 차가운 바람을 쐬면 안 돼요." 이런 식으로 문제를 필요성의 관점으로 정의하면 쌍방 모두 만족할 수 있는 다른 방도를 찾을 수 있다. 옆방의 창문을 연다거나 하는 식으로 말이다. 필요성을 찾아내기 위해서는 그 사람이 애초에 왜 그 해결책을 내놓았고, 그 해결책으로 얻는 이익이 무엇인지를 알아내면 된다.

왜 굳이 문제를 해결책이 아니라 필요성의 관점에서 정의해야 할까? 그 이유는 이미 앞에서 언급했듯이 해결책 중심의 정의가 필연적으로 한 편은 이기고 한 편은 지는 결과를 낳기 때문이다. 로스 스태크너는 갈등을 '한 사람만 성취할 수 있다고 생각되는 목표를 두 사람 이상이 원하는 상태'라고 정의한다. '생각'이라는 단어가 이 문장의 핵심이다. 갈등을 '한 사람은 이기고 한 사람은 지는' 전략이 아니라 '모두 이기는' 전략으로 풀어내겠다고 생각하면 쌍방 모두 이득을 얻을 가능성이 급격히 높아진다. 반대로 문제의 본질을 잘못 생각하거나 좁게 생각하면 문제의 해결 가능성이 낮아진다.

필요성의 관점에서 문제를 재 정의하면 쌍방의 요구조건을 충족시킬 수 있는 방법이 보인다. 그렇다면 어떻게 해야 필요성 중심으로 문제를 정의할 수 있을까?

이해관계가 충돌하는 모습이 확실하게 보이는 경우가 있다. 수도원의 두 수녀의 경우도 문제의 대체적인 윤곽은 분명했다. 그러나 필요성의 관점에서 문제를 다시 정의해야 했다. 제3자가 없었다면, 두 수녀는 상대방의 필요성을 이해하기 위해 감정을 이입하고 자기표현 방식으로 이야기해야 했을 것이다. 그러기 위해서는 수단과 목적을 구분해야 한다. 자신이 선택한 해결책, 즉 자동차를 사용함으로써 베로니카 수녀가 궁극적으로 추구한 목적은 무엇인가?

내 친구 중 한 명은 필요성 측면에서 문제를 정의하기 위해 다음과 같은 공식을 사용한다. "나는 ~ 해야 한다.(해결책이 아니라 목적을 말한다.)" 그는 이 공식이 자기표현을 하는 데 도움이 된다고 말한다. 상대방의 말을 들을 때도 그는 같은 종류의 정보를 찾으려 한다. "당신은 ~ 해야 하는군요.(상대방이 제안했을지도 모를 해결책이 아니라, 목적이 무엇인지 신중하게 듣는다.)"

사람들은 이미 발생했거나 앞으로 발생할 갈등이 주는 스트레스 때문에 자신의 요구조건을 더 어렵게 암호화하여 감춘다. 스트레스를 받는 사람들은 듣기 능력도 현저하게 떨어진다. 그래서 갈등의 이슈가 눈에 확실하게 보여도 필요성 중심으로 문제를 정의하기까지 생각보다 긴 시간이 걸릴 수 있다.

요구조건이 눈에 잘 보이지 않고 위장되어 있는 경우도 있다. 그래서 한쪽 또는 양쪽 당사자 모두가 대화를 시작하는 시점에 상대방이 원하는 바를 알아채지 못할 수도 있다. 또한 자신의 요구조건을 주장하던 사람이 상대방의 요구조건이 자신과 정반대인데다 매우 강하다는 사실을 알고 '사방이 꽉 막힌 듯' 암담한 심정이 될 수도 있다. 이때 자기표현을 하려는 사람은 갈등해소법을 먼저 사용하고 나서 협동문제해결법을 사용해야 한다. 이를 위해서는 상대방의 요구조건이 무엇인지 정확하게 파악해야 하는데, 만약 상대방이 자신의 요구조건을 분명하게 말하지 않으면 문제를 이해하고 필요성의 관점에서 정확하게 정의하기까지 상당히 많은 시간이 걸릴 수 있다.

상대방의 요구사항을 듣는 동안, 자신의 요구조건과 상대방의 요구조건이 충돌한다는 사실을 깨닫게 될 수도 있다. 그러면 상대방의 요구조건부터 명확하게 반사한 뒤에 자신의 요구조건을 주장해야 하며, 그렇게 해서 양 당사자가 모두 받아들일 수 있는 수준으로 문제를 정의하고 나서 나머지 과정을 진행해야 한다. 그러나 감정을 이입해서 정확하게 듣고, 상대방을 존중하면서 솔직하게 자기표현을 하고, 양 당사자의 요구조건을 객관적으로 진술하기는 쉽지 않다. 갈등으로 인해 한 사람이라도 심각한 스트레스를 겪고 있는 상황이라면 더더욱 그렇다.

예를 들어보자. 열일곱 살 된 조안은 고등학교를 졸업할 1월을 얼마나 간절히 기다리고 있는지를 어머니에게 이야기하고 있었다. 조안은 고등학교에서 부과하던 모든 의무에서 벗어나게 되어 홀가분했고, 대학에 들어가기까지 남은 기간 동안 근무할 아르바이트 자리를 구해놓은 점이 뿌듯하기도 했다.

의사소통 기법을 가르치는 조안의 어머니는 딸이 성취한 일과 미래에 대한 희망을 이야기할 때 감정을 이입해서 듣고 있었다. 그때 조안이 애리조나에 다녀올 계획이라고 이야기했다. 거기서 아는 남자 두 명을 만난 다음, 다른 남자를 만나러 샌디에이고에 갈 거라고 했다. 이 계획은 어머니의 가치관과 충돌했고, 어머니는 성실한 듣기 태도를 버리고 의사소통 방해요소를 보내기 시작했다. 그러나 얼마 지나지 않아 자신의 잘못을 깨닫고 자제력을 발휘하여 다시 감정을 이입하여 듣기 시작했다. 그리고 나서 자신이 걱정하고 있는 바를 딸에게 털어놓았다. 결국 조안과 어머니는 서로가 동의하는 해결책을 찾아낼 수 있었다.

의사소통 훈련과정에 참가한 사람들 중 대다수는 대화를 처음 시작할 때 상대방의 욕구가 얼마나 강한지 잘 모르기 때문에 협동문제해결법을 사용해야 한다는 사실을 깨닫지 못하는 경우가 많다고 하소연했다. 의사소통 기법을 처음 배우는 시기에는 상대방의 요구조건을 알아채고 방법을 전환하기(자기표현을 하다가 협동문제해결법으로 전환하는 식으로) 어렵고 시간도 많이 걸린다. 그러나 연습하다 보면 점점 쉬워지고 시간도 많이 단축될 것이다.

필요성 중심으로 문제를 정의하는 일은 협동문제해결법 전체 과정에서 절반 정도의 시간을 차지한다. 다시 한 번 말하지만, 이 단계는 자신의 요구조건을 주장하고, 반사적 듣기를 활용하여 상대방의 요구조건을 이해한 다음, 두 사람의 요구조건을 한 문장으로 요약하는 단계다. 아주 간단하거나 아주 복잡한 경우를 제외하면, 내 경우에는 이 단계가 보통 5분에서 20분 정도 걸린다. 그 정도면 투자할 만한 가치가 있는 시간이다. 옛날 속담에도 있듯이 '문제가

무엇인지 알면 절반은 풀린 셈이다.'

2단계: 브레인스토밍으로 해결책을 찾아라

문제를 정확하게 정의했다면, 이제는 실행 가능한 방안을 찾아야 한다. 나는 이럴 때 브레인스토밍을 자주 활용한다. 브레인스토밍은 구체적인 설명이나 평가를 생략하고 해결책이 될 만한 아이디어를 생각나는 대로 말하는 회의 기법이다. 언뜻 보기에 해결가능성이 없어 보이던 문제들도 브레인스토밍 과정을 거치며 명쾌하게 해결되는 경우가 많다.

브레인스토밍은 질이 아니라 양으로 승부해야 한다. 브레인스토밍을 많이 해본 사람들은 제시된 대부분의 아이디어들이 결국 제외된다는 점을 잘 알고 있다. 그러나 신경 쓰지 않는다. 일단 아이디어를 많이 모으는 일이 급선무이기 때문이다. 브레인스토밍의 기본이 되는 지침이 있는데, 이 지침을 따르면 좀 더 생산적인 결과를 얻을 수 있다. 이 지침들은 짧은 시간 동안 창의적인 생각을 활발하게 내놓는 분위기를 조성한다. 이 지침에서 벗어나면 새로운 아이디어가 빨리빨리 튀어나오지 않고 집단의 창의성도 떨어지게 된다. 지금부터 이 중요한 지침들을 살펴보자.

평가하지 마라. 평가는 창의성을 억누른다. 평가받는 분위기가 되면 사람들 마음속에 방어심리가 생겨서 아이디어를 이야기하지 않고 머릿속에만 담아두려고 한다. 따라서 브레인스토밍을 할 때는 비판적인 판단을 보류해야 한다. 브레인스토밍을 할 때는 "안 돼." "효과가 없을 거야." "말도 안 되는 생각이야." "비용이 너무 많이 들어." "전에도 해봤잖아." "정말 멋진 생각이야."라고 말하지 않아야 한다. 내놓은 아이디어 중 어떤 것이 가장 좋을지는 나중에 따로 토론하면 된다. 따라서 일단은 평가금지 규칙을 철저히 지켜야 한다. 긍정적인 평가도 하면 안 된다.

구체적으로 설명하지 마라. 자세한 설명은 신속하고 창의적인 아이디어 도출의 방해요소다. 한창 브레인스토밍을 진행하는 도중에 누군가가 자신의 아이디어를 자세히 설명하거나 다른 사람이 설명을 요구하게 되면 아이디어가 나오는 속도가 눈에 띄게 떨어진다.

엉뚱한 아이디어도 꺼리지 마라. 엉뚱하고 어리석어 보이던 아이디어가 씨앗이 되어 최종해결책으로 발전할 수도 있다. 언젠가 대형 항공사 임원 한 사람이 활주로에 쌓인 눈을 치우는 방안에 관한 브레인스토밍 경험을 이야기해 준 적이 있다. 누군가가 관제탑에 거대한 개구리를 달고 그 개구리의 커다란 혀를 이용해서 눈을 한쪽으로 치우자는 의견을 냈다. 이후에 그 아이디어가 구체적으로 논의되어 최종적으로 채택되었다. 회전하며 공기를 분사하는 초강력 공기분사기가 그것이다. 유익할 때가 있다는 점 이외에도, 엉뚱한 아이디어는 회의하는 사람들의 긴장을 풀고 창의적인 생각을 하도록 유도한다.

다른 사람의 아이디어에 편승하라. 브레인스토밍을 하다 보면 불완전한 생각들이 많이 나온다. 탁월한 아이디어 중에는 이미 나온 아이디어에 새로운 내용을 덧붙이거나 다른 아이디어와 결합해서 완성된 경우가 많다. 어느 젊은 부부가 휴가를 준비하면서 잠자리를 어떻게 해결할지 브레인스토밍을 했다. 남편이 먼저 말했다. "밴을 한 대 사자." 그 아이디어에 편승해서 아내가 말했다. "레저용 차를 해마다 2주일씩 빌리는 게 좋겠어."

아이디어를 모조리 적어라. 아이디어를 낸 사람의 입에서 나온 단어를 그대로 적어라. 적는 사람은 자의적으로 판단해서 편집하거나 거르면 안 된다. 그대로 받아 적기만 하라. 집단으로 브레인스토밍을 할 때는 이젤 위에 큰 종이를 놓고 두 사람 이상의 기록자가 함께 적는 방법도 괜찮다.

아이디어를 낸 사람의 이름을 따로 적어두지 마라. 학교 선생님들은 아이디어를 한쪽에 적고 그 옆에 학생의 이름을 적는 경우가 종종 있다. 부모들도 비슷한 실수를 저지르곤 한다. 여러 사람이 함께 브레인스토밍을 하는 목적은 그들에게 필요한 최고의 아이디어를 찾아내는 것이다. 모든 성원들은 창의적인 분위기를 만드는 데 기여하고, 각자가 낸 아이디어는 다른 사람의 아이디어 창출을 자극한다. 최종적으로 한 사람의 아이디어가 채택되었다고 하더라도, 그 아이디어는 구성원 전체의 노력으로 만들어진 것이다. 따라서 그 아이디어를 말로 표현한 사람이 누구인지에 초점을 맞추는 건 해결책을 찾는 데 전혀 도움이 되지 않는다.

문제를 해결할 수 있는 길이 오직 하나뿐이라는 편견을 버려야 한다. 그런 경직된 태도로 임하면 문제해결을 위한 수많은 노력이 실패로 돌아갈 수 있다. 브레인스토밍을 사용하다 보면 골치 아픈 문제를 풀 수 있는 명쾌한 해결책이 수없이 많다는 사실에 깜짝 놀라게 될 것이다.

3단계: 양 당사자가 만족하는 해결책을 선택하고 그 결과를 확인하라

브레인스토밍에서 나온 몇 가지 해결책을 좀 더 구체적으로 표현해야 할 필요가 있다면, 지금이 바로 그때다. 구체화는 되도록 간결해야 한다. 평가금지 규칙은 아이디어를 내는 단계뿐 아니라 구체화 하는 단계에도 필요하다. 만약 구체화할 필요가 없다면 선정 과정으로 넘어가면 된다. 제안한 아이디어 중 하나를 선정하는 단계에서는 다음 지침을 참고하면 도움이 된다.

1. 문제해결을 위해 제안한 여러 방안 중 무엇이 마음에 드는지 상대방에게 물어본다. 제안한 해결책들을 하나씩 지워가는 방법은 쓰지 말라. 쓸 데 없이 시간만 잡아먹고 사람들의 집중력과 효율성을 떨어뜨린다.
2. 어떤 해결책이 좋은지 당신의 의견을 표명하라. 당신의 요구조건이 충족되는지도 확인하라.

3. 어떤 해결책들이 서로 비슷한지 확인하라.

4. 한 가지 이상의 대안을 함께 선정하라. 시작단계에서 요구조건들을 제대로 정의했다면, 두 사람이 공통으로 택한 대안이 여러 가지일 것이다.

해결책을 결정한 뒤에는 상대방도 만족하는지를 확인하라. 양 당사자가 선택한 해결책은 서로에게 이득이 되어야 한다. 선택한 방안이 상대방의 요구조건을 충족시키면, 그는 그 방안을 실행하는 일에 한층 더 의욕을 불태울 것이다. 누군가가 "사람들은 '우리'가 아니라 '자신'을 위해 실행한다."고 했는데 참으로 지당한 말씀이다.

협동문제해결법을 실행할 때 가장 좋은 의사결정방식은 합의다. 합의는 '여러 사람의 의도를 찾아내고, 집단의 결정을 기꺼이 받아들이는 것'이다. 랜시스 리커트와 제인 리커트는 이렇게 썼다.

어떤 해결책을 정할 때까지 계속해서 자유롭고 솔직하게 아이디어를 교환하는 것이 합의에 이르는 과정이다. 이 과정을 거치면 각 개인의 관심사를 상대방이 듣고 이해하게 되며, 결론을 찾고 공식화하는 과정에서 그 관심사들을 최대한 고려하게 된다. 결론이 각 당사자의 의도를 정확하게 반영하지 못할 수도 있지만, 각자의 중요한 관심사를 무시하지 않기 때문에 모두가 수긍할 수 있다.[*]

두 사람이 협동문제해결법을 사용하면서 합의에 의해 결론을 낸다고 하면

---

[*] 1:1로 문제해결을 할 때, 내 경험으로 보면 양 당사자는 쌍방이 합의하여 도출한 결론에 대부분 만족한다. 그러나 양쪽 집단에서 (두 사람만 관련되어 있을 때도) 함께 찾아낸 그 해결책이 각 구성원의 요구조건을 만족스럽게 반영하지 못할 수도 있다. 그러면 이런 의문이 들 것이다. "그게 타협과 뭐가 다르단 말인가?" 타협은 쌍방의 양보로 이루어지는 것이고, 합의는 집단의 결속, 즉 전체의 동의에 이르는 과정이다. 이 책에서는 깊이 있게 다루지 못하지만, 타협과 합의 사이에는 미묘하지만 중요한 선이 있으며 이에 대해 더 깊이 논의할 만한 가치가 있다. 그 두 가지의 가장 큰 차이점은 감정적인 부분과 관련이 있다. 사람들은 보통 타협보다는 합의를 좋아한다. 또한 인간관계에 미치는 영향도 다르다. 보통 두 사람 간의 관계는 타협하는 과정보다는 합의하는 과정에서 더 친밀해지는 경향이 있다.

너무 형식적이라는 느낌을 받을 수도 있다. 그러나 합의의 정신은 협동문제해결법을 사용하는 과정에서 일관되게 적용해야 한다. 협동문제해결법에서는 다수결 투표, 의회식 의사결정 같은 방식을 사용하지 않는다. 대규모 집단의 의사를 결정할 때는 투표와 같은 방식이 도움이 될 수도 있지만, 그런 방식들은 구성원들의 결속력에 도움이 되지 않고, 불필요한 경우가 대부분이다.

양 당사자가 하나의 해결책을 선택했다면, 선택한 해결책을 실행하는 과정이 어떻게 흘러갈지 예측해 보는 일도 중요하다. 훌륭한 해결책으로 보이지만, 막상 실행하다보면 예측하지 못한 문제에 부딪치는 경우가 종종 있다. 물론 모든 것을 정확하게 예측하기는 어렵겠지만, 문제해결 방식이 몸에 밴 사람일수록 이 과정을 대충 넘기지 않는다.

4단계: 누가 무엇을 어디에서 언제까지 할지 정하라

서로 다른 구성원들의 요구조건을 하나로 모아 결론을 찾는 데 몰두하다가, 그 결론을 실행하는 기본적인 방법조차 생각하지 않고 성급하게 자축하는 경우가 있다. 해결책을 찾는 일보다 그 해결책을 실행하는 일이 더 중요하다. 그러므로 문제해결의 당사자들은 누가, 무엇을, 어디에서, 언제까지 할지를 정해야 한다. 어떻게 실행할지 협의하는 일도 중요하다. 또한 실행과정을 점검하기 위해 당사자들이 모일 날짜도 정해 두어야 한다.

인간은 망각의 동물이다. 대강의 내용을 기억하는 사람도 있겠지만, 그 기억이 항상 정확할 수는 없다. 따라서 누가 무엇을 언제까지 할지를 포함한 합의사항을 적어두어야 한다. 문자로 합의사항을 기록해두는 다른 뜻은 없다. 단지 기억을 되살리기 위해서다. 무엇이 문제였는지, 브레인스토밍에서 어떤 아이디어가 나왔는지, 해결책은 무엇으로 결정했는지, 실행과 관련한 결론사항들은 무엇이었는지 등을 기록해두어야 한다. 내가 아는 어느 가족은 회의과정을 적은 서류에 날짜를 적고 사인을 해서 모든 합의사항들을 철한 뒤에 특정 서랍에 넣어둔다. 그들은 다른 가족들이 옛날 사진들을 보며 즐거워하듯이 몇 년 전에 결정한 합의사항들을 읽어보며 즐거워한다.

5단계: 계획을 실행에 옮겨라

지금까지는 모두 생각하거나 말하는 과정이었다. 이제 행동에 옮길 시점이다. 누가 무엇을 언제까지 할지에 대해 쌍방이 합의한 내용을 실행할 때다.

1~4단계는 보통 한 자리에서 진행하는 토론 단계다. 그 토론이 완료되면 당사자들은 합의한 결과에 따라 각자의 역할을 실행하는 절차에 들어간다. 자신이 맡은 임무를 계획대로 실천하는 일은 합의한 내용을 존중한다는 중요한 의미를 지닌다. 만일 상대방이 문제해결 과정에 처음부터 끝까지 참여했고 그의 요구조건이 해결책에 의해 충족되었다면, 그 사람은 자신이 맡은 역할을 성실히 수행할 가능성이 높다. 하지만 사람은 신이 아니기 때문에 그가 성심성의껏 합의한 내용을 실천하지 않을 가능성도 당연히 있다. 이런 상황에서는 반사적인 듣기를 한 다음에 실천을 요구하는 자기표현 메시지를 보내는 게 좋다.

6단계: 문제해결 과정과 해결책의 효과를 평가하라

나는 문제해결 과정을 끝내고 나서 잠시 시간을 내어 이 과정이 얼마나 잘 진행되었는지를 토론한다. 우리가 토론하는 주제는 다음과 같다.

-지금까지 밟아온 전반적인 과정에 대해 서로 어떻게 느끼고 있는가?
-그 과정에서 각자 가장 만족한 부분은 무엇인가?
-그 과정에서 각자 가장 불만족한 부분은 무엇인가?
-내게 힘들었던 일은 무엇인가?

−상대방에게 힘들었던 일은 무엇인가?

−내가 한 말이나 행동에서 후회되는 부분은 무엇인가?

−상대방이 자신이 한 말이나 행동에서 후회하는 부분은 무엇인가?

−각자 다음에 더 잘 할 수 있는 부분은 무엇인가?

나는 항상 시간을 내서 해결책이 우리에게 얼마나 효과가 있었는지 토론한다. 어떤 실행계획은 시간이 지남에 따라 전체적으로든 부분적으로든 효력이 없다는 사실이 밝혀지기도 한다. 만일 실행계획이 효력을 발휘하지 않았다면 수정하거나 계획을 새로 짜야 한다. 그러나 제대로 효과를 나타냈다면 어려운 문제를 성공적으로 해결한 일을 자축해도 될 것이다.

협동문제해결법의 적용

상담전문가인 피터 로슨은 협동문제해결법의 참가자들이 각 단계에서 의식적으로든 무의식적으로든 서로 공유하게 되는 메시지가 있다고 지적한다. 지난 몇 년 동안 나는 그가 말한 내용에 내 생각을 덧붙여왔다. 394쪽 표는 문제해결 과정의 각 단계에서 찾아낸 메시지들이다. 그럼 이제 협동문제해결법을 적용한 실제 사례들을 살펴보자.

자기 문제 해결하기

선제와 그녀의 남편 우디는 한 가지 문제로 자주 다투었다. 선제는 교향악단의 바이올린 연주자여서 매일 한 시간 이상 연습을 해야 했다. 그녀가 연습하는 동안, 우디는 늘 스테레오를 큰 소리로 켜놓았다. 선제는 그 스테레오 소리에 신경이 쓰여서 집중력이 떨어졌다. 선제는 협동문제해결법을 배우기 전

단계	메시지
1. 해결책이 아니라 필요성을 중심으로 문제를 정의하라.	당신에게 무엇이 필요한지 아는 일은 나에게 중요하다. 당신은 나에게 중요하다. 나는 중요하기 때문에 내게 무엇이 필요한지 표현해야 하고 당신은 그것을 들어줘야 한다. 우리는 서로를 진심으로 이해할 수 있다.
2. 브레인스토밍으로 해결책을 찾아라.	나는 당신과 나의 창의적인 생각을 소중하게 생각하고 있다. 그리고 우리가 협력하면 공동의 문제에 대해 훨씬 더 참신한 해결책을 생각해낼 수 있다고 믿는다.
3. 양 당사자가 만족하는 해결책을 선택하고 그 결과를 확인하라.	당신의 요구조건과 내 요구조건이 모두 충족되기를 바란다. 더불어 각자의 고유 영역을 침범하지 않기를 바란다.
4. 누가 무엇을 어디에서 언제까지 할지 정하라.	당신과 나는 우리의 요구조건을 충족시키기 위해 함께 결정하고 함께 계획을 세울 것이다.
5. 계획을 실행에 옮겨라.	당신과 나는 삶의 질을 높이고 관계를 개선하기 위해 각자의 행동을 바꿀 능력이 있다. 우리가 서로에게 한 약속은 말뿐만 아니라 행동으로 옮겨야 한다.
6. 문제해결 과정과 해결책의 효과를 평가하라.	당신과 나는 우리 사이에 발생한 문제의 해결 방식을 앞으로도 계속 개선해 나갈 것이다. 우리는 이 상호작용에 관해 느낀 점을 정직하고 성실하게 토론할 것이다. 우리는 어떠한 해결책이나 정책, 프로그램에도 얽매어 있지 않다. 만일 우리가 결정한 방안이 기대만큼 효과가 없더라도 우리에게는 그 부분을 개선할 수 있는 능력이 있다.

과 배운 후에 자신이 취한 서로 다른 대응법을 이야기했다.

남편이 그런 행동을 보이면 나는 주로 이렇게 소리쳤다.

"그 듣기 싫은 소리 좀 줄여요. 당신은 왜 그렇게 남을 배려할 줄을 몰라요?"

어느 날 나는 남편이 스테레오를 크게 틀어놓는 행위에 대해 자기표현 메시지를 보내기로 결심하고 이렇게 말했다. "우디, 내가 연습할 때 당신이 스테레오를 크게 틀어놓으면 집중력이 흐려져서 화가 나요."

남편의 말을 반사적으로 들은 뒤에 나는 남편에게도 고충이 있음을 알게 되었다. 내가 어려운 대목에서 활 쓰는 법과 운지법을 연습할 때, 남편은 그 소리를 귀에 거슬려 했다. 그래서 그 소리를 듣지 않으려고 스테레오 볼륨을 높인 것이다. 우리는 브레인스토밍을 한 끝에 몇 가지 대안을 생각해냈다.

- 집에 돌아오자마자 바로 연습을 시작해서 남편이 오기 전에 끝낸다.
- 집의 연습실에 방음장치를 한다.
- 학교에서 수업이 없는 빈 시간에 연습한다.
- 남편이 스테레오를 크게 들을 수 있도록 헤드폰을 산다.
  ⋮

12가지 대책이 나왔고 그 중 11가지는 이런저런 이유로 실행가능성이 없었다. 우리는 헤드폰을 하나 샀고, 우디는 나와 이웃사람들을 방해하지 않고 마음껏 음악을 즐길 수 있었다.

물론 이 과정이 교과서처럼 매끄럽게 진행되지는 않았다. 몇 가지 의사소통 방해요소도 나타났고 내가 반사적 듣기를 하는 동안에 고칠 점도 있었다. 그러나 의사소통기법을 여러 번 사용하면서 우리는 상대방의 기분을 더 잘 알게 되었고, 그래서 서로의 요구조건을 더 잘 충족시킬 수 있었다. 그 결과 우리 둘 다 만족했고 사이도 더 좋아졌다.

다른 사람들의 문제 해결하기

협동문제해결법을 배운 사람은 다른 사람들끼리 요구조건이 충돌하여 분쟁이 일어났을 때 해결을 도와주는 역할을 할 수도 있다. 다음은 어느 고등학교 교사가 제3자로 참여하여 문제를 해결한 경험담이다.

학생 A와 학생 B가 복도에서 싸우고 있었다. 나는 그들을 뜯어말린 후, 내 방으로 데리고 갔다. 얼마 동안 이야기를 들어주자 둘 다 흥분을 가라앉혔다. 그들이 설명한 상황은 다음과 같았다. 두 사람은 마케팅 수업의 결과물로 산업미술 과제물을 제출해야 했다. 둘 다 정성을 다해 복잡한 과제물을 만들었고, 둘 다 특수 클램프를 사용해야 했다. 그런데 공작실에는 클램프가 하나밖에 없었다. 그런 사실을 알고 있던 두 학생은 서로 먼저 쓸 생각을 하고 있었다. 클램프를 빼앗겼다가는 자신의 과제를 마칠 수 없을지 모른다는 불안감 때문에 복도에서 싸움을 벌인 것이다. 내 제안에 따라 그들은 협동문제해결법을 사용해보기로 했다. 문제는 두 학생이 임박한 마감시간 전에 각자의 숙제를 마쳐야 한다는 점이었다.

브레인스토밍을 한 결과, 다섯 가지 방안이 제시되었다.

1. 학생 A가 먼저 과제를 끝내고 그 다음에 B가 끝낸다.
2. 학생 B가 먼저 과제를 끝내고 그 다음에 A가 끝낸다.
3. 한 사람 또는 두 사람 모두 과제물을 다른 것으로 바꾼다.
4. 다른 클램프를 구한다.
5. 두 사람 모두 과제를 끝낼 수 있도록 클램프를 함께 사용할 방도를 찾는다.

우리가 이 대안들을 검토한 결과, 1번과 2번 방안은 실행이 불가능했다. 학기가 거의 끝날 무렵이어서 한 사람씩 차례로 과제물을 만들 시간이 부족했기 때문이다. 3번 방안도 시간 때문에 제외되었다.(둘 다 과제를 바꾸려 하지도 않았다.) 4번 방안이 가장 가능성이 높았다. 그러나 안타깝게도 그 클램프는 다른 도시에서 주문을 해야 하는데 학생들이 사용할 때까지 도착하기 어려웠다. 5번 방안만 남았다. 두 사람의 과제를 분석한 결과, 학생 A는 과제물 제작 초반에 클램프가 필요했고, 학생 B는 최종 마무리 단계에 필요했다. 힘을 합치고 공평하게 진행하면 둘 다 과제물을 기한 내에 무사히 마칠 수 있을 것 같았다.

학생들은 구체적인 작업계획을 세웠다. 학생 A는 학생 B에게 클램프가 필요 없는 시간 동안 클램프 사용을 마쳤다. 학생 B는 학생 A에게서 클램프를 넘겨받아 사용했고, 마침내 둘 다 시간에 맞춰 과제물을 완성했다.

며칠 후, 우리는 그 해결책을 평가했다. 두 사람 모두 과제물을 시간 안에 마칠 수 있었는데, 과제물을 가족들에게 선물해도 될 만큼 잘 만들었고 점수도 높게 받았다. 그들은 이번 문제해결 결과에 더할 나위 없이 만족했다.

문제해결의 사전준비

사람들 사이에 문제가 생기면 감정이 악화되기 마련인데, 이럴 때는 문제를 해결하기 전에 격앙된 감정부터 해결해야 한다. 한 사람 또는 두 사람 모두에게 강한 불만이 있다면 갈등해소법을 사용하여 감정적인 스트레스부터 가라앉혀야 한다. 만일 당신에게만 강한 불만이 있다면, 문제해결에 들어가기 전에 '다른 사람에게 화풀이하지 않고 그 감정을 해소할 수 있는' 방도를 찾는 것이 좋다. 협동문제해결법이 실패하는 원인은 대부분 초반에 감정을 제대로 처리하지 못하기 때문이다.

문제해결 단계에 적절한 사람들이 참여하는지도 확인해야 한다. 참여해야 할 사람은 첫째, 그 결과로 인해 영향을 받는 사람, 둘째, (경우에 따라) 필요한 자료를 갖고 있는 사람이다.

문제해결을 논의할 시간과 장소도 협의해야 한다. 우선 적절한 장소를 찾아야 한다. 나는 편안하면서도 텔레비전과 라디오 소리가 들리지 않고, 걸려오는 전화를 차단할 수 있는 조용한 장소가 좋다. 그런 다음 상대방에게 30분에서 45분 정도 시간을 내달라고 부탁한다. 그 시간을 다 쓰는 경우는 드물지만, 복잡한 문제의 거의 전 과정을 한 자리에서 마무리해야 하기 때문이다. 게다가 의외의 난관을 만나서 예상보다 더 오래 걸릴지도 모르는 일이다.

상대방이 "무슨 일로 그러시죠?" 하고 물으면 나는 간단히 이렇게 대답한다. "시간을 봐서 적당한 때에 말씀드릴게요." 상대방은 이 말 때문에 신경이 더 곤두설지 모르지만, 부적절한 시간에 부적절한 장소에서 곧바로 어려운 문제에 뛰어드는 것보다는 그 편이 낫다. 만일 당신이 그 문제를 언급하지 않고 계속 피한다면 갈등해소법을 사용해야 할 수도 있다. 어찌 됐든 그 이야기를 꺼내야 하는 시기가 찾아오는 것만은 틀림없다.

자기표현 메시지를 작성하는 일도 준비과정에서 해야 한다. 그렇게 작성한 메시지를 가지고 문제해결 단계로 들어가야 한다. 그렇다. 글로 써야 한다. 자신의 요구조건을 명료하고 정확하게 표현하되 비난조로 들려서는 안 되기 때문에 이 일은 매우 중요하다. 당신 스스로 자기표현의 경험이 풍부한 프로라고 생각할지도 모르겠다. 그렇더라도 메시지를 글로 잘 정리해두면 문제해결 과정이 더 원활해질 것이다.

문제해결 단계에 들어가기 전에 당신이 사용하려고 하는 방법과 사용하고자 하는 이유를 상대방에게 설명하라. 내가 협동문제해결법에 끌리는 이유는 두 가지다. 첫째, 다른 방법들은 모두 별로다. 당신과 다른 사람이 서로 이해관계가 달라서 부딪힌 적이 있다면 내가 왜 다른 방법들을 별로라고 하는지 알 수 있을 것이다. 아마 한 사람 또는 두 사람 모두가 불쾌해했거나 분노했거나 좌절감을 경험했을 것이다. 또 다른 이유는 이 방법을 사용하면 쌍방 모두 자신이 원하는 바를 달성할 수 있기 때문이다.

당신이 이 문제해결 과정이 무엇인지, 이 과정을 왜 사용하려고 하는지를 자세히 설명하면, 상대방이 완강하게 저항할 수도 있다. 그렇다고 해서 설명을 하지 않은 채 곧바로 상대방을 이 과정에 끌어들이면 그 저항이 훨씬 강경할 것이다. 상대방은 당신이 유리한 위치를 차지하기 위해 이 방법을 사용하는 거라고 의심할 수 있다. 당신은 알고 자기는 모르는 어떤 과정을 사용하려는 데에 심기가 불편할 수도 있다. 양쪽 모두가 원하는 바를 이룰 수 있다는 말도 믿지 않을 것이다. 논리적으로 말이 안 된다고 생각하기 때문이다.

만일 상대방이 저항하면, 그의 저항을 받아들여야 한다. 설명하거나 설득하고 싶은 유혹을 느끼겠지만, 그런 행동은 의사소통 방해요소로 작용하거나 거부감만 부추길 수 있다. 그 대신에 반사적 듣기를 하면, 상대방이 자신의 생각을 표현하는 동안 스트레스가 가라앉고 당신에 대한 신뢰감이 생겨서 결국 문제해결 과정에 동참하게 될 것이다.

협동문제해결법은 사람을 속이는 기법이 아니다. 그러니 "좋아, 이 사람이 저항하는 동안 나는 이 사람의 말을 귀 기울여 들어줘야겠다." 하는 태도로 임하라. 상대방이 부정적인 감정을 발산하도록 기다리면서 그의 감정을 이해하려고 노력하라. 사람은 자신이 이해받고 있다고 느낄 때 기분이 좋아진다. 어떤 사람과 공동의 목표를 위해 협력하고자 한다면 가능한 모든 에너지를 모아서 그 목표에 집중해야 한다. 반사적 듣기는 협동문제해결법을 쓰자는 제안을 상대방이 거부할 때 사용하는 마지막 과정이다. 때로는 상대방이 아무런 저항도 하지 않을 때도 있는데, 그럴 때는 이런 과정이 필요 없다.

협동문제해결법이 효과가 없을 때

우리 센터에서 교육을 받은 사람들은 협동문제해결법을 이용했을 때 성공 확률이 높았다고 응답했다. 만약 효과가 별로 없다면 일반적으로 자주 범하는 함정에 빠졌거나, 당사자 중 한쪽이 무언가 문제를 숨기고 있거나, 이 과정을 반복해야 할 상황이거나, 그들의 수준에 비해 문제가 너무 복잡한 상황이라고 볼 수 있다.

함정을 조심하라

협동문제해결법을 사용할 때 자주 빠지는 5가지 함정에 대해 알아보자.

감정을 먼저 해결하지 않는다 감정이 격한 상태에 있다면 문제해결 과정에 들어가기 전에 갈등해소법을 이용하여 흥분부터 가라앉혀야 한다. 비즈니스맨들 중에는 새로운 방침을 결정하기 전에 6단계 과정을 모두 거쳤더니 어떤 경우에는 효과가 있었지만 어떤 경우에는 효과가 없었다고 말하는 사람들이 있었다. 만약 효과가 없었다면 상대방이 품고 있는 격한 감정을 무시했을 확률이 높다. 이 훈련과정에서 가장 중점을 두고 가르치는 것 중 하나가 감정이 더 중요하다는 점이다. 감정이 격해져 있을 때는 감정부터 가라앉혀야 한다.

문제를 정확하게 정의하지 않는다 상대방의 요구조건을 제대로 이해하지 못하는 이유는 상대방의 말을 충분히 듣지 않았거나, 그의 생각을 충분히 또는 효과적으로 받아들이지 않았거나, 자기 자신의 요구조건을 구체화한 자기표현 메시지를 작성하지 않았기 때문이다. 가끔은 명백히 필요한 상황이 아닌데도 협동문제해결법을 쓰려는 사람이 있다. 가치관 문제를 가지고 말이다. 협동문제해결법은 가치관이 충돌할 때 사용하는 방법은 아니다.

브레인스토밍 도중에 평가하거나 구체화 한다 우리가 가르쳤던 사람들 중 대다수는 평가, 구체화, 자기의견 제시, 예를 들어 설명하기 등으로 브레인스토밍을 자꾸 방해했다. 이런 행동이 나오면 브레인스토밍을 원활하게 진행할 수 없고, 결국 아무 소득 없이 끝날 수도 있다. 얼마나 좋은 해결책이 나올지가 브레인스토밍에 달려 있으므로 이런 함정에 빠지지 않도록 주의해야 한다. 만일 다른 사람이 아이디어를 평가하려고 하거나 이 과정에서 이탈하려고 하면, 재빨리 부드럽고 확고한 태도로 그 사람을 제자리로 데리고 와야 한다. 만약 개입하는 당신의 태도가 그를 무시하는 것처럼 비칠 경우, 그 자체로 브레인스토밍이 실패로 돌아갈 수 있으니 주의해야 한다.

구체적인 세부사항들을 정하지 않는다 서로의 관계에 일체감이 생기고 해결책을 찾아내서 서로 동의하고 나면 그대로 문제해결과정을 끝내버리는 경우가 많다. 이 시점에서 실행에 관한 상세한 조건을 정하는 일을 서로를 불신하는 행위로 받아들이기 때문이다. 어떤 사람들은 참을성이 부족해서 문제해결을 위해 다른 사람과 함께 오랜 시간을 보내기 힘들어 한다. 그래서 다음 단계에 해야 할 일들을 구체적으로 의논하지 않는다. 결국 해결책은 실행되지 않고 그들은 나중에 이렇게 말한다. "그 방법은 효과가 하나도 없었어."

어떻게 실행되는지 확인하지 않는다 두 사람이 자연스럽게 합의에 이르렀다 해도 그것으로 문제가 저절로 해결되지는 않는다. 빡빡한 계획, 수많은 용무, 여러 가지 복잡한 일에 파묻혀 살기 때문에 함께 계획한 그 일을 실천하지 못할 수도 있다. 상대방이 실행하지 않는다고 해서 *그가 당신과 합의한 해결책*

을 외면한다고 단언할 수는 없다. 그러므로 공동의 문제를 해결하기 위해 서로 합의한 사항이 제대로 진행되고 있는지 평가할 현실적인 점검사항을 마련하고 확인해야 한다.

감춰진 문제를 찾아내라

문제해결 과정이 이상하게 앞으로 나아가지 않는다면 상대방이 무언가를 감추고 있을 가능성이 높다. 이렇게 되면 두 사람 사이에 두터운 감정의 벽이 생긴다. 이런 경우인 것 같으면 "이야기가 제자리걸음을 하고 있는 것 같군요. 혹시 우리 관계와 관련하여 저한테 하고 싶은 말씀이 있습니까?" 하는 식으로 상대방의 말문을 열 수 있는 질문을 던져 보라. 상대방은 아마도 이렇게 말할 것이다. "아니요. 별로요." 하지만 잠시 후에 그동안 말하지 않았던 본심을 서서히 털어놓을 것이다.

과정을 반복하라

만약 합의에 도달하지 못했다면 그때는 1, 2단계를 좀 더 효과적으로 진행해야 한다. 문제는 보통 3단계(해결책 선택하기)에 가서야 분명히 드러나지만, 1, 2단계를 다시 밟아보면 도움이 된다. 당신의 요구조건을 분명하고 간결하게 주장하라. 상대방의 정확한 요구조건을 알아낼 때까지 그의 말을 오랫동안 그리고 성심성의껏 들으라. 그리고 나서 공동의 문제가 무엇인지 머릿속에 명확하게 새기고 자유롭게 브레인스토밍을 하라. 물론 이때도 평가, 구체화, 부연설명은 삼가고 다른 이야기로 빠지지 않아야 한다. 대부분 이 과정을 두 번 정도 반복하면 서로가 만족할 만한 해결책이 나온다.

협동문제해결법의 활용

목표 설정

목표를 정해 놓으면 문제해결 과정을 보다 효과적으로 진행할 수 있다. 레드는 자신과 아내 일레인이 1년에 1,000달러씩 장기저축을 해야 한다고 생각했다. 그러나 그들의 수입은 한정되어 있었고, 그 목표는 직장을 그만두고 대학원에 가려는 일레인의 목표와도 상충했다. 예전 같으면 두 사람은 그 문제로 한바탕 싸웠을 테고, 결국 레드는 끝내 자기표현을 관철시키고 일레인은 토라졌을 것이다. 몇 년 동안 그들은 그런 식으로 살아왔다. 그러나 이번에는 서로 원하는 바를 이야기하고 해결책을 찾기 위해 브레인스토밍을 하면서 문제해결 과정을 밟았다. 그리고 마침내 그들은 일레인이 대학원에 다니는 3년 동안은 저축을 하지 않고, 그녀가 졸업하고 다시 직장에 다니는 해부터 6년 동안 매년 1,700달러씩 저축하기로 결정했다. 두 사람 모두 자신의 요구조건이 충족되어 기뻤다.

한 고등학교 교사가 다음 단원의 학습계획을 학생들과 함께 세우고 싶어 했다. 그녀가 가장 바라는 일은 학생들이 그 단원에 있는 내용을 잘 학습해서 연말에 실시하는 졸업시험에 모두 합격하는 것이었다. 학생들도 그 점에 대해서는 같은 생각이었지만 그 외에 다른 관심사가 있었다. 그들이 더 중요하게 생각하는 건 그 단원의 특정 부분이었다. 그 부분이 자신들과 직접 관련 있는 내용이었기 때문에 다른 부분에 할애할 강의시간을 줄이고 핵심적인 내용만 정리하여 토론하고 싶어 했다. 금요일마다 보는 시험도 없애주었으면 하고 바랐다. 교사가 그 제안을 받아들이자, 학생들은 '누가 무엇을 언제까지 할 것인가'에 관한 계획을 교사와 함께 세우고 그 계획의 실행을 도울 다섯 사람을 뽑았다. 학기가 끝나갈 무렵, 향후 개선해야 할 점을 몇 가지 발견하긴 했지만, 교사와 대부분의 학생들은 결과에 만족했다. 그뿐 아니라 그 반은 졸업시험에서 눈에 띄게 좋은 성적을 거뒀다.

할로우가 다니는 회사는 MBO_{Management by Objectives, 목표관리}를 실행하기로 했지만 말뿐이었다. 직원들에게 한 해의 목표를 달성해야 할 책임이 있고, 그에 따라 연말에 실적을 평가받되 그 목표를 상사와 부하직원들이 함께 정하는 것이 MBO의 기본정신이다. "그 시스템을 활용할 대인관계기법을 배운 사람이 한 명도 없었기 때문에 지금까지 모든 게 엉터리였습니다." 할로우의 이야기다.

할로우와 그의 상사는 경영 커뮤니케이션 기법을 배운 다음, 올해의 성과와 문제점을 토론하고 내년의 목표를 설정했다. 먼저 할로우의 상사가 간단히 회사의 내년 목표와 부서별 목표 그리고 자신의 목표를 설명했다. 상사는 목표가 달성되기를 원했고, 할로우는 그 목표들에 기여할 수 있는 길을 찾아야 했다.

할로우는 내년에 가장 성취하고 싶은 목표가 무엇이냐는 질문을 받았고, 질문을 토대로 그의 목표를 분명히 했다. 할로우와 상사는 자신들이 추구하는 바를 한 문장으로 만들고 목표를 달성할 수 있는 방법을 찾기 위해 브레인스토밍을 했다. 그런 다음, 서로 수긍할 수 있는 내년 목표를 정했다. 할로우는 이렇게 말했다. "이전까지 MBO가 제대로 효과를 발휘한 적은 한 번도 없었습니다. 그러나 이제는 상사와 부서가 무엇을 원하고 무엇이 필요한지, 그리고 왜 필요한지를 알고 있습니다. 앞으로 우리가 계획해 놓은 정기 점검회의를 이렇게 잘 진행하면, 회사의 목표를 달성할 수 있고 제 목표도 함께 달성할 수 있을 거라는 확신이 듭니다."

도우미 역할

상대방이 강한 불만을 품고 있다면 듣기 기법을 활용해야 한다. 그러나 모든 문제를 반사적으로 들었는데도 상대방에게 문제해결 기법과 결단력이 부족해서 진전이 없을 때가 있다. 당신이 상대방의 핵심 문제를 파악할 수 있을 만큼 충분히 들었다고 생각한다면, 그에게 문제해결 방식을 설명하고 그 방식을 직접 적용해 볼 생각이 있는지 물어보라. 상대방이 제안을 받아들이면 당신은 그가 한 단계씩 과정을 밟아가도록 도와주는 역할을 해야 한다.

이 방법은 협동문제해결법이 아니기 때문에 1단계에서는 그 사람의 요구조건이 무엇인지만 드러나면 된다. 2단계에서 당신이 할 일은 그 사람이 계속해서 아이디어를 생각해내도록 도와주는 일이다. 이때에도 그 방안에 대해 평가하거나 설명하지 말아야 한다.(해결책을 생각해내는 3단계에서라면 아주 약간 개입해도 괜찮다.) 가장 좋은 해결 방안이 무엇인지는 그 사람 스스로 판단할 일이다. 다만 그에게 자신이 고른 선택이 어떤 결과를 가져올지 미리 생각해보라고 조언할 수는 있다. 이 과정의 나머지 단계도 비슷한 방식으로 안내한다. 이런 식으로 당신은 다른 사람이 문제해결 과정을 배워서 자신의 문제를 풀고, 나중에도 스스로 문제를 해결할 수 있도록 도와줄 수 있다.

협동문제해결법 적용 분야

협동문제해결법을 적용할 수 있는 분야는 무척 많다. 여기서는 두 가지만 더 언급하겠다. 이 방법은 규칙과 정책을 정할 때 효과적이다. 명시적으로든 암묵적으로든 모든 관계, 가정, 조직에는 규칙이 있다. 그 규칙이나 정책을 정할 때는 그로부터 영향을 받는 사람들이 참여하는 것이 바람직하다. 규모가 큰 집단이라면 대표를 몇 명 뽑아서 참여시키는 방법도 괜찮다. 새 학년이 시작될 무렵, 담임교사가 반 학생들과 함께 그 해의 행동규칙을 협동문제해결법으로 정할 수 있다. 이후에 새로운 규칙이 필요해지면, 학생들이 원래의 규칙에 새로 몇 가지를 보태고, 어떤 규칙이 불필요해지면 그것들을 폐지한다. 규칙을 제정할 때 참여의 원칙을 적용하면 보다 합리적인 규칙을 만들 수 있고 구성원들도 그 규칙을 더 잘 지키게 된다.

누군가가 인생은 문제의 연속이라고 했다. 문제해결 6단계 과정은 방법이 체계적이기 때문에 살아가는 동안 부딪치는 여러 가지 개인적인 문제를 해결할 때 유익하게 사용할 수 있다.

정리

협동문제해결법 대신 흔히 쓰는 방법들로는 부정하기, 회피하기, 무조건 승복하기, 독선적으로 강요하기, 타협하기 등이 있다. 경우에 따라 이런 방식이 적절할 때도 있지만 대부분은 부정적인 결과로 이어진다. 그러나 협동문제해결법은 대부분 긍정적인 결과를 낳는다. 협동문제해결법 6단계는 다음과 같다.

1. 해결책이 아니라 필요성을 중심으로 문제를 정의하라.
2. 브레인스토밍으로 해결책을 찾아라.
3. 양 당사자가 만족하는 해결책을 선택하고 그 결과를 확인하라.
4. 누가 무엇을 어디에서 언제까지 할지 정하라.
5. 계획을 실행에 옮겨라.
6. 문제해결 과정과 해결책의 효과를 평가하라.

이 과정에 들어가기 전의 '준비단계'는 매우 중요하다. 만일 문제해결 과정이 효과가 없었다면 남들이 흔히 저지르는 실수를 당신도 저지른 게 아닌지, 상대방이 이야기하지 않은 문제는 없는지, 그 단계를 반복해야 하는 건 아닌지 확인해보라. 이 방식은 가정이나 직장, 학교에서 다양하게 적용할 수 있다. 목표를 설정할 때, 누군가의 문제해결을 도와주는 단계에서 듣기와 병행하여, 규칙을 정할 때, 개인적인 문제를 해결할 때도 사용할 수 있다. 협동문제해결법은 매우 중요한 기법이다. 조지 프린스의 말처럼 "창의적인 문제해결 능력을 사용하지 않는 건 삶의 질을 훼손하는 일이다."

영혼을 소중하게 지켜라. 영혼은 인생의 자원이다.

– 고대의 철학자

기법이 전부는 아니다

행동과학 분야의 연구자들은 의사소통 능력을 증진하는 데 필요한 핵심적인 자질 세 가지가 있다고 말한다. 그 자질은 진실성, 소유하지 않는 사랑, 공감 능력이다.

진실성이란 자신의 감정, 욕구, 생각을 솔직하고 꾸밈없이 표현하는 태도를 말한다. '신분을 감추고 여행하듯' 자아를 숨기는 일은 완강한 거부를 의미한다.

소유하지 않는 사랑이란 상대방을 인정하고 존중하며, 권위의식 없이 자유롭게 애정을 보내는 일이다.

공감능력은 다른 사람을 진심으로 대하고 이야기를 들으면서 그의 관점으로 이해하는 능력이다.

1950년대 후반, 심리학자 칼 로저스는 이 세 가지가 효과적인 의사소통을 위해 필요한 핵심 자질이라고 주장했다. 그때 이후로 100여 건의 연구가 진행되었고 로저스의 가설이 검증되었다. 한 연구에 의하면, 이 세 가지 자질의 지

수가 높은 정신과 의사는 환자와의 관계가 원만했고, 이 지수가 낮은 의사는 환자와의 관계가 좋지 않은 것으로 나타났다. 다른 연구에서는 이런 자질이 몸에 밴 교사에게서 배운 학생들의 성취도가 그렇지 못한 교사의 학생들보다 훨씬 더 높은 것으로 밝혀졌다.

외과의사와 간호사들이 외과적 수술기법이나 약물기법 외에 이런 자질들을 발휘했을 때 환자들의 건강이 빨리 회복되었다. 경영자에게 이런 자질이 있으면 직원들의 의욕이 높고 반발은 적었다. 이런 자질이 있는 판매원들은 고객의 만족도를 높여 판매량을 높였다. 만족스런 결혼생활과 사이좋은 부모자식 관계도 진실성, 소유하지 않는 사랑, 공감이 있을 때 가능하다.

의사소통 능력은 구체적인 방법이나 기법뿐만 아니라 그 아래에 깔려 있는 자질에 의해서 좌우된다. 기법은 개인의 자질을 표현하는 데 도움을 주는 도구일 뿐이다. 진실성, 사랑, 공감능력이 결여된 사람은 전문가 수준의 의사소통 기법이 있어도 아무 쓸모가 없고 오히려 해가 될 수 있다. 의사소통을 위해 기법이 중요하긴 하지만 기법만으로는 만족스러운 관계를 만들어갈 수 없다.

진실성

진실성이란 꾸밈이나 가식 없이 자신의 참 모습을 드러내는 태도를 말한다. 진실한 사람은 자신의 감정을 잘 알고 적절한 때에 그 감정을 표현한다. 진실한 사람은 여럿이 함께 있을 때도 자연스럽게 자기 자신으로서 행동하기 때문에 다른 사람들이 그의 진실한 모습을 본다. 눈에 보이는 그대로의 모습이 그의 진실한 모습이다.

반대로 진실하지 못한 사람은 자신의 진짜 생각, 기분, 가치관, 동기를 숨긴다. 다른 사람 앞에서 갖는 방어심리와 은폐는 불행하게도 그의 자아인식까지도 방해한다. 결국 자기 안에 있는 진실한 모습과 자연스러움이 깊이 묻혀버려서 자신조차 그 모습을 찾지 못하게 된다.

진실성은 진지한 인간관계를 위한 필수 요소다. 진실하지 않으면 그만큼 다른 사람과 의미 있는 관계를 맺지 못한다. 다른 사람과 관계를 맺으려면 용감하게 나 자신이 되어야 한다.

나다니엘 호손이 쓴 소설 중에 다른 사람과 있으면 자신의 진짜 모습을 잃어버리는 어떤 남자에 대한 이야기가 있다. 그 사람은 함께 있던 사람이 방을 나갈 때마다 흔적도 없이 사라진다. 항상 다른 사람이 원하는 사람이 되려고 노력하기 때문에 그의 정체성은 모두 흩어져버린다.

자신을 완벽하게 드러내는 사람은 없다. 누구나 조금씩은 자신의 진실한 모습을 다른 모습으로 위장한다. 적어도 그런 때가 있다는 말이다. 개성personality이라는 단어는 배우의 가면이라는 뜻의 라틴어 페르소나persona에서 유래했다. 진실한 사람은 자신을 100% 드러내는 일이 불가능하다는 사실을 알고 있다. 다만 다른 사람과 함께 있을 때 정직함과 솔직함을 적절한 방식으로 드러낼 뿐이다. 진실성에는 세 가지 요소가 있다. 자기인식, 자기수용, 자기표현이 그것이다.

자기인식

19세기에 활동했던 저명한 정치만평가 토마스 내스트의 이야기다. 내스트가 어느 날 친구들 모임에 참석했는데, 한 사람이 그에게 참석한 사람들의 캐리커처를 그려 달라고 부탁했다. 그는 연필을 들고 능숙한 솜씨로 한 사람씩 재빨리 그린 후, 각 모델들에게 그림을 나눠주었다. 그런데 그들 모두 다른 사람의 그림을 보고는 모델을 금방 알아차렸지만 자기 자신의 캐리커처는 대부분 알아보지 못했다.

자기 자신을 알기는 어렵다는 점을 프로이트를 비롯한 몇몇 연구자들이 증명했지만, 분명한 사실은 그런 능력을 키울 수 있다는 점이다. 최근에는 자기 인식 능력을 발전시키는 방법도 많이 개발되었다.

그렇다고 해서 자기인식 능력을 키우기 위해 책을 읽거나 연수회에 참가하거나 명상훈련을 할 필요는 없다. 사람들은 대부분 자기 자신을 충분히 이해하고 있지만, 그 이해를 충분히 활용하지 못하는 것이 문제이기 때문이다. 보통은 자기 내면의 자아가 보내는 메시지를 모르고 있거나 알아차렸더라도 무시해버린다. 외로움이라는 불쾌한 감정을 털어버리기 위해 텔레비전을 켜는 행위도 이에 해당한다. 자신이 초라하게 느껴지면 일부러 일에 빠져서 그런 느낌을 의식 밖으로 몰아내려 애쓰기도 한다. '너 자신을 알라'는 소크라테스의 권고를 따르는 가장 빠른 방법 중 하나는 자신의 내면에서 느껴지는 기분을 무시하지 않는 것이다. 의식적으로 노력하면 자신의 진실한 감정을 조금씩 알아차릴 수 있다.

자기수용

사람들은 자기 내면의 충동을 무시한다. 자신의 감정과 생각을 완전히 받아들이려 하지 않는다. 많은 사람들이 자신의 분노나 성적인 욕구, 환상 등을 부끄럽게 생각한다. 이런 생각이 드는 것이 인간의 자연스러운 성향인데, 사람들은 자신의 생각과 느낌이 다소 부정하거나 사악하다고 생각한다. 다른 사람들이 제시하는 가면과 자신의 모습을 비교하면서 스스로를 위협할수록 자기수용 능력이 점점 약해진다.

자기수용 능력을 높일 수 있는 다양한 경험들이 있다. 능력 있는 지도자가 이끄는 낯선 사람들과의 집단상담, 성실하고 명석하고 이해심 많은 의사와의 심리치료, 마음이 넓은 사람과의 우정, 종교에의 귀의 등을 비롯한 여러 가지 인생 경험들이 자기수용 능력을 강화한다.

의사소통 훈련으로도 자기수용 능력을 키울 수 있다. 우리가 개최한 연수회에 참가한 많은 사람들이 이 훈련에서 얻은 가장 소중한 성과로 자신의 감정에 대해 더 편안하게 생각하게 되었다는 점과 자신을 이전보다 더 좋아하게 되었다는 점을 꼽았다. 의사소통 능력이 향상되면서 자존감도 높아졌다.

자기표현

진실성의 세 번째 요소는 자기표현이다. 자신을 잘 표현하는 사람은 자신의 내면 깊숙이 내재되어 있는 생각이나 감정을 잘 알고, 그것을 받아들이며, 적당한 때에 적절한 방식으로 다른 사람과 공유한다. 큰 걱정거리가 있을 때도 그 순간에 자신이 느끼는 바를 솔직하고 차분하게 표현한다. 이 주제와 관련하여 나는 데이비드 던컴의 글에서 많은 영향을 받았는데, 그는 진실한 태도와 열린 태도는 그 사람의 생활 전반에 영향을 준다고 말했다.

진실한 사람은 가까운 사람이 죽었거나 걱정거리가 있거나 당황스러운 일이 생겼을 때도 자신의 감정을 대부분 드러낸다. 자신이나 다른 사람의 기대에 못 미치는 행동을 했을 때도 자신의 부족함을 인정한다. 진실한 사람은 남의 눈치를 보지 않고 자신의 기쁨을 표현하며 자신의 성공에 대해 즐겁게 이야기한다. 진실한 사람은 화가 났을 때 분노를 해소하여 기분을 전환하고, 인간관계를 회복하거나 개선시킬 가능성이 가장 높은 방식으로 신중하게 자신의 감정을 표현한다. 애정에 대해서도 핑계나 구실을 앞세우지 않고 솔직하게 표현한다.

모든 인간에게는 상충되는 감정이 있다. 진실한 사람은 친구관계나 부부관계, 직장에서 느끼는 만족감과 좌절감을 과장하거나 축소하지 않고 솔직하게 털어놓는다. 자신의 행동이 기대에 못 미쳤을 때는 그로 인한 안타까움을 솔직하게 표현하고, 기쁨을 느꼈을 때도 마찬가지로 거리낌 없이 표현한다.

진실한 사람은 상황이 허락하는 한 자신의 기분을 드러내고 진실한 모습을 보여준다. 그러나 진실한 사람이라고 해서 만나는 사람마다 붙잡고 자신의 감정을 이야기한다는 뜻은 아니다. 시간과 장소를 가리지 않고 자신의 감정을 모든 사람에게 100% 드러내는 일은 현실적으로 불가능하다. 진실한 사람이 자신의 모든 감정을 드러내는 것은 아니지만, 그렇다고 해서 자신을 거짓으로 드러내지는 않는다. 느끼는 감정들을 적절하게 표현할 뿐, 자신의 모습을 속이기 위해 가면을 쓰지는 않는다는 말이다.

진실성은 단독으로 존재하지 못한다. 진실성을 조성하는 분위기를 만들어 내는 것은 사랑과 이해심이며, 이러한 자질들로 인해 진실한 의사소통은 유치한 것이 아니라 아름다운 것이 된다. 《벨벳 토끼The Velveteen Rabbit》라는 동화는 진실성이 발전해가는 방식을 경쾌하게 묘사한 훌륭한 작품이다.

어느 날 토끼가 물었다.

"살아 있다는 게 뭐예요? 몸속에서 삐삐 소리가 나거나 태엽장치가 있는 걸 말하는 거예요?"

가죽 말이 대답했다.

"살아 있다는 건 만들어진 방식을 말하는 게 아냐. 아이가 아주 오랫동안, 단지 놀기 위해서가 아니라 정말로 너를 사랑하면 그때는 네가 살아 있게 되는 거야. 그러나 그건 갑자기 일어나는 일이 아니란다. 천천히 변해가는 거야. 그런 일은 보통 오랜 시간이 걸려. 그렇게 될 때까지 사랑을 많이 받은 나머지 털이 다 빠지고 눈알이 빠져나가고 관절이 헐거워져서 아주 누추한 모습이 될 거야. 그러나 일단 네가 살아 있다면 추한 거라곤 없기 때문에 그런 건 전혀 문제가 안 돼. 그걸 이해 못하는 사람에게는 추하게 보이겠지만 말이야."

소유하지 않는 사랑

소유하지 않는 사랑은 의미 있는 의사소통을 가능케 하는 두 번째 열쇠다. 나는 이 책에서 '소유하지 않는 사랑'이라고 표현했지만, 다른 여러 가지 다른 말로도 표현되고 있다. 가장 널리 알려진 단어는 '존중, 용인, 호감' 등이다. 그러나 이 표현들은 내가 전하려는 의미의 일부만을 나타낸다. 사랑이라는 말이 너무 많이 쓰여서 요즘에는 거의 무의미해져버렸지만, 그럼에도 불구하고 이 단어를 사용하는 이유는 소중하고 인간적이고 역사적인 의미가 담겨 있기 때문이다.

칼 로저스에 따르면, "사랑을 로맨틱하거나 소유하고자 하는 마음으로 이해하지 않고 신학자들이 말하는 '아가페'와 같은 의미로 이해한다면, 사람을 있는 그대로의 모습으로 사랑하는 것이 진짜 사랑이다." 유명한 정신과 의사 칼 메닝거는 "아가페란 한 사람이 다른 사람에 대해 베푸는 참을성, 공정성, 영속성, 합리성, 친절함을 뜻하며 한 마디로 진정한 사랑이다."라고 말했다.

고대 그리스인들은 사랑을 세 가지로 분류했다. 먼저, 필리아Philia는 우정을 의미한다. 성경에 나오는 다윗과 요나단의 사랑이다. 테니슨이 《인 메모리엄In Memoriam》에서 찬양한 그런 관계이다. 많은 고대인들은 필리아를 모든 사랑의 유형 중에서 가장 행복하고 가장 인간적인 것이라고 생각했다.

에로스Eros는 연정戀情이다. 창조하고 자손을 낳으려는 사랑의 충동을 포함하지만 성적인 사랑만을 의미하지는 않는다. 그것은 로미오와 줄리엣의 사랑, 웨스트사이드 스토리에 나오는 토니와 마리의 사랑을 의미한다.

아가페Agape는 다른 사람이 행복하기를 바라는 마음과 관련이 있다. 왈도 비치와 리처드 니버가 주장했듯이, 이 사랑은 "감성적으로 끌리는 감정도 로맨틱한 매력도 보상을 바라는 사랑도 지적인 태도도 아니다. 단지 이웃을 위해 자신을 헌신하려는 의지다."

정말 좋은 관계는 이 세 가지 중 하나 이상을 포함한다. 한 여자에 대한 한 남자의 사랑은 에로스로 시작되었을지 모르지만 그것은 필리아로 인해 풍부해지고 아가페라는 헌신으로 인해 더 심오하고 안정된 관계가 될 수 있다. 이 책의 맨 앞에 있는 〈도트에게〉라는 시에는 이 세 가지 요소가 다 들어있는 관계가 나온다.

반드시 좋아해야 사랑할 수 있는 건 아니다

누구나 항상 맞닥뜨리는 근본적인 문제 하나가 있다. "내가 사랑해야 하는 관계의 사람이지만, 마음에 들지 않는 사람을 어떻게 사랑할 수 있는가?" 하는 문제다. 교사들은 흔히 자기 반 학생들 한 명 한 명을 모두 좋아해야 한다고 생각한다. 그러나 마음에 안 드는 학생은 꼭 있다. 어떤 관리자들은 자신의 부하직원들 모두를 좋아해야 한다고 생각하는데, 안타깝게도 그들 중에 싫어하는 부류가 섞여있기 마련이다. 부모들도 마찬가지다. 자식들을 하나하나 똑같이 사랑해야 한다고 생각하지만, 가슴에 손을 얹고 생각해보면 그 중에 특히 정이 가는 아이가 있다. 아이들이 자라는 동안 어떤 시기에는 아무리 자기 자식이라도 정말 미울 때가 있다. 이처럼 자신이 사랑해야 하는 사람인데 싫은 마음이 드는 경우는 많다. 이것이 바람직한 인간관계에 관한 이론과 실제 사이의 핵심적인 문제라 할 수 있다.

이 문제에 대해 가장 치열하게 씨름하는 사람들은 유대교와 기독교의 성전을 연구하는 신학자들이다. 기독교 윤리는 이웃에 대한 사랑을 강조하지만, 신학자들은 우리가 사랑해야 하는 사람들 중에 좋아하기 힘든 사람도 있다는 사실을 알기 때문에 이 문제에 대해 진지하게 연구해왔다. 이 주제에 대한 신학자들의 통찰은 우리 모두가 맞닥뜨리고 있는 문제와 관련이 있다.

대다수 신학자들은 일반적으로 당위의 사랑은 감정적인 사랑과 다르다고 주장한다. 밀러 버로우즈는《성서신학요강 Outline of Biblical Theology》이라는 책에서 다음과 같이 주장했다. 우리에게 필요한 건 "감정이 아니라 의지다. … 이웃을 사랑한다는 건 그들에게 애정을 느끼는 것이 아니라 그들의 행복을 원하고 찾아주는 것이다." 철학자이자 신학자인 마르틴 부버는 이런 식으로 설명했다. "관계를 맺는 행위는 감정이나 기분이 아니다. … 사랑에는 감정이 따라다니지만 그렇다고 해서 감정이 사랑을 만드는 것은 아니다. … 사랑은 멋진 감정을 만끽하는 것이 아니라 … 당신에게 내가 책임감을 느끼는 것이다."

폴 램지가 쓴《기독교 기본윤리 Basic Christian Ethics》에는 내가 지금껏 읽어본 중에서 비 감성적 사랑, 의지에 의한 사랑을 가장 잘 설명해 놓은 구절이 나온다. 램지 박사는 타인을 향한 '의지적 사랑 willed love'을 자기 자신에 대한 사랑과 비교해 놓았다.

당신은 당신 자신을 정확히 어떻게 사랑하는가? 이 질문에 답해 보라. 그러면 인간으로서 자신의 이웃을 어떻게 사랑해야 하는지 알 수 있다. 당신은 당연히 자기 자신을 사랑한다. 당신은 자신의 행복을 바라고, 당신과 비슷한 부류의 다른 사람들을 안 좋게 생각하더라도 자신만은 행복하기를 바란다. 자신을 좋아하거나 좋아하지 않거나, 자신을 아주 괜찮은 사람이라고 생각하거나 그렇지 않거나 하는 문제는 기본적으로 사랑과 관련이 없다. 어떤 종류의 실패를 경험하더라도 살아야겠다는 의지가 다시 생긴다. 당신은 당신 자신에게 좋은 일이 생길 수 있을 거라는 기대를 품고 살아간다.

아가페는 자신에 대한 그와 같은 사랑을 방향만 바꾼 것이다. 따라서 아가페는 기분, 감정, 취향, 선호, 기질과 관련이 없다. 상대방이 혐오스럽건 매력적이건 부정적인 감정을 불러일으키건 긍정적인 감정을 불러일으키건 아무 상관이 없다. …

사랑은 감정이 아니라 의지가 요구하는 방향, 행위의 의도가 목표하는 지향과 관련이 있다. 성경에는 변치 않고 이웃의 행복을 위하는 일을 목표로 삼으라고 적혀 있다. 본능적으로 자기 자신의 행복을 바라듯이 말이다.

이 말은 결국 다른 사람을 좋아하는 일과 의지적 사랑을 혼동하지 말라는 뜻이다. 내가 모든 사람을 좋아할 수 있다는 건 어리석은 생각이며 나아가 죄의식을 불러일으킬 수 있다. 애정은 노력으로 풍부해질 수 있지만 수도꼭지처럼 마음대로 틀었다 잠갔다 할 수 있는 대상이 아니다. 나는 내가 모든 사람을 좋아해야 한다는 생각에서 벗어날 수 있어서 정말 다행이라고 생각한다. 내가 싫어하는 사람들은 존재한다. 그들의 행동이 마음에 들지 않을 수도 있고 성격이 맞지 않을 수도 있다. 내가 좋아하지 않는 사람을 억지로 좋아할 필요는 없다. 그러나 나는 나의 의지로 그들에게 친절하게 대하고 해를 끼치지 않을 수 있다. 그들을 위해서 가장 좋은 행동을 하겠다는 의지를 가질 수 있다는 말이다. 이렇게 보면 내가 좋아하지 않는 사람들도 사랑할 수 있다.

사랑이 가장 필요한 사람은 가장 사랑스러운 사람이 아니라 대개 가장 사랑하고 싶지 않은 사람이다. 어떤 사람이 견딜 수 없이 싫어진다면, 그때가 그에게 가장 사랑이 필요한 때다. 로레인 한스베리가 쓴 《태양속의 건포도A Raisin in the Sun》라는 작품에 이 부분이 잘 나타나 있다. 아들 월터가 가족의 돈을 탕진하면서 가족 모두 비참한 환경에서 살아야 했다. 월터는 가족의 자존심을 짓밟았고 여동생은 격분했다. 월터에게는 사랑할 만한 점이 아무 것도 없는 것처럼 느껴졌고, 여동생이 느끼는 감정은 오직 경멸감뿐이었다. 월터의 어머니도 상처를 받았고 실망했다. 그러나 그녀는 아들을 좋아하는 마음이 사라진 뒤에도 사랑은 남아 있을 수 있다는 사실을 알고 있었다. 이 위기의 상황에서 그녀가 가족들에게 한 이야기에 아가페의 본질이 들어 있다.

"어디에건 사랑할 만한 구석은 있는 법이다. 그걸 모르고 있다면 너희는 배운 게 아무 것도 없는 거야. 오늘 월터를 위해 눈물을 흘렸니? 너 자신이나 가족들이 돈을 잃었기 때문에 울었느냐는 뜻이 아니다. 내 말은 월터를 위해 울었느냐는 말이다. 그 애가 겪은 일, 그 애에게 일어난 일을 생각하며 울었느냐는 뜻이다. 애야, 너는 누군가를 가장 사랑해야 할 때가 언제라고 생각하니? 그들이 착한 일을 해서 모두를 수월하게 해주었을 때? 음, 그렇다면 넌 아직 멀었다. 그건 완전히 틀린 생각이야. 사랑이 가장 필요한 때는 그 사람이 세상에서 혹독한 시련을 당하고 가장 비참한 처지에 있을 때, 그리고 자신을 믿지 못할 때야. 누군가를 판단하려면 제대로 판단해야 해. 암, 올바로 판단해야지. 이렇게 될 때까지 그 애가 걸어왔을 가시밭길을 생각해 보란 말이다."

다행스럽게도 좋아하는 감정과 사랑은 붙어 다닐 때가 많다. 그러나 그렇지 않을 때라도 우리는 우리가 좋아하지 않는 사람을 의지로써 사랑할 수 있다. 진실한 사람은 느끼지도 않는 애정을 거짓으로 표현하지 않는다. 좋아하지도 않으면서 좋아하는 척하는 건 누구에게도 도움이 되지 않는다. 뿐만 아니라 우리는 인간이기 때문에 아무리 노력해도 사랑할 수 없는 사람이 있을 수 있다. 누군가를 도저히 사랑할 수 없다면, 나는 그러한 감정이 사라질 때까지 그 사람을 만나지 않는 방법을 택한다.

포용은 사랑의 중요한 표현이다

포용에 대한 가장 적절한 표현은 '다른 사람에 대한 중립적인 태도'라고 할 수 있다. 누군가를 포용한다는 건, 다른 사람의 생각이나 감정이나 행동에 대해 판단하지 않는 태도를 보이는 것이다. 그래서 상대방은 울 수도 있고 웃을 수도 있고 화를 낼 수도 있다. 상대방의 그런 행동이 마음에 들지 않더라도 나는 그의 행동을 용인한다. 그래서 나는 때때로 포용을 '그럼에도 불구하고 하는 사랑'이라고 부른다. 나는 어떤 사람의 행동이나 의견이 내 가치관과 맞지 않고 때로는 정반대일지라도 그에 대해서 중립적인 태도를 견지한다.

완벽한 사람은 없기 때문에 우리는 모두 포용의 대상이 된다. 누구나 자신의 역량을 다 발휘하지 못하고 책임을 완수하지 못할 때가 있다. 또한 우리 모두는 자신에게나 다른 사람에게 상처를 준 적이 있다. 다른 사람들과 다르거나 부족한 모습을 보이는 자신을 누군가가 받아들여준다면, 자신이 별나고 부족하더라도 그 모습 그대로 사랑받을 수 있다는 사실을 깨닫게 된다. 포용은 긍정적인 자기애를 북돋우고 그 사람이 지닌 재능을 일깨워 잠재력을 최대한 발휘하게 한다.

나는 인간 본성에 관한 몇 가지 사실을 알고 나면 다른 사람을 좀 더 쉽게 포용할 있다는 사실을 깨달았다.

언제나 모든 것을 수용하는 사람은 없다. 인간은 유한한 존재다. 포용할 수 없는 부분이 있다는 건, 그가 호모사피엔스의 일원이라는 뜻이다. 우리는 신이 아니라 인간이다.

다른 사람보다 포용의 범위가 넓은 사람이 있다. 자라온 환경이나 유전적인 요인 등이 포용의 범위에 영향을 끼친다.

개개인의 포용의 수준은 계속해서 변화한다. 토마스 고든은 그 사람 자신의 변화, 상대방의 변화, 환경의 변화에 따라 포용의 정도가 달라질 수 있다고 지적한다. 불행하고 피곤하고 신경이 곤두서 있고 스트레스를 받을 때보다는, 편안하고 여유롭고 행복할 때 포용의 폭이 넓어진다. 따라서 인간관계에서 항상 일관성을 유지하겠다는 불가능한 목표를 위해 노력하기보다는, 자기 내면의 기분이나 자신이 처한 상황과 조화를 이루도록 노력하는 편이 훨씬 더 현실적이다.

누군가를 특히 더 좋아하는 건 자연스러운 일이다. 누군가가 자신의 아이들과 친구, 학생들에 대한 사랑을 똑같이 표현하려고 한다면, 그는 아마 감정의 공통분모를 가장 낮게 설정해야 할 것이다. 그러지 않으면 자신이 싫어하는 사람에게까지 거짓 친절과 다정함을 표현해야 하기 때문이다. 이런 행동은 결국 인간관계에서 거리감만 더 커지게 하는 결과를 낳는다.

우리는 모두 포용의 폭을 넓힐 수 있다. 이를 위해 이 책에서 설명한 기법들을 활용할 수도 있다. 그러나 누구도 모든 일을 용인할 수는 없다는 사실, 어떤 사람들은 가정환경이나 그 밖의 다른 요소 덕분에 다른 사람들보다 포용의 폭이 넓다는 사실을 인정해야 한다.

거짓 포용은 상대방 또는 쌍방 모두에게 도움이 되지 않는다. 속으로는 그렇지 않으면서 다른 사람의 행동을 인정하는 척하는 경우가 있다. 좋은 부모, 좋은 선생님 또는 괜찮은 친구라는 역할을 하기 위해서다. 그들은 포용을 보이려고 노력하지만 마음속으로는 상대방을 인정하지 못한다. 그래서 마음속으로는 그렇지 않으면서 말로는 상대방에게 화난 게 아니라고 말하고, 현재의 관계에 만족한다고 말한다. 그러나 그들의 비언어적 행동에서 진실이 드러난다. 눈빛과 목소리의 어조에서 포용하지 못한다는 증거가 여실히 드러나기 때문에 포용의 말은 비언어적 행동에 묻혀서 들리지 않는다. 이렇게 거짓으로 포용하면 결국에는 포용하지 못하는 마음이 드러나게 된다. 다른 사람을 진심으로 받아들일 수 없을 때는 그 부분을 솔직하게 인정해야 한다. 정직함 때문에 갈등이 생길지도 모르지만, 그렇게 해야 화해를 할 수도 있고 결과적으로는 의미 있는 관계를 형성할 수 있다.

포용하지만 동의하지 않을 수 있다. 다른 사람의 감정을 받아들이면서도 그의 행동에는 동의하지 않을 수 있다. 그 사람의 기분이나 감정은 인정하지만 생각이나 의견은 다를 수 있다는 뜻이다.

차이를 존중하라

진정한 사랑은 다른 사람과의 근본적인 차이를 존중한다. 진정한 사랑은 타인의 사적인 영역을 중요시하고, 그가 스스로 나아갈 방향을 결정할 수 있도록 도와주며, 다른 사람에게 의존하기보다 독립성을 키울 수 있도록 도와준다. 진정한 사랑은 관계의 예의, 즉 거리를 유지한다. 진정한 사랑은 침입하지 않는다. 다른 사람의 사생활을 침해하지 않으며, 타인의 마음속으로 억지로 밀고 들어가지 않는다.

부모들은 대개 자식의 삶을 들여다보고 싶은 유혹을 느낀다. 그들은 자식이 계속해서 자신에 관한 모든 것을 숨김없이 이야기해주기를 바란다. 그러나 아이들도 심리적인 면에서 사적인 영역이 필요하다. 그래서 아이들은 부모나 다른 사람들로부터 비밀스러운 것들을 지키려 한다. 자식에게 비밀이 많아지면 부모들은 종종 좌절감을 느끼거나 화를 낸다. 그래서 아이들에게 많은 질문을 퍼붓고, 심지어 그들이 무엇을 하고 누구랑 어울리는지를 탐정처럼 숨어서 지켜보기도 한다.

타인의 삶의 비밀스런 영역으로 밀고 들어가는 경향이 부모자식 사이에서만 나타나는 건 아니다. 부부는 상대방의 사생활을 침해하고, 교사는 학생들의 사생활을 침해하고, 상사는 부하직원들의 사생활을 침해한다. 때때로 상담자들도 마음의 준비가 되지 않은 내담자들이 억지로 자신의 이야기를 털어놓도록 유도한다.

인간 정체성의 발달 정도는 자신이 선택한 삶의 비밀을 지킬 능력이 어느 정도인가에 따라 달라진다. 스위스의 정신과의사 폴 투르니에는 《비밀Secrets》이라는 얇지만 의미 있는 책을 썼는데, 거기에 이런 내용이 나온다.

비밀을 갖는 일, 그 비밀을 지키는 방법을 아는 일, 그 비밀을 포기하더라도 오직 자신의 의지에 따라 포기하는 일은 하나의 인격체를 완성하는 첫 단추다. … 그가 누구냐에 관계없이 그의 비밀을 존중하는 일은 그를 한 인격체로서 존중한다는 뜻이다. 그가 당신의 자식이라 할지라도 말이다. 그의 사생활을 침입하는 행위, 그의 비밀을 폭로하는 행위는 그의 인격을 파괴하는 행위다. 자신을 존중받는 인격체로 느끼기 위해서는 자신이 말하고 싶은 것은 말하고 자신이 비밀로 지키고 싶은 것은 비밀로 지킬 수 있는 절대적인 자유가 있어야 한다.

진정한 사랑은 타인의 삶의 비밀 장소를 침범하지 않는다. 진정한 사랑은 상대방이 자기 의지대로 나아갈 수 있도록 돕는다. 진정한 사랑은 소유하지 않고 지배하지 않고 가치관을 강요하지 않으며 '자유롭게 자기 자신이 되도록' 격려한다. 칼 로저스가 정신과 의사들에게 던진 질문은 일반인들에게도 의미하는 바가 크다.

우리는 상대방 스스로 길을 택할 능력과 권리가 있다고 존중하는가, 아니면 우리가 안내해야만 그가 올바른 인생을 살아갈 수 있다고 믿는가? 우리는 다른 사람을 어느 정도까지 통제해야 하고, 어느 정도까지 통제하길 바라는가? 우리는 다른 사람이 자신의 가치관을 고르고 선택하는 모습을 지켜보고 있는가, 아니면 우리가 그의 가치관과 기준과 목표를 대신 정해주어야 그가 가장 행복할 거라고 믿고 행동하고 있는가?

진정한 사랑은 상대방이 지닌 탁월한 잠재력을 발휘하게 한다. 또한 그의 자주성을 키워주며, 그의 나약함과 공모하지 않고 강인함을 이끌어낸다. 진정한 사랑은 삶에 대한 그 사람의 책임감을 떨어뜨릴 우려가 있을 때 그 사람을 돕기를 보류한다. 능력 있는 약물중독 치료사들은 의사, 교사, 부모, 관리자,

그 밖의 사람들이 많이 사용하는 방법들을 신중하게 판단하여 그 중에서 그 사람의 강점, 문제해결 능력, 자존감을 떨어뜨리는 방식들을 제외시킨다. 데이비드 다이치는 초기의 약물치료 프로그램에서 아래와 같은 태도를 참가자들에게 보여주었다고 기술했다.

저는 한 인간의 품위를 해치지 않는 방식으로 여러분을 대할 것입니다. 그것은 여러분이 나약하고 부족하고 무능력한 사람인 양 행동하지 않겠다는 뜻입니다. 반대로 저는 여러분이 자신의 포부를 이룰 수 있는 사람이라 믿으며, 그래서 좋은 결과를 위해 노력할 거라고 기대하고 있습니다.

사랑은 상대방이 어려울 때 함께 있어 주는 행위다. 그러나 그 사람이 직접 해야 할 일을 대신 해주는 행위는 아니다. 진정한 사랑은 상대방을 나약하게 만들지 모를 '도움'이라는 유혹을 거부하는 고도로 훈련된 보살핌이다. 사랑은 상대방과의 관계에서의 예의, 즉 거리를 유지한다. 우리는 보통 사랑을 친밀함이라고 생각하며, 그것이 사랑의 중요한 면이라고 확신한다. 그러나 사랑에도 거리가 필요하다. 리처드 니버는 이렇게 말했다.

사랑은 예의다. 사랑은 가까우면서도 거리를 유지하는 일이다. 사랑은 자신 안에 상대방을 흡수하기도, 상대방에게 자신이 흡수되기도 원하지 않는다. 사랑은 상대방이 원래의 모습으로 남아 있기를 바랄 뿐, 그를 자신의 복제물로 개조하거나 자신의 발전을 위한 수단으로 이용하지 않는다. 예의 있는 사랑은 … 상대방에 대해 알기를 바라지만, 이는 호기심이나 권력을 위해서가 아니라 기쁨과 경이로움을 위해서다. 그런 사랑에는 항상 '성스러운 두려움'이라는 요소가 존재하는데, 그 두려움은 도망가고 싶은 마음이 아니라 다름에 대한 깊은 존중 그리고 그의 본래 모습을 해치지 않으려는 의지를 불러일으킨다.

따뜻한 마음을 더하라

누군가가 나를 전혀 좋아하지 않더라도 나를 포용하고 존중하는 태도로 대할 수는 있다. 그래서 포용과 존중은 따뜻함과 함께 표현될 수도 있고 그렇지 않을 수도 있다. 누구나 다른 사람을 포용하고 존중하며 살아갈 수 있지만, 좀 더 의미 있는 삶을 살고 싶다면 그것만으로는 부족하다. 더 나은 삶을 위해서는 다른 사람과 좀 더 따뜻하고 긍정적이고 정서적인 접촉이 있어야 한다. 나는 나만의 독특함을 상대방이 알아보고 소중하게 생각해주기를 갈망한다. 그리고 상대가 나를 알아주는 마음(이 마음이 발전하면 결국 애정이 된다.)을 느끼면 내 안에서도 따뜻함이 샘솟는다.

우리가 어떤 사람을 포용하고 존중하면, 그 사람은 우리와 함께 있을 때 자기 자신을 있는 그대로 보여주게 된다. 그리고 우리가 어떤 사람을 진심으로 알게 되면, 대부분의 경우 그 사람을 좋아하게 된다. 의지로 사랑을 시작했더라도 좋아하는 마음이 드는 것이다.

그러나 인간관계에서 일어나는 모순 중 하나는 대부분의 사람들이 자신이 가장 좋아하는 사람들, 즉 남편과 아내, 부모와 자식처럼 가장 친근한 끈으로 연결된 사람들을 가장 덜 포용하고 덜 존중한다는 점이다. 우리는 그런 관계의 상대방을 존중하거나 용인하지 못하고 자신의 가치관을 강요하면서 더 많이 비난한다. 분명히 우리가 가장 좋아하는 사람인데 말이다. 따라서 가까운 관계에서는 좋아함에서 나오는 따뜻함뿐만 아니라 사랑의 표현방식도 훈련해야 한다.

공감능력

사람들 간의 의사소통을 원활하게 하는 세 번째 자질은 공감능력, 즉 감정을 이입하는 능력이다. 200여 년 전, 존 울먼은 볼티모어에서 필라델피아까지 맨발로 걸어갔다. 흑인 노예들이 맨발로 먼 거리를 강제로 걸었을 때 느꼈을 고통을 자신의 몸으로 직접 체험하기 위해서였다. 그는 노예의 입장이 되어 봄으로써 노예제도가 어떤 의미였는지를 더 잘 이해할 수 있었다. 그는 노예의 감정을 자신에게 이입했다.

클리블랜드에 있는 한 철강회사의 임원이 회사를 그만두고 다른 도시에서 일용직 노동자로 취업했다. 친구들은 그의 행동을 괴벽으로 생각했다. 그러나 그는 노동자들과 함께 일하면서 그들의 삶을 충분히 경험했고, 그 이후로 노동자 문제를 보는 시각이 완전히 바뀌었다. 그도 감정을 이입했다.

리처드 왓슨 길더는 뉴욕 시에서 공동주택 문제와 관련된 일을 하고 있었다. 그는 화재로 집을 잃고 거리로 내몰린 사람들의 처지를 이해하고 싶었고, 공동주택을 파괴하는 수많은 화재가 왜 일어나는지도 밝혀내고 싶었다. 그래서 그는 자기 침실에 소방서의 벨을 설치했다. 로어이스트사이드에 있는 주택에서 불이 나면 그의 침실에 있는 벨도 울리게 되어 있었다. 그 덕분에 몸소 화재 현장을 시찰하고 사람들을 만나며 화재의 원인을 조사할 수 있었다. 이역시 감정이입을 위한 행동이다.

남북전쟁이 끝날 무렵, 다수의 북부 사람들이 남부 사람들에게 불타는 적대감을 느끼고 그들을 응징하려 했다. 이때 링컨 대통령은 국민 누구에게도 원한을 품지 않고 모든 사람을 포용하려고 노력했다. 거의 모든 북부 사람들이 품고 있던 적개심을 그는 왜 느끼지 않았을까? 그가 친구에게 한 말에서 한 가지 단서를 찾을 수 있다. "나는 남부 사람들 때문에 고통을 받은 게 아닐세.

나는 남부 사람들과 함께 고통을 받았네. 그들의 고통이 내 고통이었고, 그들의 손실이 내 손실이었네." 이것 역시 감정이입이다.

공감empathy이라는 단어는 독일 심리학자들이 쓰던 'einfühlung'이라는 단어로부터 왔다. 이 단어를 글자 그대로 해석하면 '~의 내면을 느끼는 일'이다. 이 말은 '상대방이 스스로 느끼는 만큼 그 사람을 이해하는 일'을 뜻한다. 공감능력이 있는 사람은 상대방을 싸고 있는 껍데기를 뚫고 들어가 그 사람의 눈으로 세상을 본다. 상대방의 옳고 그름을 판단하지 않고 이야기를 편견 없이 들어준다. 상대방이 자신의 방식대로 이야기하는 것을 들어주며, 그 중 상대방에게 특별히 중요한 부분에 주목한다.

냉담 · 공감 · 동정의 관계
냉담이나 동정과 비교해서 살펴보면 공감의 의미를 더 잘 이해할 수 있다. 아래의 표를 보자.

냉담	공감	동정
"난 관심 없어." "그건 네 문제잖아."	"오늘 기분이 별로 안 좋아 보이네." "그 일 때문에 기분이 상했구나."	"이런 불쌍한 녀석." "정말 안됐다. 나까지 속상하네."

냉담의 사전적 의미는 '감정이나 흥미나 관심이 없는 상태'다. 냉담하다는 건 그 일에 아무 관심이 없다는 뜻이다. 그럴 때 사람들은 보통 이런 식의 비언어적 메시지를 보낸다. '나는 내 길을 갈 테니 너는 네 길을 가라. 너에게 피해를 줄 생각은 없지만 너를 도와주고 싶지도 않다. 나는 네 문제를 함께 나누고 싶지도 않고 네 기쁨을 나누고 싶은 생각도 없다. 그러니 나를 그냥 내버려뒀으면 좋겠다.'

만나는 모든 사람과 진실한 관계를 맺기는 불가능하다. 정신건강을 위해서는 어느 정도 선택적인 냉담함이 필요하다. 그러지 않으면 대인관계 회로에 과부하가 걸려 퓨즈가 끊어져버릴 수 있다. 대인관계의 퓨즈가 끊어지면 한동안 인간관계가 정지되거나 에너지가 고갈되어 사람들과의 만남이 시들해져버린다. 그러므로 선택적인 냉담함은 필요하다. 하지만 사람들이 그러한 감정을 표현하는 방식은 무언가 잘못되어 있다. 어떤 사람들은 사실상 모든 사람들과 접촉을 끊은 채 은둔한다. 어떤 사람들은 온전히 일에만 몰두하다가 그들의 목표를 위해 필요한 경우에만 사람들과 접촉한다. 또 어떤 사람들은 수많은 사람들과 만나기는 하지만 감정을 교류하는 일은 꺼린다. 그러나 다른 사람들과의 감정 교류를 완전히 차단하면 삶이 지나치게 위축되고, 앞으로의 삶이 나아지기를 기대하기도 어렵다.

동정은 냉담과 정반대의 감정으로, 다른 사람의 감정에 과도하게 개입하는 행위다. 타인의 감정에 과도하게 개입하는 동안 자기 자신의 힘과 독립성이 훼손되기 때문에 정작 누군가에게 꼭 도움을 주어야 할 때 그러지 못하는 경우가 생긴다. 언젠가 한 장례식에서 동정심이 지나친 사람을 본 적이 있다. 그가 어찌나 슬퍼하고 애통해하던지 오히려 상을 당한 사람이 그를 위로할 정도였다. 동정의 사전적 의미는 냉담과 정 반대로 '상대방을 위해서' 또는 '상대방과 함께' 느끼는 감정을 뜻한다. 동정심이 권력관계로부터 나오는 건 아니지만, 종종 우월감을 느끼면서 '저런, 저 불쌍한 것'이라는 태도를 보이는 경우가 많다. 그러면 동정을 받는 사람은 자신의 힘으로 버텨야 할 바로 그때, 마음이 약해져버린다. 동정은 감상으로 빠지기 쉽다. 감상은 타인의 감정을 부적절한 방식으로 체험하고 즐기는 일이다. 톨스토이는 극장에 앉아 비극적인 연극을 보며 눈물을 흘리고 있는, 그러나 밖에서 살을 에는 추위를 견디며 자신을 기다리는 마부는 아랑곳하지 않는 부유한 러시아 여인의 모습으로 감상의 의미를 보여주었다.

냉담은 중요한 인간관계에 매우 나쁜 영향을 끼친다. 그러나 나는 현명하지 않은 방식으로 누군가를 계속 동정하는 편이 냉담하게 대하는 쪽보다 더 나쁘다고 생각한다. 연민을 느낀다는 오만함과 감상적인 감정이 잘못 결합되면 동정하는 사람에게나 감정의 적선을 받는 사람에게나 좋지 않은 영향을 준다. 그러나 어느 정도의 공감 없이는 동정심도 생겨날 수 없다. 공감을 포함한다는 측면에서는 동정을 긍정적으로 볼 수 있을 듯하다.

공감은 다른 사람과 함께 그 사람의 깊은 방으로 걸어 들어가는 일이다. 그리하여 자신만의 개별성을 잃지 않으면서 다른 사람의 감정을 경험하는 일이다. 공감하는 사람은 상대방의 감정에 전염되지 않으면서 그 사람의 욕구에 반응한다. 공감에 능숙한 사람은 상대방의 상처를 느끼지만 그로 인해 다른 일을 못할 정도가 되지는 않는다. 그는 상대방의 곤경, 분노, 두려움, 사랑을 마치 자신의 감정처럼 느낄 뿐, 그 이상으로 치닫지는 않는다. 자신의 감정과 타인의 감정을 분리하지 못한다면 그러한 감정은 더 이상 공감이라 할 수 없다. 공감은 서로 상반되는 요소로 이루어져 있기 때문에 설명하기가 쉽지 않다. 공감은 다른 사람과 자신을 동일시하는 행위에 가깝다. 그러나 그 동일시가 과도해지면 그때부터는 공감이 아니다. 다른 사람의 감정세계와 일종의 독립적인 관계를 맺는 일이 공감이다.

공감의 3요소

공감은 세 가지 요소로 이루어져 있다. 첫째, 공감에 능한 사람은 상대방과 어느 정도 독립성을 유지하면서 그의 감정을 민감하고 정확하게 이해한다. 둘째, 공감은 그런 감정이 일어나는 데 영향을 주었거나 촉발시킨 상황을 이해하는 일이다. 밀턴 메이어로프는 공감에 관한 이 두 가지 요소를 시적으로 표현했다.

다른 사람을 도우려면 그를 이해해야 하고, 내가 마치 그 안에 있는 듯 그 세계를 이해해야 한다. 다시 말해 내가 그의 눈, 그의 방식으로 세상을 볼 수 있어야 한다. 견본을 들여다보듯 외부에서 그를 쳐다보기만 하지 않고, 그의 세계로 '들어가서' 그에게 삶이 어떤 의미인지, 그는 무엇이 되기 위해 분투하는지, 성장하기 위해 그에게 무엇이 필요한지 감지하기 위해 그의 '내부에서' 그의 세계를 그와 함께 체험해야 한다.

셋째, 공감능력이 있는 사람과 대화하는 상대방은 자신이 받아들여지고 이해받고 있다고 느낀다. 상대방을 이해하고 공감하는 마음을 전달하는 일은 대단히 중요하다. 루이스와 위겔이 쓴 글에 다음과 같은 내용이 나온다.

연구결과에 의하면 다른 사람을 이해하는 능력은 지적인 능력과 별로 상관이 없다. 상대방에게 자신이 이해받고 있다는 느낌을 주려고 할 때 중요한 점은 그에 관해서 많이 아는 것이 아니라 우리가 그들의 심정과 그들이 처한 상황을 그들과 똑같이 이해하고 있음을 보여주는 것이다.

다른 사람을 이해하고 공감하는 방법, 그리고 그렇게 이해했다는 사실을 상대방에게 전달하는 구체적인 방법은 이 책의 2부에서 이미 설명했다. 여러 자료를 조사하면서 공감의 긍정적 효과가 강력하다는 사실을 확인했다. 공감능력이 월등한 교사가 가르치는 학생들은 그렇지 않은 교사의 학생들보다 성적이 훨씬 높았다. 칼 로저스는 '공감은 인간적인 성장을 촉진하고 다른 사람들과의 인간관계와 의사소통을 개선하는 가장 효과적인 요소'라고 주장했다. 공감능력이 있는 사람은 다른 사람들에게 좋은 변화를 일으킬 뿐만 아니라 자신도 긍정적인 효과를 얻는다. 공감을 통해 다른 사람들과 교류하면 시야가 넓어지고 감성지수도 높아진다. 심리학자들 중에는 심리적으로 성숙했다는 지표로서 공감능력을 가장 중요시하는 사람들도 있다.

어떻게 실행할 것인가

진실성, 소유하지 않는 사랑, 공감은 사람들과의 관계를 개선하는 태도들이다. 태도의 사전적 의미는 '어떤 대상에 대한 마음가짐'이다. 이 세 가지 태도가 없으면 인간관계가 멀어지고, 이 태도들을 갖추면 관계가 가까워진다. 나는 진실성, 소유하지 않는 사랑, 공감이 최적의 의사소통을 위한 필요조건이라고 믿는다. 그러나 단순히 이런 태도를 갖는 것만으로는 한계가 있다. 진실성, 소유하지 않는 사랑, 공감이 상대방에게 전달되지 않으면 거의 또는 전혀 효과가 없다. 따라서 이를 행동으로 표현해야 한다. 그러기 위해서는 강력한 효과가 있는 표현기법이 필요한데, 이 표현기법들은 하나씩 차근차근 발전시킬 수 있다. 기본적인 대인관계 기법에 대해서는 이 책에서 대부분 설명했다.

대인관계 기법을 가볍게 여기는 사람들이 있다. 그들은 의사소통 관련 기법을 '단순한 기법'으로 폄하한다. 그들은 대인관계 기법을 훈련하다보면 인간관계를 영위하는 각자의 고유한 개성이 사라지게 되며, 기법이라는 것은 도구의 세계에나 어울릴 뿐 인간관계에는 적합하지 않다고 생각한다. 그러나 내 경험상 다른 사람에게 긍정적인 태도를 표현하는 기법이 부족했을 때, 그 관계가 어긋나거나 깨진 적이 많았다. 내 태도를 다른 사람에게 전달하는 방법을 몰랐을 때는 사람들과의 관계가 이 빠진 톱니바퀴 같았다.

내 생각에 우리 사회의 가장 큰 취약점 중 하나는 이 세 가지 핵심적인 태도를 능숙하게 표현하는 사람들이 별로 없다는 점이다. 자아를 표현하고 타인에 대한 이해와 진정한 사랑을 표현하는 방법을 배우기가 그리 쉽지만은 않을 것이다. 그러나 자아를 실현하고 일의 효율성을 높이기 위해 반드시 배워야 한다.

의사소통 기법의 유용성을 무시하는 사람이 있는가 하면, 기법의 지침을 공식처럼 따르거나 절대시하는 사람도 있다. 그런 사람들은 지침을 공식처럼 곧이곧대로 따라야 다른 사람의 말을 경청할 수 있고, 공식처럼 정확하게 지켜야만 자기 자신을 표현할 수 있다고 생각한다. 세 가지 핵심적인 자질을 발휘하는 데 도움이 되는 지침이 있는 건 사실이다. 그러나 자신의 태도를 표현하는 방식이 한 가지만 있는 건 아니다. 지침은 어떤 구체적인 방식을 제시하는 것이지만, 태도는 그보다 더 광범위하고 근본적이기 때문이다.

의사소통 기법을 발전시키기 위한 지침은 가치를 따질 수 없을 만큼 큰 도움이 된다. 그러나 진실성, 소유하지 않는 사랑, 공감을 표현하는 길은 다양하다. 그리고 의사소통 기법이 발전할수록 그 사람이 사용할 수 있는 방법들도 점점 더 많아진다. 우리의 목적은 합리적인 자유를 누리면서 인간관계에서 독창성을 더 많이 발휘하는 것이다.

사람들은 흔히 이런 의문을 갖는다. "만약 내게 이런 핵심적인 자질이 없다면 어떻게 하지? 잘해야 무미건조한 관계로 지낼 수 있고, 최악의 경우에는 파국으로 치닫는 관계가 되는 게 아닐까?"

사람들은 누구나 진실성, 사랑, 공감을 표현할 수 있는 자질을 어느 정도 가지고 있다. 선구적인 정신과 의사 알프레드 아들러는 "사람은 누구나 타고난 사회적 감정, 뿌리칠 수 없는 공감의 특성을 가지고 있다."고 말했다. 세 가지 자질 중에는 잘못 사용해서 쇠퇴한 것도 있을 수 있고, 사회생활을 하면서 억압된 것도 있을 수 있다. 그러나 이런 자질들이 전혀 없는 사람은 없다.

우리의 마음을 올바른 방식으로 표현할수록 그 마음이 강화되고 촉진된다.

사랑의 기법을 더 많이 사용할수록 우리는 더 많이 사랑할 수 있게 된다. 내 경험을 돌이켜 보고 교육생들을 관찰하면서 확신하게 된 것은 이 책에서 설명한 기법들을 배우고 사용하다 보면 진실성, 소유하지 않는 사랑, 공감의 태도가 강화된다는 것이다.

T. S. 엘리어트가 '아무도 착하지 않아도 될 만큼 완벽한 사회제도를 꿈꾸는 사람'에 대해 이야기한 적이 있다. 분별 있는 사람이라면 이 생각이 무언가 잘못되었다는 사실을 금세 알 수 있을 것이다. 의사소통 기법을 아무리 정교하게 만든다 해도 진실성, 사랑, 공감을 대체할 수는 없다. 그러나 이런 자질들을 더욱 효과적으로 사용할 수 있도록 도와줄 수는 있다. 그리고 이런 핵심 자질들은 사용하면 사용할수록 더욱 풍부해지고 강화된다.

의사소통 기법을
훈련하라

의사소통 기법을 책으로 읽는 일과 실제 생활에서 적용하는 일은 완전히 다르다. 수천 명의 사람들에게 의사소통 기법을 가르치면서, 그 사람들이 실제 생활에서 의사소통 기법을 사용하느냐 마느냐는 5가지 규칙을 지키느냐 안 지키느냐에 달려 있다는 사실을 알게 되었다.

그 5가지 규칙은 다음과 같다. 배운 기법들을 횟수를 정해놓고 사용하기, 적절한 상황에 적용하기, 실패에 굴하지 않기, 상대방이 변화를 받아들이도록 준비시키기, 기법 훈련하기다.

배운 기법들을 횟수를 정해놓고 사용하기

행동이 생각을 따라가지 못한다는 말이 있다. 의사소통 기법도 마찬가지다. 이 책을 읽은 독자들은 보통 이런 생각을 한다. "이 기법들을 모두 사용해서 내 인생에서 중요한 사람들과 더 좋은 관계를 만들어야겠다." 그러나 실제 생활에서는 이 기법들을 몇 번 사용해보지도 않고 효과가 거의 없는 익숙한 예전 방식으로 돌아가는 경우가 많다.

사람들이 이 기법들을 사용하지 않겠다고 결심하는 것은 아니다. 반대로 이 기법들을 자주 사용하겠다고 결심한다. 여기서 결심이라는 단어는 다소 애매하다. 그래서 나는 누군가에게 의사소통 기법을 가르칠 때, 각각의 기법을 3개월 동안 일주일에 몇 번이나 사용할지 정하라고 권한다.

각각의 기법들을 사용할 구체적인 횟수를 정하는 일은 기법들을 사용하기로 결심하는 일 못지않게 중요하다. 구체적인 횟수로 자신을 구속하지 않으면 실제로는 별로 사용하지 않으면서 자주 사용하는 것처럼 느끼기 때문이다. 다음은 훈련 참가자 중 한 사람이 이 기법들의 사용 횟수를 기록한 표다.

의사소통 기법 사용 횟수
10월 16일~1월 16일 / 이름: 해리 오그던

기법	실행 목표	주당 사용 횟수												
		10월		11월				12월					1월	
		20	27	3	10	17	24	1	8	15	22	29	5	12
주목하기	5회/주	6	4	5	0	3	12	8	3	4	6	14	6	4
반사적 듣기	2회/주	3	2	1	0	4	6	3	3	1	2	0	4	3
논리적 귀결	2회/월	1	0	1	0	1	1	0	1	1	0	1	0	0
자기표현 3요소	1회/주	3	2	3	1	2	1	1	1	0	1	0	2	1
설명형 칭찬	4회/주	4	3	0	0	0	14	5	6	4	7	18	8	9
갈등해소법	2회/월	0	1	1	0	1	0	0	1	2	0	1	0	0
협동문제해결법	2회/월	1	0	2	0	0	1	2	0	1	1	0	1	1

매주 금요일 저녁, 해리는 자신의 목표를 점검하고 각 기법의 실행 횟수를 기록했다. 그는 이렇게 말했다.

"표를 작성하는 일이 기법을 계속 사용하는 데 얼마나 도움이 되었는지 모릅니다. 11월 10일처럼 제가 그 기법을 거의 잊어버리고 산 적도 있었지만요. 만일 선생님이 제게 계획표를 만들어서 스스로를 평가하라고 재촉하지 않았다면 아마 그 기법들을 써먹지도 않았을 겁니다. 지금까지 배웠던 수많은 다른 기법들처럼 말입니다."

해리에게 어떻게 매번 잊지 않고 계획서를 작성할 수 있었느냐고 물었더니 이렇게 대답했다.

"그건 어렵지 않았어요. 실행계획을 짠 날, 제 다이어리의 석 달 치 금요일 칸에 '실행, 표'라고 적어놓았거든요. 제 진도를 한 눈에 알 수 있도록 사무실 한쪽 벽에 그 표를 붙여 놓았지요. 그 표 덕분에 기념일도 놓치지 않을 수 있었습니다. 추수감사절과 크리스마스가 들어 있는 주에는 주목하기와 설명형 칭찬 기법을 훨씬 더 많이 사용하려고 노력했습니다. 생일이나 중요한 행사가 있는 주에도 마찬가지였고요. 다른 사람들에게 물질적인 형태의 선물뿐만 아니라 보이지 않는 선물을 주기 시작한 겁니다."

적절한 상황에 적용하기

이 책에서 설명한 기법을 알게 된 사람들은 자신의 가장 어려운 대인관계 문제에 이 기법들을 처음 사용하려는 경향이 있다. 그래서 비판이나 충고가 금방이라도 튀어나올 것 같은 상황에서도 반사적 듣기를 하고, 반응할 가능성이 거의 없는 사람에게 자기표현을 하기도 한다. 조깅을 시작한 다음날 바로 마라톤에 돌입하는 일이 무모한 것처럼, 비교적 쉬운 상황에서 이 기법들을 시도하면서 익숙해져야 한다. 너무 복잡하고 어려운 상황에서 성급하게 사용하는 일은 현명하지 못하다.

실패에 굴하지 않기

이 기법들은 만병통치약이 아니다. 잘 사용하면 성공할 확률이 높아서 관계를 돈독하게 해주지만, 아무리 경험 많고 성실한 사람이라도 실패할 때가 있다. 추측컨대 당신은 아직 의사소통 기법을 자유자재로 능숙하게 사용하지는 못할 수 있다. 프로도 가끔씩 실수한다는 점을 감안할 때, 분명히 당신도 실수를 할 것이다. 그 기법이 별 효과가 없을 때, 당신은 둘 중 하나를 택할 수 있다. 사용을 포기할 것인지, 아니면 무엇이 잘못되었는지 알아본 뒤에 방법을 조정할 것인지. 어떤 기법을 배우든 종종 실수를 저지르기 마련이다. 이때 굴하지 않고 잘못을 고쳐서 다시 도전하는 자세가 필요하다.

상대방이 변화를 받아들이도록 준비시키기

의사소통 기법을 배우고 나서 그 기법을 굳이 비밀로 감추는 사람들이 있는가 하면, 업무상 또는 개인적으로 중요한 사람들에게 지금까지와는 다른 의사소통 방식을 사용하겠다고 미리 말해주는 사람들도 있다. 우리가 조사한 바에 따르면, 의사소통 기법을 사용하기 전에 자신이 앞으로 새로운 의사소통 기법을 사용할 것이고, 그 기법을 사용하는 이유는 무엇이며, 어떤 방식으로 사용할 것인지 미리 상대방에게 말해주는 편이 일반적으로 더 유익했다. 교육에 참가하고 나서, 해리 오그던은 아내에게 다음과 같은 편지를 썼다.

사랑하는 미지에게.
당신에게 편지를 써본 게 언제인지 모르겠군. 내가 당신에게 왜 이 편지를 보내는지 궁금하겠지. 알다시피 내가 〈관리자를 위한 의사소통 기법 교육〉에 참가했잖아. 그 교육은 내게 중요한 의미가 있었어. 음, 이 과정에 참가한 대부분의 사람들은 소중한 사람들과 자신의 경험을 공유할 수 없다는 데에 절망감을 느껴왔다고 토로하더군. 다른 사람들에게 감정을 전달하고 여러 가지 기법을 설명하는 일이 얼마나 어려운지도. 나도 그들과 똑같았기 때문에 이번 교육이 내게 어떤 의미가 있었는지 당신에게 알려주고 당신도 그 의미를 함께 느끼면 좋겠다고 생각했어. 수업한 내용 중에서 가장 중요한 부분은 다른 사람의 말을 들어주는 방식에 관한 부분이었어. 본질적으로 듣는 사람은 말하는 사람에 대해 진심으로 관심을 가져야 하고 내용과 감정을 반사해줘야 하지만, 가장 중요한 건 그 사람이 말한 내용의 잘잘못을 따지지 않고 충고도 자제하는 거야. 나는 정말로 이런 방식으로 듣고 싶고, 이렇게 하면 당신이 더 당신답게 되고 나도 더 나답게 될 거라고 생각해.

경청을 하면서 얻게 되는 가장 큰 효과는 관계에 신뢰가 쌓인다는 거야. 우리 관계에 대한 신뢰가 확고해지면, 당신이 내게 방어적으로 대할 필요도 없고 당신 의지대로 자신을 주도하는 일이 좀 더 수월해질 거라고 생각해.

나는 당신의 생각을 판단하지 않고 반사하는 사람이 되고 싶어. 쉽지 않을 테고 우스꽝스럽게 보일 때도 있겠지만, 내가 잘못된 의사소통 습관을 고치고 새로운 기법을 익힐 때까지 조금만 기다려주었으면 해. 편지에서 자세히 이야기하기 어렵지만 내가 그 기법들을 어떻게 사용하는지, 왜 사용하는지도 곧 설명해 줄게.

이 교육과정은 내게 의사소통의 방법과 자아발견의 길을 열어준 아주 특별한 경험이었다는 걸 말해주고 싶어. 그런 의미를 당신과 나누고 싶어서 이 편지를 썼어. 읽어줘서 그리고 함께 있어줘서 고마워.

모든 사랑을 담아서, 해리

P.S. 수요일 저녁에 했던 자기표현의 세 가지 요소를 활용한 대화, 정말 재미있었어. 이제 내 빨랫감은 꼭 빨래바구니에 넣어 둘게.

해리는 아내에게 편지를 보내고 나서 아이들에게도 이 교육과정에 대해 설명하고 자신이 지금까지와 다른 방식으로 대화할 거라고 이야기했다. 직장에서도 부하직원들을 모두 불러서 교육 내용을 설명하고 업무에서 어떻게 실행하고 싶은지도 이야기했다. 집이나 회사에서 해리는 사람들에게 자신이 아직은 그 기법에 서투르며 중요한 때에 잊어버리고 사용하지 않을지도 모른다고 말했다. 또한 때때로 이 기법이 어색하게 느껴지고 비생산적으로 보일 수도 있을 거라고 말했다. 그런 다음, 그 기법을 시험해 보기 위해 자신에게 3개월만 달라고 부탁했다. 더 나빠지기야 하겠느냐는 농담과 함께 사람들은 해리가 이 기법을 사용하고 발전시키겠다는 3개월의 기간에 동의해 주었다.

해리가 내게 이야기했다.

"저는 사람들과 협상해서 그 시험기간을 허락받았다는 사실이 기뻤습니다. 가끔 사람들이 '지금 저한테 그 기법을 쓰고 있는 거죠?' 하고 묻기도 했죠. 저는 그들의 불편한 심기에 대해 반사하고 나서, '맞아. 지금까지는 큰 효과가 나타나지 않았지만 일단 3개월 동안은 노력해 보기로 한 거 알지? 자, 아까 자네가 한 말의 요점을 내가 제대로 파악했는지 들어보게.' 이러면서 다시 하던 이야기로 돌아갔죠. 3개월이 다 되어갈 무렵, 사람들은 모두 그 실험이 성공적이라고 인정했어요. 물론 그 실험 때문에 다들 신경이 쓰였을 겁니다. 그러나 모두들 반사가 의사소통 방해요소보다 낫고, 자기표현이 잔소리나 공격적 말투보다 낫다는 사실을 깨달았죠. 가치관 문제에 대해서는 서로 의견이 엇갈릴 수 있다는 점을 인정하게 되었고, 현실에서 부딪히는 문제를 원원 전략으로 해결하기도 쉬워졌습니다."

기법 훈련하기

기법을 훈련하기 위한 연수는 의사소통 능력을 발전시키는 데 아주 유용하다. 이 책에서 핵심 개념에 대해 설명했지만, 전문 강사들이 오디오나 비디오를 활용해 모범 안을 보여주고 피드백을 주고받으며 진행하는 연수에 참가하는 것과는 다르다. 기법 연수에 참가한 대부분의 사람들은 대인관계 기법을 증진시키는 데 매우 도움이 되었다고 평가했다. 그러나 의사소통 기법 훈련을 받고 나서 '더 좋아질 수도 더 나빠질 수도 있다'는 점을 명심해야 한다. 훈련이 효과가 없는 원인은 주로 부실한 교육 설계와 강사의 능력 부족 두 가지 이유 때문이다. 그 기법을 활용하는 능력이나 핵심 자질을 표현하는 능력 말이다. 이런 문제들이 없다면 의외로 짧은 기간 안에 참가자들의 의사소통 기법 활용 능력이 증진된다. 아주 드물게 예외가 있기는 하지만, 나는 철저하게 잘 설계된 훈련 프로그램 없이는 높은 수준의 의사소통 능력을 습득할 수 없다고 굳게 믿고 있다. 이런 이유로, 여건만 된다면 의사소통 훈련 프로그램을 최대한 까다롭게 선택해서 참가하라고 당부하고 싶다.

PEOPLE SKILLS : How to Assert Yourself, Listen to Others, and Resolve Conflicts
by Robert Bolton, Ph.D.
Copyright ⓒ 1979 by Simon & Schuster, Inc.
All Rights Reserved.

This Korean edition was published by Pegasus in 2016 by arrangement with the original publisher,
Touchstone, a Division of Simon & Schuster, Inc., New York through KCC(Korea Copyright Center Inc.),
Seoul.

만남과 대화가 어려운 사람들을 위한 설명서

어떻게 말할까

초 판 1쇄 발행 2016년 4월 8일
       3쇄 발행 2017년 9월 5일

지은이 로버트 볼튼
옮긴이 한진영
펴낸이 박경수
펴낸곳 페가수스

등록번호 제2011-000050호
등록일자 2008년 1월 17일
주   소 서울시 노원구 동일로 1114 무궁화빌딩 2층
전   화 070-8774-7933
팩   스 02-6442-7933
이 메 일 editor@pegasusbooks.co.kr

ISBN 978-89-94651-15-6 03300